L'Abbé L. PAULET

EYGUIÈRES

SON HISTOIRE FÉODALE, COMMUNALE ET RELIGIEUSE

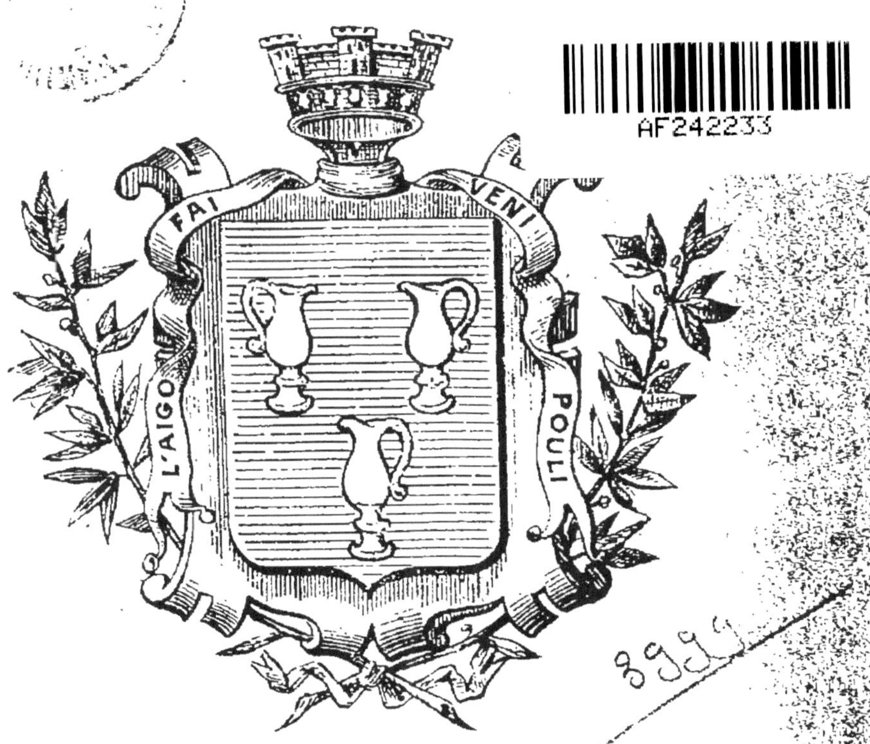

MARSEILLE
Librairie P. RUAT, 54, rue Paradis,
Et chez l'Auteur, à Paradou (Bouches-du-Rhône)

1901

VUE GÉNÉRALE D'EYGUIÈRES

L'Abbé L. PAULET

EYGUIÈRES

SON HISTOIRE FÉODALE, COMMUNALE ET RELIGIEUSE

MARSEILLE

Librairie P. RUAT, 54, rue Paradis,

Et chez L'AUTEUR, à Paradou (Bouches-du-Rhône)

—

1901

DÉDICACE

A NOTRE-DAME DE GRACE

titulaire de l'Église d'Eyguières.

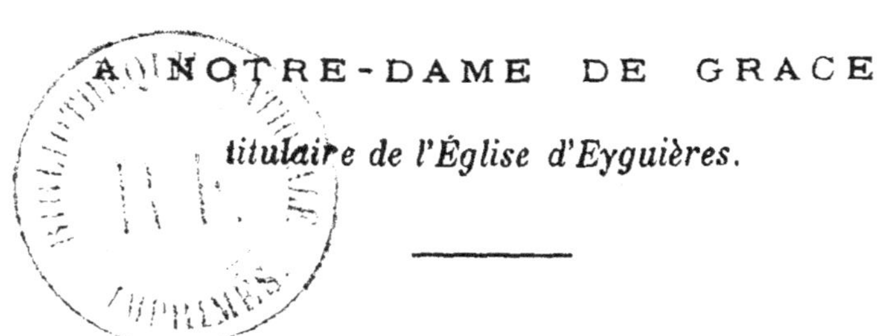

N.-D. de Grâce, cette Histoire d'Eyguières que je vous offre comme un hommage de ma piété filiale, veut être à la fois un ex-voto et une supplication de votre enfant. Partout et toujours, j'ai reçu les témoignages de votre amour : dans ma jeunesse, vous avez remplacé mon père ; vous avez consenti plus tard à être ma mère, lorsque se fut endormie dans le Seigneur celle qui s'était si bien acquittée envers moi des charges de la maternité ; c'est dans les heures les plus difficiles que j'ai ressenti davantage votre assistance.

Cet écrit, tracé sous vos yeux et avec votre constante inspiration, est destiné à vous remercier. Daignez l'agréer, ô Marie, ô ma Mère, ô N.-D. de Grâce, et le bénir pour le rendre méritoire et utile pour le bien des âmes.

ARCHEVÊCHÉ
  D'Aix

J'approuve la monographie d'Eyguières et j'en autorise l'impression.

BERNARD,
vicaire général.

Aix, le 30 août 1900.

Eyguières fait partie actuellement du diocèse d'Aix, mais avant la Révolution et depuis son origine, elle appartenait au diocèse d'Avignon qui lui donna pour patron saint Vérédème, ermite à Eyguières et plus tard archevêque d'Avignon, et pour administrateurs de son prieuré, les chanoines de St-Ruf. A l'auteur d'Eyguières, qui pour tous ces motifs a fait hommage de sa monographie à Monseigneur Sueur, archevêque d'Avignon, Sa Grandeur a daigné adresser la lettre suivante :

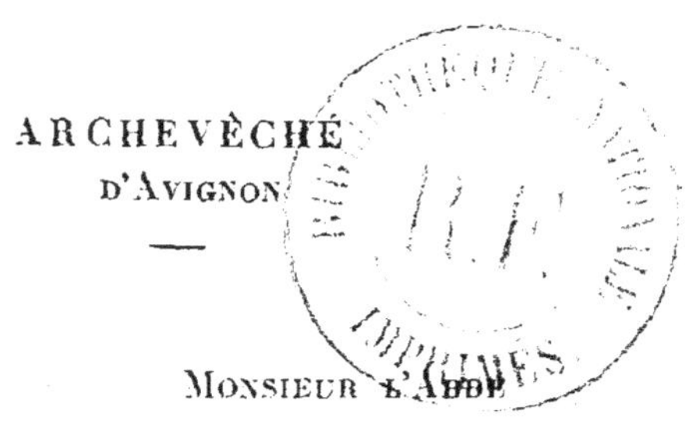

Avignon, le 2 février 1901.

Les feuilles de votre *Histoire d'Eyguières* que vous m'avez adressées sont d'une lecture agréable, et je suis bien aise de vous en faire compliment.

Le style en est clair, l'ordre excellent et la méthode lucide. Les érudits regretteront peut-être de n'y pas trouver assez de références et de notes, mais le *public ordinaire* en sera très content, puisque votre ouvrage est quand même appuyé sur des bases solides quoique moins apparentes.

Vous avez fait œuvre de patriotisme, car on aime d'autant plus sa patrie à mesure qu'on la connaît davantage.

Vous avez aussi donné un bon exemple que je ne manquerai pas de citer à mes prêtres. Combien de monographies intéressantes ne pourraient-ils pas tenter d'écrire, qui occuperaient leurs loisirs et seraient de nature à les faire estimer du monde savant et aimer de leurs paroissiens.

Je vous remercie d'avoir eu la pensée de me faire hommage de votre livre, d'autant mieux que la ville d'Eyguières dépendait autrefois du siège archiépiscopal d'Avignon.

Recevez, Monsieur l'Abbé, l'assurance de mes sentiments tout dévoués en Notre-Seigneur.

† L. FRANÇOIS, *Archev. d'Avignon.*

SOCIÉTÉ DE STATISTIQUE

de Marseille

déclarée d'utilité publique par ordonnance du 2 avril 1831

La monographie d'Eyguières a été couronnée au concours des auteurs ouvert en 1900 par la *Société de Statistique* de Marseille.

L'auteur de ce travail a reçu, dans la séance du 3 Mars 1901, une **Médaille d'argent,** qui représente la plus haute récompense décernée par cette Société.

PRÉFACE

Ecrire les annales d'un pays pour les faire lire à ses habitants, faire connaître à chacun l'histoire du sol qui l'a vu naître et que ses pas foulent chaque jour, conserver le souvenir des alternatives heureuses ou malheureuses des temps passés, nous a paru une œuvre bonne et capable d'inspirer les sentiments que l'on doit avoir pour la grande patrie en enseignant à aimer la petite patrie, celle du clocher natal et de la maison paternelle.

Aujourd'hui plus que jamais, on s'éloigne pour toute sorte de motifs du pays d'origine, et on l'oublie bien vite. On se figure que ce lieu modeste n'offre rien d'intéressant, et on s'en détache. Le paysan, c'est-à-dire l'habitant qui tient au sol natal et en tire sinon le bienêtre, du moins le moyen de mener sous le toit des ancêtres une existence convenable et honorable, celui-là s'en va et déserte pour la ville les champs paternels. Et pourtant c'est là que furent vécues les plus jeunes et les meilleures années ; c'est là que restent debout les murs et l'autel d'une église qui fut témoin du baptême, de la joie si pure de la première communion et aussi d'une union qui devait amener le bonheur au nouveau foyer et conserver le nom d'une famille aimée; c'est là que dorment les aïeux et c'est là enfin que la plupart des absents reviendront peut-être pour y achever en paix une course plus ou moins longue et heureuse.

Habitants d'Eyguières, c'est avec ces pensées que nous avons entrepris pour vous la tâche ardue de recueillir les souvenirs abondants qui se rattachent à votre patrie. Vous aimez assurément votre ville ; lorsque vous la connaîtrez mieux, vous l'aimerez davantage, pour la regretter et la désirer si votre vie doit s'écouler au loin, et pour ne plus envier le sort de ceux qui s'en éloignent, si vous devez vous-mêmes finir vos jours là où ils commencèrent.

Cet écrit vous apprendra les origines d'Eyguières ; il vous dira comment elle s'est formée et développée par un travail lent, dans un progrès continu et avec quelles difficultés vaincues ; il vous révélera le nom de vos compatriotes qui ont fait le bien et contribué à la prospérité de leur pays : il vous fera connaître les familles seigneuriales qui ont habité le château, les diverses phases de l'administration municipale et religieuse, les rapports incessants entre le seigneur, la communauté et la paroisse ; et, après avoir lu ce travail, vous serez surpris d'être restés si longtemps sans vous douter que votre patrie ait eu un semblable passé.

Mais pour obtenir ce résultat, nous avons dû nous livrer à des recherches longues et minutieuses, consulter des ouvrages anciens et mettre à profit le travail de leurs auteurs, remonter aux sources, lire et transcrire en notes des manuscrits tracés en caractères parfois difficiles à déchiffrer, en langue latine, provençale et française, secouer la poussière de vénérables in-folio, fouiller dans les bibliothèques et les archives, et recourir à l'obligeance et aux connaissances de nos amis. Et à ce point de vue, nous devons une mention spéciale à M. Robolly, vice-consul d'Espagne à Arles. Cet archiviste érudit a suppléé par ses notes abondantes, claires et sûres, à l'insuffisance des moyens et des facilités que nous avons eus pour puiser aux archives d'Eyguières ; celles-ci contiennent tout, et pourtant, à peu d'exceptions près, elles ont été visitées bien plus par les rongeurs que par les chercheurs de matériaux anciens et authentiques.

Après avoir trouvé des fragments épars, plus ou moins dignes d'être conservés et mis au jour, restait une difficulté pour l'historien : comment présenter ces documents pour en tirer un ensemble harmonieux et vraiment instructif? car l'histoire ne doit pas être seulement le récit du passé, mais il faut qu'elle devienne utile pour l'avenir. Pour atteindre ce but, loin de nous astreindre uniquement à l'ordre chronologique, nous avons préféré grouper les matériaux dans un ordre moral, les classant entr'eux dans ces trois grandes divisions : la Châtellenie, la Communauté et la Paroisse, nous occupant en particulier de chacun de ces trois pouvoirs, toujours en présence, les montrant dans leurs points de contact, et évitant autant que possible les répétitions presque inévitables dans une pareille entreprise.

De ce plan poursuivi avec constance se dégagera pour les étrangers un enseignement bon à recueillir, car en laissant de côté les détails et les faits particuliers à la ville d'Eyguières, la plupart pourront appliquer à leur propre pays ce qui a rapport à l'organisation sociale et aux systèmes administratifs depuis les temps les plus reculés jusqu'à nos jours.

Quant aux habitants d'Eyguières, il leur sera facile de constater que leur histoire n'est pas sans intérêt, ni même sans gloire ; que tout a passé, les familles seigneuriales, les châteaux, les fortunes et les diverses formes d'administration, même les édifices religieux. Un seule chose est restée toujours la même à travers les siècles, malgré les révolutions et les tempêtes, malgré les ravages du temps et les vicissitudes des choses humaines, à savoir : la Religion. Elle est debout aujourd'hui telle qu'elle fut autrefois, jadis plus florissante que de nos jours, mais aussi nécessaire que par le passé aux enfants de N.-D. de Grâce.

Parler aux habitants d'Eyguières de leurs foyers et de leur religion (pro aris et focis), c'est-à-dire des deux choses qui furent l'objet de l'amour et du dévouement de leurs pères, ne peut manquer de leur plaire en leur inspirant les mêmes sentiments. S'il se rencontre des lacunes inévitables dues à l'absence de matériaux précis, surtout avant le XIe siècle, pourtant, nous croyons pouvoir l'affirmer, l'histoire d'Eyguières est aussi complète que possible.

Tous les faits importants, tous les monuments religieux et civils, tous les établissements y sont cités. Les hommes remarquables qui sont nés ou qui ont vécu dans ce pays ont été mentionnés à leur place : saint Vérédème, S. Elzéar et Ste Delphine à cause de leur

sainteté ; Guillaume de Sade pour son dévouement à
la religion ; Joseph-David de Sade pour ses vertus mili-
taires ; l'abbé Joseph Reyre, appelé le petit Massillon,
à cause de son éloquence de la chaire; Pascalis, qui a
illustré le barreau; Joseph Estienne, le médecin bien-
faisant ; Pascal, l'humble menuisier qui sauva de
l'échafaud quarante de ses compatriotes, etc.

Si le ciel nous avait fait naître poète, nous aurions
aimé de chanter en vers la ville d'Eyguières. Ce don fut
accordé à Auguste Verdot, dont le nom est resté populaire dans son pays natal, et dont les compositions ont
souvent trouvé place avec honneur dans les publications du félibrige, sous le nom de *La Cigale de la Durance*.
Sous une inspiration vibrante de patriotisme et de
sentiment chrétien, il composa une ode à son pays
natal : Eyguières.

Nous aussi nous aurions voulu composer un chant
rythmé en l'honneur du pays qui produit l'olivier,
symbole de la paix, et l'amandier, emblème fleuri du
cœur aimant. Nous avons dû nous borner à parler le
langage simple et véridique de l'historien. Puissent les
enfants d'Eyguières, en aimant leur Dieu et leur patrie,
couler dans leur pays des jours paisibles et prospères.
C'est le vœu le plus cher que forme pour eux celui qui
en entreprenant cette histoire a pu douter de son talent,
mais qui en l'écrivant a confié sa plume à son cœur.

Paradou, le 25 août 1900.

EYGUIÈRES

Son histoire féodale, communale et religieuse,

depuis son origine jusqu'au XX° siècle.

CHAPITRE PRÉLIMINAIRE

Eyguières et ses habitants au XX° siècle. — Origine de son nom. — Son blason. — Sa place primitive. — Origine de ses premiers habitants.

Eyguières et ses habitants au XX° siècle. — Les Alpilles ou Aupies forment dans les Bouches-du-Rhône une chaîne de montagnes qui, avec une longueur d'environ trente kilomètres, commence au bord et au niveau du Rhône, entre Arles et Tarascon, et se dirige vers l'est, où elle se termine brusquement par les sommets de la selle d'Eyguières qui sont à l'altitude de six cents mètres. La vaste Crau et les étangs desséchés de la vallée des Baux lui servent de base au midi ; de jolis villages, Aureille, Mouriès, Maussane, Paradou et Fontvieille au sud ; St-Etienne-du-Grès, Eygalières et la ville de St-Remy, l'antique Glanum avec son superbe mausolée, font aux Alpilles une belle ceinture, tandis que la chapelle de St-Gabriel, remarquable par son architecture romane, celle de Notre-Dame du Château, si chère aux habitants de Tarascon, les ruines du château de Montpahon et, un peu plus à l'est, les restes si imposants du château féodal et de la vieille cité des Baux couronnent quelques-uns de ses sommets. Enfin, tout à fait à l'est, la colline de Coste-Fère se détache des Aupies, à l'endroit même où se trouvaient jadis les communes de St-Pierre-de-Vence et de Roquemartine, confondues aujourd'hui avec celle d'Eyguières, et se dirige en inclinant vers le midi jusqu'à l'enfoncement formé par la plaine de la Crau, à l'ouest des collines de Lamanon, et se termine par deux mamelons : le Mont-Menu et le Col de Mélet, celui-ci devenu aujourd'hui la demeure des morts, sous le vocable de St-Vérédème, après avoir été le premier en date peuplé par les habitants d'Eyguières, et l'autre couvert par les ruines du château seigneurial et de la plupart des maisons, semble contempler à ses pieds les rues que depuis un peu plus d'un siècle les enfants d'Eyguières ont tracées et peuplées, poussés qu'ils étaient par le besoin de sortir des *barri* pour respirer un air pur, et surtout pour se procurer sans peine une eau abondante immédiatement au-dessous du mamelon. Peu importe qu'une machine élévatoire porte aujourd'hui l'eau sur la colline à côté des ruines, et que la rue du Bel-Air et celle des Icards soient debout et animées par des habitants que la rue de l'Hôpital rattache, à travers l'ancienne bourgade, au centre du pays.

Eyguières actuelle, bâtie à 100 mètres d'altitude, à 52 kilomètres 600 de Marseille, à 32 kil. 600 d'Arles et à 40 kil. de Tarascon, est dans la plaine, et c'est là ce qui surprend le visiteur qui arrive du côté du levant. A peine a-t-il traversé les pins et les amandiers de Lamanon en longeant le Défend, que son œil aperçoit Eyguières se dessinant sur les fières Aupies, construit autour de son église monumentale, en étages réguliers, à l'extrémité de la plaine couverte d'oliviers. Le voyageur croit entrer dans un pays aux rues montantes, et il se trouve dans un pays uni ; les vieilles maisons, encore debout et inhabitées, ont causé l'illusion à l'œil, mais le pied ne saurait le regretter, même après la construction de la rue Carrossière.

Assise sur les routes d'Orgon à Miramas par la Crau, et d'Arles à Lamanon et Salon, au croisement de ces divers chemins tous bordés de beaux platanes, Eyguières est bâtie d'après un alignement assez régulier dans la direction des quatre points cardinaux, avec un développement excentrique compris entre le fossé couvert d'Eyguières et le fossé Meyrol; dans ce quartier se trouvent cinq rues transversales qui toutes, du couchant au levant, aboutissent en lignes droites à la rue Neuve. La plupart des maisons n'ont qu'un étage, et beaucoup possèdent une cour ou un jardin. Au nord, se dresse la vaste église byzantine vieille d'un siècle, avec son clocher en forme de tour carrée, entourée de balustres, surmontée au premier étage d'un campanile octogone, et en deuxième hauteur d'une cage en fer pour le timbre de l'horloge.

A l'est, on rencontre la gendarmerie et l'Hôtel-de-Ville, de construction récente ; cet édifice manque de perspective et d'élévation, mais il est commode ; il contient le prétoire de la justice de paix et une salle des archives. Au midi, une ligne de chemin de fer qui relie Eyguières à plusieurs grands réseaux et transporte marchandises et voyageurs dans toutes les directions. Enfin à l'ouest, et à une distance un peu considérable, le cimetière de St-Vérédème, où reposent en paix ceux qui ont fini le grand voyage de la vie.

Faut-il mentionner, au centre d'Eyguières, la partie appelée improprement la place? Elle fut ouverte à la libre circulation, pour les voitures et pour les piétons, du côté du midi, lors de la démolition, en 1848, des maisons qui bornaient le passage et forçaient tout le monde à passer devant l'ancienne mairie et sur la place Cocotte, appelée aujourd'hui Croix-du-Prêche. Au nord, elle est encore bornée par les anciennes constructions du moulin à blé, qui obstruent les abords de l'église et en masquent totalement la façade.

L'état de vétusté de ces maisons mal dissimulées derrière une fontaine, fait songer à une démolition qui ne devrait pas être ajournée. Celui qui les fera disparaître aura bien mérité de son pays, et on pourra lui appliquer justement, pour en conserver le souvenir, l'inscription latine du vieux cadran solaire qui semble n'être là que pour réclamer ce progrès : « *Diligentibus patriam fausta*. A qui aime sa patrie, bonheur ».

Ils ont aimé leur pays ceux qui l'ont administré avec un dévouement digne des meilleurs éloges, ceux qui ont contribué au maintien de ses droits, au développement de son agriculture, à la conservation de sa foi religieuse, à la construction de son église splendide, à l'érection des monuments qui couronnent ses montagnes ou qui bordent ses avenues principales comme ses voies de moindre importance. A tous ceux-là on pourrait appliquer le vers du poète :

Prouvençaou e Frances, subretout sian crestian.

Provençaux, les habitants d'Eyguières ont l'humeur gaie, le caractère ouvert, le langage, les mœurs et le costume de la Provence ; devenus Français, ils se sont montrés bons patriotes ; chrétiens dès l'origine, ils peuvent chanter en se l'appropriant :

Prouvençau et catouli,
Nosto fe n'a pas fali.

Tel est, en deux mots, ce peuple composé à certaine époque de 3.000 habitants et réduit en 1899 à 2.325 âmes.

Se souvenant que l'agriculture a fait la fortune de leurs pères, les habitants d'Eyguières restent attachés à l'exploitation de leur vaste territoire, mais font peut-être une part trop large à une routine qui semble nuire à de meilleurs résultats en ne laissant pas assez de place au progrès des moyens et des méthodes, et surtout à la culture des primeurs si productive et si rémunératrice du travail. Ils ont de l'eau en abondance, un syndicat agricole, un marché bi-hebdomadaire dus à une patriotique initiative, un territoire fertile, des moyens de transport variés et commodes. S'ils jalousaient un peu moins le commerce de leurs opulents voisins et profitaient davantage des dons de la nature, ils pourraient sans doute en s'entr'aidant, avec de l'ordre et de l'économie, jouir d'une aisance qui, bien mieux que leurs ancêtres, les rendrait pour la plupart bourgeois dans leur pays.

Origine du nom. — *Castrum de Aqueria* et mieux *de Aquaria*, tel est le nom latin qui a servi à la formation du nom provençal Eiguiero et d'où est venu le mot français Aiguières, Ayguieres au XVIᵉ siècle, et finalement Eyguières, vers le milieu du XVIIᵉ siècle. Il est de toute évidence que dans chacune de ces langues le nom gracieux du pays qui nous occupe fait penser à l'eau. L'existence de plusieurs canaux creusés pour l'irrigation et de plusieurs fontaines, celle de la Gorgue, appelée Font-Vieille, celles de Borme et de Gilouse surtout, suffirait pour justifier et expliquer le nom que porte Eyguières. Ce n'est pas de là cependant que le pays a tiré son appellation poétique. Il faut remonter à une époque plus reculée que l'adduction des eaux de Gilouse et de la Gorgue, plus éloignée encore que la création des canaux de Boisgelin et de Craponne,

jusqu'au temps où la région était marécageuse et occupée par l'eau : telle est la signification évidente du nom vulgaire et du nom latin ; le pays n'est pas sorti des eaux, mais il était entouré par les eaux.

Son blason. — C'est de cette situation qu'est née assurément l'idée de donner à Eyguières un blason parlant : d'azur à trois aiguières, deux et une, d'argent, tel est le blason actuel, d'après Louis de Bresc, déjà avant la Révolution et confirmé par le gouvernement comme étant très ancien, sur la demande du conseil municipal en sa délibération du 28 janvier 1810 (1). Il est à remarquer pourtant qu'en 1696 toutes les communautés ayant été obligées de faire enregistrer leurs armes dans l'Armorial général de France, Charles d'Hozier qui en fut institué le gardien avec le titre de juge d'armes, ne fait porter qu'une aiguière à l'écu, de même que Traversier et Waïsse. Peut-être que l'aiguière seule existait lorsque le pays n'avait qu'une fontaine, la Gorgue, et que les deux autres ont été ajoutées quand on a organisé les deux fontaines de Borme et de Gilouse, en 1610. Et ce serait à cette époque aussi que le nom du pays aurait pris l's final : Ayguière, puis Aiguières, blason vraiment parlant, et enfin Eyguières Quoiqu'il en soit de ce point et de la date où l'écu a été ainsi blasonné, il est bon de signaler que le registre des conseils de 1503 à 1527, folio 84, contient un écu divisé en trois bandes horizontales d'égales dimensions, sans indication de couleur ; au-dessus on lit ces simples mots : « Les armes d'Eyguières ». Quant à la devise actuelle : L'aïgo fai veni pouli, on peut affirmer qu'elle date de moins de quarante ans.

Eyguières a donc eu son blason de temps immémorial, mais n'a jamais été qu'une simple châtellenie, comme il appert de la déclaration faite par son conseil en 1683. Pourtant faut-il lui donner le nom de bourg, ou lui attribuer celui de ville? Le premier désigne ce pays dans les géographies, mais l'*Etat descriptif de l'arrondissement d'Arles* affirme (*T. X*, p. 91) qu'Eyguières a toujours joui du titre de ville ; elle avait ses rues enfermées dans des remparts et elle possédait un blason. D'ailleurs, ce titre a l'air de plaire à la fierté des habitants et c'est celui que nous emploierons désormais en faisant l'histoire de la ville d'Eyguières.

La place primitive d'Eyguières. — Nous avons mentionné le déplacement à peu près complet d'Eyguières pendant les deux derniers siècles ; la ville est descendue au pied du Mont-Menu dans la direction du sud-est. Mais lors de sa fondation a-t-elle été bâtie sur le Mont-Menu? Nous ne le pensons pas ;

---

(1) En 1753, il fut payé 15 livres au sieur Chenet d'Avignon, pour avoir gravé sur bois les armoiries d'Eyguières.

tout au contraire, il est pour nous certain que les premiers habitants s'établirent au Col de Mélet, à l'endroit même où est le cimetière actuel. En effet, dans le procès-verbal de la visite faite à Eyguières, le 8 décembre 1663, par Mgr l'archevêque d'Avignon, il est parlé du cimetière qui est autour de l'église, « où il n'y a que l'habitation de l'ermite », et nous y trouvons cette phrase significative : « Autrefois, c'était la paroisse ». Avoir la prétention de préciser la date approximative visée par ce mot *autrefois* serait caresser une chimère ; mais cette expression nous force à remonter bien au-delà de l'an mille, puisque en 1048, les chanoines de St-Ruf sont cités comme étant déjà chargés de la direction de l'église d'Eyguières et reçoivent l'église de St-Pierre-de-Vence, de l'archevêque d'Avignon qui la joint à celle de St-Ruf d'Eyguières, et aux chanoines d'icelle, et la leur confirme pour la posséder. Or, si au milieu du XI° siècle, la paroisse actuelle était déjà formée au point d'être confiée à plusieurs chanoines, il n'est pas possible d'admettre qu'elle n'existât pas au X° siècle pour le moins ; elle avait déjà été fondée depuis longtemps, mais à St-Vérédème : c'est la conclusion qui résulte et s'impose d'après le document cité. Et comme d'autre part la tradition constante du pays affirme que saint Vérédème, patron d'Eyguières, a mené la vie érémitique dans la forêt du Col de Mélet avant l'an 700, il faut admettre qu'Eyguières n'a été fondée qu'après le séjour de son saint patron au lieu même où il a vécu, soit entre le VIII° et le IX° siècle.

Origine des premiers habitants. — Est-il possible d'indiquer la provenance des premiers habitants d'Eyguières ? Un rapide coup d'œil sur les temps qui ont précédé cette époque pourrait nous aider à fournir cette réponse plausible : c'est par les Glauges et du côté du nord que sont venus les éléments premiers de la ville d'Eyguières.

Primitivement et avant l'ère chrétienne, jusqu'en 1200 environ, la mer occupait la Provence, et s'élevait dans la Crau à la hauteur d'à peu près 50 mètres. La Durance alors déversait par la vallée de Lamanon, ses eaux et ses galets dans la Crau qui était un golfe. Peu à peu la mer se retira par suite de la rupture de diverses chaussées, notamment de celle de

Gibraltar, et laissa la Crau avec ses cailloux si gros et si nombreux, et avec des étangs dans tous ses creux. De son côté, la
Durance s'était tracé un passage entre Cavaillon et Orgon,
avait inondé le bassin de St-Remy, où elle forma la petite Crau,
pour se jeter dans le Rhône en passant par St-Gabriel, dans
la direction de Mont-Majour.

Ce fut après la retraite de la mer vers son bassin actuel que
les flancs des collines, recouverts de terre, produisirent des
végétaux et des forêts épaisses, sous lesquelles disparaissait la
nudité des montagnes, tandis que les parties basses, abreuvées
par les eaux pluviales, n'offraient que des plaines maréca-
geuses plus tard desséchées en grande partie après avoir été
dessalées. Et ce fut alors aussi que la Provence commença
d'être habitée.

Du mélange des Celtes étaient sortis les Liguriens, du mot
gour qui désigne encore aujourd'hui une eau sans pente, une
lagune. Diodore de Sicile en parle comme d'une nation puissante et redoutable qui existait de 1500 à 600 avant Jésus-
Christ. Ils formaient plusieurs peuplades connues sous le nom
de Saliens, à cause de leur principale industrie, la préparation
du sel. Salon était pour eux un entrepôt important qui a donné
son nom à cette ville.

Voici, d'après Diodore, les mœurs des peuples Liguriens :

« Ils habitent un canton sauvage et stérile ; ils mènent une
« vie misérable, travaillent assidûment à des ouvrages rudes
« et pénibles. Leur pays est couvert d'arbres.... ils achètent
« une très petite récolte par beaucoup de fatigues. L'assiduité
« au travail les rend extrêmement maigres, mais en même
« temps très nerveux. Leurs femmes les aident dans leurs
« travaux, car elles ne sont pas moins laborieuses que leurs
« maris. Les Liguriens vont fréquemment à la chasse, et ils
« réparent par le nombre de bêtes qu'ils y tuent, la disette de
« fruits qui règne chez eux. Leur pays étant pour ainsi dire
« inconnu à Cérès (blé) et à Bacchus (vin), la plupart de ses
« habitants ne boivent que de l'eau et ne mangent que de la
« chair des animaux domestiques ou sauvages, et quelques
« herbes qui croissent dans leurs campagnes. Ils passent
« ordinairement la nuit couchés à plate-terre, rarement dans
« des cabanes, mais plus souvent dans les fentes des rochers,

« ou dans des cavernes creusées naturellement et capables de
« les garantir de toutes les injures de l'air...

« On peut dire en général que dans toute la Ligurie les
« femmes sont aussi fortes que les hommes, et que les hom-
« mes ont la force des bêtes féroces. Par-dessus leur tunique,
« ils mettent un ceinturon et leurs habillements sont de bêtes
« fauves ».

Les Liguriens formaient plusieurs peuplades séparées par
des forêts ou des lacs ou des marais, et ayant chacune un roi.

Les *Désuviates* étaient un des huit peuples Liguriens ou
Saliens qui habitaient le pays devenu aujourd'hui le département des Bouches-du-Rhône. D'après Pline, ils étaient au-
dedans de la région ligurienne. Leur pays était borné : au
nord, par la crête des Aupies — sur le versant opposé (nord),
étaient les Salviens ; — à l'est, par les Salyes, ou le territoire
de Salon ; à l'ouest, par le Rhône et, au midi, par les étangs
d'Entressen et de Descaumes (nom ancien *Desuatus est*, d'où
Désuviates), qui les séparaient des Anatiliens, peuples de la
Basse-Crau et de la Camargue.

Cette population a été évaluée par la statistique ainsi que
suit :

Ier siècle, 2.000 ; — IIe, 5.000 ; — IIIe, 10.000 ; — IVe, 5.000 ;
— V^e et VIe, 5.000.

Il ne reste d'autres vestiges de ces temps qu'un certain
nombre d'habitats, sortes d'enceintes construites en pierres
sèches pour protéger les demeures rustiques, en pierres sèches
aussi, contre les attaques des hommes et des animaux. On en
voit encore de remarquables à Mont-Pahon, aux Baux et à
Calès de Lamanon. Il n'en existe point à Eyguières, mais on
peut penser que les grottes de St-Cerf, au nord du mont Menu,
ont servi d'abri aux Désuviates dans ces temps reculés. Des
fouilles tout à fait récentes entreprises par des chercheurs
infatigables et intelligents, les frères Perret, ont mis à découvert dans ces grottes à trois ouvertures des vestiges humains :
un lieu de sépulture préhistorique, au passage des Alpines
appelé : Pas dou pebre. Sous de grandes dalles gisaient des
squelettes ayant uniformément les pieds tournés au nord et
les bras repliés sur les épaules. On a vu un crâne portant la
trace d'une entaille faite avec une arme en pierre. Au cours

de ces mêmes fouilles, on a encore trouvé des vestiges humains à l'état fossile, et quantités d'armes, de haches, de poinçons en silex, ainsi qu'une statuette gauloise et une autre statue de 0,40 centimètres, très bien conservée et représentant une femme voilée, etc.

Grecs. — En 600, les Phocéens vinrent fonder une colonie pour le commerce à Marseille, et la conservèrent jusqu'à l'an 49 avant Jésus-Christ. Certainement ils furent en rapport avec les Liguriens et avec les Désuviates des Aupies en particulier ; une plaque en plomb, sur laquelle sont tracés des caractères grecs pour la plupart, trouvée en 1899 à Ste-Cécile (Coste Fère), sur le mont Menu, en est la preuve évidente. Les Grecs ne laissèrent aucun vestige durable à signaler. Commerçants, ils apportaient des marchandises, faisaient des échanges ; avant tout ils établissaient des comptoirs pour réaliser des bénéfices. Pourtant ils apprirent à ces peuples à être moins barbares à l'égard de leurs femmes et de leurs enfants ; ils leur enseignèrent l'art de couvrir avec la brique cuite leurs chaumières jusque-là couvertes seulement de branches d'arbres ou de paille mêlée avec de la terre détrempée, à ouvrer le bois pour fermer l'entrée des chaumières autrement qu'avec des peaux de bêtes ; ces peuples se livrèrent alors aux douceurs du repos sur la toison de leurs brebis, et environnèrent leurs villes de remparts de pierres. A leur contact, les Désuviates se civilisèrent ; les Grecs leur transmirent leurs institutions, leur langage, un peu de leur costume.

Romains. — Tout autres furent les Romains. Ce peuple conquérant s'empara de bonne heure de la Provence, après avoir pris Marseille, l'an 49 avant Jésus-Christ et conserva cette province jusqu'en 476. Les Romains introduisirent en Provence leur organisation municipale, construisirent des monuments et créèrent des voies de communications destinées à relier entr'eux les divers centres de population, et ceux-ci avec Arles et Rome elle-même.

La plus célèbre et la plus connue des voies romaines est celle qui s'appelle voie Aurélienne. Elle avait huit pieds de large, était formée de plusieurs couches de gravier liées par un ciment très dur et pavée de larges dalles de pierre. Elle entrait d'Italie en Provence par Nice et Antibes et arrivait à Aix pour se ramifier dans la direction de Marseille, — c'était la voie du littoral, — et dans la direction d'Arles, c'était la voie centrale. Celle-ci passait à Eguilles, à Pélissanne (Pisavis), près de la chapelle de St-Jean-de-Bernasse, longeait Valdecuech, suivait le pied des collines de Ste-Croix, au-dessus de Salon, et contournait ces mêmes collines jusqu'à Lamanon pour éviter les eaux stagnantes de la Crau ; elle traversait à Lamanon la vallée qui était l'ancien lit de la Durance, et allait en suivant le Défend passer au-dessous d'Eyguières où elle a laissé son nom au quartier appelé : Vie d'Aureille ; de là par Aureille qui a gardé son nom, au pied des Aupies, jusqu'à Tericias (Mouriès), dans le quartier de Servane, et puis à Maussane, d'où elle remontait aux Baux pour aller aboutir à l'Arc-de-triomphe de St-Remy (Glanum), et enfin, se confondant à cet endroit avec la voie qui venait d'Italie, par Apt, Cavaillon, la voie Aurélienne traversait Ernaginum (St-Gabriel) pour se rendre à Arles.

Indépendamment du nom porté par le quartier traversé à Eyguières par la voie Aurélienne, nous avons d'autres souvenirs de l'occupation romaine. Dans le quartier de Borme, en établissant la nouvelle route de Lamanon et de Salon, et en creusant les fondations de quelques maisons, on a mis à découvert des objets, des restes de constructions de l'époque romaine, qui étaient près de la voie Aurélienne. De plus, au couchant du col de Mélet, une voie secondaire se détachait de la grande voie et par la vallée des Glauges allait à Roquemartine.

Les recherches pratiquées en 1899, sur l'emplacement de La Roche-de-Nadal, village en ruines près de la voie romaine, ont eu pour résultat de mettre à jour des urnes cinéraires très bien conservées, des plats, des poteries noires avec inscriptions romaines, des lances, des tridents, des bracelets, des agrafes, un vase antique en métal, etc. Par conséquent, du temps des Romains, des Grecs et des Désuviates même, et longtemps avant l'ère chrétienne, le pays et ses environs était, non pas désert, mais peuplé : ce sont là des témoignages qui attestent la présence d'habitants plus ou moins nombreux dans cette région dès les temps les plus reculés, soit au quartier de Borme, soit au quartier de Nadal. Puis, à mesure que les eaux se sont retirées, que les marais ont été desséchés, les habitants de Nadal peu à peu sont descendus par les Glauges et se sont fixés en se groupant au col de Mélet qui était immédiatement au nord de la voie Aurélienne. Sur ce point, ils étaient plus rapprochés des terres qu'ils avaient conquises sur les eaux, des étangs et des bois, qui leur fournissaient le poisson et le gibier; peut-être y furent-ils amenés aussi par le souvenir de sainteté qu'y avait imprimé saint Vérédème, l'ermite du VIIe siècle. Quoiqu'il en soit, Eyguières venait de naître, et son existence ne pouvait être que prospère, étant placée sous l'égide de ce saint illustre. Elle comptait déjà mille neuf cent cinquante âmes au XIIIe siècle, d'après la statistique.

PREMIÈRE PARTIE

LA CHATELLENIE

LIVRE Ier

Les Familles seigneuriales.

Dès la plus haute antiquité, Eyguières eut en présence l'un de l'autre, trois pouvoirs, chacun avec ses attributions distinctes, souvent en désaccord pour des motifs d'intérêt personnel, ayant même des procès entr'eux : c'étaient la seigneurie qui représentait le pouvoir féodal aux mains de la famille seigneuriale ; — la Communauté s'administrant elle-même par des électeurs qui choisissaient d'après différents systèmes un conseil dont la volonté était exécutée par des consuls, — enfin l'autorité religieuse ou autrement dit la paroisse. Pour plus de clarté, nous nous occuperons séparément de chacun de ces pouvoirs. En les nommant nous avons annoncé les trois parties de cet ouvrage : la Seigneurie, la Communauté, la Paroisse.

CHAPITRE Ier

LA FAMILLE D'EYGUIÈRES DU IXe SIÈCLE A 1170.

Le bourg bâti au col de Mélet était parfaitement situé et jouissait de nombreux avantages très appréciés en temps de paix. Mais vinrent les invasions sarrasines qui durèrent jusque vers le milieu du Xe siècle. Les campagnes devinrent désertes, car il était impossible de se garantir contre les Maures qui incendiaient, pillaient et assassinaient les vieillards, les femmes et les enfants, ou bien envoyaient captifs en Afrique ceux qu'ils laissaient vivre. Eyguières, au col de Mélet, occupait une position mauvaise et impossible à défendre, dominée qu'elle était par des hauteurs d'où l'ennemi aurait pu aisément l'écraser. Et c'est alors, sans doute, en vue d'avoir une position militaire excellente, que le mont Menu, dans sa partie méridionale, fut choisi pour y construire un château-fort entouré de remparts ; c'était à une hauteur suffisante, loin de tout point culminant. Le *castrum de Aquariâ*, le château fort d'Eyguières, fut établi sur ce mont, et il dut son nom, ainsi que nous l'avons dit, aux eaux abondantes qui ·l'entouraient. Cette forteresse fut confiée à un seigneur qui prit le nom du château et fut en même temps chef militaire et juge en première instance. Les habitants de la contrée, des campagnes voisines, et notamment du col de Mélet, se réfugièrent auprès du château, *se construisirent des maisons* protégées par les remparts du château, et se mirent ainsi à l'abri sous la protection du seigneur. Ceci dut se passer sous les successeurs de Charlemagne.

A cette époque forcément on n'apprenait que le métier des armes ; l'agriculture était en souffrance et l'ignorance grandissait. C'est pourquoi bien peu de gens savaient écrire, si ce n'est parmi les religieux et dans les monastères, où, tout en s'occupant de se défendre contre l'ennemi, on travailla à sauver d'un naufrage certain les sciences et les lettres. Et c'est grâce à quelques-uns de ces manuscrits conservés (t. I, p. 195) ou cités au *Cartulaire de l'abbaye de St-Victor de Marseille*, que nous avons pu apprendre qu'au milieu du XI° siècle, le seigneur s'appelait Pons d'Eyguières. Son nom est cité — et c'est le premier de sa famille — dans un encartement de 1044, contenant donation et restitution à l'abbaye de St-Victor par les frères Reinaud et Guillaume, conjointement avec ses deux cousins. Le nom de Pons d'Eyguières figure encore dans un encartement du 23 mai 1051, portant donation à la même abbaye par son cousin Vasson, sa femme Adalaïs et son fils Téofred.

Un peu plus tard, en 1068 d'abord, et puis en 1077, nous trouvons le nom d'Humbert d'Eyguières, cosignataire avec plusieurs bienfaiteurs, au bas d'un acte de donation de certaines terres aux chanoines de St-Ruf, qui desservent l'église d'Eyguières. L'affar en question était sur le territoire de Saint-Pierre-de-Vence ; il en sera parlé plus loin.

Vers le milieu du XIIᵉ siècle, dans l'histoire du comté de Provence, on lit le nom de Géril d'Aiguières qui prit parti pour la maison des Baux contre celle de Barcelonne dans la question de possession de la couronne de Provence.

Le pays se couvrit de troupes armées et fut rempli de ravages. Tout ce que nos contrées méridionales comptaient alors d'illustres familles se rangea sous la bannière de Barcelonne ou sous la comète à seize rayons d'argent en champ de gueules, blason de la maison des Baux. Cette querelle mérite d'être expliquée avec quelques détails, puisqu'elle se termina par la déchéance de la maison des Baux et la perte de sa seigneurie pour le seigneur d'Eyguières. Voici les faits :

Gilbert, comte de Provence, 1090-1102, avait une fille unique, Stéphanette, qui fut unie en mariage à Raymond des Baux. Celui-ci, à la mort de son beau-père, s'empara de la Provence comme succession paternelle. Mais la maison de Barcelonne éleva des prétentions à cette couronne, les fondant sur les conditions du partage fait en 1125 entre les deux sœurs de Gilbert, Doulce, comtesse de Barcelonne, et Faydide, comtesse de Toulouse. D'après ce testament, à défaut de postérité mâle, le comté de Provence devait passer dans la branche de Barcelonne. La guerre fut donc allumée pour ce motif. Raymond des Baux s'opposa à cette prétention, et fut soutenu par le comte de Toulouse, son beau-frère, qui vint en armes sur le Rhône pour se joindre à ses parents, les seigneurs des Baux. Il y eut de part et d'autre le plus grand acharnement. La défense fut vigoureuse. Attaqué à la tête de ses troupes devant Trinquetaille, le jeune comte de Provence battit Raymond des Baux, lui prit un de ses châteaux près du Rhône ; puis, après plusieurs alternatives de succès et de revers, Raymond des Baux étant mort, et bientôt après lui, le vieux comte Raymond de Barcelonne, les deux partis convinrent d'une trêve de cinq ans ; enfin, sur la demande de Stéphanette, en 1150, Raymond le jeune vint en Provence pour y traiter d'une paix définitive. Les deux cours, celle des Baux et celle de Barcelonne, se réunirent à Arles. On y discuta les droits réciproques, et les bases d'un traité furent convenues ; elles furent signées par les deux parties et sanctionnées par la présence de Guillaume et Rostang des Porcelet, Guillaume d'Eyguières et Rostang de

Quiqueran, gentilhomme d'Arles, par devant Raymond de Montrond, archevêque d'Arles et Alphonse Jourdan, comte de Toulouse.

D'après cet acte, Stéphanette et ses enfants firent hommage à Raymond Béranger de toutes leurs terres possédées jusqu'alors à titre de souveraineté particulière et le reconnurent comte de Provence. Cet hommage devait être perpétuel. Dès lors, la maison des Baux fut singulièrement amoindrie, et un siècle plus tard, en 1251, Barral des Baux finit par se reconnaître vassal du comte de Provence ; ses terres furent confisquées ou perdirent leurs privilèges, à l'exception pourtant de la baronnie des Baux, composée des terres de Maussane, Mouriès et Paradou, qui, dès lors, furent placées parmi les adjacentes.

Mais revenons au seigneur d'Eyguières : nous le trouvons parmi les gentilshommes d'Arles qui sanctionnent le traité conclu entre la cour des Baux et celle de Barcelonne et il y figure sous le nom de Guillaume d'Eyguières. Géril avait pris parti pour Raymond des Baux, avons-nous dit, et, pour le punir d'avoir pris les armes contre lui, le comte de Provence le déposséda de sa seigneurie en vertu du droit de commise. Alors la famille seigneuriale d'Eyguières alla s'établir à Arles et c'est à ce titre que Guillaume d'Eyguières, fils de Géril, eut le rôle que nous lui avons vu lors de la conclusion de la paix.

Pourtant les princes des Baux ne l'abandonnèrent pas : la reconnaissance est la qualité des grandes âmes ; ce fut la leur. Loin d'oublier une famille qui avait tout sacrifié pour défendre leur cause, ils lui donnèrent la terre de Barbegal en compensation de la terre d'Eyguières. Un peu plus tard, en 1207, Hugues des Baux, d'accord avec le comte de Provence, donna à Guillaume d'Eyguières et à quelques autres seigneurs le droit d'exiger une taille sur toutes les marchandises qui entraient dans la ville d'Arles et sa bourgade, ou qui en sortaient. Pourtant quelques difficultés s'étant élevées entre Hugues des Baux et Guillaume d'Eyguières, Mgr Michel, archevêque d'Arles, fut pris pour arbitre et régla le 28 mars 1210 que, à chaque changement de seigneur de part et d'autre, le prince des Baux, suivi d'un écuyer, aurait le droit de venir planter sur le fort de Barbegal sa bannière armoriée, et de recevoir hommage et serment de fidélité.

Enfin, par acte du 18 août 1249, Barral des Baux, satisfait des services que lui avait rendus Pierre d'Eyguières, confirma à lui et à ses successeurs tout ce qu'il possédait en fief et en juridiction à Barbegal, et tous droits de pêche et de chasse, avec le pouvoir de vendre le tout, sous la réserve, en faveur du seigneur des Baux, de la haute seigneurie et du droit du treizième. Par le même acte, Barral promettait de faire bâtir un poste pour la défense, en terre de Barbegal, et de protéger contre toute attaque Pierre d'Eyguières qui lui faisait hommage de tous ses biens comme à son seigneur suzerain.

Depuis la confiscation par le comte de Provence de la seigneurie d'Eyguières, la famille de ce nom n'appartient plus à notre histoire locale ; ce serait nous écarter de notre plan que de suivre les d'Eyguières à travers les siècles. Il nous suffira de dire que leur famille eut deux branches également remarquables, celle d'Avignon qui, au XIIIe siècle, eut comme rejeton Arnaud d'Eyguières, et au XVIe siècle, Joseph et Roustan, tous deux docteurs et assesseurs de la ville d'Avignon ; et celle d'Arles, la plus importante qui produisit Pons, un des consuls d'Arles en 1177 ; Pierre, podestat de la même ville en 1190 ; Gaufarin et un autre Pierre qui se trouvent compris au nombre des gentilshommes qui gouvernèrent la république d'Arles en 1297.

En outre, dans le métier des armes on cite Guillaume d'Eyguières au nombre des cent chevaliers désignés par le comte de Provence, Charles Ier, pour régler par les armes la possession du royaume de Sicile ; Jaume et Raymond, en 1288, sont au nombre des députés envoyés par le comte de Provence auprès du roi d'Aragon.

En 1385, et le 7 septembre, Jaume d'Eyguières eut la tête tranchée sur la place du Centié, à Arles, pour avoir ouvert une porte de la ville aux Tuchins, le 24 juillet 1384, et avoir ensuite pris part au pillage du château de Roquemartine, ainsi qu'au meurtre du seigneur et de son cuisinier.

Au XVIe siècle, les protestants firent de tels ravages aux environs d'Arles, que les habitants de cette ville durent s'unir en une sorte de confédération pour enrayer le mal. Cet acte, fait à Arles le 10 avril 1579, eut aussitôt des conséquences très favorables. Parmi les vingt-deux noms nobles des signataires, nous relevons avec honneur celui de Nicolas d'Eyguières.

Mais cinq ans plus tard, le chevalier d'Eyguières fut condamné à avoir la tête tranchée pour avoir comploté d'ouvrir une des portes de la ville aux troupes du maréchal d'Amville, en 1584. Le coup ne réussit pas, et le chevalier fut puni comme coupable; plus tard Henri IV par lettre patente le réhabilita.

Dans le clergé, on trouve aussi des membres de cette famille. En 1293, Pierre d'Eyguières, recteur de l'église de St-Roman, dans la vallée des Baux, au cros de Mouriès, obtint de Bertrand des Baux, comte d'Avellin, restitution de divers droits et de plusieurs terres qui avaient été enlevées à cette église. L'acte fut signé aux Baux.

Au mois de mai 1369, mourut à Naples, à l'âge de cent ans, en odeur de sainteté, Félip d'Eyguières, religieux franciscain, qui avait été le confesseur de saint Elzéar et de sainte Delphine. Mais le plus illustre fut Imbert d'Eyguières, qui fut archevêque d'Arles de 1190 à 1202. Le pape Innocent III le chargea d'établir une réforme sérieuse dans le couvent de Lérins, et il y réussit. En 1200, le 9 novembre, il couronna roi d'Arles, Othon IV; celui-là même qui plus tard fut battu à Bouvines par Philippe-Auguste. — Avec Rostaing, archevêque d'Avignon, Imbert fut évêque consécrateur de l'église Ste-Marthe de Tarascon et de la crypte. En 1201, il assigna à sa métropole une pension de six setiers d'orge sur une terre près de St-Genès de la Colonne, pour qu'à son anniversaire on traitât treize pauvres et qu'on fît brûler la lampe devant l'autel de St-Pierre et St-Paul. Il mourut à Arles et fut inhumé dans la nef de St-Trophime, le 13 des calendes d'août, de l'an 1202. « Son caractère pacifique et sa vie exemplaire, dit Papon, lui gagnèrent l'estime et l'affection de ses diocésains ». Une modeste plaque en marbre enchâssée dans le mur de gauche au bas de l'église primatiale, le désigne d'un mot très flatteur en l'appelant « *bonæ memoriæ* ». Sa mémoire est sans reproche. En 1695, on découvrit son tombeau et son épitaphe à côté de l'autel des SS. Simon et Jude. La voici textuelle : (Constantin.)

> *Hic jacet Imbertus. Hic thus tumulatur et imber,*
> *Præsulis officium nomen utrumque notat,*
> *Imber doctrinam, thus significat sacrificium,*
> *Sic fuit Imbertus sacrificando docens.*

ICI REPOSE IMBERT.

Ce tombeau renferme l'encens et la pluie. L'un et l'autre noms désignent la fonction du Pontife. La pluie (imber) signifie sa doctrine, et l'encens (thus) le sacrifice, car Imbert fut sacrificateur (pontife) et docteur.

CHAPITRE II

LES COMTES DE PROVENCE, 1170 A 1221. — PIERRE AUGIER
ET LES COSEIGNEURS, 1221 A 1416.

Après le retrait de la terre d'Eyguières à ses anciens seigneurs, les comtes de Provence la gardèrent sous leur dépendance jusqu'au 3 des calendes de septembre 1221. Ce jour-là, dans le château d'Eyguières, Raimond Béranger, par la grâce de Dieu, comte et marquis de Provence et de Forcalquier, donna le fief d'Eyguières à Pierre Augier, pour reconnaître ses services ou ceux de son père. Cette inféodation se fit en présence de Raimond Ganteaume, Guillaume Ganteaume, Pons d'Alamanon, Jaufret de Bovis, Pierre Roustan, Audibert de Mérindol, Raimond Basson, Abraham (un juif), Guillaume Albert, Ricau Hugolin et Guillaume Pons, notaire du comte de Provence. Le texte de cet acte est très important. Le voici :

La donation comprenait : « Tous les droits que nous avons
« ou que nous devons avoir sur le château d'Eyguières, dehors
« et dedans, et dans tout son territoire, c'est-à-dire sur les
« hommes, sur les propriétés cultivées ou incultes, sur la

« chasse, sur les vignes, sur les marais, sur les pâturages, sur
« les prés, sur les sentences de juge, pécuniaires ou corpo-
« relles, et toutes les juridictions, et particulièrement sur les
« corrections, sur les services annuels, sur les pensions ou
« censes, et généralement sur toutes actions ou demandes,
« réelles ou corporelles, et toute défense que nous avons dans
« le château d'Eyguières et dans les causes susdites. — Pour-
« tant nous retenons sur ce que nous avons donné une taille
« passagère que voici : pour chaque bête, quatre deniers ;
« pour les brebis et les chèvres et pour chacune, un demi-
« denier ; pour un pourceau, un denier ; pour toute bête char-
« gée de légume, quatre deniers ; pour chaque homme portant
« à dos les choses susdites, un denier ; pour le sel, deux
« deniers ».

Quelques années plus tard, le 4 des ides d'octobre 1234,
Raimond Bérenger donna encore à Augier quatre deniers
royaux couronnés sur la taille qui lui revenait pour chaque
troupeau de passage à Eyguières. Cette donation fut faite
dans l'église de St-Remy de Provence, en présence de Jean,
archevêque d'Arles, de plusieurs autres personnages, et de
Raimond, notaire du comte de Provence.

Pierre Augier mourut sans postérité ; après lui, le fief
d'Eyguières appartint à divers coseigneurs, jusque dans les
premières années du XV° siècle.

Ils furent nombreux et dispersés le plus souvent ; ce fut
pour remédier aux inconvénients de cette situation qu'ils finirent par décider entr'eux que désormais tout ce qu'un seigneur
dirait, ordonnerait et concèderait au château d'Eyguières,
serait tenu pour dit, ordonné et concédé par tous les autres
seigneurs. (Archives : DD, 13.)

Il est bon de remarquer que pendant les deux siècles que
dura cet état de choses, on ne vit plus paraître le nom d'Augier, ce qui fait supposer qu'il donna son fief, ou le laissa par
testament à des collatéraux ; il faut écarter la supposition
d'une vente, car, dans ce cas, le comte de Provence aurait pu
l'empêcher en vertu de son droit de retrait, comme cela se
produisit plus tard, en 1416.

Parmi tous ces coseigneurs, il suffira de citer quelques
noms : En 1325, le 8 des ides de février, le pape Jean XXII

envoya à Gualbert, archevêque d'Arles, vicaire-général pour le St-Siège apostolique, une bulle par laquelle il lui mandait de terminer le différend né entre noble Bertrand d'Albe, seigneur de Roquemartine, et noble Pierre de Bénévent, coseigneur d'Aiguières, à l'occasion des limites des territoires desdits châteaux. (SUAREZ, *avenio*, manuscrit 2384. — *Gal. Christ.*, p. 201).

En 1345, le 27 septembre, Guillaume d'Eyguières et Guibert de Beaumont assistèrent à l'assemblée où il fut statué de concert avec les habitants : 1° sur le droit au coussou de la plaine de Borme ; 2° sur le droit de pêche dans l'étang commun, et de chasse pour toute l'année, excepté pendant les mois de septembre et de novembre. Le 17 novembre, cet accord fut ratifié par Barasse de Cadenet et par Rouscanet Gancelier, deux autres coseigneurs.

Imbert de Bénévent vendit à la communauté, en 1380, six cannes de marais, un peu plus de deux mètres, pour y creuser un fossé d'écoulement depuis le chemin de Mallemort jusqu'à l'étang commun destiné à recevoir les eaux du quartier. Cette vente fut consentie, moyennant la somme de cinq florins d'or, une fois payée, avec la rente annuelle d'une fève, destinée à rester comme une marque perpétuelle de la Seigneurie directe conservée par l'ancien propriétaire.

Enfin, au commencement du XVᵉ siècle, les trois coseigneurs Antoine du Pont, Michel du Pont et Félip de Cabane vendirent leurs droits à Catalan de la Roque. Le comte de Provence, seigneur suzerain, qui aurait pu à ce titre retirer le droit de lods pour consentir à cette vente, préféra retenir cette terre comme relevant de sa couronne ; il exerça son droit de retrait, et la vente faite à Catalan n'eut aucune suite. Louis II, comte de Provence, redevint par là même possesseur de la seigneurie d'Eyguières et il en disposa, en l'an 1416, en faveur de l'illustre famille de Sade, qui conserva le fief d'Eyguières jusqu'à l'époque de la Révolution.

La famille d'Eyguières, dont les armes portaient de gueule à six besants d'argent, cinq en écharpe, la sixième à la pointe de l'écu, avait été toujours au premier rang de la noblesse du pays. Elle avait produit des hommes remarquables par le courage, le talent et la vertu, des croisés, des ambassadeurs, des

guerriers, des magistrats, des évêques. La nouvelle famille
seigneuriale ne lui sera pas inférieure, et pendant plus de
quatre siècles et demi, nous la verrons briller presque sans
éclipse par ses qualités civiques et religieuses.

CHAPITRE III

FAMILLE DE SADE

« Opiniâtreté de Sade », telle est l'épithète que le roi René
donna à cette famille quand il voulut dépeindre d'un trait
caractéristique chacun des noms des grandes familles de Provence (1). Si les de Sade ont été opiniâtres, c'est pour le bien,
nous aurons maintes fois l'occasion de le constater bientôt,
car c'est de cette famille que nous allons parler.

Le XIVe siècle a produit deux femmes illustres qui sont restées encore aujourd'hui populaires en Provence : nous avons
nommé la reine de Naples, Jeanne Ire, comtesse de Provence
et de Forcalquier, souveraine de la ville d'Avignon, et la belle
Laure, fille d'Audibert de Noves, seigneur de ce lieu et syndic d'Avignon. La première, fille de Charles, duc de Calabre,
et de Marie de Valois, naquit en 1326, et fut étranglée ou étouf-
fée entre deux matelas, le 22 mai 1382. Elle représente le type
de la bonté, et chaque village se plaît encore à montrer son
vieux château ruiné, en ajoutant — et c'est exact à titre seu-

---

(1) Voici ces épithètes : Grandeur des Porcelets, opiniâtreté de Sade,
inconstance des Baux, déloyauté de Beaufort, prud'homie de Cabassol,
envie de Candol, dissolution de Castellane, fierté de Glandevès, sottise de
Grasse, bonté d'Agoult, simplicité de Sabran, tricherie d'Apérioculos-
Dubreil, gravité d'Arcussia, fallace et malice de Barras, union de Forcalquier, subtilité de Jarente, finesse de Grimaud, légéreté de Lubières, fidélité de Bouliers, vanterie de Boniface, bonté de Castillon, vivacité d'esprit
de Forbin, ingénuosité d'Orajon, sagesse des Rambaulds, libéralité de Ville-
neuve, constance de Vintimille. (César NOSTRADAMUS : *Hist. de Provence*,
p. 647.)

lement de suzeraine : « Ce château appartenait à la reine Jeanne ».

La deuxième, celle qui trouve naturellement sa place dans l'histoire d'Eyguières, fut appelée, par ses contemporains et par les siècles qui ont suivi : « La Belle Laure » ; elle vint au monde en 1308, fut mariée, en 1325, à Hugues de Sade, d'une illustre famille d'Avignon qui remonte au XII° siècle, déjà célèbre sous les comtes de Toulouse ; elle habita une maison ornée de créneaux et dominée par une tour, située tout près des Cordeliers, autrefois faubourg d'Avignon appelé de Saze (1), Laurette de Sade, comme l'appelle Nostradamus, n'était pas seulement remarquable par une beauté restée légendaire, mais, dit cet auteur en parlant d'elle et d'une autre dame, « elles « étaient humbles en leur parler, sages en leurs œuvres, accom- « plies en toutes vertus. Toutes deux romansoyent prompte- « ment en toutes sortes de rythmes provençales, suivant ce « qu'en a écrit le Monge des Iles d'Or ». Et c'est à ce titre qu'elle fut présidente de la cour d'amour tenue à Signes, et par là même placée à la tête non d'un simple tribunal de ga- lanterie, mais chargée de juger en dernier ressort tous les cri- mes de séduction et de rapt (Manuscrit-archives de Signe).

Les félibres provençaux rappellent très volontiers, pour ce motif, le souvenir de Laure. Mais elle a été chantée en particu- lier par Pétrarque, le prince de la poésie italienne, dans des vers qui ont appelé à l'immortalité Laure de Sade, et leurs noms inséparables retentissent encore sur les bords romanti- ques de la Fontaine de Vaucluse.

Pétrarque la vit pour la première fois dans l'église du mo- nastère de Ste-Claire, le vendredi-saint au matin, le 6 avril 1327. « C'était le jour que le soleil, touché de la mort de son auteur, « perdit l'éclat de sa lumière, quand, sans me douter du dan- « ger, je fus pris par vos beaux yeux... La cause de mon tour- « ment commença ce même jour que toute la nature est « abandonnée à la douleur ». *(Sonnet de Pétrarque.)*

Les voyages ne pouvant adoucir les peines que sa passion

---

(1) Cette famille a été appelée de divers noms, tels que Sado, Sadone, Saze, Sauze, etc. ; mais ces appellations diverses sont identiques, ainsi que le démontrent les archives de la Provence et du comtat Venaissin.

pour Laure lui causait, le poète demanda le calme à la solitude ; il vint se fixer à Vaucluse, en 1337 ; il y acheta une maison et un petit champ qui firent ses plus chères délices ; on
croit que cette maison était en amont du pont de Vaucluse,
au contour fait par la Sorgue ; il l'appelait son Parnasse cisal-
pin. Il avait le projet de bâtir une chapelle dans son petit
jardin, près de la source située aux pieds des rochers : à la
Mère du Christ qui a renversé les autels et les temples des
faux dieux.

Laure était belle et vertueuse, et fut toujours respectée par
son amant, dont elle sut sans relâche élever les pensées :

> Sur un fatal penchant, l'homme s'excuse en vain :
> Aussi tendres que nous, Madeleine, Augustin,
> Cherchant le vrai bonheur et lassés dans leur course,
> N'en ont trouvé qu'en Dieu l'inépuisable source.
> Comme eux nous le cherchons, il nous fuit ; mais, hélas !
> Peut-on le rencontrer où Dieu ne règne pas ?
> C'est Dieu seul qui sur vous l'emporte dans mon cœur :
> Vous pouvez avouer un si noble vainqueur !

Ces beaux sentiments exprimés en un langage si pur et si
chrétien ont paru bons à citer tout au long pour faire disparaître une légende qui semble vouloir abaisser à la fois le
poète et Laure de Sade. Leur amour resta pur.

Laure mourut de la peste qui fit périr cent vingt mille âmes
en trois mois dans Avignon, le 6 avril 1348. Elle fut enseve-
lie dans l'église des Cordeliers, dans la chapelle de la Croix qui
appartenait à la famille de Sade.

Pétrarque, 20 avril 1348, alla se consoler aussitôt de cette
perte auprès de son frère Gérard, religieux à la Chartreuse de
Montrieux (Var). Là aussi la peste sévissait et faisait des victimes. Le prieur proposa la fuite à ses religieux ; Gérard ré-
sista : — « Vous mourrez, et vous serez privé de sépulture ».
— « Qu'importe, dit le religieux héroïque, c'est aux vivants à
« ensevelir les morts ; je ne quitterai pas mon poste ». En
effet, il secourut ses trente-quatre frères malades qui moururent tous. Il recueillit leur dernier soupir, lava leur corps, les
porta sur ses épaules et leur rendit les honneurs de la sépul-

ture. La contagion et la mort poursuivirent le prieur fugitif, et Gérard fut préservé du fléau. Il repeupla la Chartreuse, dont il fut regardé comme le second fondateur ; son frère lui légua par testament la somme de cent florins d'or.

Par ces épreuves et par la vue de ce spectacle, Dieu sans doute avait voulu purifier le cœur de Pétrarque, dont la jeunesse avait ressemblé à celle d'Augustin, et l'attirer davantage à lui par le désenchantement que lui causa la perte des créatures. Son portrait se voit au musée d'Avignon, avec celui de Laure ; on les voyait aussi au-dessus du portail de la métropole de Notre-Dame-des-Doms. Richard de Sade, évêque de Cavaillon, et l'un des descendants de Laure, porta à Rome le portrait de son aïeule et le donna au cardinal de Barberin.

En mourant, Laure laissa neuf enfants : six garçons et trois filles. Nous n'avons pas à suivre cette nombreuse descendance. Le seul dont nous ayons à nous occuper est Jean de Sade, premier seigneur d'Eyguières de ce nom.

Jean de Sade. — Avant d'être seigneur d'Eyguières, Jean de Sade avait rendu divers services au comte de Provence, comme ambassadeur en Hongrie et dans l'Aragon ; puis lorsque Louis II établit à Aix, sous le nom de Parlement, une cour souveraine composée d'un juge mage et de six conseillers, le 15 août 1415, Jean de Sade qui déjà était juge depuis 1409, reçut le 25 octobre la présidence du Parlement. Enfin, le 14 octobre 1416, pour reconnaître les services et la science de celui qu'il désigne comme conseiller et docteur en droit — *consiliarius et legum doctor* — le comte donna à Jean de Sade la terre et la seigneurie d'Eyguières. La charge de la présidence du Parlement fut remplie par Jean de Sade et par ses descendants ou alliés jusqu'en 1600, époque où elle passa en d'autres mains, faute d'un héritier en âge de la posséder.

La famille de Sade avait un blason qui se trouve encore sous la première arche du pont dit de St-Bénézet à Avignon, en souvenir de Louis et de Bertrand de Sade qui administraient la ville à l'époque de la construction de ce pont. Ce même écusson figure dans la salle des croisades, à Versailles, pour rappeler qu'en 1298, Hugues de Sade avait pris la croix et était parti pour la Palestine.

Ce blason était de gueules à l'étoile à huit rayons d'or, chargée d'une aigle impériale à deux têtes éployées de sable, becs,

ongles et diadèmes de gueules. Supports : un lion et un griffon. L'écu timbré de la couronne de comte. Plus anciennement le blason était simplement : écu de gueules avec étoile d'or à huit rayons, tout le reste fut accordé sur la demande d'Elzéar, frère de Jean, par l'empereur Sigismond de passage à Avignon, le 11 janvier 1416, pour prix des services que la famille de Sade avait rendus à l'empereur.

Ce blason si noble fut conservé par le nouveau seigneur d'Eyguières.

Du mariage de Jean de Sade avec Raimonde de Caïs, fille de Pons, chancelier de Provence, naquirent trois enfants : Pons, évêque de Vaison ; Honorate, qui épousa le seigneur de Mazan, et Gérard, l'aîné, appelé Girardet durant sa minorité, qui hérita de la seigneurie à la mort de son père (1421).

Girard de Sade. — Le successeur de Jean de Sade était trop jeune pour recevoir l'hommage et le serment de fidélité des habitants d'Eyguières. Ce fut son oncle, Paul de Sade, évêque de Marseille, qui le représenta dans cette circonstance par devant Guinot Marchéry, notaire à Avignon, le 11 juin 1421. En 1428, il épousa Jeanne Paumié et en eut deux fils, l'aîné Balthasar, son héritier, et Pierre ou Estève, père du marquis de Sade, l'auteur de plusieurs écrits malsains et qui eut une fin honteuse.

Balthasar de Sade. — En 1480, Balthasar de Sade avait épousé Agnès ou Anne d'Hugolin, fille d'un gentilhomme de St-Remy, qui lui apporta en dot la terre de Lagoy et la seigneurie de Romanin. Il fut député aux Etats Généraux d'Aix qui, dans la séance du 9 avril 1487, ratifièrent la réunion défi-

nitive de la Provence à la France, tout en conservant sa constitution, dit la lettre patente royale du 24 octobre 1486. Il fut
affranchi de tout droit et service pour ses biens de St-Remy.
Il avait deux fils, Joachim et Jean-Pierre, qui moururent avant
lui, laissant chacun un descendant et héritier.

Bertrand Iᵉʳ et Balthasar II (1519). — Balthasar II, fils de
Joachim et Bertrand, fils de Jean-Pierre, reçurent l'hommage
et le serment de fidélité des habitants d'Eyguières devant Jean
Garnier, notaire à Eyguières. Ils restèrent indivis jusqu'en
1533, 16 juillet, où par devant Jaume Nostradamus, notaire à
St-Remy, qui avait reçu le testament de leur aïeul, ils firent
un partage ; la seigneurie d'Eyguières et celle de Romanin
furent pour Bertrand ; Balthasar II eut Lagoy. Mais comme
Bertrand n'avait point d'enfant, il testa par devant Reinier de
Laudun, notaire à St-Remy, le 25 août 1536, en faveur de son
cousin, Balthasar II qui, à la mort de Bertrand, se trouva être
seigneur d'Eyguières, de Lagoy et de Romanin, et comme tel
prêta serment de fidélité au roi de France le 14 janvier 1540.

Balthasar II avait eu de son mariage avec Honorate de Grimaldi, fille du seigneur d'Antibes, quatre enfants, deux garçons et deux filles. Par testament du 30 décembre 1542, fait
devant Michel de Leuse, notaire à St-Remy, il réglait ainsi sa
succession : 1° à chacune de ses filles, Anne et Madeleine,
deux mille écus d'or, avec Lagoy à l'une et Romanin à l'autre ;
2° à Claude, son aîné, la seigneurie d'Eyguières. Quant au
cadet, Jean, qui était entré dans l'ordre de St-Ruf, il avait
obtenu le prieuré d'Eyguières. Mais Claude étant mort sans
postérité de son mariage avec Louise de St-Andrieu, la seigneurie d'Eyguières revint à Jean de Sade qui fut ainsi à la
fois prieur et seigneur de ce lieu.

Jean II de Sade. — Les titres du nouveau seigneur ressortent
clairement d'un acte daté du 17 mai 1543, dans lequel il est
appelé : « Révérend paire en Dieu, noble et généreux seigneur,
« de l'autorité apostolique protonotaire, prieur et seigneur du
« présent lieu d'Eyguières ». Ce qui fait supposer qu'il était
simplement prieur commendataire ou séculier pour administrer le prieuré sans aucune juridiction spirituelle. Ce ne fut

qu'au mois de mai 1579 qu'il fut prescrit, sous peine de déchéance, d'entrer dans les ordres un an après avoir reçu les lettres de provision, à quiconque avait obtenu un bénéfice.

Comme prieur, il céda les biens du prieuré, quartier de St-Pierre-de-Vence, à noble Nicolas Constantin. Comme seigneur, il fit les ordonnances du 20 mai 1547, dont il sera parlé plus loin.

Catholique fervent, il prit les armes en 1577 pour aller combattre, sous les ordres du comte de Carcès, les protestants du Languedoc qui étaient venus menacer la ville d'Arles et furent chassés de la Camargue. Il fut au nombre des trente-quatre gentilshommes qui signèrent la paix, le 1er juillet 1579 ; il mourut en 1580.

Jean II de Sade avait épousé, le 30 avril 1550, Anne de Damian, fille du seigneur du Vernègue. Il en eut quatre fils : Pierre de Sade, Michel de Sade qui, ayant passé au protestantisme, fut chargé de venir en Provence (1600) assurer l'exécution de l'Edit de Nantes. Michel de Sade donna Juille de Sade, sa fille, en mariage à Gilles de Berton, écuyer, seigneur de Crillon. Le contrat retenu par Mᶜ Hugues Bertrand de Saint-Remy le 15 février 1576, mentionne la dot de dix mille livres constituée par Michel à sa fille ; le troisième des fils de Jean II de Sade mourut en 1573 au siège de La Rochelle par le duc d'Anjou, devenu Henri III ; enfin le dernier, Joseph de Sade, mourut de la peste, en 1566, dans le château d'Eyguières.

A la mort de Jean de Sade, le prieuré fut donné à Louis Gilles, prêtre d'Eyguières, et la seigneurie passa à Pierre de Sade, l'aîné de ses fils.

Pierre de Sade (1580). — A l'époque de la Ligue, Pierre de Sade avait déjà été enseigne au régiment des gardes où il avait servi avec distinction. Sa valeur et sa fidélité le firent choisir pour défendre la ville de Salon, avec le seigneur d'Istres et La Hittère, gentilhomme gascon. Le duc de Savoie vint assiéger Salon, le 30 novembre 1590, avec douze pièces de canon. La ville était pourvue d'hommes et de munitions ; mais la faiblesse de ses travaux de défense et aussi la rivalité des chefs l'obligèrent à se rendre à discrétion, le 4 décembre : les chefs et les soldats purent sortir avec armes et bagages, mais les enseignes pliées.

Jean-Valentin de Sade. — Du mariage de Pierre de Sade avec Louise de Porcelet, fille du seigneur de Maillane, était né Jean-Valentin de Sade. Il soutint contre la Communauté le procès de la « Compensation » qui dura jusqu'à la Révolution sans être terminé, s'appuyant sur l'arrêt de 1619 pour user du droit de compenser les biens nobles séparés du fief par lui et ses ancêtres, avec les biens roturiers acquis depuis le 15 décembre 1556, mais parmi lesquels il voulait faire figurer le coussou de la plaine de Borme, ce que la Communauté refusa d'accepter, exigeant le paiement de la taille de tous les biens acquis par le seigneur depuis 1556.

Jean-Valentin donna sa main à Marie-Anne-Françoise de Calvière de Boucairan, en Languedoc, le 9 mai 1617, par devant Mᵉ Dotadeau, notaire à Beaucaire. Cette femme était protestante, et prit sous sa protection les protestants d'Eyguières qui en profitèrent pour organiser un temple et obtenir un cimetière particulier, malgré l'opposition des habitants. Après la mort du seigneur, sa femme, tutrice naturelle de son fils aîné, encore mineur, favorisa davantage encore les nouveaux religionnaires.

Voici les dispositions testamentaires de Jean Valentin, par devant Jean Thiers, notaire à Boucairan, le 13 août 1631 : 1° à Guillaume de Sade, fils aîné, la seigneurie d'Eyguières ; 2° à Jean de Sade, fils cadet, le mas de Cabane à Tarascon ; 3° à Elisabêth et Louise, deux de ses filles, neuf mille livres de dot à chacune ; 4ᵃ à Madeleine et Anne, deux autres filles, trois mille livres à chacune pour entrer en religion ; 5° huit mille livres à l'enfant qui naquit après le décès de son père, et qui fut appelée Françoise.

Guillaume de Sade. — Avant l'âge de 26 ans environ, Guillaume de Sade avait déjà suivi la carrière des armes et s'y était illustré comme capitaine au service de la Catalogne, notamment au siège de Perpignan et à la bataille de Lérida. Il vint alors gouverner la seigneurie d'Eyguières, où il s'occupa activement de la défense de la religion catholique contre la propagande protestante, soit en contribuant à l'établissement d'une maison de Récollets, soit même en employant la force armée pour faire exécuter l'arrêt du Parlement de Provence, défendant sur la terre d'Eyguières l'exercice de la religion soidisant réformée. Pour ce fait, il fut condamné à la peine de mort par la Chambre de l'Edit de Grenoble ; mais il y eut sursis royal en date du 4 avril 1656, et avant que le Parlement de Castres, saisi de l'affaire, eût pris une décision, la révocation de l'Edit de Nantes mit fin à ce conflit.

Des troubles ayant éclaté en Provence, en 1648 et 1649, Guillaume se souvint qu'il avait manié l'épée, et négligeant sa lutte avec les protestants, il alla se mettre au service du comte d'Alès. Il eut un cheval tué sous lui au siège de Meyrargues, mérita les éloges du roi de France, fut reçu en triomphe, le 15 août 1649, par les habitants d'Eyguières, dont une députation était allée à sa rencontre jusqu'à Eguilles. Lorsque, le 9 mars 1653, il épousa Elisabeth d'Abielle, fille de Victorin, seigneur de Peyrolles, le conseil de ville décida que les consuls, assistés des principaux habitants du pays, lui porteraient des félicitations et lui offriraient deux douzaines d'assiettes en argent, de la valeur de mille florins, « s'excusant de ne « pouvoir mieux faire à cause de leur pauvreté, pour un « homme de son mérite ». Louis XIV lui-même s'intéressa à cette union qui fut faite sous le bon plaisir de Sa Majesté, devant les notaires Astier de Tarascon et Astre de Salon.

En 1655, Guillaume exigea et reçut le serment de fidélité des habitants d'Eyguières, représentés par les Consuls et les Prieurs suivis d'une foule considérable. Plus tard, quand il maria son fils aîné Joseph, avec Anne-Suzanne de Roux d'Arbaud, fille du seigneur de la Pérune et de St-Jean, 24 février 1676, la Communauté fit don à son seigneur de mille florins. Pourtant il faut avouer que tous ces bons rapports n'empêchèrent pas certaines difficultés soit avec le prieur, soit avec la Communauté. Il en sera parlé en son lieu.

De son mariage naquirent six enfants, trois garçons et trois filles. Celles-ci se firent religieuses ; deux de ses fils moururent chevaliers de Malte ; l'aîné, Joseph de Sade, hérita de la seigneurie d'Eyguières d'après le testament paternel fait devant M° Grafel, notaire à Aix, le 21 janvier 1686.

Joseph de Sade. — On ne cite de ce seigneur que son procès avec les consuls au sujet de la place qu'il voulait faire occuper par son baïle ou lieutenant du juge au banc des consuls et à côté de ceux-ci dans l'église paroissiale, se basant sur l'usage universel qui reconnaissait aux officiers haut justiciers le droit de précéder en tout les officiers municipaux. Les consuls faisaient opposition en disant que l'usage particulier en vigueur à Eyguières était aussi ancien que le pays. On avait d'abord décidé de nommer deux arbitres ; puis l'intendant ayant conseillé d'entrer en accommodement, faute de quoi il autoriserait la Communauté à plaider, le seigneur renonça à sa demande pour toujours.

Il mourut le 21 juillet 1714, à l'âge de 61 ans, et fut enseveli dans l'église paroissiale. Mᵉ Pascal, notaire à Eyguières, avait reçu son testament le 15 septembre 1702. Il avait eu quatre enfants : Jaume-François, qui mourut à Eyguières à l'âge de huit ans ; Louis–Elzéar, qui succéda à son père pour la terre d'Eyguières ; Joseph-David, qui fut plus tard le successeur de son frère Louis et devint maréchal de camp des armées royales ; Mathilde-Henriette, qui épousa Nicolas d'Icard Périguan, écuyer de la ville d'Arles. On a donné encore un fils à Joseph de Sade, Hippolyte, lequel aurait eu une brillante carrière dans la marine de l'Etat et serait mort en 1788 ; mais ce fait n'est pas bien établi.

Comte Louis-Elzéar de Sade. — Le 27 avril 1716, Louis-Elzéar épousa Geneviève de Thoran d'Artignosc, fille d'un conseiller au Parlement d'Aix et d'une Forbin-Janson. Le contrat fut passé devant Mᵉ Estienne, notaire à Eyguières ; les consuls lui firent don d'une somme de cinq cents livres.

Le nouveau seigneur reprit l'affaire du banc de l'église, ordonnant à son baïle de prendre place, fêtes et dimanches, à la place d'honneur. Les consuls prirent le parti de s'abstenir de paraître en corps aux cérémonies religieuses, préférant se mettre à la procession pour la pluie et s'en séparer à la porte de l'église plutôt que de s'exposer à une discussion inconvenante ; puis ils demandèrent un arbitrage que le seigneur refusa sous le prétexte que son droit était trop clair, et il menaça de les appeler devant la cour s'ils persistaient dans leur refus. Alors les consuls rédigèrent un mémoire pour l'avocat de la Communauté ; on ignore comment se termina cette affaire ; il est probable que le droit du seigneur dut prévaloir.

Mais ce que l'on sait très bien, c'est que le seigneur gagna contre la Communauté le procès du rachat des fours, perdit celui du retrait des canaux, des arrosages, dans lequel il fut condamné à payer 1171 livres 9 sols 6 deniers ; il gagna encore dans la question de l'avis à lui donner et de l'accompagnement à lui faire de la part des consuls pour toute cérémonie publique.

Le comte Louis-Elzéar mourut le 9 janvier 1746, à l'âge de 58 ans, sans héritier. Dès lors, son frère Joseph-David de Sade, né le 1er septembre 1692, lui succéda dans la seigneurie à l'âge de 54 ans.

Joseph-David de Sade. — Entré jeune encore dans les pages du Grand Etable, Joseph-David de Sade fut lieutenant en 1713 ; capitaine en 1735, colonel d'infanterie en 1736, commandant en mai 1741, et enfin brigadier d'infanterie jusqu'en mars 1745. Alors, il se retira du service, et le roi lui donna le commandement de la place d'Antibes, au mois de juin 1746. Mais son frère étant mort en même temps, et lui-même étant devenu seigneur d'Eyguières, Joseph de Sade sortit de l'ordre de Saint-Jean de Jérusalem pour préparer son mariage qui eut lieu le 24 mars 1746, avec Marguerite-Marie-Thérèse Le Gouche de St-Etienne, puis il alla prendre possession de son poste. L'occasion de s'illustrer lui fut bientôt fournie.

La guerre pour la succession d'Autriche avait recommencé avec une nouvelle vigueur ; par suite de la défaite essuyée par le maréchal de Maillebois à Plaisance, la Provence fut entamée par l'armée Austro-Sarde.

Le 30 novembre 1746, le général Brouw, commandant des armées austro-piémontaises, était entré en Provence et menaçait de mettre à feu et à sang tout le pays, s'il résistait par les armes, tandis que la marine anglaise bloquait les ports de la Méditerranée pour soutenir les coalisés. Le général Peltosi somma le gouverneur d'Antibes de se rendre : « Le roi m'a « fait l'honneur de me confier la place d'Antibes, répondit « fièrement Joseph de Sade ; sachez qu'au déshonneur de là « rendre, je préfère la gloire d'être enseveli sous ses ruines. » La ville fut bloquée dès le 9 décembre ; du 19 décembre au

3 i janvier, on lança sur elle près de trois mille bombes ; la plupart des maisons furent démolies, mais les habitants voulurent résister jusqu'à la dernière extrémité. La garnison ne comprenait que quatre bataillons d'infanterie, un détachement d'artillerie, vingt dragons et vingt maîtres de cavalerie Ils furent secourus assez tôt ; le 2 février, Antibes fut en communication avec l'armée française, et son gouverneur fut nommé par le roi maréchal de camp ; de la cour de Versailles il reçut au mois de mars 1747, les lettres les plus flatteuses.

Après trois ans de mariage, Joseph de Sade devint père d'un fils qui naquit à Aix, le 10 janvier 1749, et qui fut baptisé le 13, dans l'église de la Madeleine, avec les noms de Jean-Baptiste-Joseph-David. A cette occasion, Jacques Silvestre, premier consul d'Eyguières et Jean-Pierre Payan, notaire, furent envoyés par le conseil à Aix pour offrir au nom de la Communauté des félicitations à M. le comte et à Mᵐᵉ la comtesse de Sade, avec trente louis d'or donnés sans tirer à conséquence. Le 5 février, le comte remercia les consuls en ces termes : « Permettez-moi, Messieurs, de vous prier de faire part
« à la Communauté et aux particuliers des sentiments de recon-
« naissance que j'en auray toute ma vie. Mon principal soin
« sera de les inspirer à mon fils, dez qu'il sera en âge, si le
« mien *put* me permettre de l'élever, afin qu'il se souvienne
« tant qu'il vivra qu'il ne doit pas négliger la moindre occa-
« sion qui *ce* présentera de rendre service à la Communauté,
« aux particuliers, et surtout à ceux qui sont assez malheu-
« reux d'avoir besoin d'estre secourus. »

Le seigneur eut un second fils qui naquit à Antibes le 8 mai 1753, fut ondoyé le même jour, et reçut les cérémonies du baptême, le 17 octobre, de « l'illustrissime et révérendis-
« sime Charles de Grimaldi d'Antibes, des princes de Monaco,
« évêque et comte de Rhodez, ancien aumônier de Sa Majesté,
« etc. » L'enfant reçut les noms de Louis-Félip-Henri-Isabeau.
Son acte de naissance le désigne comme « fils de très-haut et
« très-puissant seigneur Joseph-David de Sade, seigneur
« d'Eyguières, chevalier de l'ordre de St-Louis, maréchal des
« camp et armée du Roi, commandant d'Antibes, des villes
« et vigueries de Grasse et de St-Paul, et de très-haute et puis-
« sante dame Madame Marguerite-Marie-Thérèse Le Gouche

« de St-Etienne. » Le parrain fut le fils du roi d'Espagne, dom Félip, infant d'Espagne, représenté par Monsieur Félip, comte de Noailles, grand d'Espagne de première classe, etc., et la marraine, la fille du roi de France, la princesse Madame Louise-Elisabeth de France, infante d'Espagne, représentée par Madame Anne-Claude-Louise d'Arpajon, comtesse de Noailles, grande d'Espagne de première classe, etc.

En 1789, Louis-Félip était capitaine d'artillerie ; il émigra à Londres, où il publia quelques brochures contre la Révolution. En 1815, il rentra en France et combattit la Restauration.

Le comte mourut à Antibes, le 29 janvier 1761, laissant la seigneurie d'Eyguières à son fils aîné, âgé de douze ans, sous la tutelle de Madame la comtesse.

Jean-Baptiste-Joseph-David de Sade. — La comtesse se montra moins tolérante que feu son époux vis-à-vis la Communauté ; elle reprit le procès de la compensation ; plusieurs autres procès furent entamés, soit par elle contre la Communauté, soit par celle-ci contre Madame de Sade. Les deux partis décidèrent de recourir à un arbitrage pour ces diverses causes, la première exceptée ; mais les arbitres ne purent tomber d'accord.

Le jeune seigneur était officier dans le régiment d'infanterie du roi, lorsqu'il acheva sa vingt-et-unième année ; alors il épousa, le 25 mars 1770, par devant M⁰ Vian, notaire royal à Ste-Euphémie, Marie-Françoise-Amélie de Bimard, fille de Pierre-Annibal de Bimard et de Marie-Elisabeth-Amélie Pape de St-Auban, marquise de Montbrun. Cette famille était originaire du Rouergue et habitait alors Carpentras. Sa devise était : « Bimard quand il tient, tient bien », Madame de Sade apporta au seigneur d'Eyguières les biens que son père et sa mère possédaient tant en Dauphiné qu'en Provence et dans le Comtat, les fiefs de Montbrun, de St-Auban, etc., etc. De cette union, le comte eut quatre enfants, deux filles et deux garçons : 1° Louise-Gabrielle-Laure, née à Montbrun (Drôme), le 6 juin 1772, morte le 18 janvier 1849 ; 2° Généreuse-Amélie, née à Eyguières, le 14 juillet 1774, mariée avec Diomède-François Le Clère de la Devèse, elle mourut à Château-Thierry, le 26 octobre 1848 ; 3° François-Xavier-Joseph-David, né à Eyguières, le 29 mars 1777 ; 4° un autre fils qui, après avoir fait son éducation à Londres, entra au service de l'Angleterre et mourut à Paris, le 24 mai 1846.

Après son mariage, le comte continua son service et devint lieutenant-général au duché de Bourgogne. Le 24 novembre 1772, il nomma, étant à Montbrun, Jean-Baptiste Martin, bourgeois d'Eyguières, greffier de la juridiction de sa terre d'Eyguières, pour en exercer les fonctions en toutes causes civiles et criminelles.

Aux élections pour les Etats Généraux de 1789, le comte de Sade fut élu député par les gentilshommes possesseurs de fiefs. Cette élection et celle des huit autres députés (1) avait été faite conformément au privilège de la Constitution provençale de nommer les députés en assemblée de nobles possesseurs de fiefs. Mais les autres nobles, d'après les instructions de l'ordonnance royale, firent leurs élections dans les sénéchaussées, et seule la députation ainsi élue fut admise ; la première fut refusée comme étant élue contrairement aux ordres du roi.

Le comte de Sade, qui était un savant numismate, retourna en Provence et alla demeurer à Aix. Les consuls d'Eyguières lui demandèrent certains renseignements relatifs à l'encadastrement de ses biens qui devait se faire d'après le décret rendu par l'Assemblée nationale. Il répondit, le 6 novembre 1789, qu'il ne s'était jamais occupé de ces objets, ayant eu recours à ses fermiers quand il avait voulu s'éclairer : « Je ne puis « que vous renvoyer aux personnes que vous connaîtrez « ayant des connaissances relatives à vos recherches. » Le comte proteste de la justice de ses sentiments, « mais éloigné « de la demeure de mes pères… j'attendrai avec résignation « le retour de l'ordre qui seul peut me permettre de concou-. « rir avec vous au bien général que je ne cesserai de dési- « rer. »

---

(1) Ces députés étaient : Mgr le duc de Bourbon, MM. de Sabran, de Forbin-Janson, de Mazenod, d'Arlatan de Lauris, d'Arbaud de Jouques, de Grimaldy, de Cagnes.

Ses biens furent imposés pour 4.857 francs, 7 sols. Les revenus annuels de la terre seigneuriale furent évalués à 20.000 francs en 1789. En 1736, M. de Sade avait été mis en tête de la liste de capitation, avec ses domestiques au nombre de sept ; ses revenus furent évalués à 6.500 francs — en 1759, à 10.000 francs ; en 1774, à 16.000 francs.

Les biens du comte de Sade furent mis sous le séquestre et plus tard pillés, saccagés et incendiés, lorsqu'après la prise de la Bastille, il eut émigré. Il s'arrêta d'abord à Nice, puis il alla se fixer à Rome, envoyant ses deux enfants terminer leur éducation à Londres. Ils retournèrent à Rome auprès de leurs parents, puis entrèrent au service de l'Angleterre. Xavier fit la guerre d'Egypte, puis donna sa démission et rentra en France en 1812 ; il se fixa avec sa famille à Condé-en-Brie, près de Château-Thierry. Après la Restauration, il se mêla aux affaires politiques de son pays, et il fut élu conseiller général de l'Aisne en 1816. Ses réflexions sur les moyens propres à consolider l'ordre constitutionnel en France (1822) lui préparèrent la voie à la députation (1827). A la Chambre, il fut partisan et défenseur des immunités populaires, se prononça pour l'existence des Jésuites en France, pour la liberté d'enseignement. Réélu après la Révolution de 1830, il fut toujours libéral, en matière électorale et d'enseignement ; il appuya le renvoi des délits politiques et des délits de presse devant le jury, et défendit courageusement le droit d'association au-delà de vingt personnes pour toute sorte de but, soit de spéculation ou d'intérêt, soit d'instruction et même d'amusement, trouvant suffisant que l'usage en fût réglé par de sages précautions. Membre fondateur du comice agricole de Château-Thierry, et connaissant à fond l'agriculture, il provoqua à la Chambre plusieurs mesures favorables à cette question. Enfin, pour tout dire en un mot, il était un des membres les plus exacts et les plus laborieux de la Chambre ; il semblait devoir remplir une carrière assez longue encore, lorsque le 24 mai 1846, tout en causant avec deux personnes, il mourut foudroyé par une attaque d'apoplexie.

En sa personne s'éteignit la ligne directe d'Eyguières. Le comte Xavier de Sade ne laissa que des neveux et des nièces, issus du mariage de sa sœur aînée, Louise-Gabrielle-Laure de

Sade, célébré le 15 septembre 1808 avec Donatien-Claude-Armand, comte de Sade (branche de Mazan), chevalier de l'ordre de Malte et de St-Louis, colonel de cavalerie et maire de Vallery, où il mourut, le 10 mai 1847, âgé de 78 ans.

Par ce mariage la branche aînée de Mazan et la troisième, celle d'Eyguières, se confondirent en une seule ; la deuxième branche, celle de Laumane, est restée séparée et distincte. Les enfants nés de ce mariage furent : 1° Laure-Emilie de Sade, épouse de Louis-Marie-Gaston de Graindorge d'Orgeville, baron de Ménildurand ; 2° Alphonse-Ignace, comte de Sade, qui épousa Anne-Henriette de Chollet ; 3° Marie-Antoine-Auguste, comte Auguste de Sade, marié avec Charlotte-Germaine de Maussion ; 4° Pélagie-Gabrielle-Emilie de Sade, morte en 1875, sans alliance.

Le comte Auguste de Sade a eu deux filles : la comtesse Adhéaume de Chevigné et Madame Pierre Laurens de Waru, dont nous aimons à citer la descendance : 1° Jacques Laurens de Waru, époux de Louise Ward, veuve du marquis d'Hervey de St-Denis ; 2° Charles Laurens de Waru, époux de Marthe d'Acher de Montaganon ; 3° Geneviève Laurens de Waru, épouse de Pierre-Henri Izarn ; 4° Gustave ; 5° Germaine Laurens de Waru, épouse de Louis de Vaulx.

Elle méritait bien une place dans cette histoire, cette branche qui ne s'est séparée ni du tronc primitif, ni de la ville d'Eyguières, où elle occupe un rang distingué non seulement pour avoir hérité d'une partie des propriétés de l'ancien seigneur, mais encore pour sa généreuse contribution aux œuvres charitables de cette localité. C'est un honneur pour Eyguières d'avoir possédé une famille qui remonte, par son origine première, au XIe siècle, qui lui a donné un rejeton vigoureux en la personne de Jean de Sade, illustre déjà par sa mère, la belle Laure, et qui a fourni des hommes remarquables, les uns par leur savoir, les autres par leur bonté, tous par leur attachement à la patrie et à la religion, tels que Jean II, Guillaume et Joseph-David, pour ne citer que les plus illustres.

Daigne la Providence bénir cette noble race et lui conserver les vertus séculaires qui sont restées héréditaires chez les de Sade.

LIVRE IIe

Attributions et priviléges seigneuriaux.

Après cette courte biographie des divers seigneurs d'Eyguières, et avant de nous occuper de la Communauté, de sa vie,
de son organisation, il nous paraît bon de jeter un coup d'œil
sur les droits et priviléges attribués aux seigneurs féodaux.

Pour bien apprécier l'état social de l'époque féodale, il ne
faut pas le juger en le comparant avec l'état actuel qui se préparait peu à peu avant 1789, et qui n'est pas encore complètement formé depuis la Révolution.

L'origine de la féodalité la légitimait aux yeux de ses contemporains, au point que les us et coutumes de cette époque
se conservèrent à travers les siècles, même alors que les temps
avaient changé.

La nécessité de la défense, sous les faibles successeurs de
Charlemagne, contre les invasions sarrasines, fit établir des
forteresses, des châteaux-forts (castra) sur toutes les hauteurs,
les lieux escarpés, en un mot sur toute position stratégique.
Chacun de ces châteaux était commandé par un chef militaire, amovible, subordonné aux Comtes, et chargé de juger
toutes les causes en première instance avec le conseil de quelques prud'hommes *(probi homines)*.

Les habitants de la contrée se réfugièrent près des châteaux
pour y être à l'abri et protégés par les seigneurs. Ils passaient
le jour au travail, et le soir chacun rentrait dans l'enceinte
au son du beffroi ; on fermait les portes et des sentinelles veillaient jusqu'au matin. Alors on reprenait le travail des champs,
on cultivait l'olivier, la vigne, le blé et les légumes sur le pen-
chant des collines que dominait la forteresse, et qui n'étaient
accessibles que par des sentiers étroits, pavés de gros cailloux. En cas d'approche de l'ennemi, chacun s'armait pour
la défense ; mais les troupes ordinaires se composaient des

cultivateurs ou des propriétaires les plus capables de porter les armes, pris de préférence parmi les jeunes gens non mariés ; les uns à pied, les autres à cheval battaient la campagne pour protéger la culture des terres, et se réunissaient aux voisins contre l'ennemi. Pour leur entretien on payait une redevance en fruits appelée décime. Ceux qui se distinguaient le plus étaient récompensés par certains priviléges et par une portion de terre dont la maison (*mansio*) se nommait mas, avec obligation de la défendre.

Par la suite des temps, les comtes et les vicomtes devinrent indépendants et héréditaires ; les châtelains à leur tour s'approprièrent l'hérédité des fiefs qui jusque-là ne leur étaient que confiés par le souverain. En résumé, les seigneurs veillaient à la sécurité du pays, recrutaient les défenseurs du château et des habitants du voisinage, percevaient l'impôt nécessaire à l'entretien des soldats, et rendaient la justice au civil et au criminel ; c'était nécessaire pour la prompte punition des brigands qui infestaient le pays, et pour terminer les différends auxquels donnaient lieu le partage et la jouissance des terres prises à l'ennemi.

La seigneurie d'Eyguières participe à cette origine commune ; elle est sortie de la féodalité, et le seigneur a en conséquence été mis en possession des droits et priviléges alors en usage. Il est à remarquer cependant que plus tard — ceci existait au XVᵉ siècle — Eyguières fut au nombre des localités appelées *viguerie*, où la justice était rendue par un baïle ou viguier ; puis elle appartint à la viguerie de Tarascon et fut comprise d'après l'Edit de 1704 parmi les cinquante-huit localités qui avaient un subdélégué, chargé de faire l'office de l'Intendant, sous les ordres de celui-ci, dans un ressort déterminé. Pour Eyguières, le ressort devait comprendre le canton actuel.

Il est nécessaire d'entrer dans des détails plus précis. Le traité du 17 octobre 1125 avait déterminé le partage de la Provence — tout le pays de l'Isère à la Méditerranée, et du Var au Rhône, sauf le comté de Nice — entre Alphonse, comte de Toulouse et Raymond, comte de Barcelonne, comme époux des princesses Faydide et Doulce, à l'exclusion du seigneur des Baux, époux de Stéphanette. Raymond céda à son beau-frère la portion comprise entre l'Isère et la Durance, et conserva toute la terre de Provence « ainsi que dans la montagne naît la Durance, et coule jusqu'au fleuve du Rhône, et le Rhône lui-même ainsi qu'il descend à la mer, et jusques au milieu de la mer ». A cette époque, le seigneur d'Eyguières fut dépossédé, nous l'avons dit, pour avoir embrassé le parti du seigneur des Baux, et le comte de Provence usant du droit de retrait, retint Eyguières pendant cinquante ans environ, puis céda cette seigneurie à Pierre Augier (en 1221), qui fut remplacé par des coseigneurs, et ceux-ci en 1416 par la famille de Sade, jusqu'à la Révolution.

Les droits que le nouveau seigneur, Pierre Augier, reçut des comtes de Provence en 1221, ont déjà été énumérés lorsque nous avons donné le texte de l'acte d'inféodation.

Des réclamations furent faites plus tard par les habitants d'Eyguières, contre l'acte passé entr'eux et le seigneur Girard de Sade, mineur, le 11 juin 1421, et le 19 mars 1435, le seigneur, devenu majeur, modifia l'acte susdit en ne faisant réserve que des cens, taxes, journées, lods, tailles et hommage qui lui étaient légalement dus.

Dès lors, les droits seigneuriaux ont pu être compris dans l'énumération suivante : 1° droit au serment de fidélité ; 2° droit à certaines redevances ; 3° droit de police ; 4° droit de justice.

CHAPITRE Ier

DROIT AU SERMENT DE FIDÉLITÉ.

Le seigneur en principe avait droit à l'hommage et au serment de fidélité des habitants ; mais il ne l'exigeait pas toujours. Cette cérémonie fut accomplie en 1421 en faveur de Girard de Sade, encore mineur, représenté par son oncle, Paul de Sade, évêque de Marseille, et en 1519, lorsque Balthasar II et Bertrand héritèrent par indivis de la seigneurie d'Eyguières.

Guillaume de Sade l'exigea aussi, et ce fut le 7 juin 1655 que cette formalité fut remplie.

Le seigneur, assis dans la plus vaste salle du château, ayant à sa droite les officiers de justice, et à sa gauche le clergé composé du vicaire perpétuel et de ses deux vicaires, reçut les délégués du conseil ayant les consuls à leur tête, et un certain nombre d'habitants. Les délégués désignés le 23 mai étaient : Jean Estienne, Jean Duplan, Estève Estienne, Pierre Vignette, André Domergue et Claude Robert ; à eux se joignirent : Jean Lien, Jean Sabatier, Jean Gueimard, Claude Servage, Guillaume Colique, etc. Le baïle lut à haute voix la formule suivante : « Nous, représentant la communauté d'Eyguières,
« pour nous autres, nos héritiers et nos successeurs, promet-
« tons et jurons, la main sur les saints Evangiles, que doré-
« navant nous serons fidèles, loyaux et obéissants sujets à
« vous, illustre et généreux seigneur, noble Guillaume de
« Sade, à vos héritiers, à vos successeurs, à votre cour, à
« vos officiers ; nous relèverons, maintiendrons, protégerons,
« défendrons, conserverons contre qui que ce soit et de quel-
« que condition qu'il puisse être, ecclésiastique, séculière ou
« profane, votre personne, ses honneurs, états, gardes, juri-
« dictions, possession, et particulièrement ce présent lieu
« d'Eyguières avec son fort et son territoire, et tous les autres
« droits généraux et particuliers, devoirs, libertés et priviléges,
« selon notre science et notre pouvoir, de bonne foi, sans
« tromperie, fraude, malice ni méchanceté ; nous vous aide-
« rons dans toutes vos nécessités et utilités comme les sujets
« ont coutume de faire, et jamais nous ne les combattrons,
« publiquement ou en secret, directement ou non, et ferons
« en sorte que jamais ils ne soient combattus par quelqu'un
« autre, et ne donnerons aide, conseil, faveur ni consentement
« à ceux qui voudraient les combattre, en réunion commune
« ou particulière, publique ou privée, ni directement ni indi-
« rectement ; nous ne ferons, dirons, faciliterons rien qui
« puisse être en aucune façon à votre préjudice, mépris ou
« déshonneur, ni de vos héritiers, successeurs, de votre cour
« et de vos officiers ; et s'il arrivait que quelqu'un d'entre
« nous fît ou reconnût que l'on fait ou invente quelque chose
« à votre préjudice, déshonneur ou mépris, nous vous le dirions

« aussitôt que possible, ou nous ferions en sorte que quelqu'un
« vous le dise ; nous n'entrerons dans aucun pacte ou accord
« pouvant nuire à votre vie, à votre personne, à votre hon-
« neur, ou à vos héritiers et à vos officiers ; au contraire, nous
« mettrons empêchement autant que possible aux incommo-
« dités, au préjudice qui pourraient vous arriver, et si nous
« ne le pouvons pas, nous vous donnerons connaissance de
« ces pactes et accords aussitôt que nous le pourrons ; nous
« ne trahirons pas les secrets que vous nous confierez, non
« plus ceux de votre cour ; nous ferons, garderons et rempli-
« rons tout ce qui est écrit dans les serments de fidélité prêtés
« par nous et par nos ancêtres ; et, comme sont tenus de le
« faire les bons et fidèles sujets, nous paierons les droits,
« cens, services, tailles et autres charges que nous avons cou-
« tume de payer, et ainsi nous le jurons sur les saints Evan-
« giles ».

« De plus, nous reconnaissons que vous, Guillaume de
« Sade, êtes notre naturel et légitime seigneur ; que le lieu et
« le territoire d'Eyguières avec ses droits et ses dépendances
« vous appartiennent comme à vos ancêtres, n'existant mé-
« moire d'homme pour contredire, et qu'au dit lieu et terri-
« toire vous faites exercer librement et sans conteste haute,
« basse et moyenne justice ; et nous vous assurons, nous
« autres consuls et gens d'Eyguières, que si nous savions
« d'être tenus à chose plus grande que celles que nous venons
« de reconnaître, nous ne voudrions lui porter le moindre
« préjudice par ce présent hommage ».

Quand le bayle eut achevé cette lecture, Jean Colique, vicaire
perpétuel, tenant en main le livre des saints Evangiles, le présenta au premier consul, puis à tous ceux qui composaient
l'assemblée ; et chacun à son tour, la tête nue, à genoux, la
main droite sur le livre sacré, dit : « Je le jure ». Alors, Guillaume de Sade, à l'humble requête des consuls, jura à son
tour, tant pour lui que pour ses héritiers, d'agir charitable-
ment avec les siens sujets, et de les traiter selon Dieu et la
justice, promettant de satisfaire à tout ce que les seigneurs
sont tenus de faire vis-à-vis leurs sujets, et de maintenir les
privilèges, franchises et libertés de la communauté d'Eyguières.

C'était fini ; les consuls et les autres se retirèrent après avoir
salué le seigneur.

Nous avons décrit ce cérémonial et transcrit en entier la
formule du serment, soit parce que à part quelques détails,
la séance susdite reste comme le modèle de toutes les autres,
soit pour qu'il soit bien reconnu que dans ces temps de foi
chrétienne, la religion présidait partout. Sur les Evangiles, le
seigneur promettait de remplir tous ses devoirs vis à vis la
population ; les habitants faisaient de même ; Dieu était appelé
comme témoin, il était prescrit officiellement de respecter
son nom, celui de sa mère, la morale, le bien d'autrui par des
ordonnances publiques ; il est évident que l'état de la société
devait s'en ressentir ; le bien général en découlait. Tout en
bénéficiant des avantages que notre siècle nous a procurés,
reviendrons-nous jamais à ce grand principe, le premier de
toute vraie civilisation : Dieu et ses droits pour établir, consolider et faire vivre les peuples et leurs droits !

CHAPITRE II

Droit a certaines redevances.

Au droit d'hommage s'ajoute celui de percevoir certaines
redevances exigibles en argent ou en nature. Elles furent fixées
et réglées par l'acte du 19 mars 1435, passé entre Girard de
Sade et les habitants d'Eyguières ; le seigneur se fit réserve des
« cens, tasque, courrado, lods, tailles » qui lui étaient dus
légalement, sans entrer dans aucun détail. En 1655, lors de
la prestation de serment, les mêmes droits furent énumérés ;
quelques mots pour donner l'explication des principaux : Tasque, champart, droit de lever en nature une certaine quantité
du produit des terres qui étaient sur la censive du seigneur.
Les « courrado » étaient des journées de travail, au nombre
de douze au plus, que le seigneur pouvait exiger. Le droit de
« lods » se payait lorsque le seigneur consentait à la vente
d'un bien qui avait une origine noble, et dont il avait conservé la directe en aliénant le domaine utile ; cette directe

était représentée le plus souvent par une rente annuelle insignifiante, une fève, un haricot, un pois, etc. Le seigneur pouvait refuser la nouvelle vente en vertu du droit de retrait ; c'est ce qui eut lieu, lorsque les coseigneurs voulurent vendre tous leurs droits. La « taille » : ce mot vient de ce que les ignorants marquaient leurs recettes et leurs dépenses sur une baguette de bois par un tail. Il désignait l'imposition des deniers établis par le seigneur pour ses propres besoins et ceux de la seigneurie. Les cas ordinaires où la taille pouvait être exigée, étaient : 1° le mariage du seigneur ; 2° la naissance d'un enfant ; 3° le mariage de ses filles ; 4° son entrée en guerre ; 5° l'acquisition de nouvelles terres, etc. — Le cens était une redevance en argent ou en nature que certains biens payaient annuellement au seigneur du fief.

Indépendamment de ces droits, la Communauté avait d'autres charges ; elle devait payer les impôts établis par le Prince et pour l'Etat. De plus, il y en avait dont le produit était pour le pays. Il en sera question plus loin. Mais ce qui doit être bien établi, c'est que toutes les charges avaient une forme pécuniaire ou bien se payaient en nature, et que leur origine est due à une cause très légitime et bien naturelle. Le seigneur qui tenait son fief du souverain, en avait concédé une partie à nouveau bail à des cultivateurs avec droit de dépaître, de bucherer sous diverses redevances appelées cens, tasques, lods, prestation, etc., mais les propriétés étaient franches et allodiales. A Eyguières, comme dans toute la Provence, le peuple a toujours été libre ; la servitude personnelle n'y a jamais existé ; un grand amour de l'indépendance s'est transmis de génération en génération, sans exclure pourtant le respect dû à l'autorité. Que si parfois la conciliation de la liberté avec la soumission aux maîtres établis a été difficile et a laissé à désirer, il faut pourtant reconnaître que cette situation n'a été que passagère et que la devise : « Ni Dieu ni maître » n'a jamais été acceptée ni encore moins pratiquée par le peuple d'Eyguières. Ce caractère lui est commun avec tous les habitants de la Provence. Libre avant la conquête des Romains, restée libre après, et traitée comme l'était l'Italie elle-même, administrée de la même façon, notre belle et chère Provence a gardé quelque chose du désuviate qui était indé-

pendant au milieu de ses bois et de ses étangs, quelque chose
surtout de la fierté romaine qui se traduisit plus tard à Arles
par cette devise donnée à l'Aigle du chapitre primatial : *Super-
volat omnes*, et qui peut se traduire ainsi : notre pays est pour
nous le plus beau entre tous. Qui donc oserait nous contredire lorsque nous pensons et répétons avec le poète :

A tous les cœurs bien nés que la patrie est chère ?

CHAPITRE III

Droit de police.

Chaque année, le jour de la fête de saint Vérédème, le seigneur rendait publiques, par l'intermédiaire du juge, les choses qu'il ordonnait ou qu'il défendait dans le ressort de sa
terre. C'est ce qu'on appelait : « Ordonnances de police ».
Aux archives, sont conservées celles du 20 mai 1547, faites
par Jean II de Sade. Elles renferment cinquante-quatre articles,
dont voici l'abrégé, à titre de spécimen :

Art. 1ᵉʳ. — Toute personne citée devant le juge, devra se
présenter à l'heure indiquée, sous peine de six deniers tournois pour le premier défaut, de deux sous et six deniers pour
le deuxième, et de cinq sous pour le troisième ;

Art. 2. — Défense d'usurper la juridiction ou les droits du
seigneur sous peine de cinquante livres d'amende pour chaque personne ;

Art. 3 à 10. — Amende de cinquante sous à cent livres pour
ceux qui couperaient les bois du seigneur, feraient paître
dans ses terres, défends et marais, ou chasseraient dans ses
défends, ou cueilleraient les glands, etc. ;

Art. 11 et 12. — Défense de réclamer toute dette déjà payée,
ou de retenir le titre, sous peine de vingt-cinq livres couronnées ;

Art. 13. — Défense aux étrangers de faire paître les troupeaux dans le territoire d'Eyguières, sous peine de cinquante livres tournois le jour ; de cent la nuit, et de la confiscation du bétail ;

Art. 14. — Toute bête trouvée errante devra être déclarée dans les trois jours suivants aux officiers de justice, sous peine de cinquante livres et de la confiscation ;

Art. 15. — Défense aux habitants de tenir dans le territoire des bêtes à laine à marque étrangère, peine : cinquante sous couronnés et confiscation ;

Art. 16. — Amende de vingt-cinq livres le jour, et cinquante la nuit pour quiconque serait porteur de couteaux longs outre mesure et d'autres armes. Confiscation ;

Art. 17 à 20. — Toute marchandise soumise à des droits ne peut être transportée par des étrangers, ni sortie par les habitants, sans avoir acquitté les droits auprès des commis à la perception ;

Art. 21. — Défense de chasser avec des furets dans les garennes d'autrui sous peine de dix livres couronnées ;

Art. 22 et 23. — Défense d'usurper les droits communaux, et ordre de les restituer, amende de vingt-cinq livres couronnées ;

Art. 24. — Défense de parler aux prisonniers du château, sous peine de cinquante sous chaque fois ;

Art. 25. — Défense de jouer dans tout le pays et le territoire, aux jeux de carte et de hasard : cinq sous couronnés et confiscation de l'argent ;

Art. 26. — Défense, sous peine de soixante sous couronnés, pour les valets, de quitter leurs maîtres, et pour ceux-ci de renvoyer les serviteurs avant le temps convenu ;

Art. 27 et 28. — Défense de cueillir le « vermet » avant le temps fixé : cinquante sous d'amende ;

Art. 29 et 30. — Défense de transporter les gerbes la nuit, ou avant d'avoir payé la taxe : cinquante sous couronnés, confiscation des gerbes et des bêtes ;

Art. 31. — Ordre de balayer la rue tous les samedis, chacun devant sa maison : douze deniers couronnés ;

Art. 32. — Ordre aux propriétaires de tenir propres les fossés d'écoulement : cinq sous couronnés ;

Art. 33. — Défense d'aller la nuit dans les rues sans lumière : cinq sous d'amende ;

Art. 34. — Défense de sortir du territoire les pierres des moulins à blé ou à olives : vingt-cinq livres couronnées ;

Art. 35. — Défense de couper les arbres à fruit et autres : cinquante sous le jour et cent la nuit ;

Art. 36. — Défense de jeter ou d'entreposer dans les rues des immondices : cinq sous couronnés ;

Art. 37. — Défense d'avoir des poids, des mesures, etc., non marqués au coin de la cour d'Eyguières : cinquante sous couronnés ;

Art. 38 et 39. — Défense de faire paître les troupeaux dans les pâturages, les vignes et terres défendues, surtout dans celles dont on n'a pas ôté les gerbes : cinquante sous comme d'usage ;

Art. 40. — Les étrangers loués pour la garde des brebis ou des chèvres, ne peuvent en conduire plus de trente à la fois : cinquante sous et confiscation des bêtes en plus ;

Art. 41. — Défense aux étrangers de faire paître les brebis et les chèvres sur les terres d'Eyguières : cinq sous couronnés le jour et dix la nuit ;

Art. 42. — *It.*, pour les grosses bêtes : quatre deniers le jour et huit la nuit ;

Art. 43. — Défense de sortir les bêtes sans sonnette aux heures suspectes : cinq sous ;

Art. 44. — Cinq livres couronnées pour toute convention, monopole ou association non licite, de plus de trois personnes, ou même pour participation par la seule présence ;

Art. 45. — Défense de blasphémer le nom de Dieu et de sa bienheureuse Mère : vingt-cinq livres ;

Art. 46. — Défense de faire office de courtier sans une licence de la cour : vingt-cinq sous couronnés ;

Art. 47. — Cent livres couronnées, et en plus le dommage pour ceux qui incendieraient les possessions, pâturages d'autrui, etc. ;

Art. 48. — Toute vente ou achat de marchandises au-dessus de vingt-cinq livres devra se faire avec les poids du seigneur : vingt-cinq livres couronnées et confiscation ;

Art. 49. — Tout acquéreur de bien fonds devra se faire taxer (droit de lods), dans les dix jours : cinq livres couronnées et confiscation des biens ;

Art. 50 et 51. — La chasse est défendue aux étrangers toute l'année ; aux habitants, depuis le carême jusqu'à Saint-Michel : vingt-cinq livres le jour, cinquante la nuit, confiscation des engins ;

Art. 52. — Défense de franchir les clôtures et de voler : dix livres couronnées le jour et vingt la nuit ;

Art. 53. — Défense d'entreposer fumier ou immondices contre les remparts de la ville et du château : cinq sous couronnés ;

Art. 54. — Défense à toute femme paillarde et maquerelle, vivant lubriquement, de séjourner dans le pays et sur le territoire plus de trois jours, sous peine de dix livres et du fouet.

Cette publication annuelle des ordonnances finit par être abolie et fut remplacée par une publication faite à mesure que le besoin se faisait sentir d'un ordre ou d'une défense, et sur l'initiative exclusive du seigneur. C'est ainsi que nous avons pu trouver en date du 30 août 1556, autorisation aux baniers-gardes, de donner l'accuse aux femmes qu'ils trouvaient lavant au-dessus du lavoir de la fontaine de Borme, et à la Gorgue « quant rageara ». En date du 13 mai 1557, défense de laver à la « font » de Borme, dans les bassins et le lavoir, ainsi qu'à la Gorgue et à la font de la ville, sous peine de cinq sols d'amende. Le 28 août 1564, une ordonnance porta de tenir le devant des maisons bien propre et d'emporter les immondices hors de la ville pour éviter le danger de la peste. En 1761, mêmes ordonnances relatives aux lavoirs et au fumier dans les rues. Le 27 décembre 1566 : tout malfaiteur qui fera des difficultés pour payer le dommage causé au terroir, sera « gagé » incontinent, sans aucune forme ni figure de procès. Le 6 juin 1577, défense faite aux troupeaux d'aller aux « estoubles » par tout le présent mois de juin, afin de donner facilité aux pauvres gens d'aller glaner et cueillir des épis.

Plus tard, les consuls s'occupèrent de police, mais leurs ordonnances devaient au préalable être soumises au bayle, qui, après avoir entendu le juge juridictionnel, accordait ou bien refusait l'ordonnance. D'autres fois, le conseil de ville, après délibération, rendait lui-même l'ordonnance et soumettait sa délibération à l'homologation du Parlement ; le Procureur général prenait alors l'avis du seigneur et puis tirait sa conclusion.

A mesure que le temps s'écoulait et que les idées d'indépendance se développaient, les consuls voulurent faire des
règlements en dehors de l'intervention du seigneur, du bayle
et du Parlement ; mais l'avocat de la Communauté leur dit
qu'ils n'avaient pas ce droit, et qu'ils devaient recourir au
juge pour condamner et punir ceux qui seraient en contravention avec les ordonnances de police — 17 juin 1723.

Nous avons trouvé dans les archives divers faits qui sont à
l'appui de ce que nous avançons. Il suffit d'en citer quelques-
uns : 1° Les ordonnances seigneuriales de 1547 réglaient —
art. 38 à 43 — le cas des troupeaux qui paissaient dans les
propriétés d'autrui. Par délibération du conseil de ville du
28 juin 1654, il y avait une amende plus forte encore portée
contre les bergers qui faisaient paître dans les vergers des
autres ; l'homologation fut accordée par le Parlement — arrêt
du 13 juillet 1654. — Nouvelle délibération en 1700 sur le
même cas : tout contrevenant sera arrêté, conduit devant les
consuls, emprisonné et même fouetté. — Autre règlement
fait le 6 janvier 1766 et homologué le 23 du même mois, et
établissement de deux gardes chargés de verbaliser contre les
bergers trouvés dans les terres des autres. Enfin le 16 juillet 1780, tout un règlement fut délibéré avec amendes très
fortes et même confiscation du bétail ; on imposait aux propriétaires l'obligation de faire porter aux brebis des sonnettes
en proportion du nombre de têtes, etc. Avant de statuer, le
Procureur général en référa au seigneur ; Mᵐᵉ de Sade, au nom
de son fils mineur, fit opposition : c'était son droit.

2° Le 3 octobre 1696, le conseil prit une délibération contre
les grapilleurs d'olives ; le 19, l'homologation fut accordée.
Les consuls, en vertu de ce règlement, avaient le droit de faire
mettre en prison « tous ceux qui seraient trouvés en grapil-
lant ou seraient accusés de l'avoir fait avant que la permission
en eût été accordée ». On leur adjoignit pour les aider à faire
bonne garde gratuitement : Estève-Jean d'Antoine, François
Pélegrin, Honorat Payan de Jean, Damien Chave, Raimond
Guibert, Estève et Pierre Colique, Joseph Pélegrin, Jean
Payan, maître-chirurgien, Vincent Autheman, Adrien Jean,
Joseph Estienne, Laurent Pétrier et Joseph Pascal.

Les grapilleurs n'étaient pas tous du pays ; en octobre 1749, le Procureur général écrivit aux consuls d'Eyguières à propos des vols nombreux qui se commettaient dans la région, de surveiller les étrangers et les vagabonds qui s'introduisaient dans les auberges. L'abus devint tellement grand qu'une délibération du 17 novembre 1754 dit : « Les uns grapillent au fur et à mesure que se fait la cueillette, d'autres se font aider par des gens payés à la journée, d'autres enfin sous l'apparence de grapillage volent toute la récolte ». Le règlement fait à cette date et homologué le 28 novembre 1755, contenait les sept articles suivants : 1° Défense de grapiller avant que l'autorisation soit donnée au son de trompe : amende de vingt-quatre livres et confiscation des olives ramassées ; — 2° répartition : les olives seront pour l'hôpital, avec les deux tiers de l'amende, l'autre tiers pour celui qui aura trouvé le délinquant ; — 3° les consuls ont le droit de faire emprisonner les grapilleurs pour quinze jours ou jusqu'au jour de l'autorisation générale ; — 4° amende de vingt-quatre livres contre ceux qui colporteront, recèleront, achèteront ou moulineront les olives grapillées avant la permission ; — 5° la contrainte par corps est permise en vue du recouvrement des amendes ; — 6° les consuls ont le droit d'inquisition pour découvrir les coupables et saisir le fruit ; — 7° les préposés à la garde seront crus sur serment. — Chaque année, ce règlement fut publié au son de la trompette — délibération du 25 octobre 1778 — et le conseil fit venir deux gardes étrangers pour en assurer l'exécution.

Une mesure semblable fut prise en 1778 — délibération du 25 octobre — pour protéger les raisins. Deux gardes payés par les propriétaires de Toubeau, des Glauges, du Camp, des Maiet, des Aube, chacun en proportion de l'étendue de sa propriété, furent commis à la garde des vignes, du 15 août jusqu'à la fin des vendanges.

3° Pour empêcher l'accaparement des marchandises apportées par les étrangers, et, par suite de l'achat en gros, une vente détaillée hors de prix, sur la requête des consuls et d'après les conclusions de M. Gavoudan, procureur juridictionnel ; M. Tissot, lieutenant de juge, rendit le 24 avril 1766 une ordonnance portant « que ces marchands étrangers — de poissons, de denrées, vaisselle, etc. — ne pourront vendre en

gros qu'après avoir laissé le tout exposé au public pendant
trois heures après la publication du crieur, sous peine d'une
amende de dix livres, et que les habitants ne pourront acheter
en gros avant ce laps de temps, sous peine de confiscation et
d'amende de dix livres, le tout en faveur de l'hôpital ou pour
des réparations publiques.

4° A la requête des consuls, les officiers de justice ordonnè-
rent en 1778, le 8 janvier, que les poids et mesures seraient
examinés, poinçonnés, datés et marqués aux armes de la ville
chaque année en janvier, les poids à Aix et les mesures à
Tarascon par un employé juré.

5° Une délibération du 11 janvier 1781, relative à la propreté
des rues et présentée au Parlement, n'eut aucune suite parce
que Mᵐᵉ la comtesse de Sade, procuratrice pour son fils,
n'adhéra pas à son contenu.

En terminant, faisons connaître par quelques exemples la
procédure en usage lorsqu'il y avait contravention.

1° La vigne de Guillaume Bonnard fut visitée par un troupeau de brebis. Le propriétaire porta plainte et les estimateurs
Mathieu-Vérédème Trenquier et Joseph Bosse estimèrent le
dommage : 1° Estime, 42 livres ; honoraires des estimateurs,
2 livres ; le rapport, o livre 17 sols 6 deniers. En tout 44 livres
et 6 deniers. Le garde du territoire Félix Astier n'ayant pas
pu découvrir le maître du troupeau, subit sur ses gages la
retenue de cette somme, en conformité à l'avis du conseil
d'Etat du 24 juillet 1714.

2° La femme Françoise Mourard fut surprise à laver du linge
dans le bassin de la fontaine, le 20 juillet 1761. Les consuls
firent une requête pour demander sa condamnation à 25 livres
d'amende. Le même jour, M. Tissot, lieutenant de juge, rendit
une ordonnance pour que ce fût communiqué à M. le Procureur juridictionnel. Le lendemain, le Procureur donnait conclusion écrite requérant contre la contrevenante, l'amende de
10 livres applicable aux pauvres de l'hôpital. Le 22, le lieutenant de juge rendit une sentence dans ce dernier sens. Par le
ministère de Payan, sergent ordinaire du pays, et sur la requête
des consuls, toutes les pièces de la procédure furent signi-
fiées à la femme Mourard, avec ordre de payer dans trois
jours l'amende prononcée contre elle.

CHAPITRE IV

DROIT DE JUSTICE

Le seigneur d'Eyguières avait droit de justice haute, moyenne et basse ; par la première, son juge connaissait de toutes les affaires civiles et criminelles, excepté les cas royaux ; par la deuxième, il connaissait de toutes les affaires civiles, mais, au criminel, seulement des délits dont la peine ne dépassait pas une amende de soixante-quinze sous ; enfin par la troisième, il connaissait des droits dus au seigneur, des actions personnelles, au civil jusqu'à soixante sous parisis, et des délits dont l'amende ne dépassait pas dix sous parisis. Le seigneur ne devait pas rendre la justice en personne ; mais il devait nommer une cour de justice composée de quatre officiers : un juge, un lieutenant de juge, un procureur juridictionnel et un greffier. Seul le juge était dispensé de la résidence, mais il était tenu d'être présent dès que le service le réclamait, sans aucune indemnité.

Ces officiers ne pouvaient être appelés à aucune fonction municipale, mais ils avaient certaines prérogatives, dont voici les principales : 1° Lorsque le conseil se réunissait pour des affaires autres que les élections, le juge ou son bayle devait aussi être présent pour empêcher toute délibération contraire aux intérêts du seigneur ; dans ce cas, il suffisait de le faire avertir, et avant comme après la réunion, c'était le greffier de la commune qui devait l'accompagner ; 2° Il y avait obligation pour les consuls, le jour des élections consulaires, d'aller prendre à son domicile le juge ou son lieutenant pour le conduire à la maison commune, et de le ramener chez lui après les élections. Les consuls devaient porter leur chaperon pour cette circonstance, quand ils eurent reçu cette marque distinctive.

Le 25 octobre 1744, des réjouissances publiques eurent lieu à l'occasion du rétablissement de Louis XV. Le seigneur fut avisé par le valet de ville, et ne se rendit pas au feu de joie. Le 27, Mᵐᵉ de Sade signifia au maire et aux consuls que pour toute réjouissance publique, la Communauté devait le faire avertir la veille par le greffier, et les consuls devaient aller le prendre en son château et il attaqua maire et consuls devant le Parlement. Le 8 mai 1745, un arrêt fut rendu qui enjoignait aux maire et consuls d'Eyguières de faire aviser le seigneur par le greffier, la veille des cérémonies, et de l'accompagner, le tout selon l'usage, sous peine de trois cents livres d'amende. De plus, le maire et les consuls furent condamnés chacun à trente livres d'amende, aux frais et aux dépens.

Il arriva, le 11 décembre 1763, que les consuls sortants omirent d'aller chercher le juge afin qu'il présidât les élections. On vota, et les élus furent : consuls, Jean-Baptiste Duplan, Damien Chave et Adrien Pélegrin ; secrétaire : Louis Emeri ; capitaine de St-Vérédème : Pierre Gilles ; auditeurs des comptes : Joseph-Honorat Pétrier, Joseph Estienne et Jean-Baptiste Martin. Mme de Sade attaqua ces élections qui furent cassées comme irrégulièrement faites, par arrêt du Parlement d'Aix — 27 juin 1764. — Les nouvelles élections nommèrent les mêmes officiers, à l'exception de Pétrier qui fut remplacé par Pierre Guibert.

Ce fut l'occasion pour Joseph Tissot, juge, de rappeler aux consuls les honneurs auxquels il affirmait avoir droit. Au privilége d'être accompagné pour présider les élections, il ajouta les suivants : 1° même accompagnement pour aller à la messe et en revenir le jour de St-Vérédème ; 2° ce même jour, droit exclusif de tirer le coup de pistolet qui annonçait le départ des coureurs, et dans cette circonstance comme dans toute cérémonie publique, d'être accompagné par les consuls. Ce fut consenti par le conseil de ville comme s'étant toujours pratiqué, excepté pour le dernier point.

Le juge devait avoir le pas sur les consuls dans les cérémonies publiques. Ce fut sur cet usage général que se basa le seigneur pour réclamer, ainsi que nous avons dit, la première place pour son juge au banc des consuls, placé dans l'église en face de celui du seigneur.

Au XVIe siècle, le lieutenant de juge rendait la justice tantôt dans le fort du château, tantôt sur la place publique ou dans la rue devant sa maison, ainsi que le prouve une sentence rendue par le bayle le 21 octobre 1530. La voici dans sa teneur : « L'an susdit et le 21 octobre, dans la rue du portail d'Anevert, devant la maison de Monsieur le Bayle et par devant lui, siégeant sur un certain siège de pierre pour tribunal judiciaire à la façon de ses devanciers, a comparu, etc. » Un siècle plus tard, le seigneur faisait rendre la justice uniquement dans le fort qui faisait partie de son château ; mais les habitants trouvèrent qu'en ce lieu la liberté du juge et celle des plaideurs était gênée. Ils demandèrent au seigneur de choisir un autre lieu pour tribunal ; le Parlement le contraignit, le 2 juin 1673, à leur donner satisfaction, ce qui fut fait le 15 juillet, grâce à l'intervention directe d'un conseiller envoyé par le Parlement.

La Communauté voulait une justice indépendante ; pouvait-elle toujours l'espérer, surtout dans les cas où le seigneur était partie intéressée, le juge étant sous la dépendance du seigneur et révocable à volonté? Assurément, car les officiers ne jugeaient qu'en premier ressort, et l'on était toujours en droit de faire appel de leur décision.

En effet, avant l'ordonnance de François Ier, 1535, il existait au-dessus de la cour du seigneur, les juges des premières et des secondes appellations, qui en référaient au conseil éminent, au conseil du sénéchal appelé aussi cour royale. Lorsque les trois degrés avaient jugé d'une manière semblable, tout recours était interdit ; mais en cas de dissidence, le grand sénéchal prononçait.

Par l'Edit de 1535, trois degrés seulement de juridiction furent conservés pour abréger la durée des procès et les rendre moins coûteux. Le premier degré ne fut point modifié, soit parce qu'il y avait moins d'abus, soit pour ne pas toucher aux droits des seigneurs. Au-dessus fut établie la sénéchaussée qui connaissait en première instance diverses causes, et de plus par appel des jugements des juges inférieurs. Et enfin au-dessus de tout, le Parlement.

Les annales d'Eyguières nous fournissent plusieurs cas dans lesquels soit la Communauté, soit les habitants en particulier firent appel avec succès des décisions du premier juge. En 1501 et en 1701, des procès pour délit de chasse furent dressés et jugés à la cour du seigneur. Les habitants furent condamnés dans les deux cas ; ils firent appel et ils eurent gain de cause. Ce qui rend manifeste que nos pères avaient le moyen d'obtenir justice et l'obtenaient aussi bien que de nos jours, même contre les puissants.

Les 16 et 24 août 1790, les justices de paix furent organisées ; les juges devaient être élus, et prêter serment devant le conseil général de la commune. Le 12 décembre 1790, tous les citoyens actifs du canton d'Eyguières nommèrent juge de paix, Jean-Baptiste Martin, et assesseurs : Joseph Margaillan, Vérédème Trenquier, Jean-Baptiste-Adrien Payan et Jean Andrieu-Aubert. Le 1ᵉʳ janvier 1791, devant le conseil général réuni à la commune, les élus prêtèrent le serment de fidélité à la constitution acceptée par le roi et promirent de bien exercer leurs fonctions.

En résumé, le seigneur avait des propriétés exemptes de taille, et jouissait de certains priviléges que nous venons d'énumérer. Des abus avaient pu se glisser dans la durée des siècles, concernant l'usage des priviléges seigneuriaux ; mais tout n'était pas abusif. La Révolution avait pour but premier de supprimer les abus ; déjà elle l'avait atteint en majeure partie lorsque la noblesse et le clergé eurent fait le sacrifice de leurs privautés sur l'autel de la patrie. L'égalité réclamait une répartition équitable des charges et l'abolition des castes : c'était fait. Les charges allaient être supportées par tous indistinctement pour soulager le peuple ; c'était bien. Mais la justice devait rester debout, immuable, en dehors et au-dessus des questions qui divisent. Si on dépossédait le seigneur du droit de faire des règlements de police et de rendre la justice en tant que seigneur, ce ne devait être qu'un changement de personne ; rendre la justice n'était plus un privilége héréditaire, mais une fonction séparée de l'autorité qui fait les lois ou les articles de police, afin d'éviter les fausses applications. C'était suffisant : c'est le système actuel. Il n'y a plus de biens privilégiés, il n'y a plus de serment de fidélité aux personnes ; le pouvoir de faire des règlements de police est entre les mains des magistrats élus par le peuple ; la justice est exercée par un juge indépendant quoique révocable. Beaucoup désiraient qu'il en fût ainsi pour le bien général ; on pouvait arriver à ce résultat sans verser tant de sang et tomber dans les excès révolutionnaires. Réduite aux réformes sages, la Révolution eût été acclamée par tout le peuple. Allant aux excès, elle est restée comme synonyme de désordre, d'épouvante et de terreur.

IIe PARTIE

LA COMMUNAUTÉ

IIe PARTIE

LA COMMUNAUTÉ

Après avoir parlé du seigneur et fait connaître ses droits, arrive naturellement le tour de la Communauté, c'est-à-dire de cette agglomération d'habitants qui, rattachés au seigneur par certains rapports de police, de justice, de taxes et d'hommage, avait pourtant sa vie à elle, son existence personnelle, indépendante, ses règlements, son organisation communale avec ses chefs, son conseil, ses électeurs, ses charges et ses immunités. Et c'est de ce peuple que nous avons à parler, c'est son histoire à travers les siècles que nous allons raconter dans cette seconde partie.

Mais tout d'abord nous éprouvons le besoin de faire une simple observation. Le titre de notre ouvrage « Histoire d'Eyguières », à lui seul suffirait pour procurer une déception, si on s'attendait à lire des faits de grande importance. Une petite ville qui dans l'espace de mille ans, a varié entre deux et trois mille âmes, qui n'a été ni une place forte, ni un centre industriel et commerçant, mais qui est restée un pays d'agriculture, n'a pas à enregistrer dans ses annales de ces événements retentissants qui font époque. L'existence de ce peuple de travailleurs, d'agriculteurs pour la plupart, ressemble un peu à celle du monde qui à travers les temps reproduit toujours les mêmes périodes annuelles, et ramène dans la nature, avec des degrés plus ou moins intenses de chaleur et de froid, avec des récoltes plus ou moins abondantes, la série constamment renouvelée des saisons. De même donc qu'il serait monotone de refaire le passé de la terre, en disant chaque année, qu'il y a eu un hiver, un printemps, un été et un automne, de même ce serait se répéter sans cesse que de suivre année par année la population d'Eyguières.

C'est pourquoi, fidèle au système de groupement que nous avons adopté, nous allons réunir dans quelques chefs tous les faits les plus importants qui ont trait à la même matière, les coordonnant entr'eux, et donnant une place particulière à chacune des parties qui composent le tout. Ce sera moins un récit fait dans l'ordre chronologique, qu'un exposé complet et détaillé de ce qui se rapporte aux manifestations diverses de la vie d'une Communauté, aux phases successives du gouvernement d'un peuple par lui-même.

Nous avons déjà dit quelle fut l'origine de ce peuple, combien il était jaloux de ses libertés et de ses immunités municipales, toujours disposé à les défendre contre la plus légère oppression de ses chefs. Quelle était donc son organisation, sa forme administrative? telle est la question qui semble se poser maintenant. Mais comme ce serait ne pas assez connaître un peuple que de se borner à l'étude des faits divers dont il fût témoin ou acteur, il nous a paru bon, pour compléter cette étude, de considérer d'abord le peuple d'Eyguières en lui-même, et à tous les points de vue qui le distinguent ou le rapprochent des peuples voisins.

LIVRE Ier

Eyguières à travers les siècles.

CHAPITRE Ier

Chiffre de ses habitants. — Mœurs. — Langage. — Costume.
— Usages et coutumes.

1° *Chiffre des habitants.* — La statistique des Bouches-du-Rhône donne les nombres suivants :

XIIIe siècle, 1.950 habitants ; — XIVe s., 2.100 ; — XVe s., 2.400 ; — XVIe s., 2.800 ; — XVIIe s., 2.950 ; — XVIIIe s., en 1700 : 2.800 ; — en 1710, 2.700 ; — en 1720, 2.415 ; — en 1730, 2.420 ; — en 1740, 2.490 ; — en 1760, 2.550 ; — en 1770, 2.570 ; — en 1780, 2.650 ; — en 1790, 2.753.

Devons-nous tenir pour authentiques ces chiffres ? Quelque doute semble permis lorsque nous trouvons dans le livre de paroisse où était consigné le relevé officiel, en 1708, le chiffre des catholiques porté à environ 1.500 âmes de communion, avec 40 ou 50 maisons de nouveaux convertis, ce qui ferait, à six personnes en moyenne par maison, un total de 1.800 habitants au XVIIIe siècle ; différence 900 âmes.

L'an IX, le total de la population aurait été de 2.224 habitants, et de 2.925 en 1825, ainsi répartis : 2.688 à Eyguières, 99 à Roquemartine, et 138 dispersés dans la campagne.

Le pays comprenait 1.341 maisons en 1630, avec une population de 2.950. Le nombre des maisons habitables a été de 1.365 en 1890 pour 2.465 habitants et de 1.325 en 1900, pour loger une population de 2.325 habitants.

En 1567, Eyguières comprenait 200 chefs de famille, tous ayant droit de voter.

En 1747, la mortalité s'éleva au chiffre effrayant de 194 personnes ; la moyenne fut de 90 pendant les années suivantes.

En 1821, il y eut à Eyguières 87 naissances ainsi partagées : 46 garçons et deux mort-nés ; 37 filles, et 2 mort-nées. Il y eut 83 décès, dont 49 hommes et 34 femmes. Il fut célébré 16 mariages.

De 1883 à 1900, la moyenne des décès a été de 55, et celle des naissances de 50. Eyguières se dépeuple.

Le nombre diminue et les classes se transforment, ainsi que le prouve la nomenclature suivante insérée aux archives (an 1714 à 1736) :

1° Le seigneur et sa famille ; — 2° le curé, vicaire perpétuel et ses trois vicaires appelés secondaires ; — 3° 6 religieux récollets ; — 4° environ 12 avocats, notaires, procureurs et gens de justice ; — 5° une cinquantaine de bourgeois ; — 6° une centaine d'artisans et de gens de métier ; — 7° la majeure partie composée de ménagers, de bergers, de paysans, de serviteurs, de travailleurs à bras. Les artisans et les gens de métier comprenaient : 5 chirurgiens, 2 apothicaires, 25 cardeurs, fabricants en laine ou tisseurs de drap ; 6 tailleurs d'habits ; 3 maréchaux ; 3 serruriers ; 6 maçons ; 3 tailleurs de pierre (Jean, Jacques et Michel Chastelas), surnommés « li pereiroun » ; 5 boulangers ou fourniers ; 6 menuisiers, charrons ou tonneliers ; 10 cordonniers ; 2 fabricants de bât ; 1 chapelier ; 1 tourneur sur bois ; 1 cordier ; 3 tisseurs de toile, et... 14 cabaretiers ! !

2° *Mœurs*. — Qu'on se rassure en présence de ce chiffre 14, et surtout pas de comparaison. Les liqueurs qui empoisonnent et tuent corps et intelligence à la fin de ce siècle, n'avaient pas encore fait leur funeste apparition. Au cabaret, on n'y allait guère que le dimanche pour jouer à l'écarté ou à quelque jeu similaire, et s'y désaltérer avec le produit naturel de la vigne : *vinum de vite.*

Ce même jour était consacré par le père de famille à l'accomplissement des devoirs religieux et civiques. Les autres jours, retenu hors de chez lui par le travail, il passait la soirée en famille, entouré de respect et d'amour, prenant part aux jeux de ses enfants, ou bien leur racontant des histoires, pendant que la mère et les filles se mettaient à l'ouvrage autour de la grande cheminée en hiver. A 9 h. et demie, toute la famille se réunissait pour faire la prière en commun. C'était le chef qui présidait, ou à son défaut, la mère de famille.

Le père jouissait au foyer d'une grande autorité, et son pouvoir était la base de l'état social. Ayant charge de famille, étant « capoulié », il était admis de plein droit à donner son avis dans le conseil de la ville, et il pouvait être élevé à l'une des charges municipales qui honoraient d'autant plus ceux qui en étaient revêtus qu'elles étaient gratuites.

. Dans sa maison, il avait non seulement le gouvernement de ses enfants, mais encore il était le conseiller de toute la parenté. Rien d'important ne se faisait qu'avec son approbation. Cette autorité passait du père à l'aîné de ses fils.

Mais du vivant du père, c'était la mère qui partageait ses charges et le remplaçait. A cette époque (XIIIᵉ au XVIIIᵉ siècle), les femmes ne parlaient à leurs maris qu'avec respect et soumission. Elles sortaient peu, et ne se mêlaient que de l'intérieur de la maison. A Eyguières, comme partout en Provence, les femmes avaient la réputation d'être excellentes mères de famille, et très soigneuses dans leur ménage. C'étaient elles qui retiraient l'argent et en avaient l'emploi. Peu recherchées dans leur parure, économes, elles prenaient un soin extrême que la maison fût abondamment pourvue de tout ce qui peut rendre la vie aisée et commode. Sobres et frugales, elles ne faisaient paraître sur la table que des mets sains et utiles à la santé ; elles ne buvaient point de vin ; les jeunes garçons n'en prenaient qu'après la première communion. Les mères travaillaient à préparer le trousseau de leurs filles et l'augmentaient par leur économie. Par là, elles introduisaient l'aisance au foyer, et y conservaient la paix qui fait le charme de la famille et le bonheur de la vie.

3° *Langage*. — Le langage usité à Eyguières fut, dans les temps les plus reculés comme dans toute la Provence, le celte, le ligurien, puis le grec et le latin, d'où par la suite se forma la langue romane. Mais les actes publics du XVIᵉ siècle furent encore écrits d'abord en langue latine, puis en langue vulgaire ou provençale, et enfin en langue française vers la fin du même siècle. Quant au peuple qui avait conservé longtemps l'usage du latin, il finit par ne se servir que du dialecte roman qui avait une grande affinité avec le latin. Aujourd'hui encore, le provençal est universellement parlé à Eyguières, et on ne comprendrait pas qu'on l'abandonnât. C'est le dialecte marseillais, mitigé quelque peu par le dialecte rhodanien ; ce n'est pas regrettable ; mais ce qui est fâcheux, c'est que beaucoup de gens ne sachant parler que le patois appris sur les genoux maternels, se figurent savoir le français, et se permettent de le parler ou de l'écrire en y mêlant des mots provençaux. Cette introduction de nombreux provinçalismes dans la conversation accuse une grande ignorance ; mais le mélange des gallicismes avec la belle et pure langue provençale ne trouve aucune excuse, car il provient d'une prétention déplacée.

4° *Costume*. — Ne rougissons pas de notre langue maternelle, et veillons à maintenir le costume si gracieux qui sied à merveille, et donne à notre pays un cachet d'originalité jalousé par les étrangers ravis. Qu'on le garde malgré les conseils qui peuvent être donnés dans le sens contraire, quelle qu'en soit la provenance.

C'est avec une stupéfaction bien grande que nous avons lu les lignes suivantes dans les « *Fastes de la Provence*, par Fouque, avocat d'Arles » : « Jeunes provençales, quittez ce cos« tume grec ou romain, qui, malgré la variété de la mode, ne « vous fait que jolies ; prenez le costume national, le costume « français qui est aujourd'hui le vôtre, et vous serez toujours « belles, et l'on ne vous regardera plus dans vos voyages « comme des objets de curiosité, comme des antiquités ambu« lantes ». Cet auteur, mieux inspiré, aurait pu dire de préférence : « Si ce costume vous offre des inconvénients en voyage, quittez-le pour le reprendre chez vous. Gardez le costume provençal que portèrent vos mères. »

Les femmes n'ont pas toujours eu ce qu'on a si bien désigné sous le nom de costume arlésien, parce qu'il n'est en usage que sur les bords du Rhône et dans les environs d'Arles ; la langue provençale et ce costume vont très bien ensemble. On corrompt la première, on abandonne l'autre ; dans les deux cas on a tort à Eyguières comme ailleurs.

Primitivement, le costume des femmes avait quelque analogie avec celui des dames romaines. Il se composait d'une robe d'indienne fond blanc avec des branchages, sans pli autour du buste ; d'un corsage sans manches, échancré ; d'un tour de gorge en mousseline ou de dentelle, d'une pointe appelée modeste nouée avec une large rosace de rubans. Sur la robe, elles mettaient un droulet bordé de velours ou de fourrure. La chevelure, relevée en toupet, retombait en chignon. Les bas étaient en soie blanche, les souliers en étoffe avec des talons fort hauts, ornés de boucles d'or ou d'argent. Des bagues, des bracelets, de riches bijoux complétaient ce costume.

Plus tard, on le modifia, et l'on porta : tablier jusqu'à la gorge, droulet avec basques, remplacé ensuite par un manteau à capuchon, encore en usage aujourd'hui, et que le bon goût défend d'abandonner pour prendre le châle.

Sous les comtes de Barcelone, le costume féminin se ressentait du genre espagnol : tunique simarre en guise de jupe, mouchoir autour du cou, manteau avec capuchon, voile comme la mantille espagnole, franges aux vêtements. L'étoffe employée était le drap, le taffetas, la futaie. Les veuves se distinguaient par un voile plus grand.

Le costume des hommes au temps ligurien, consistait à porter les braccœ ou brayes, larges, courtes, en peau de bête ; le sagum ou saye, peau de mouton ou de bête fauve, passée sur les épaules et agrafée par un os, en hiver le poil en dedans, et en dehors pendant l'été ; sandales aux pieds ; barbe et cheveux longs.

Les Grecs et les Romains introduisirent des modifications qui furent abandonnées au temps des barbares pour reprendre le costume des anciens. La noblesse se fit des habits très étroits ; le clergé seul conserva l'habit romain qu'il porte encore.

Sous les comtes de Barcelone, les hommes prirent le costume en usage au pays de leur souverain : la garnache, robe fort longue et très ample, avec surcot ou simarre (pardessus), des bas en peau ou des guêtres en drap, des souliers liés par des courroies ; le capuchon contre le froid ou la pluie ; la barreto, bonnet de drap avec des pièces qui s'abattaient sur la nuque ; les cheveux étaient coupés en rond à la naissance du cou, la barbe était rasée, excepté la moustache.

Le catalan fut ainsi modifié sous les princes de la maison d'Anjou : culotte à jarretière, pourpoint, toque, bas tricotés, collerettes, manchettes ; — étoffe soie. Le paysan portait : culotte courte de gros drap ou de velours en hiver, et de toile en été ; — guêtres de peau attachées sous le genou avec jarretière rouge ; — gilet long et ample, veste juste, serrée sur la poitrine avec basques fort courtes ; — cravate serrée autour du cou, et la *taillolo* autour des reins. — Au début du XIX⁰ siècle : culotte courte, guêtres de peau, veste longue ronde, gilet croisé sous la cravate, tricorne ou chapeau à large bord. Mais depuis longtemps le costume est devenu ce que nous le connaissons.

5° *Usages et coutumes.* — *Nouveau-né.* — Charmant l'usage établi pour la marraine de donner à son filleul, un pain, un œuf, un grain de sel et quelques allumettes, en disant : siegues bon coumo lou pan, plen coumo un iou, sage coumo la saou, e lou bastoun de vieiesso de ti parens. — Cette scène d'un provençalisme à « faire gaou » a été reproduite et personnifiée à merveille au Museon Arlaten, de même que celle de la fête de Noël dans une ferme de Provence.

Noël. — Le père de famille conduit par la main le plus jeune enfant à la porte de la maison où est préparée une grosse bûche appelée calendaou ou calignaou. L'enfant avec un verre de vin fait trois libations sur la bûche en disant : « Alègre, Dieou nous alègre, — Cachafio ven, tout ben ven, Dieou nous fague la graço de veire l'an que ven. Se sian pas mai, que sieguen pas men. » — Le verre passe à la ronde et est vidé. L'enfant soulève calendaou par un bout, et le vieillard par l'autre, et tous aidant, on le porte jusqu'au foyer en répétant : alègre, etc. On allume aussitôt la bûche avec des sarments ; on l'éteint avant le coucher pour la rallumer chaque soir jusqu'au jour de l'an.

Cette fête est le jour du triomphe des gibassié, préparés avec l'huile nouvelle ; ailleurs on les appelle taiado, ou encore fougasso, du latin fungosus, spongieux.

Les oreillettes, sorte de pâtisserie fine et sucrée, sont réservées pour toutes les fêtes de famille, telles que collation de baptème, première communion, mariage.

Du mariage nous ne dirons rien de plus ; il en est parlé au Capitanage. Quant à la première communion, la seule particularité à signaler, c'est que le cierge est fourni à chaque enfant par son parrain ou sa marraine, en souvenir du cierge du baptême, qui a grossi et grandi comme le gentil filleul.

Les Rois. — Les parents et les amis se réunissent autour d'une table sur laquelle on place un gâteau dans un plat. Le plus jeune enfant capable de ce rôle bénit le gâteau, le découpe en autant de portions qu'il y a d'assistants, et les met dans une serviette fine. Le père en fait prendre une pour Dieu ; on la donne à un pauvre ensuite. L'enfant distribue les autres ; on ouvre les portions, et celle qui contient une fève désigne le roi. — Cette fève est un souvenir des élections des magistrats qui se faisaient en Grèce en déposant des fèves dans une boîte. — Alors tous se lèvent, et acclament le roi en criant : Vive le roi. — Celui-ci passe à la tête de la table, choisit une reine ; puis on boit à la santé de Leurs Majestés qui rendent les santés tandis que l'on crie : Vive le Roi.

Rameaux. — En Provence, chacun porte à la bénédiction des branches de laurier et d'olivier. Le peuple estime que c'est un préservatif contre la foudre, comme les cierges de la Chandeleur. On dit que l'olivier n'a jamais été frappé par la foudre. Pourquoi donc Eyguières qui est placée au milieu de vastes champs d'oliviers a-t-elle abandonné l'olivier et ne fait bénir que des branches de laurier ?

Les Morts. — Ce jour-là, a lieu le soir, le repas des armettes (des âmes) : le vin blanc, le vin cuit et les châtaignes y sont obligatoires. Pendant ce temps, les cloches sonnent le glas funèbre tour à tour des enfants et des grandes personnes. Autrefois, on parlait des ancêtres devant les jeunes gens, on en faisait l'éloge funèbre, et on priait pour eux avant de se séparer.

CHAPITRE II

TERRITOIRE D'EYGUIÈRES. — PRODUITS ET CULTURE DU SOL. — PRIÈRES POUR LES RÉCOLTES. — PRIX DE LA JOURNÉE EN 1722. — VERS A SOIE. — TROUPEAUX. — FOIRES ET MARCHÉS.

Le territoire. — Le terrain d'Eyguières, du côté des Alpilles, est formé d'un calcaire argileux, à plusieurs revêtements ; et dans la partie méridionale des montagnes, il est composé d'une vaste étendue houillère, plus ancienne que le poudingue, encastrée dans un calcaire d'eau douce, contenant des coquilles fluviales. Du côté de Lamanon, on trouve du soufre, un limon durci, déposé par la Durance après la retraite de la mer, puisqu'il recouvre le calcaire coquillier.

Dans son ensemble, ce territoire est de 5.831 hectares, y compris celui de Roquemartine, dont la superficie est de 1.697 hectares. Il comprenait et contient encore aujourd'hui des garrigues et des terres gastes.

Les garrigues, ainsi nommés du chêne qui en provençal s'appelle garus, sont des lieux où le chêne s'est emparé de presque tout le sol, et sert de retraite aux lapins et aux lièvres : les chasseurs le savent bien.

Les terres gastes sont des terres incultes, vaines ou vagues, dépourvues de bois taillis et de futaie, mais plus ou moins fournies de bois rampants, sur lesquels les habitants ont conservé certains droits d'usage reconnus, ou que la commune leur abandonne pour l'utilité de la classe pauvre qui y fait du bois pour son usage ou pour la vente. Une partie de ces terres a été mise en défend par la commune.

Les produits du sol d'Eyguières sont :

1° Naturels : les truffes, les champignons, dont le plus connu et préféré aux autres est le Pignen. Dès les premières pluies d'automne, les gens de la campagne et de la ville, lorsque le soleil perce les nuages, se rendent en foule sur les terres de Roquemartine qui fournissent ce produit en abondance.

Les salades de toute herbe, appelées salado fero ou Champanelo, très saines, abondantes, sont préférées à celles des jardins qui sont plus fades. — Le cresson, les asperges sauvages n'y sont pas rares.

2° *Produits cultivés.* — Autrefois on cultivait beaucoup le chardon ; on aurait pu dire alors : Eyguières, gerbes de chardon, et champs de pierres, à cause de la Crau. Aujourd'hui cette culture est abandonnée. Le pays produit peu de blé et de raisins, à peine pour la consommation de quelques mois : mais il abonde en fruits tels que pêches, amandes et olives.

Les pêches molles, les pêches fermes et jaunes d'un goût succulent, alimentent le marché vers la fin de l'été, et sont recherchées pour l'expédition. On peut dire la même chose des poires.

Au XVIᵉ siècle, la récolte des amandes s'élevait à peu près en moyenne à six cents ras ; mais le froid désastreux du 5 février 1603 tua ou abîma tellement les amandiers que cet arbre ne fut plus guère cultivé. Pourtant des plantations importantes de cet arbre ont de nouveau été faites avec succès, notamment à Roquemartine, vers la fin du XIXᵉ siècle.

On a transformé en prairies une grande partie du terrain occupé autrefois par les oliviers. Le fourrage constitue aujourd'hui avec les fruits susnommés presque tout le revenu de cette population agricole.

L'olivier en particulier, malgré la rareté des bonnes récoltes et la mévente de l'huile, est resté l'objet d'une culture constante, quoique un peu moins étendue, et mérite de fixer notre attention.

Cet arbre, très précieux pour cette contrée, est peut-être celui qui y a été le plus anciennement apporté de la Grèce par les fondateurs de Marseille, puis d'Italie par les Romains, certaines espèces du moins, les plus répandues. Eyguières ne le cultive ni en cordons, ni en allées, mais en vergers, et le soigne très bien, comme dans l'ancienne baronnie des Baux.

L'olivier présente de nombreuses variétés : la Cayonne ou Cayanne, plant d'Eyguières même, apporté par les Phocéens ; — la Pounchudo, variété très commune à Aix, à Marseille et surtout à Eyguières, où elle paraît avoir pris naissance ; —

l'Espanen, plant d'Eyguières, de la grosse espèce, dont les fruits très pulpeux sont bons à confire.

Le froid a été souvent très funeste aux oliviers. Voici le tableau du désastre occasionné par la neige et le verglas du 5 février 1603. M. Joannis, conseiller au Parlement de Provence, vint le 12 février constater que partout les oliviers et les amandiers avaient péri à cause « du verglas qui estait « tombé sur iceulx du cousté du Septentrion, qui les aurait « chargés d'un poids si grand qu'il en est arrivé la dicte ruyne, « laquelle est telle qu'il semble qu'on aye tiré une infinité de « coups de canon à coups redoublés, ou qu'on les aye arra- « chés de vive force, y ayant telles des dites branches si gros- « ses que si dix hommes se fussent employés à les rompre à « force, ne l'eussent pu faire ; nous ayant encore été dict par « plusieurs gens anciens qu'ils n'ont point vu ni entendu dire « que jamais soit arrivé ung semblable faict et ruyne. »

En 1658, 1659 et 1660, de même en 1680 presque tous les oliviers périrent. En 1670, le nombre des oliviers à Eyguières s'élevait à 220.000. Le froid intense du 28 janvier occasionna des pertes énormes. D'après le rapport officiel, 4.419 pieds moururent ; 36.685 eurent les branches mortes, et il fallut couper les arbres au pied ; 32.726 furent malades et poussè- rent des feuilles ; 16.864 restèrent douteux, et 129.306 furent intacts. La mortalité fut générale en 1709 et en 1789 ; on coupa les arbres au pied et ils repoussèrent avec vigueur. En 1789, on comptait 400.000 pieds d'olivier ; il en périt 320.000. Le pays avait alors quatorze moulins à huile. Le 16 janvier 1768 et en 1813, le feuillage fut généralement gelé ; on dut couronner les arbres. En 1820, il fallut les couper au pied pour la plu- part.

Dans ces circonstances les pertes étaient considérables, et pourtant certains affirment aujourd'hui que pareilles gelées seraient utiles au renouvellement des arbres qui, trop âgés pour produire, auraient besoin de ce moyen radical pour rajeu- nir leurs branches et obtenir des sujets qui échapperaient plus facilement au noir et aux vers, deux ennemis de l'olivier.

Prières. — Aujourd'hui on se borne à multiplier les soins matériels pour arracher l'olivier aux maladies qui le rongent ;

mais autrefois on faisait des prières pour exorciser les insectes nuisibles. Eyguières faisait partie du diocèse d'Avignon. Les consuls, au nom de la population, adressaient une demande à leur archevêque, et une fois l'autorisation accordée, ils s'entendaient avec le clergé. Tel fut le cas, le 13 septembre 1746 et 1747, le 17 septembre 1757, le 4 septembre 1761, le 2 août 1768, le 12 mai 1770, le 10 mai 1771, en 1785, etc. Dans toutes ces circonstances les prières prenaient la forme de neuvaine avec la bénédiction du St-Sacrement, et se terminaient par une procession générale. De même pour obtenir la pluie.

On s'obstine à croire qu'autrefois il pleuvait plus souvent, et que la sécheresse est un fléau réservé à notre époque. Un peu de statistique. Les archives contiennent les autorisations accordées aux consuls sur leur demande à l'occasion de la sécheresse : le 20 août 1761, prières pour la pluie ; de même le 22 avril 1768 ; le 12 mai 1770, permission de faire la procession, les exorcismes et autres prières publiques pour demander la pluie et la délivrance des insectes qui ravageaient la campagne ; neuvaine de prières pour la même fin le 18 septembre 1776 ; 3 septembre 1778, permission de faire des prières et une procession pour obtenir la pluie nécessaire à la santé des habitants comme aux biens de la terre, etc. Tout ceci indique une longue période sans pluie.

Dans le temps où la foi était plus vive, le recours à Dieu par la prière était officiel et constant. Ces demandes renouvelées en sont la preuve. Et ce n'était pas d'ailleurs seulement dans les calamités publiques que se montrait la confiance au Maître suprême et l'obéissance aux lois de l'Eglise ; l'esprit chrétien agissait en tout. Quelques preuves à l'appui.

Le 5 décembre 1746 fut accordée la permission de travailler le jour de l'Immaculée-Conception, à la cueillette des olives et aux moulins à huile, la sainte messe entendue ; le 23 décembre 1746, même autorisation pour le travail des moulins à huile le jour de S. Jean, troisième fête de Noël ; le 24 juin 1778, permission de travailler à la nouvelle église, le dimanche suivant et le jour de S. Pierre, après la messe. En mai 1793 (date à bien noter), les consuls prièrent M. le Curé d'annoncer que, la messe entendue, il était permis de travailler le dimanche à cause de l'urgence des travaux. Enfin, et pour finir cette série d'exemples variés autant qu'instructifs, le 27 février 1747 on obtint la permission de faire usage d'aliments gras pendant le Carême, quatre jours par semaine.

La population d'Eyguières vivait donc en général des produits de l'agriculture, tantôt à titre de propriétaires, tantôt comme journaliers.

Prix de la journée. — Il n'était pas inouï qu'il y eût des difficultés entre les propriétaires et les journaliers, soit au sujet des salaires, soit pour la durée du travail. Le conseil fut forcé d'intervenir, et régla le 31 mai 1722 : que la journée des paysans serait payée de novembre à janvier, dix sous aux hommes et quatre sous aux femmes ; de février en avril, douze sous aux hommes et cinq sous aux femmes ; durant les autres mois, quatorze sous aux hommes et six sous aux femmes. Au temps des moissons, les hommes devaient gagner douze sous et la vie en sus. La journée de charrue avec deux bêtes fut payée, de novembre en février, trente-six sous pour les mulets et vingt sous pour les ânes ; les autres mois, quarante sous pour les mulets et vingt-quatre sous pour les bourriques, avec la nourriture en plus durant la vendange et la foulaison du blé.

Toutes les journées commençaient et finissaient avec le soleil. Il fut défendu sous peine d'amende de s'écarter de ces prix.

Vers à soie. — Indépendamment de l'agriculture, les habitants d'Eyguières se livraient avec beaucoup d'entrain à la culture des vers à soie et à l'élevage des troupeaux. Le ver à soie tente toujours les éleveurs, car, dit-on, cette récolte s'obtient en peu de jours ; mais quels efforts de travail, surtout pour les femmes ! C'est ce qui autorise ce dicton populaire : Se pasco, vendumio e li magnan arrivavoun dous co per an, beu leu i ourie pu ni ase, ni fumo, ni capelan. — Pour comprendre ce rapprochement singulier, il faut ne pas oublier que le temps de la vendange est rude pour les bourriquets, la culture des vers à soie pour les femmes et le temps de Pâques pour les prêtres. — L'abbé Reyre, d'Eyguières, publia l'abrégé d'un traité sur la culture des vers à soie.

Troupeaux. — Quant aux troupeaux, le voisinage de la Crau et les nombreux lieux de paissance sur le territoire d'Eyguières en favorisaient extrêmement l'élevage. A la fin du XVIᵉ siècle, on ne comptait pas moins de vingt-cinq mille brebis sur ce territoire et en particulier dans la Crau qui avait des coussons considérables, c'est-à-dire des parties où dominent les végétaux propres à la nourriture des troupeaux, en hiver surtout. Ces herbes sont rares, mais très substantielles ; les bêtes à laine en sont avides et les cherchent sous les cailloux qu'elles soulèvent avec leur museau. Il y avait aussi des patys, c'est-à-dire des herbages, des prairies naturelles pour la dépaissance des troupeaux.

L'abondance des brebis et la bonne qualité des herbes permettaient de transformer le lait en un fromage délicieux, au point que l'on aurait pu dire d'Eyguières comme de la ville des Baux, avec Louis Billaud :

> . . . . per une flourinado
> Avès de froumageoun une pleno foudado,
> Que coumo sucre fin foundoun aû gargassoun.

Lorsqu'arrivait la belle saison, après la tonte, les troupeaux se formaient en escabots de cinq cents à deux mille têtes environ. Ils devenaient alors transhumants (trans, au-delà, — humus, du sol), et allaient sur un autre territoire, dans les Alpes, le Dauphiné, etc., organisés en caravanes précédées par les ânes qui portaient les bagages des bergers. En tête du troupeau, marchaient les boucs avec de fortes sonnettes pendues au cou, le tout conduit par des bergers dans la proportion de un pour quatre cents brebis, secondés par de gros chiens armés de colliers avec des pointes aiguës pour les garantir contre la dent des loups. Un bayle berger avait la haute direction de la transhumance, et devait ne pas permettre à son troupeau de s'écarter des routes appelées carraires, dont la largeur fut réglée par arrêt du Parlement, le 21 juillet 1783, afin de faciliter le passage de tout ce bétail de la basse à la haute Provence. Des gardes spéciaux avaient parfois la surveillance de ces troupeaux qui étaient soumis à certains règlements. Il en est parlé en détail au chapitre qui traite de la police.

Foire et marché. — Au XVIIe siècle, Eyguières n'avait ni foire ni marché. Qu'on n'en soit pas surpris ; on a vu avec quelles difficultés et au prix de combien d'efforts on est parvenu à créer un marché vers la fin du XIXe siècle.

Les consuls prirent les mesures nécessaires pour établir ces moyens utiles et faciles de faire des transactions. Le premier consul, M. d'Astruc, étant allé à Paris pour la Communauté, obtint du roi des lettres patentes en date du 15 mai 1644, autorisant la Communauté à créer une foire le 1er août de chaque année, et un marché le jeudi de chaque semaine.

Ce même d'Astruc ne s'était pas toujours acquitté, paraît-il, assez en conscience de ses fonctions de consul. On conserve aux archives les détails relatifs à son pèlerinage de N.-D. de Rochefort, le 2 avril 1646, seconde fête de Pâques. Il se confessa au P. Bénédit, et promit de rendre ce qui ne lui appartenait pas. Son testament, écrit le 10 avril, indique les restitutions à faire, au nombre desquelles la Communauté d'Eyguières était désignée pour la somme de trois cent dix écus. La sœur de M. d'Astruc versa cette somme le 20 août 1651. La confession tout de même a son côté utile et pratique au point de vue social. Le bon Dieu qui l'a établie, le savait ; mais pour un Astruc qui restitue, combien qui s'emparent du bien d'autrui et ne le rendent jamais. Donc M. d'Astruc avait fait établir foire et marché à Eyguières ; mais ces institutions ne furent pas de durée. Le 1er octobre 1783, M. Jean de Bonnet, seigneur de Cote-Froide, en demanda le rétablissement, et les consuls furent chargés par le conseil de le faire annoncer par des affiches placardées dans tous les pays voisins.

Au XIXe siècle, diverses tentatives échouèrent. Eyguières avait bien ses deux foires, en particulier celle de Ste-Catherine, mais elle n'avait pas de marché. A grands frais et avec un déplacement pénible, les producteurs allaient alimenter le marché de Salon ! Mais grâce à une initiative hardie autant qu'intelligente, les particuliers réunis en syndicat en dehors de la direction municipale, réussirent à faire établir sur leur place un marché plusieurs fois hebdomadaire pour les fruits et les primeurs. Leurs efforts combinés ont eu un plein succès. L'avenir du pays, sa fortune dépend du développement de la culture de ces produits si faciles à obtenir grâce à l'abondance de l'eau, au climat et à la qualité du terrain. A l'œuvre et de l'union !

LIVRE IIe

Régimes successifs d'administration.

CHAPITRE Ier

Systèmes : 1° Primitif ; — 2° Modifié en 1567 à 1615 ; — 3° Système de 1615 modifié en 1733 ; — 4° Système de 1733 à 1790.

Système primitif. — La Provence, qui était considérée comme la partie de l'Empire romain la plus favorisée, avait reçu avec empressement la forme organisée en Italie. Aux gouverneurs locaux des Liguriens succédèrent les consuls qui administraient avec un conseil municipal, et étaient élus par l'universalité des habitants, ou tout au moins par les chefs de famille auxquels appartenait l'administration civile. Ce système régna et se maintint malgré les guerres et les diverses dominations. Il dut être en vigueur à Eyguières comme dans toute la province romaine.

Dès le Xe siècle, les affaires communales étaient confiées à des officiers appelés syndics, et nommés consuls à partir du 7 mai 1542. Chaque année, le premier dimanche du mois de mai, le peuple choisissait : 1° *trois* syndics ou consuls, chargés de convoquer le conseil de ville, de présider la réunion, de proposer les affaires à traiter, et de les faire exécuter une fois la décision prise ; 2° *un* trésorier — clavaire — qui devait toucher les impôts et tous les revenus de la commune, et payait les dépenses sur les ordres des consuls ; 3° *quatre* auditeurs des comptes, dont la fonction était de vérifier les registres et les papiers des syndics et du trésorier ; 4° *quatre* estimateurs chargés de visiter les terres où l'on avait fait des dommages, et de faire les expertises ordonnées par la justice.

Tous les élus, sur les Saintes Ecritures, entre les mains du bayle et en présence de tout le peuple assemblé, prêtent serment de bien servir et gouverner la chose publique, et entrent en fonction pour un an. C'est au Fort qui faisait partie du Château et servait de maison commune, que se réunissaient tous les chefs de famille pour faire ces élections. Les électeurs étaient environ 200 en 1567, et leur réunion s'appelait Parlement ou Conseil.

Toutes les fonctions furent gratuites jusqu'en 1513. Voici dans quels termes fut écrit, le 3 mai, le règlement perpétuel pour les gages des syndics et trésoriers :

« Losdich sendeques, tresaurier e touta la communauta
« assemblado au susdich ostau e fort de la villa, present
« senhor Jaumet Astre bailhe d'Eiguieres, considerant la peno
« e paut de profiech que prenon losdich sendeques e tresau-
« rier, an conclut et taupat senso contradiction que dores en
« avant perpetuellament degon aver de la villa de gages ung
« escut per home que sont tres florin per home oultre las
« journadas que metran ».

En 1604, les gages des consuls furent portés à 12 livres par an, et en 1759, les gages du 1er consul furent fixés à 15 livres et ceux des autres à 10 livres.

Au nombre des officiers élus le 2 mai 1540, on remarque les *ouvriers* de l'Eglise (aujourd'hui on dirait fabriciens), chargés de veiller à la conservation des vases sacrés de ladite église appartenant à la ville. Cette fonction était gratuite dans le principe. Au commencement du XVIIe siècle, chacun des ouvriers est gagé à 12 livres par an.

Les délibérations du Parlement ou Conseil n'ont été écrites ou du moins conservées qu'à dater de l'an 1500. Plusieurs sont signées par le bayle, et presque toutes par le notaire secrétaire. Voici un spécimen des rédactions faites en ces siècles de foi :

« Au nom de Dieu soit faict. Amen.

« Sensuit le libre des ordonnances et conclusions des Con-
« seils de la municipalité du lieu d'Eiguières de la veche (évê-
« ché) d'Avignon, comance de l'an mil cinq cens cinquante
« six et le XXIIe jour du moys de julhet.

« Sainct Jehan en son premier chapitre : Au commence-

« ment estoyt le Verbe divin et le Verbe divin estoyt avesques
« Dieu, et Dieu estoyt le Verbe divin, etc. Initium sapientiæ
« timor Domini. — Justus es, Domine, et rectum judicium
« tuum. — Post Deum patriam, post patriam parentes... »
et autres sentences.

Avant la signature, celle-ci : « Creator omnium rerum det
mihi scribere Verum (1) ». Signé : Barraller, notaire.

Le volume du 10 mai 1566 au 22 avril 1571 commence :
« Jesu Maria ».

Le 10 mai 1566, le Conseil se tint au Fort, par commandement du bayle, de son lieutenant ou du juge du lieu, et à
la réquisition des consuls. Les conseillers présents furent au
nombre de trente-six, non compris les trois consuls et le
bayle.

Le 30 novembre 1567, quelque modification fut apportée
au fonctionnement du Conseil. Avant de la faire connaître,
notons ici ce qui se passa aux élections du premier dimanche
de mai 1567, afin de bien apprécier les sentiments qui, à cette
époque, présidaient à la direction des affaires publiques. Avant
l'élection, les consuls sortants de charge disent qu'ils l'ont
exercée le moins mal possible ; ils prient la communauté de
leur pardonner s'ils n'ont pas su mieux faire. On nomme
alors *trois* consuls, le *trésorier*, *deux* auditeurs des comptes,
et *trois* estimateurs qui sont les trois consuls sortants comme
à l'ordinaire. Après l'élection, on va sur la place publique, et
tout aussitôt le *Capitaine* sortant d'exercice désigne et nomme
son successeur comme *Capitaine* de la ville, en vue de la fête
prochaine de saint Vérédème (Vérume), patron de la paroisse.
L'élu devait être choisi dans l'une des familles qui avaient
droit d'entrée au Conseil de la ville, tandis que son Enseigne
ou porte-drapeau était pris dans la classe des artisans ou des
cultivateurs.

En sortant de charge, le Capitaine et l'Enseigne étaient
nommés premier et deuxième prieurs du saint Patron, et à ce
titre, en se renfermant dans la partie religieuse de la fête, ils
en réglaient l'ordre avec les officiers du capitanage qui les

---

(1) Que le Créateur de tous les êtres m'accorde d'écrire la vérité.

avaient remplacés. On ne nommait consuls que ceux qui avaient été prieurs, de sorte que le capitanage était une candidature à toutes les fonctions municipales. Il nous importe donc de le connaître dans son organisation.

Capitanage. — Le Conseil de ville, dans les solennités publiques, avait pour garde d'honneur le Capitanage, composé de douze jeunes gens pris, comme le Capitaine, dans les familles éligibles au Conseil de ville. La fonction de Capitaine correspondait à celle qui ailleurs était appelée Prince d'Amour, ou abbé de la jeunesse ; elle donnait le droit de porter l'épée et le sponton (demi-pique), et l'écharpe blanche avec franges en or, comme marque distinctive. Le Capitaine et l'Enseigne se donnaient un lieutenant. La jeunesse marchait sous leurs ordres en portant des hallebardes ornées de rubans. Il est dit qu'à Eyguières douze demoiselles étaient choisies par les douze jeunes gens du capitanage ; ils s'appelaient mignons et mignonnes, et faisaient le principal ornement du grand cortège.

Le Capitaine était chargé de la police de la ville pendant l'année de son exercice ; avec l'Enseigne, il présidait aux divertissements ; ils avaient le pas à la procession. Mais à ces honneurs correspondaient diverses charges, en particulier l'organisation et les frais de la fête patronale ; d'autre part, à titre d'indemnités, ils étaient exempts du service de la milice et des gardes-côtes.

De plus, le Capitaine avait le droit de *pelote* sur les mariages en secondes noces, et l'Enseigne sur ceux de premières noces. Quand un jeune homme épousait une étrangère, le Capitanat allait la recevoir à la porte du pays, la complimentait et lui offrait des fleurs et des dragées. L'époux répondait au compliment, versait une somme d'argent dans le bassin qui avait contenu les fleurs, et on accompagnait les époux chez eux avec des décharges de mousqueterie, et au son de la musique. C'était là le droit de *pelote*.

Le Capitaine faisait planter les *Mais*, et en recevait les étrennes ; il percevait le bénéfice de la vente des pains bénits ; pour le mariage des veufs et des veuves, il devait aussi percevoir une étrenne, sinon il avait le droit de *Charivari* neuf soirs de suite devant la maison des mariés.

Les jeunes gens du Capitanat exerçaient aussi un droit sur les volailles qu'ils trouvaient errantes, quand ils pouvaient les percer avec leurs hallebardes, au retour des cérémonies.

Par la suite, soit que les charges fussent plus difficiles à supporter, soit que la perception des droits fût moins productive, le Conseil vint en aide au Capitaine. C'est ainsi que nous trouvons qu'en 1604, le Capitaine reçut une indemnité pour honorer le saint Patron, et qu'en 1733 on lui donna une étrenne le *jour du triomphe du saint*, pour son concours aux processions de saint Vérédème et de la Fête-Dieu, avec sa bande de ménétriers, de violons et de tambours.

Modification faite en 1567. — L'organisation municipale que nous venons d'étudier fut modifiée au mois de novembre 1567. Jusque-là et depuis longtemps, toutes les fois qu'il fallait traiter une affaire intéressant la communauté, tous les chefs de famille étaient convoqués au son de la cloche et se rendaient au Fort. Là, les syndics proposaient les affaires à traiter, le Conseil discutait et puis votait : ainsi pour établir les impôts, nommer les employés de la Communauté, organiser les fêtes, gérer les biens communaux, etc. Mais toutes les choses à traiter n'avaient pas la même importance. C'est pourquoi il fut introduit dans le règlement qu'à l'avenir, en faisant les élections consulaires, on nommerait neuf, et un peu plus tard douze conseillers qui, avec les consuls et tous les officiers, formeraient le petit conseil. Le grand conseil se composait de tous les chefs de famille. Le Parlement fut ainsi dédoublé, et eut un petit conseil pour traiter les affaires moins importantes, et le grand conseil chargé de se prononcer sur les questions majeures, telles que les élections consulaires, le vote des impôts, les emprunts, les ventes, les achats, les procès, etc.

En introduisant cette modification, on avait en vue de rendre plus facile et plus régulière, puisque moins fréquente, la présence des membres du Conseil aux réunions.

De plus, le 2 mars 1567, le Conseil prit la résolution de faire construire des bancs autour de la salle de réunion, afin que chacun fût assis et pût parler de sa place sans bouger. Auparavant, la salle n'avait aucun siège, et les conseillers étaient debout pêle-mêle. Cette innovation qui mérite d'être signalée, aurait dû ce semble contribuer à rendre plus assidus aux réunions les membres du Conseil. Et pourtant, il fallut établir des amendes contre les absents trop nombreux malgré les améliorations. Le 2 mai 1574, jour des élections, les habitants délibérèrent et décidèrent que ceux qui ne se rendraient pas au Conseil auraient à payer une amende de cinq sols, et de dix sous si les absents étaient conseillers.

Aux élections du 2 mai 1568, le Capitaine choisi fut Etienne de Sabran qui, sur le tableau, fut inscrit avant les consuls. En 1570, le même fut élu consul ; on nomma quatre estimateurs au lieu de trois.

Le 8 mai 1594, eut lieu l'installation du greffier Mathieu Garnier, praticien, aux gages de 80 écus sols de 60 sols la pièce, pour un an.

Le 11 mai 1597, la question des préséances fut réglée par la remise en vigueur des anciens usages, d'après lesquels le premier rang parmi les consuls appartenait non à celui qui avait eu le plus de voix, mais à celui qui avait été le plus ancien en charge.

Enfin en 1599, le Conseil voulut contraindre Etienne de Sabran à venir occuper la charge de consul à laquelle il avait été nommé de nouveau. La Cour décida que cette élection serait annulée par suite de l'absence de l'élu depuis plus de vingt ans.

Règlement nouveau pour les élections 1615, 9 mai. — Un nouveau règlement fut promulgué par le Parlement de Provence, et dut être mis en vigueur lors des élections de 1615. Le conseiller Alexandre Guérin fut envoyé à Eyguières pour le faire appliquer. Il y réunit une trentaine d'électeurs dans la maison de M. d'Astre, et exposa le système devant : Jaume Sabatier, Nicolas Messié, Antoine Richaume, Céris Astre, Jean Gilles, Jean Bernard d'Estève, Melchior Aymar, Jean Malpoil, Michel Sabatier, Angelin Richaume, François Astre, Barthélemy Payan, Jean Autheman, Michel Obrier, Michel Estienne, Louis Moulin, Louis Duplan, Sauvaire et Honorat Sabatier, Isnard d'Estienne, Estève Régis, Estève Bernard, Claude Payan, Pierre Sabatier, Jeaume Colique, Jean Berton,

Jean Poulin, Antoine Cavaillon, Jean Guibert, Antoine Blanc, Estève Estienne, Claude Bernard, Jean Poisson, Antoine Pétrier et Bernard Arnaud. Après quelques explications, le nouveau règlement fut adopté à l'unanimité. En voici la teneur :

L'élection doit se faire le 1ᵉʳ dimanche de mai, en présence du bayle qui est là, non pour voter, mais pour assurer l'exécution de la loi. Dès la veille, les trois consuls sortants et les trois de l'année précédente se rassemblent devant le bayle pour nommer d'avance ceux qui le lendemain seront présentés au choix du corps électoral, à savoir : neuf pour le consulat, trois pour le titre de Capitaine, et dix-huit comme conseillers.

Le corps électoral composé des trois anciens consuls et des trois sortants, du capitaine sortant, des capitaines des deux années précédentes, des douze conseillers sortants et des deux premiers conseillers des deux années précédentes, en tout vingt-cinq membres, assiste d'abord à la messe, puis sous la présidence du bayle, et après avoir prêté serment sur les Saintes Ecritures, procède à l'élection. Le premier consul sortant met aux voix le nom de celui qui figure en· tête de la liste préparatoire : si la majorité se déclare pour ce candidat, il est élu premier consul ; sinon, le second est proposé, puis le troisième, et ainsi de suite jusqu'à ce que les trois consuls aient été nommés. Séance tenante, mais à l'écart, le conseil de la prénomination choisit d'autres candidats si les neuf de la liste de la veille n'ont pas suffi pour fournir les trois consuls à faire agréer. Le Capitaine de St-Vérédème et les douze conseillers sont nommés de la même manière.

Dans cette réunion, comme dans toute opération électorale, le vote doit être fait au scrutin secret. Chaque membre reçoit deux fèves, une blanche et une noire, et dépose dans une boîte la première pour approuver, la deuxième s'il désapprouve la chose ou le choix proposé. La majorité décide du résultat final. Quant à la fève retenue, chacun la dépose dans une autre boîte pour mieux sauvegarder le secret ; le nouveau pointage sert de contrôle au vote déjà fait.

Pour être éligible, il faut être alivré, c'est-à-dire imposé pour 25 florins au moins, ce qui correspond à environ deux cents livres de biens fonds portés au cadastre. Le trésorier et les fermiers de la ville ne peuvent pas être élus, non plus que les gens condamnés à une peine infamante ou simplement prévenus de crime ; le père et le fils, le beau-père et le beau-fils, les frères et beaux-frères, les oncles et neveux de frères ou de sœurs, ni plus de trois germains. Les consuls sortants ne peuvent être réélus qu'après trois ans, et les conseillers qu'après deux ans.

Les réunions du conseil seront annoncées par le valet de ville et par le son de la cloche. Si un membre vient à manquer, il sera condamné à un écu d'amende, moitié pour l'hôpital, moitié pour la commune, et l'on fera venir pour le remplacer un de ceux qui avaient fait partie de l'état consulaire la même année que lui, en suivant l'ordre d'inscription.

Le Parlement continue d'être dédoublé. Les élus se divisent en Conseil ordinaire de douze membres pour résoudre les affaires ordinaires ; huit conseillers suffisent pour valider une délibération, — et en Conseil extraordinaire, composé des vingt-cinq et appelé à établir les impositions, faire les emprunts, poursuivre et appointer les procès, vendre, payer, etc.

Le trésorier doit rendre ses comptes un mois après sa sortie de charge, à la commune, pour être déposés aux archives.

Il n'est pas question des estimateurs dans ce règlement, mais les auditeurs des comptes y sont portés au nombre de quatre, deux choisis par les Consuls et deux par les conseillers.

Tous les ans, avant l'élection de l'état consulaire, on donnera lecture du règlement et une amende de mille florins sera infligée à quiconque refusera de s'y soumettre.

En 1630 fut créée la charge d'intendant de Provence ; son siège, pour Eyguières, était à Lambesc. Les Communautés devaient obtenir l'autorisation de l'intendant toutes les fois qu'elles voulaient contracter un emprunt, entamer un procès, faire une dépense extraordinaire. Ce fut dans le but d'empêcher la dilapidation des fonds communaux. Mais les Communautés, jalouses de leur liberté et de leurs franchises, ne recouraient à l'intendant qu'à la dernière extrémité et se dispensaient de le faire le plus possible.

En 1641, le Conseil ne put pas s'entendre pour la nomination des nouveaux consuls ; le lieutenant criminel au siège d'Aix vint présider, le 20 mai, une réunion du Conseil, en exécution d'un arrêt de la Cour du 11 de ce mois, et le Conseil procéda d'office à l'élection des Consuls.

Vers la fin du XVII° siècle, de nombreux offices municipaux, tels que ceux de Maire annuel, bi-annuel, tri-annuel, perpétuel, secrétaire de Communautés, trésorier, contrôleurs des mandats, etc., furent créés et acquis à prix d'argent pour la plupart. Le 19 février 1696, l'office de Maire héréditaire fut accordé à Eyguières à Etienne Duplan par ordonnance du roi. Après la mort de Duplan, sa veuve vendit l'office de maire au Seigneur. Le conseil résolut, le 25 janvier 1699, de demander au roi de réunir la mairie au loyer commun de la Communauté et le 31 mai 1700, le remboursement de l'office de maire se fit au prix de 1.800 livres. Quant à la charge de trésorier, elle fut, en 1726, donnée à bail pour l'année, moyennant le 5 °/₀ sur la recette évaluée à 900 livres.

Pendant les guerres d'Allemagne, Louis XIV s'empara des magistratures, les érigea en offices héréditaires et les vendit soit à des particuliers, soit aux villes elles-mêmes. En 1716, le Régent rendit aux villes leurs droits, mais de 1722 à 1789, le système de vente et d'achat exista encore.

En 1731 (2 janv.), le Parlement d'Aix fit un arrêt pour fixer au mois de décembre l'élection de tous les officiers municipaux dans toutes les Communautés de Provence, afin que tous, consuls et officiers, fussent installés le premier jour de l'an, et que les impôts fussent dès lors votés partout assez tôt d'une manière uniforme. A Eyguières, le Conseil décida que les élections se feraient annuellement le second dimanche de décembre, avec cette particularité que les élus de 1730 resteraient en charge jusqu'au 9 décembre 1731.

Le règlement de 1615 fut modifié en 1733. Avant de le reproduire, voici un certain nombre de noms qui rappellent des officiers municipaux appartenant aux années précédentes.

En 1513 furent élus :

Syndics : Jaumet Ragès, Rostan Ollier et Jean Garnier, notaire.

Trésorier : Jean Emeric.

Auditeurs des comptes : François Benech, Véran Astre, Pierre de Lauris, Antoine Sabatier.

Estimateurs : Jacques Barnau, Elzéard de Lauris, François Benech, Pierre Cailhat.

Consuls :

1583 Robert Sabatier, — Jean Blanc, dit Pichon, — Pierre Gilles.

1603 Jean Bernard, — Antoine Disnard, — Barthélemy Payan.

1607 Isnard Etienne, — Esprit Etienne, — Jean Malpoil.

1625 Gouvet Estienne, — Sébastien Lamy, — Léon Paulet.

1628 Pierre d'Astre, — Jacques Fouque, — Angelin Richaume.

1630 Jean Etienne, — Nicolas Ragis, — François Berton.

1632 Jeaume Fouque, — Claude Murcier, — Pierre d'Astre (décédé en charge).

1649 Jean Duplan, — Jean Aymard, — Gaspard Jean.

1655 Pierre Bormet, — Laurent Petit (tisseur), — Gonnet Berton, ménager.

1675 Pierre Etienne, bourgeois, — Jean Pélegrin, ménager, Etienne Petit, maître cordonnier.

1676 Etienne Bernard, bourgeois, — Etienne Payan, bourgeois, — Antoine Bernard, ménager.

1677 Jean-Antoine Autheman, — Antoine Petit, maître menuisier, — François Payan, ménager.

1678 André Domergue, bourgeois, — Etienne Gay, menuisier. — Antoine Jean, ménager.

1682 André Domergue, bourgeois, — Etienne Payan, bourgeois, — Antoine Bernard.

1683 François Vignette, — Jean Pélegrin, ménager, — Laurent Bayol, tailleur.

1697 Pierre Estienne, — Laurent Bernard, — Jean-Valentin Gueydon.

1698 Guillaume Colique, — Claude Guibert, — Michel Estienne.

1699 André Payan, — François Pellegrin, — Pascal Colique.

1701 Joseph Robert, — Jean Jean, — Jean Payan.

1702 François Vignette, — François Guibert, — Joseph Guibert.

1703 André Payan, — Jean-Bernard Etienne, — Michel Pétrier.

1704 François Pellegrin, — Joseph Estienne, — Louis Colique.

1705 Jean-Etienne, notaire, — Etienne Bernard, chirurgien, — Antoine Martin, ménager.

1706 Jean Jean, bourgeois, — Alexis Payan, bourgeois, — Jean Pellegrin, ménager.

1707 Joseph Robert, conseiller du roi, — Jean-Valentin Gueydon, marchand, — Antoine Gaudin, marchand.

1709 Pierre Guibert, bourgeois, — Antoine Pascal, — Damien
Chave, marchand.

1710 Jean Etienne, notaire, — Antoine Jean, marchand, —
Joseph Bayol, marchand tailleur.

1711 François Pellegrin, bourgeois, — Jean-Pierre Martin,
marchand, — Etienne Rayde, ménager.

1712 Joseph Duplan, bourgeois, — Jean-Antoine Pascal, marchand, — François Pellegrin, ménager.

Règlement de 1615 modifié en 1733. — Après avoir fonc-
tionné environ un siècle, le règlement de 1615 parut d'une
observance difficile sur certains points, et il fut décidé que les
Consuls demanderaient au Parlement de Provence l'autorisation de réunir le grand Conseil pour traiter la question d'un
règlement modifié. Ce fut accordé, et Joseph Duplan, Joseph
Estienne et Pierre Payan se joignirent aux consuls et au greffier pour faire un projet. Le 7 juin 1733, ce projet fut approuvé
par le Conseil et consacré par un arrêt du Parlement en date
du 8 juillet; il fut mis en vigueur aussitôt et dura jusqu'en 1789.

Voici les principales modifications introduites :

Le dimanche après la fête de l'Immaculée-Conception, à
8 heures du matin, les consuls de l'année présente et de la
précédente, assemblés avec le juge ou son lieutenant à la maison commune, tirent au sort trois des plus fort, alivrés au
cadastre, pour au moins 2.500 livres de fond ; on avertit sur-
le-champ ceux dont le nom est sorti ; ceux-ci se joignent aux
six consuls, vont à la messe du St-Esprit, pendant laquelle
est chanté le *Veni Creator;* puis tous, de retour à la maison
commune, prêtent serment entre les mains du juge de faire la
prénomination selon Dieu et leur conscience et de garder le
secret sur ceux qu'ils vont désigner, pour éviter les brigues et
les cabales. Aussitôt, ils choisissent les trois consuls, le greffier, trois auditeurs des comptes et le capitaine.

Alors le conseil général s'assemble pour se prononcer sur
les candidats proposés ; le vote se fait par boules noires et
blanches, de là le mot ballotter. Les élus entrent en fonction
le premier jour de l'an. Le conseil est réduit de vingt-cinq à

vingt-un membres . les trois consuls en exercice et les trois
de l'année précédente, le capitaine de St-Vérédème et quatorze
conseillers répartis en trois catégories, six dans la première,
et quatre dans chacune des deux autres. Les six du premier
rang seront pris parmi les avocats, médecins, bourgeois, marchands, apothicaires et chirurgiens alivrés pour au moins
1.500 livres de biens-fonds ; les quatre du second rang, parmi
les notables ménagers ou artisans et les habitants de même
état que les précédents alivrés pour au moins 1.000 livres ;
enfin, les quatre du troisième rang parmi les ménagers, reven-
deurs, paysans et autres alivrés pour 625 livres au moins. De
ces quatorze conseillers, chaque année, il en sortira deux de
chaque rang et il en entrera deux de la même catégorie qui
seront approuvés par le conseil ; s'il meurt quelque conseiller,
ou si l'un d'eux est nommé consul, il sera remplacé par un
autre du même rang que lui.

Ne peuvent être conseillers : les fils de famille, les mineurs,
ceux qui seraient décrétés d'ajournement ou de prise de corps ;
ceux qui ne demeurent pas dans le pays ; les fermiers, les
comptables et les débiteurs de la commune, de même que
ceux qui sont en procès avec elle.

Le père et le fils, le beau-père et le gendre, les deux frères,
ne peuvent être conseillers en même temps, et dans l'élection
des consuls, les parents jusqu'au degré de cousin germain de
ceux qui sont proposés pour consuls, sont exclus du vote et
même de la salle durant l'élection.

Les trois consuls et douze conseillers suffiront pour traiter
les affaires ordinaires ; mais pour les autres affaires (impôts,
vente, emprunts, procès), le conseil devra se composer des
vingt-un membres ci-dessus désignés et s'il en manque un,
on le remplacera. De plus, quatre des alivrés pour 2.500 livres
au moins pourront assister à toutes les réunions du conseil,
avec voix délibérative, excepté à la réunion électorale.

Les estimateurs supprimés en 1615 reparaissent et les consuls
en sortant de charge, auront le droit d'être ou bien estimateurs ou bien recteurs ou marguilliers de la Confrérie du
St-Sacrement et ils feront partie de l'administration de l'hôpital. La seconde année, ils passeront prieurs de la Confrérie du
St-Esprit ; ils pourront être réélus la troisième année.

Il y aura trois auditeurs de compte, payés dix-huit livres. Les gages des consuls et du greffier sont fixés par l'arrêté du Conseil d'Etat de 1714. Ceux qui seront envoyés pour traiter les affaires communales toucheront trois livres par jour.

Une amende de dix livres sera infligée à toute personne qui, étant tenue à assister aux réunions, ne s'y rendra pas, après y avoir été invitée soit par lettre individuelle, soit par la publication du valet de ville, soit par le son de la cloche.

Bientôt les offices municipaux furent de nouveau vendus, mais avec des alternatives. C'est ainsi que le 31 mars 1737 fut faite par le subdélégué de l'intendant, l'installation des consuls et du greffier nommés par lettres patentes du roi du 23 janvier 1737, tandis qu'en 1739 et le 13 décembre, l'élection consulaire se fit comme par le passé, à savoir, la nomination secrète par les anciens consuls le premier dimanche après la Conception et l'élection le 1er janvier. En 1743, le subdélégué de l'intendant de Salon vint pour installer le nouvel état consulaire, composé de MM. Claude Guibert, André Aubert et Joseph Giraud, qui avaient acheté les trois offices de consul et étaient nommés en cette qualité par lettre patente du roi du 31 juillet. On a supposé que ces trois consuls n'étaient que les prête-noms du seigneur, qui aurait lui-même acheté les offices pour avoir la haute main dans les affaires de la Communauté. Ils étaient en fonction en 1744, et afin de paralyser leur action, on confia la charge de maire à M. Michel Pétrier, tant dans son intérêt que pour celui de ses concitoyens.

Ce fut ce maire qui eut un procès avec le seigneur pour ne pas lui avoir fait connaître par le greffier une fête publique. C'est lui encore qui, en 1753, étant pourvu de l'office de maire, adressa une requête à monseigneur l'intendant aux fins de contraindre la Communauté à lui payer le prix du chaperon, dont le coût était de 71 livres 8 sols.

En juillet 1753, les consuls proposèrent la nomination de quatorze conseillers pour les aider dans l'administration des affaires. Sur ces quatorze, huit devaient être pris parmi les conseillers ordinaires, et six en dehors du conseil ; ils étaient divisés en trois rangs, six au premier et quatre aux deuxième et troisième rangs.

Il y avait des cas d'exclusion du conseil. En 1771, cette

exclusion fut prononcée contre le sieur Gilles, ancien consul et M. Etienne, notaire. Celui-ci, par ordre du roi (28 octobre) fut autorisé à assister à toutes les réunions municipales.

L'élection de 1778 jusqu'en 1788, se fait encore aux termes des règlements de la Communauté. Les consuls, trésorier, estimateurs et auditeurs des comptes sont choisis le premier dimanche après la Conception et leur installation a lieu le premier janvier suivant par le viguier, lieutenant du juge.

A cette époque et depuis l'année 1761, les estimateurs publics qui auparavant ne recevaient que dix sous chacun par séance, furent payés à raison de vingt sous ; les honoraires des consuls restèrent fixés à dix livres chacun, ceux des auditeurs de compte à dix-huit livres et ceux du greffier à soixante livres.

CHAPITRE II

Régimes administratifs : 1° Révolution ; 2° Consulat (1799, an VIII) ; 3° Restauration ; 4° Deuxième Empire (1852) ; 5° République (1884).

1° Révolution. — L'an 1789, les élections municipales furent suspendues dans toute la France par ordonnance royale du 20 novembre, en attendant la publication d'un règlement général. Ce décret fut rendu le 16 décembre, et les élections à Eyguières furent fixées au 14 février 1790. Le collége électoral devait se composer de tous les citoyens actifs, c'est-à-dire de tous ceux qui demeuraient dans la commune depuis plus d'un an, n'étaient pas serviteurs à gages, et, étant âgés de 25 ans, payaient une contribution directe de la valeur locale de trois journées de travail, à vingt sous la journée. Chacun était invité à se faire inscrire à la commune, de dix heures à midi et de cinq à sept heures du soir, tous les jours, par les consuls, assistés de MM. Jullial, Jean-Andrieu Aubert et Jean-François Colique.

Le nombre des votants fut de 268 ; ils se réunirent dans l'église paroissiale. L'assemblée donna la présidence à Jean-Baptiste Martin, et nomma secrétaire Jean-Andrieu Jean, notaire. « Je jure, dit le président, de maintenir de tout mon « pouvoir la Constitution du royaume, d'être fidèle à la Nation, « à la Loi et au Roi ; de choisir en mon âme et conscience les « plus dignes de la confiance publique et de remplir avec zèle « et courage les fonctions politiques qui pourront m'être con- « fiées ».

Tous prêtèrent individuellement le même serment entre les mains du président ; puis, furent nommés scrutateurs : MM. Simon-Ange Pétrier, Ange Bouvet et Antoine Martin, comme doyens d'âge, et le vote commença. Les opérations durèrent du 14 au 17 février et donnèrent les résultats suivants : maire, Armand-Geneviève Estienne, avocat ; officiers municipaux : Honorat Paulet, Jean-Baptiste-Paul Silvestre, Louis Gilles, Marc-Antoine Estienne, Alexandre Coste ; procureur de la commune : Jean-Andrieu Jean, notaire ; notables : François Colique, Jacques Bouis, Sigaud, menuisier, Laurent Jean, Joseph Margaillan, Jean-Andrieu Aubert, Jean-Baptiste Bérard, Antoine Girard, Antoine Berton, Jean-François Bosso, Honorat Gueymard et Joseph Payan.

Les élus prêtèrent aussitôt le serment prescrit par l'Assemblée nationale, ainsi conçu : « Nous jurons de maintenir de « tout notre pouvoir la Constitution du royaume, d'être fidè- « les à la Nation, à la Loi et au Roi, et de bien remplir nos « fonctions ».

Avant de se séparer, tous, électeurs et élus, votèrent par acclamation une déclaration dans laquelle ils payèrent un tribut « d'attachement, d'admiration, de reconnaissance et de « respect pour l'auguste assemblée nationale et pour le Roi, « ce restaurateur de la liberté française, qui vient de s'unir à « la nation d'une manière si intime. En conséquence, ils « prennent à témoin le Dieu qui tient en main la destinée des « hommes et des empires, et dans le temple duquel ils se « trouvent assemblés, du serment qu'ils font de la plus pro- « fonde soumission et d'une adhésion sans bornes à tous les « décrets rendus, etc. ».

Mais quelles étaient donc les lois municipales de 1789 et

1790 ? Dans chaque commune était un corps municipal composé d'un maire et de deux ou plusieurs autres membres, suivant le chiffre de la population, nommés par tous les citoyens actifs. A Eyguières, les officiers étaient au nombre de six. Les mêmes électeurs nommaient des notables en nombre double du corps municipal : 12 à Eyguières, pour composer le Conseil général de la commune. Chaque corps municipal se divisait en bureau, comprenant le maire et le tiers des officiers ; et en Conseil formé des deux autres tiers. Le Conseil général devait être convoqué toutes les fois que l'administration municipale le jugeait à propos et dans des cas obligatoires prévus par la loi. Les électeurs actifs, de par le même décret, pouvaient se réunir paisiblement et sans armes, en assemblées particulières, pour rédiger des pétitions. Les attributions de la municipalité comprenaient la répartition des contributions directes, leur perception, la régie des établissements publics, la surveillance des propriétés publiques, etc.

Nous ne signalerons que pour mémoire les autorités établies le 14 frimaire de l'an III (1794), par Rouit, fils, agent national du district, et choisies à Tarascon par le représentant du peuple à la place des fonctionnaires en activité, que personne ne voulait remplacer. On leur notifia leur nomination et ils furent requis d'accepter sous peine d'être regardés comme suspects et traités comme tels. C'était irrégulier, mais il eut été malaisé et dangereux de refuser.

1795. — Cette année-là, les administrations municipales furent remplacées par des municipalités cantonales. Eyguières n'ayant pas 5.000 âmes n'eut qu'un agent municipal. La commune n'exista plus.

1799. — La loi du 18 pluviôse, an VIII, rétablit, dans chaque commune, un conseil municipal qui a un maire à sa tête, et qui délibère sur les affaires communales ; mais le Consul a fait supprimer la liberté électorale avec la liberté municipale, puisque les membres du Conseil, d'après la nouvelle organisation, sont nommés pour trois ans par le préfet, et choisis sur une liste de notables présentée par les habitants, en attendant que cette liste unique soit remplacée, l'an X, par trois listes que dressent les électeurs de chaque commune. Dès lors, les conseillers municipaux ne sont pour ainsi dire que des fonctionnaires, et leurs attributions consistent à délibérer sur quelques intérêts communaux sans importance.

Restauration. — La Restauration fit des essais de retour au système électif ; pourtant Eyguières eut un maire, deux adjoints et un conseil de vingt membres, tous nommés pour cinq ans par le préfet, qui avait le pouvoir de les suspendre de leurs fonctions.

A cette époque, il est réglé que le Conseil se réunit chaque année dans la première quinzaine de mai, il entend et débat le compte des recettes et des dépenses, délibère sur les besoins locaux, les emprunts, les octrois, les contributions, les procès. Il peut se réunir extraordinairement avec la permission du préfet.

Le *Gouvernement de juillet* donna quelques satisfactions aux libertés locales et ouvrit la voie à la décentralisation : maire et adjoints sont nommés par le roi qui les prend dans le conseil ; celui-ci est élu par le suffrage restreint, avec des attributions un peu plus étendues.

En *1848*, le suffrage universel est établi ; le maire et les adjoints sont élus par le conseil municipal.

Le *second Empire* (7 juillet 1852) maintient le suffrage universel pour l'élection du conseil, mais le maire et les adjoints sont choisis par le préfet, même en dehors du conseil s'il le veut. En 1867, une loi étendit un peu les droits du conseil municipal, et le fit élire pour sept ans. Il y eut alors la candidature officielle.

République, 1884. — Enfin, après divers tâtonnements, fut votée la loi du 5 avril 1884 qui supprima la double liste, rendit au suffrage universel l'intégrité de ses droits, accorda au conseil le pouvoir d'élire maire et adjoints, rendit publiques les séances, et faciles les convocations extraordinaires. Toutes les affaires de la commune se peuvent traiter librement ; l'Etat n'intervient que pour assurer l'observation des lois générales, et par là sont diminuées, en attendant qu'elles soient supprimées, les lenteurs administratives.

On le voit, rien de particulier à Eyguières n'est à citer dans
la durée de ce siècle XIX°. Mais une considération se dégage
de la succession de tous ces systèmes municipaux. La liberté
est pour une commune le premier de tous les biens. Eyguières
a joui le plus largement de ce don dans les siècles qu'on a
coutume de critiquer davantage. La féodalité pouvait gêner
quelque peu les libertés municipales, mais ne les détruisit
jamais à son profit. Vint la Révolution et les régimes auxquels
elle a donné naissance : alors la commune perdit à peu près
toute sa liberté, et il a fallu un siècle entier pour en arriver
presque où en étaient nos pères. Bien accueilli sera le gouvernement qui rendra à Eyguières et à toutes les communes de
France le droit de s'administrer par elles-mêmes et de ne
relever du pouvoir central que par des liens d'intérêt général
et de patriotisme ; c'est-à-dire que la décentralisation est l'objet
de nos vœux, le désir universel et le besoin de la société.

LIVRE IIIe

Actes administratifs du XVe au XVIIIe siècle.

Tous les détails qui précèdent nous ont déjà initiés à une époque disparue depuis longtemps, et qui est d'autant plus intéressante pour nous qu'elle diffère de la nôtre sous bien des rapports. Mais nous ne la connaissons pas encore assez, et il nous faut l'étudier encore sous un autre aspect pour avoir une idée plus précise de ce que fut le vieux temps, si décrié, et pourtant si digne de fixer notre attention par bien des côtés. Nous ne sommes pas dans l'intention d'être panégyristes quand même du temps passé, nous qui vivons dans un siècle où il semble que les institutions soient arrivées à l'apogée du progrès réalisable ; mais pourtant nous osons affirmer d'après notre conviction intime que dans un avenir plus ou moins prochain, nous ferons l'objet de l'étonnement des générations futures qui nous appelleront arriérés ou décadents pour avoir toléré ou laissé s'établir des institutions qui ne nous laissent que le mot de liberté après nous avoir ravi la chose, alors qu'avant la Révolution les Communautés jouissaient bien plus largement que nous du droit de s'administrer par elles-mêmes.

On peut résumer dans le mot finances tout le passé administratif d'Eyguières par son conseil et ses consuls, en donnant à ce mot forcément sa double signification naturelle : recettes et dépenses. Créer des recettes à la Communauté, les lui conserver, les accroître même, en faire un emploi utile, telle était la mission des magistrats. Pour l'accomplir, ils avaient des auxiliaires, comme aussi ils rencontraient souvent des ennemis des finances ; se servir des premiers, combattre les seconds, même au prix de nombreux sacrifices, même à leurs propres risques, c'est toute l'histoire du passé. Nous allons en mettre au jour le précis.

CHAPITRE Ier

Charges de la Communauté. — Ses ressources. — Les impôts. —
L'affouagement.

Charges de la Communauté. — Les charges de la Communauté correspondaient à tout ce qui concerne et intéresse le bien public. Pour bien diriger une commune, on a besoin d'un personnel, d'employés à diverses fonctions : il faut les payer. Une ville réclame des travaux de voirie pour l'entretien des rues, l'écoulement des eaux pluviales, l'adduction d'eau potable, la création ou la réfection des chemins : tout cela devient une lourde charge. En temps de calamité, de maladie contagieuse, la population réclame des secours ; les malades nécessitent un hôpital avec un personnel composé de serviteurs, d'un médecin, etc. ; un cimetière est indispensable. L'administration impose un local, une mairie avec archives, secrétariat, etc. ; la population enfantine a besoin d'une ou de plusieurs maisons d'école. Aux édifices civils il est de toute rigueur d'ajouter des édifices religieux, une église, une maison curiale. L'édit de 1695, qui mettait à la charge des habitants l'entretien, les réparations des nefs, des églises et des clôtures des cimetières, ainsi qu'un logement convenable pour le curé, s'appliquait régulièrement à Eyguières, où il y avait un prieur décimateur et des vicaires, de la manière suivante : dans les travaux d'église et du presbytère, la Communauté devait supporter les deux tiers de la dépense, et le décimateur le reste ; puis, par suite d'une modification ultérieure, le chœur devait être à la charge du clergé, ainsi que l'entretien du presbytère ; la nef et la maison curiale regardaient les paroissiens. En ajoutant les frais de procès qui, trop souvent hélas ! mettaient en cause des intérêts majeurs, on aura la nomenclature à peu près complète des principales charges de la Communauté.

Ressources. — Pour faire face à tant de dépenses d'utilité, et même à celles de pur agrément, la Communauté possédait

des ressources dont la provenance était les bois, les pâturages, une terre gaste, des fours, des moulins à huile ou ressense,
un moulin à farine, etc., etc. La Communauté pouvait, au
gré des circonstances et suivant les besoins, établir provisoi-
rement des sources de revenus ; les principales étaient :

1° La taille. La taille était la plus importante ; elle consistait
dans la cotisation établie sur les biens fonds de chaque particulier pour produire les deniers royaux destinés au Prince et
pour l'Etat, les impositions provinciales en faveur du pays, la
Provence, et enfin les ressources de la Communauté. Les biens
nobles et ceux du clergé en étaient exempts, et de plus certaines redevances devaient être payées au Seigneur et au Prieur.

2° Le rêve était un impôt sur les fruits, les denrées et les
marchandises étrangères importées, et sur les mêmes objets
destinés aux besoins locaux pour être consommés sur place.

L'impôt en fruits. — En cas de nécessité, les fruits étaient
imposés et payés en nature : le 20°, le 15°, le 12°, le 10° ou
autre quotité.

Le Piquet, impôt semblable au rêve, mais portant sur les
farines ; il offrait un double avantage, celui de faire rentrer
des fonds et d'empêcher les vols et les fraudes des meuniers.
On pesait le blé avant de le porter au moulin et à sa sortie
pour comparer le poids du blé et celui de la farine : c'était la
garantie des particuliers. Il y avait un droit de pesage.

Le Subside était un impôt sur le vin.

Le Capage. C'était une imposition personnelle sur chaque
chef de famille, égal pour tous, sans distinction de classe ni
de fortune ; on l'établissait pour couvrir les dépenses extraordinaires faites dans l'intérêt des habitants, comme celles de la
construction de l'église, du presbytère, de l'hôtel-de-ville,
d'une horloge, etc.

Affouagement. — Pour fixer les impôts destinés au Prince,
à l'Etat, au pays et à la Communauté, on se basait sur le
chiffre de la population d'après un système qui réclame une
explication. Etant donné que chaque four (*de focus :* feu ou
foyer), peut suffire à la cuisson du pain nécessaire à tel nombre de familles, autant de fois ce groupement d'habitants

réunis en famille était obtenu, autant on comptait de feux dans le pays, et autant de fois la taxe imposée par feu était répétée. C'est ce qu'on appela l'affouagement. Plus tard, et dès l'année 1297, le mot feu signifia la valeur d'une certaine étendue en fonds de terre ; en conséquence, l'impôt établi sur le pays varia soit du *côté du nombre de feux*, soit pour le chiffre imposé à chaque feu, proportionnellement à la valeur des terres et des récoltes comparées à la valeur de l'or et de l'argent. C'est ce qui explique les divers nombres de feux que nous signalons ci-après. En 1557, la Communauté était affouagée à huit feux, puisque le 11 septembre eut lieu l'élection de huit hommes, un par feu, pour aller recueillir dans chaque feu l'impôt du fouage. Ce chiffre huit devait être trouvé trop considérable, et le conseil devait espérer qu'il serait diminué ; c'est ce qui ressort d'une délibération du 22 juillet 1556, où il fut conclu que les consuls iraient à Sénas parler à M. de Lauris, commissaire, pour les châteaux de Vigueirat de Tarascon, qui plaidaient contre la ville pour le rabaissement du *fuect* (diminution des feux ou de l'affouagement) dudit Tarascon, pour savoir « en quoy est ledit procès et en quoy dépend ». Ce procès avait une certaine importance pour Eyguières qui était de la viguerie de Tarascon.

En 1642, la Communauté fut taxée pour 9 feux ; en 1665, pour 10 ; en 1698, pour 14 feux et demi ; en 1727, ce chiffre existait encore, et chaque feu était taxé à 600 livres, soit au total 8.700 livres ; mais en 1728, le nombre de feux fut porté à 16 et demi. Dans cet affouagement, Roquemartine fut taxé pour 1/4 de feu, et St-Pierre de Vence pour 1/30° de feu. Le chiffre de 1728 fut conservé jusqu'à la Révolution, avec cette particularité qu'à l'affouagement du 15 mai 1735, chaque feu fut imposé pour 650 livres. Cette année-là, Eyguières paya : pour l'affouagement, 10.725 livres ; pour les tailles, fouages, subsides, 634 livres 14 sols 8 deniers, soit au total 11.359 l. 14 s. 8 d., auxquels il faut ajouter 5.946 l. 85 s. 2 d. de dépenses ordinaires, soit en tout 17.306 livres. Les revenus pour y faire face n'étant que de 9.265 livres, la Communauté se trouva en présence d'un déficit de 8.041 livres.

Pour nous faire une idée, d'après ces données, de la valeur des biens fonds de tout le territoire, en 1728, un feu ayant la valeur de 5.500 livres, les 16 feux 1/2 représentaient une somme totale de 907.500 livres, portant sur 2.600 salmées de 1.800 cannes chacune, ainsi divisées : 5 salmées en jardin, 80 en prairies, 190 en vigne, 250 en terre labourable, 2.075 en oliviers.

Les biens nobles possédés par le Seigneur et par le Prieur étant exempts de taille ; les chiffres ci-dessus, basés sur le cadastre de 1718, ne représentent que les biens roturiers. Mais si on y ajoute, avec les biens du Prieuré et du Seigneur, ceux des communes de Roquemartine et de St-Pierre de Vence, nous obtenons alors, comme totalité du territoire d'Eyguières, le chiffre de 6.869 hectares, à partir de l'année 1805, qui fut celle de l'union de Roquemartine à Eyguières. Saint-Pierre de Vence avait dû être annexé déjà au XVIII° siècle.

Voici comment fut équilibré, en l'année 1825, le budget d'Eyguières :

Recettes	ordinaires . . . . . . fr.	4.956	15
	extraordinaires	697	02
	Total.	5.653	17
Dépenses		4.536	74
D'où un excédent de recettes de.		1.116	43

La situation financière était excellente alors ; mais nous verrons par la suite qu'elle le fut beaucoup moins à certaines époques. Entrons dans les détails en ce qui a rapport aux XV°, XVI° et XVII° siècles, jusqu'en 1714, puis nous poursuivrons jusqu'à l'époque de la Révolution.

CHAPITRE II

PROPRIÉTÉS DE LA COMMUNAUTÉ. — DROITS DIVERS. — CHASSE ET PÊCHE.

Garrigon. — Parmi les revenus de la Communauté, il faut compter le produit des diverses propriétés. La plus ancienne qui soit connue, se trouve mentionnée dans un acte du mois de mai 1292. Il s'agit d'un *Garrigon* qui, ce jour-là, fut divisé en trois parts égales, l'une pour le seigneur d'Aureille, les deux autres pour le seigneur et pour la Communauté d'Eyguières. Il fut convenu en même temps que si l'un des copartageants allait pâturer sur la portion de l'autre, il paierait pour le dommage deux deniers le jour et quatre la nuit.

Marais. — Au chemin de la Crau, la Communauté posséda durant plusieurs siècles un marais confrontant au nord, la terre du seigneur, des autres côtés, divers particuliers, roubine entre deux. La Communauté vendit ce marais à raison de 1.800 livres à Jean Astre, de Salon. Le seigneur attaqua cette vente, en 1662, comme ayant pour objet un fonds lui appartenant.

Terre gaste de Borme et Coussou. — La Communauté avait une terre gaste dans le quartier de Borme.

L'inféodation de la seigneurie par Raymond Bérenger, en 1221, à Pierre Augier, et les transactions et hommages des années 1437 et 1521 démontrent que la directe universelle du lieu d'Eyguières, comme la propriété de la terre gaste, ainsi que la faculté de donner à nouveau bail, ne pouvaient être contestées à la Communauté, mais que cette propriété et cette faculté ne lui étaient accordées que sous réserve du droit de dépaissance en faveur des habitants. Pourtant la Communauté pouvait mettre à ferme la terre gaste pour y faire paître le bétail pendant tout l'hiver, et elle percevait de ce chef une contribution nommée avévage, de six sols par tête de bête à laine ; mais elle devait payer, le 1er mai, au seigneur, la huitième partie du prix de cette ferme, ainsi que la huitième partie de la rente qu'elle retirait du Coussou, aux termes de l'acte d'inféodation.

Dans une réunion tenue au château, le 27 septembre 1345, et à laquelle assistèrent deux des coseigneurs, Guillaume d'Eyguières et Guibert de Beaumont, ainsi que la plupart des chefs de famille, plusieurs questions importantes furent traitées, celle de la chasse et de la pêche, et celle de l'établissement d'un coussou commun dans cette terre gaste. Le produit immédiat de ce coussou devait être employé à la reconstruc-

tion de l'église paroissiale. Le surplus de la terre gaste qui
n'avait pas reçu cette destination, devait continuer d'être un
paty communal. Quant au défend, on en fit réserve pour le
seigneur.

Ce même jour et dans la même réunion, il fut réglé que ce
serait défendu (art. 9) de faire du charbon de bois dans les
garrigues, montagnes et bois de la juridiction d'Eyguières, sous
peine de vingt-cinq sols d'amende. — Art. 10 : les étrangers,
nobles, bourgeois ou manants qui voudront jouir des franchises et libertés des habitants d'Eyguières, devront demeurer dans le village, ou dans le territoire de façon habituelle,
eux ou leurs serviteurs, et de plus y fixer le tiers de leurs propriétés.

Chasse et pêche. — Mais ce que l'on se serait bien gardé
d'omettre, c'est, en réglant les droits de propriété, de bien
établir et préciser les droits de chasse et de pêche. Ce dernier
parfaitement défini dans un seul article, le 15° et dernier,
reconnaît que les habitants seuls ont le droit de pêcher et de
prendre du poisson dans l'étang commun. Quant au droit de
chasse, il est réglé en huit articles qui le précisent et le déter-
minent, tant du côté du seigneur que des habitants, car de
part et d'autre, la chasse avait un attrait puissant.

Art. 1, 2, 3. Défense à toute personne, de quelque condition ou qualité qu'elle soit, même aux seigneurs du château,
à l'un d'eux, à ses fils ou serviteurs, de chasser le lièvre et le
lapin, de les faire prendre par les chiens ou les furets, de leur
tendre des pièges ou d'employer tout autre moyen, dans tout
le terroir, depuis le dernier jour de septembre jusqu'à la fête de
St-André. — 4. Les seigneurs ni leurs fils ne doivent oser tenir
des furets au château ou dans le territoire. — 6, 7. Toute
personne de n'importe quelle condition, seigneur ou ses fils ou
ses serviteurs, ayant quatorze ans révolus, demeurant au château ou sur le territoire, prêtera serment entre les mains du
bayle ou du notaire de la cour d'Eyguières de ne jamais
enfreindre les défenses ci-dessus. — 5 et 8. Ces articles contiennent la peine qui sera portée contre les seigneurs et les
habitants d'Eyguières, contre ceux d'Aureille, de Roquemartine, de Sénas, de Lamanon et autres lieux voisins qui viendraient chasser dans le territoire en temps prohibé.

Ces accords furent acceptés le 17 novembre suivant par Barasse de Cadenet et Rouscanet Gancelier, deux autres coseigneurs d'Eyguières. Ils durent être observés pendant près d'un siècle ; mais un différend survint entre le seigneur et les habitants au sujet du coussou et sur plusieurs autres points. Le particulier qui est propriétaire est souvent soumis à la loi des contestations ; les Communautés n'y échappent pas non plus ; nous allons le voir pour Eyguières.

CHAPITRE III

Procès relatifs : 1° au coussou ; 2° au Défends ; 3° a la chasse ; 4° aux eaux de Meyrol, etc — Caution refusée au seigneur par la Communauté.

Procès. — I. La question du coussou fut réglée le 26 juillet 1437, devant Mᵉ Isnard Guinéri, notaire à Salon, par les soins de Guillaume Gaudin, bayle d'Eyguières, qui fut assez habile pour amener les parties à une entente définitive. Les articles de cet acte nous feront comprendre en quoi consistait la difficulté : 1° A l'avenir, le seigneur et la Communauté ne pourront ni affermer, ni vendre le coussou commun, sans le consentement des deux intéressés ; 2° Les habitants aussi bien que le seigneur auront le droit de faire payer toute personne du pays ou d'ailleurs qui sera surprise dans ce coussou ; le produit de l'amende sera partagé entre le seigneur et celui qui aura saisi le contrevenant.

Cet acte fut consenti entre : 1° noble Girard de Sade, seigneur d'Eyguières, et 2° vingt-quatre des habitants les plus recommandables de la Communauté.

II. Trois ans plus tard, nouvelle difficulté, cette fois au sujet du Défends. Le seigneur prétendait que son Défends, allant au-delà du vallon des Baumes-Noires, était limitrophe avec les terres de Lamanon. Les habitants soutenaient au contraire que le Défends s'arrêtant au Rocher troué, allait rejoindre le chemin de Lamanon en descendant par le vallon des Baumes-noires. Le 26 janvier 1440, par devant M° Guinéri, l'affaire se termina à l'amiable, après que les deux experts eurent reconnu sur place que le seigneur avait tort. Des termes furent plantés aux endroits désignés par les habitants.

Mais il faut supposer que cette question de bornage revint quarante ans plus tard, puisque le 4 janvier 1483, Balthasar de Sade accommoda avec les habitants un procès entamé à ce sujet par son père. L'acte passé devant M° Allaléri, notaire à Salon, indique l'endroit où furent posées les vingt-huit bornes destinées à délimiter le Défends et les terres des habitants.

Le seigneur saisit cette occasion pour faire reconnaître que la Communauté lui devait pour droits d'albergue (droit du seigneur de loger chez son vassal) et de « cacho-fio » (cadeau de Noël), deux rentes annuelles et perpétuelles, l'une de 11 florins 7 sols 4 deniers à chaque fête de St-Michel, l'autre de 7 florins d'or de 16 sous pièce, la veille de Noël.

Le 9 octobre 1569, le conseil refusa de payer ces deux redevances au seigneur, jusqu'à ce qu'il eût prouvé que la ville les lui devait.

III. De plus, dans l'acte de 1483, le seigneur fit défendre aux habitants d'aller chasser dans son Défends, soit avec fusil, chien, furet, soit avec un engin de chasse, sous peine d'une amende de 50 sous couronnés le jour et de 100 la nuit, sans compter la confiscation des engins et du gibier.

Sans tenir compte de cette défense, les habitants d'Eyguiè-res continuèrent à chasser ; les officiers de justice condamnè-rent ceux qui furent surpris. La Communauté fit appel au juge des premières appellations et de la noblesse, et le 11 sep-tembre 1501, le juge écrivit aux officiers de justice d'Eyguiè-res pour leur rappeler que de tout temps, les habitants avaient eu le droit de faire la chasse avec des engins à tous les ani-maux du territoire, et particulièrement dans le Défends du seigneur. En conséquence, il leur ordonnait de ne rien faire et de ne rien laisser faire, par qui que ce fût, de préjudiciable à ce droit.

Deux cents ans plus tard et le 4 avril 1701, un certain nom-bre de chasseurs furent traduits devant la cour seigneuriale pour délit de chasse. Les officiers donnèrent droit au seigneur.

Il y eut appel devant le lieutenant criminel d'Arles, et celui-ci, par une sentence rendue le 8 avril 1703, cassa la décision du premier juge, et fit défense au seigneur, sous peine de 300 livres de dommage-intérêt, d'empêcher les habitants d'Eyguières d'aller à la chasse où et comme ils le voudraient, enfin il condamna le seigneur aux frais et dépens.

A son tour, le seigneur fit appel devant le Parlement d'Aix ; mais le conseil de ville décida d'évoquer l'affaire au Conseil du roi, comme offrant plus de garantie. Nous n'avons trouvé aucun document sur l'issue de ce procès, mais il est certain que ce fut le dernier. Tous les chasseurs sans exception purent se livrer à leur goût de poursuivre le gibier sans jamais plus être inquiétés, oui jamais, si ce n'était que de nos jours, en vertu de la liberté conquise en 1789, il n'est permis de chasser qu'après s'être muni d'une autorisation sur papier timbré en bonne et due forme, qui porte le signalement du titulaire et se paie 28 francs 60 par an. O liberté ! va, tu n'es souvent qu'un leurre !

Les procès de propriété, de pêche et de chasse avaient pris fin, mais il en survint d'autres à plusieurs époques, parmi lesquels nous mentionnerons les deux qui furent vidés en 1662 et 1663.

IV. Le premier avait rapport aux eaux du fossé Meyrol. La Communauté avait donné, le 15 août 1643, l'autorisation de construire un moulin à blé sur le fossé ; elle avait pour cela cédé deux éminées de terre, et avait accordé au requérant la faculté d'élever deux boutiques sur la place de la Croix, contre le boulevard, moyennant leur cession à la ville après douze années de jouissance. Or, le seigneur avait fait un contrat de vente des eaux du fossé Meyrol à MM. de Grignan et Emericy. Le 1er mars 1662, la Communauté attaqua le seigneur en cassation dudit contrat.

L'autre procès fut intenté par la Communauté au seigneur en interdiction du traité fait par lui avec des étrangers pour les autoriser à introduire leurs troupeaux dans la terre gaste, 1663.

Déjà le 16 mai 1555, Eyguières avait dû soutenir un procès contre la ville d'Arles, au sujet des limites de son territoire avec le terroir d'Aureille, qui appartenait à la commune d'Arles.

Un autre procès contre MM. de Suffren et de Tripoli avait été évoqué au grand Conseil du roi. Joseph Nègre fut député à cet effet à Paris, aux gages de 5 livres par jour, plus les frais de voyage. — Cette indemnité était, à ce taux, une exception. Le 7 octobre 1592, on avait fixé le tarif des journées des députés de la ville à 6 florins pour ceux qui allaient à cheval et à 3 florins pour les piétons. Avant cette date, les premiers ne recevaient qu'un écu par jour et les deuxièmes 30 sols.

La série des procès n'est pas close, mais il faut nous borner; plus tard, il en surviendra d'autres, nous le verrons, au sujet du coussou en particulier. Pourtant l'occasion favorable d'éviter à l'avenir toutes difficultés de ce côté, parut se présenter, mais la Communauté ne la mit pas à profit. Ce fut lorsque le 20 janvier 1558, le seigneur Jean de Sade demanda au conseil d'être sa caution pour la somme de 400 écus, moyennant laquelle somme, il offrait d'abandonner le huitième de denier qu'il prenait sur le coussou de la ville.

Peut-être les finances municipales étaient peu prospères, alors, car il y avait une série d'années où la misère était grande et générale, et sans doute la Communauté rencontrait trop de difficultés pour faire face à toutes les charges indispensables, pour qu'elle pût penser à employer ses revenus à des choses qui ne lui paraissaient pas d'une utilité bien marquée.

Déjà, le 30 août 1556, les consuls avaient refusé de se rendre caution pour M. d'Eyguières pour la somme de 300 écus d'or sol. Leur réponse ne manque pas de piquant : « Si, « comme dit le bayle, un autre conseil a accordé au seigneur « la garantie de la ville, que ceux-là qui en faisaient partie se « rendent garants. »

Quelques années plus tard, le 8 janvier 1571, le conseil refusa encore de répondre en faveur de M. de Sade pour la somme de 1.600 écus qu'il désirait emprunter pour racheter un des mas de Lagoy. La raison alléguée cette fois fut que la Communauté étant pupille ne pouvait disposer de ses fonds. La vérité était, sans doute, que la Communauté était satisfaite d'avoir pu dresser un compte final et recevoir, en 1543, la quittance générale de ses dettes de la part de Jean de Sade, prieur et seigneur d'Eyguières. Elle désirait ne plus ouvrir de nouveau compte : elle avait raison.

CHAPITRE IV

LA DISETTE ET LA MISÈRE

Si la Communauté avait besoin d'argent pour soutenir tant de procès et protéger ses intérêts, la nécessité de faire des économies et un emploi prudent de ses revenus était rendue plus impérieuse que jamais à cause de tous les fléaux réunis qui dans le XVIᵉ et le XVIIᵉ siècles semblaient plus qu'en tout autre temps sévir sur la population d'Eyguières.

Lorsque Dieu voulut punir David, il lui envoya un prophète pour lui donner le choix entre trois fléaux, les plus terribles de tous : la famine, la peste et la guerre. Le peuple d'Eyguières n'eut pas même la liberté de choisir : les trois épreuves s'abattirent sur lui, tantôt séparément, tantôt toutes à la fois ; et pour ajouter à l'étendue du mal, le protestantisme vint semer la division au sein de cette population. Ceci est traité dans la partie religieuse.

La famine. — Sous cette dénomination nous entendons parler de la grande misère qui régna souvent, accompagnée d'une disette de blé telle qu'à maintes reprises la Communauté fut obligée de s'imposer de lourds sacrifices pour en atténuer les effets.

En 1529 et le 15 avril, le Conseil, après avoir délibéré sur la provision de blé, décida d'acheter une certaine quantité de grain pour venir au secours des pauvres. En 1551 et l'année suivante, la disette fut grande au point que les consuls firent défense de sortir du blé du pays, et furent même obligés de s'en procurer à prix d'argent pour le donner aux pauvres malheureux.

L'année 1557 (10 janvier), la récolte du blé s'annonçait comme devant être abondante, et en cette prévision, le conseil résolut de bailler le foulage des grains à Michel Fabre d'Istres, à condition qu'il « baillera deux rodes, le premier dimanche « après St-Jean, et trois rodes le deuxième dimanche après

« cette fête ; libre à lui d'aller tous les samedis fouler où bon
« lui semblerait. »

Mais les espérances furent déçues et, le 21 mars, la Communauté dut se faire autoriser à emprunter de 200 à 300 écus
au sieur Jean Isnard de Sabran, à 7 o/o, pour acheter du blé, et
le 19 avril, le conseil prit la résolution d'acheter cent cinquante charges de blé au prix de 24 florins et 9 sols la charge.
La disette s'étendait au loin et Eyguières se montra empressée
en procurant douze salmées de blé à Marseille pour la provision de la ville.

En 1563, la Communauté n'avait pas encore pu éteindre la
dette contractée vis-à-vis la veuve de Louis de Sabran ; le
9 octobre, elle paya une partie du blé qu'elle lui devait au
pied de 15 florins la salmée, et il fut convenu qu'elle supporterait l'intérêt à 1 o/o pour le restant de la somme due.

La série des années de disette n'était pas close ; le 20 novembre 1569, la Communauté résolut d'établir un grenier pour
secourir les pauvres et le 23 décembre suivant, fut faite la ratification du contrat d'achat de cent salmées de blé pour secourir les malheureux, à dame Bone Sabatier, veuve de noble
Louis de Sabran, au prix que vaudra le blé à la mi-carême ;
on le paya 16 florins la salmée.

La pénurie d'argent dut être bien grande encore en 1571 et
1572 ; la ville était dépourvue de ressources, et son trésorier
ne pouvait pas faire ses exactions à cause de la misère publique. Pourtant la Communauté sut être secourable toujours et
elle le fut d'une manière plus particulière, lorsque, le 25 juillet 1568, elle autorisa les consuls à faire nourrir à ses frais,
pendant un an, à cause de l'indigence du père, les deux
jumeaux laissés par Barthélemy Raygasse.

Les années 1591, 1592 et 1593 sont restées mémorables
entre toutes, à cause de la misère affreuse qui régna dans
Eyguières. L'année suivante s'en ressentit tellement, que la
Communauté ne pouvant payer en argent la contribution de
guerre qui lui était réclamée, offrit de la payer en bétail.

Après ces années de disette et pour clore cette énumération,
nous ajouterons qu'il faut aller jusqu'en 1686 pour voir se
retracer le tableau d'une semblable pénurie. Point de blé,
point d'argent pour en acheter. C'était le cas de la plupart

des habitants. Comment ensemencer les terres ? Le 27 octobre, le conseil prit le parti d'envoyer Jean Payan à Lambesc, auprès de l'Intendant de Provence pour demander l'autorisation d'emprunter cent cinquante salmées de blé. L'intendant voulut connaître le nom de tous ceux qui désiraient avoir du blé, et la quantité demandée par chacun. Une liste de cent quatre-vingt-dix-sept chefs de famille qui réclamaient ensemble cent cinquante-six salmées, fut dressée aussitôt et certifiée exacte par le vicaire perpétuel. L'autorisation fut accordée sur-le-champ ; les consuls empruntèrent les cent cinquante-six salmées et les semailles purent se faire vers la fin du mois de novembre.

Aujourd'hui, il nous est assez difficile de comprendre que nos pères aient dû traverser pareilles épreuves. Le blé germe en abondance dans notre région et de plus, l'extension donnée au commerce facilite l'arrivée de très grandes quantités de blés étrangers qui nous préservent de la disette. Mais de même que de nos jours, les navires qui apportent dans leurs flancs la vie à meilleur marché, introduisent parfois le germe de certaines maladies contagieuses, le choléra par exemple, à diverses reprises, et dans certains pays, la peste en 1900, de même jadis les relations commerciales occasionnaient à notre chère Provence la visite trop souvent répétée de ce fléau redoutable, la peste, dont nous avons à parler sans autre préambule.

CHAPITRE V

La peste. — Chapelle de Saint-Roch.

Trop souvent ce mal qui répand la terreur est venu sévir en Provence et trop nombreuses ont été chaque fois ses victimes pour que nous puissions signaler en détail les horreurs de ce fléau et le chiffre de ses apparitions. Nous savons que la Provence fut désolée par ce mal en avril 1340 et que la belle Laure, mère du premier seigneur d'Eyguières du nom de Sade, fut une de ses principales victimes à Avignon. Le fléau de la peste a frappé notre pays en 1476, 1484, 1505, 1506, 1507, 1521, 1527, 1529, 1530, 1547, 1556, 1557, 1558, 1566, 1580, 1581, 1629, 1631, 1720. Quelques détails sur certaines de ces épidémies suffiront pour les faire connaître toutes, soit pour l'étendue du mal et la panique que le nom seul de peste faisait naître, soit sur les mesures de précaution qu'elle inspirait de prendre.

En 1521 et le 10 mars, le Conseil fit un contrat avec des gens sûrs, pour la garde des portes de la ville pendant la contagion, il ordonna la fermeture de certaines rues et celle de divers chemins. Le 7 juin de la même année, les recteurs de l'hôpital firent sortir de la « maison de Dieu dich l'hospital » les personnes de mauvaise vie, afin de donner asile aux nombreux habitants qui venaient le réclamer à l'Hôtel-Dieu.

Au mois d'avril 1529, le conseil général fut tenu, en présence de noble et puissant homme Balthasar de Sade, coseigneur avec son frère Bertrand, par indivis, sur la provision du blé, la fortification pour la garde du lieu contre les ennemis ; en même temps, il ordonna des mesures sévères contre les Salonais pestiférés, et fit défense aux habitants d'Eyguières d'aller à Salon sous peine d'être soumis à une quarantaine.

L'appréhension de tout mal contagieux était telle que le 28 avril 1541, les Consuls firent examiner d'office, par Laurent Tassi, médecin de Pertuis, une femme suspectée de lèpre, et le 31 décembre 1559, un homme que l'on supposait avoir la même maladie.

Mais c'était surtout contre la peste qu'ils prenaient des mesures rigoureuses. Ainsi le 11 juillet 1546, ils firent fermer avec clôtures plusieurs traverses, et défendre d'y passer sous peine d'une amende d'un écu d'or. Ils exigèrent de ceux qui entraient en ville un bulletin portant la marque de la Communauté et non celle du seigneur.

En 1556, le Conseil ordonna que le pays fût fermé et les rues barricadées, avec menace de punition exemplaire pour quiconque tenterait de faire sauter les barrières. Antoine Bertrand fut chargé de faire bonne garde continuelle à la porte de la ville et de ne laisser entrer aucun étranger qui ne fût muni d'une attestation écrite et signée par les consuls de son pays, affirmant que ce lieu n'est pas contaminé.

Le gardien de la porte fut payé à raison de cinq florins par mois. Claude Astre, Jean Berton, Denis Aimard, Robert Sabatier et Pierre Vignette furent nommés subrestants et maîtres de la santé.

La porte de Malconseil avait donc été fermée et était gardée ; pourtant elle fut trouvée ouverte le 3o août. Le conseil conclut que le bayle irait avec les consuls *bailler sacrement* aux voisins pour savoir qui sont ceux qui l'ont ouverte, afin de les punir par justice. — Eyguières eut le bonheur d'échapper à la contagion.

Mais il n'en fut pas de même en 1566, malgré toutes les précautions qui furent prises. Des *subrestants* et *maîtres* de la *santé* ou *intendants* furent élus le 10 mai, au nombre de dix. L'un d'eux, Jean Gilles, refusa cette nomination malgré l'injonction du bayle, parce qu'il avait rempli ses fonctions pendant dix mois, déclarant qu'il voulait aller demeurer à la bastide avec son train.

Le même jour, défense fut faite d'aller au château du seigneur sans le consentement des consuls et des intendants de la santé, parce que le seigneur avait été frappé de la peste et que l'un de ses enfants en était mort. De plus, il fut ordonné que ceux qui avaient pénétré dans le château depuis huit jours fussent enfermés dans leurs maisons, ou à défaut, mis hors de la ville jusqu'à ce qu'il leur fût permis d'y rentrer.

Les baniers furent chargés de chercher un bon chirurgien. Le 3o juin, le Conseil rendit une ordonnance en vertu de laquelle chaque chef de maison devait garder la porte à tour de rôle avec le portier. Enfin, le 8 septembre, défense fut faite de neysar (laver) le chanvre, le lin, le crêpe, le linge et les lessives au *vallat* Meyrol de la ville et au *vallat* depuis le Pontilhau jusqu'à la font de Borme, sous peine d'un écu d'amende applicable à l'hôpital, sauf le droit du seigneur *si aucun en y a*.

A l'occasion de la peste, le 17 juillet 1629, la Cour du Parlement d'Aix rendit un *arrest* contenant un règlement sur le fait de la maladie, et donnant des détails d'hygiène pour l'éviter. Il prescrivait aux prêtres, aux médecins et aux chirurgiens de se revêtir, dans leurs visites aux malades, d'une longue robe en toile cirée, ayant peu de fond et munie d'un capuchon, à l'instar du costume des pénitents. Personne ne pouvait circuler d'un pays à l'autre sans avoir son bulletin de santé ; les pauvres devaient être cantonnés ; il était défendu d'envoyer des marchandises au Comtat, de recevoir les mendiants et les gueux d'Avignon. Chacun devait aller garder la porte quand il était requis. Les médecins étaient avisés de ne pas refuser leurs soins aux malades, et surtout de ne pas faire payer trop cher leurs visites.

Le 19 octobre, le conseil délibéra d'emprunter la somme de 2.100 livres pour acheter de la toile cirée (chaque pièce de toile coûtait de 15 à 16 livres), des drogues et des médicaments. Il dut songer aussi à se procurer du blé.

En 1631, un impôt de trois livres fut mis sur tous les habitants pour faire face aux besoins du pays pendant la durée de la peste.

Etait-il atteint de la peste ou d'une autre maladie? le 18 février 1641, le lieutenant du juge Laurent Husson fut enfermé dans sa maison avec sa femme et ses neveux, parce que son beau-frère et sa sœur venaient de mourir d'une maladie qui pourrait bien être la peste. Trois mois plus tard, le 26 mai, le médecin se hasarda à entrer dans cette maison, et reçut pour ce fait une gratification de 25 florins. Sans doute, il dut reconnaître que ces malheureux n'avaient pas la maudite contagion, et on leva l'interdit qui pesait sur eux et leur maison.

Enfin la peste fit une dernière apparition au mois de juillet 1720. La contagion fut constatée à Marseille, et le Parlement d'Aix rendit le 31 juillet un arrêt pour ordonner de prendre les précautions d'usage. Le 4 août, le conseil de ville se réunit à Eyguières, nomma les intendants de la santé, donna pleins pouvoirs aux consuls, et adopta le règlement suivant :

Art. 1er — Défense à tous les aubergistes et cabaretiers de recevoir, dans leurs établissements, les étrangers qui ne montreront pas un billet visé par les capitaines de garde, sous peine de 50 livres d'amende ; 2° défense aux habitants de fréquenter les cabarets sous peine d'une amende de trois livres ; 3° ordre de tenir les rues bien propres, 3 livres d'amende et confiscation du fumier des contrevenants ; 4° ne rien laver dans les fontaines qui puisse gâter l'eau ; 5° fermeture de la ville ; 6° garde des portes ; 7° défense au médecin, à tous les apothicaires et aux chirurgiens de sortir du pays ; 8° pour les cas imprévus, les consuls et les intendants devaient s'assembler aussitôt pour prendre une décision.

Le médecin, Estève de Beauregard, sous prétexte d'aller soigner ses affaires, dit qu'il renonçait à son traitement et aux honoraires des visites, et qu'il voulait être libre de sortir de la ville. Les consuls répondirent qu'on le paierait et qu'il resterait, sa présence étant d'utilité publique. Par deux fois, le médecin fit faire par huissier sommation aux consuls, la première, pour dire qu'il retirerait les gages convenus, qu'il ferait payer les malades comme il l'entendrait, et qu'il prétendait être libre de sortir ; la deuxième, pour dire que n'ayant pas reçu de réponse, il allait cesser de visiter les malades, et attaquer la Communauté pour faire casser la délibération qui l'avait nommé médecin d'Eyguières. Alors, le conseil prit le sage parti d'ôter la consigne, et d'autoriser le médecin à s'absenter trois jours par mois (29 septembre 1720).

Toutes les mesures de précaution étaient prises. Le fléau poursuivait sa marche en avant, précédé par une terreur bien justifiée. Le 17 août, il éclatait à Vitrolles, et le 6 septembre à Lançon. A cette même date, les consuls rassemblèrent le conseil dans la chapelle des pénitents, sous la présidence de M. Denis Berge, juge d'Eyguières. M. de Jossand, colonel d'infanterie, dit qu'il était chargé par le lieutenant général des armées du roi en Provence, d'inviter le conseil à nommer un major capable de bien remplir ses fonctions. Joseph-François Raoulx fut choisi comme ancien militaire ; mais les consuls, mécontents de lui, demandèrent bientôt sa révocation ; ce fut le seigneur en personne, Louis-Elzéar de Sade, qui le remplaça.

En même temps, le conseil avait nommé intendants MM. Jean d'Hoteman, Estève Colique, Jean-Joseph Illy, Joseph Duplan, Jean-Pierre Martin, Raimond Guibert, François Pellegrin et Estève Michel ; les consuls faisaient aussi partie du bureau de santé.

Les PP. Récollets se renfermèrent dans la ville pour donner leurs soins aux pestiférés ; ils furent remplacés dans leur couvent par deux compagnies du régiment de Forey, qui devait tenir garnison à Eyguières jusqu'à nouvel ordre. La

Communauté leur fournit une paillasse et une couverture pour deux hommes, et paya un sou par jour à chaque soldat, deux sous à chaque sergent, ce qui faisait 8 livres 10 sols par jour. Arrivées à Eyguières le 9 septembre 1720, ces compagnies en partirent le 2 septembre 1721.

Au nombre des mesures prises le 10 novembre 1720, en vue du fléau, par les consuls, il faut citer en première ligne : 1° l'achat de remèdes pour la somme de 198 livres 18 sols 9 deniers, et de 20 pièces de toile cirée, qui au prix de 16 l. la pièce, coûtèrent 320 l. ; 2° l'acquisition de 287 charges de blé qui furent payées 6.257 l. 9 s. 6 d., et de 66 sacs de sel qui à raison de 16 l. 15 s. le sac, s'élevèrent à la somme de 1.095 l. 10 s.

La peste de 1720 est restée tristement célèbre en Provence. Elle sévit jusqu'au 31 août 1721, et fit dans 59 communes, 87.659 victimes. On en compta 700 à Salon, 105 à Orgon, et pas une seule à Eyguières.

Chapelle de St-Roch. — Cette préservation merveilleuse fut attribuée par la chrétienne population d'Eyguières à la protection de saint Roch, patron des pestiférés. En reconnaissance de son intervention visible auprès de Dieu, et pour le remercier des grâces de préservation très particulière dans les épidémies si nombreuses que nous avons énumérées, Eyguières ne se contenta plus d'honorer saint Roch et saint Sébastien dans une chapelle de l'église paroissiale, elle voulut encore, en 1725, construire, en ex-voto, une chapelle rurale qui est encore debout en 1900. La Communauté contribua à la dépense de cet édifice pour une somme qui fut confiée aux recteurs de la confrérie. C'était une pensée heureuse qui devait produire son effet à l'avenir. La chapelle de St-Roch, établie sur l'ancienne grande voie, a toujours été, depuis sa construction, le Palladium du pays à toutes les époques d'épidémie cholériforme ou autres.

CHAPITRE VI

LA GUERRE. — CONTRIBUTIONS DE GUERRE. — PASSAGE DE TROUPES.
— INDEMNITÉS. — RECRUTEMENT. — CHAPERON DES CONSULS.

Contributions de guerre. — La guerre a ses gloires, mais il n'en est pas moins vrai qu'elle est un fléau redoutable pour les pays qui ont à la soutenir. Nous ne pouvons affirmer que dans la durée des siècles le pays d'Eyguières ait été le théâtre de quelque bataille, ni la ville l'objet d'un siège, et encore moins d'une attaque violente, ou le point de mire de quelque bombardement. Et lorsque nous plaçons la guerre au nombre des ennemis qui ont été une ruine pour cette petite ville, nous voulons parler seulement des charges nombreuses et bien lourdes que la nécessité de la guerre a fait peser sur Eyguières, dans les siècles qui nous occupent, comme contribution soit en hommes, soit en argent ou en vivres.

Le premier enrôlement d'hommes fait à Eyguières, et cité dans les archives, porte dix noms. Voici dans quels termes ce fait est mentionné : « Aquellos d'Eiguière enrollat que sunt « ellégis per le chevallier du Vernègue comissari Depputat « per Monsr le lieutenant du Sénéchal en Provence pour aller « à la guerre de 1523, X dau mes dabrilh ».

Au 8 avril 1533 « Senseg l'Inventari des armes bailhas per « la ville deguières aux huit gendarmes ellégis per amar a « Marseilha per la tuytion (sauvegarde) daudit Marseilha et de « tout le pays à cause que lou rey d'Espanho venant des « Allemanhes sen retornant en Espanho passavo au davant « daudit Marseilha ». Le même jour, ces soldats partirent sous le commandement du capitaine Carle, seigneur de la Motte, près de Tarascon.

Trois ans après, en 1536, ce ne fut plus devant la ville de Marseille que passa le roi d'Espagne, mais ce fut l'armée des Allemands, forte de 50.000 hommes, qui pénétra dans la Provence par le Var, et vint en assiéger les principales villes : Marseille, Aix et Arles.

Tandis que François Iᵉʳ, immobilisé avec ses troupes à Avignon, comptait sur le dévouement et, avec trop de confiance, sur le succès des Provençaux, Charles-Quint s'empara de toutes les villes qui se trouvèrent sur son passage : Antibes, Fréjus, Brignoles, St-Maximin et Aix, où il entra triomphalement le 9 août, puis se fit couronner comte de Provence et roi d'Arles dans l'église de St-Sauveur. Hâtons-nous de dire que l'évêque consécrateur n'était pas celui d'Aix, mais celui de Nice, et que le prédicateur du jour, chargé de faire l'éloge de l'empereur, fut un prêtre napolitain.

La disette de vivres et une terrible dyssenterie décimaient l'armée impériale campée aux environs d'Aix. L'empereur partagea ses troupes pour une double expédition, l'une sur Marseille, et l'autre sur Arles. Il échoua complètement devant l'une et l'autre ville ; les femmes d'Arles se signalèrent par leur courage digne des Romaines, et les Marseillaises sentirent en elles l'âme des Grecques qui avaient si vaillamment combattu contre Jules César. Les deux corps d'armée battirent en retraite sur Aix, et perdirent 25.000 hommes par la disette et la maladie. Se conformant aux ordres donnés de ravager toute la campagne, les Provençaux n'avaient rien épargné, ni les récoltes, ni les puits, etc., pour nuire à l'ennemi. Celui-ci avait fait de même à son premier passage ; il ne put séjourner plus longtemps en Provence ; il ne lui restait plus qu'un moulin à vent à Auriol ; par un coup de main hardi, dirigé par un Arlésien, cette dernière possession fut enlevée à Charles-Quint, qui reprit honteusement le chemin de son pays.

Mais il est temps de dire quelle avait été l'attitude d'Eyguières pendant cette maigre entreprise. Loin d'imiter certaines localités peu dociles, elle se soumit aux prescriptions dictées par l'autorité militaire, et que le seigneur d'Aubigni, capitaine de la garnison de Salon, devait faire observer à Eyguières, à Alleins et au Vernègue. Les habitants saccagèrent leurs champs, se renfermèrent avec soin dans leurs remparts, du haut desquels ils purent voir défiler au loin, en pleine Crau, l'armée impériale se dirigeant sur Arles, et en revenant, au milieu d'un tourbillon de poussière qui n'avait rien de glorieux ; ils ne sortirent de leurs barris qu'après la disparition de cette peste d'un nouveau genre.

Six années s'étaient à peine écoulées que de nouvelles menaces d'invasion firent naître des préoccupations et prendre des mesures de sûreté, ainsi que nous l'apprend la délibération du 22 septembre 1542 : « La conclusion du Conseil et Parle-
« ment général des hommes manans et habitans ac univer-
« sité du présent lieu d'Eyguières sus refère réparer et reffor-
« cer les murailhes dudit lieu pour mieux se guarder des
« ennemys du roy de France, notre souverain seigneur, au
« présent pays et comté de Provence, et tous ceux de la Bour-
« gade, et réduire en leurs biens dans les forts et murailhes
« dudit présent lieu d'Eyguières pour se sauver et leurs biens,
« à cause des ennemys, l'Empereur d'Espaigne qui est près à
« Senes avec 70.000 hommes, qui s'en va en son pays d'Espai-
« gne, et autres gens de guerre qui vont par le pays rodant
« sans commissaire, et pour tenir chacun arnoys deffensable
« celon sa possibilité à sa maison ».

La réparation et le renforcement des remparts furent faits par M. Julien. Ils ne servirent jamais à la protection de la ville, pas même lorsque le duc d'Epernon vint établir son camp au pied du Défends, entre Sénas et Eyguières, non loin du Séti, avec ses canons braqués sur cette dernière localité, tandis que l'ennemi qu'il guettait était campé entre Sénas et Orgon. C'est à peine si les deux armées firent quelques escarmouches.

En sus des dépenses occasionnées pour les remparts, la ville était obligée parfois d'acheter des armes pour la défense ; le 8 janvier 1576, elle fit l'acquisition de 100 arquebuses et de quatre douzaines d'*allebardes*.

Il y avait en plus des levées d'hommes pour la défense de la région. C'est ainsi que le 11 septembre 1557, on fit l'élection de 26 citoyens aptes et capables de porter les armes pour le service du roi ; que le 8 septembre 1562, on envoya une garde au pont de la Durance pour empêcher le passage des huguenots devenus menaçants, au point qu'il fallut songer en même temps à faire garder la ville et en fermer les portes.

D'autres fois c'étaient des réquisitions d'hommes, de bêtes de somme et de tombereaux, comme il arriva le 16 juillet 1589, par ordre de M. de la Valette, pour contribuer au transport de l'artillerie ; ou encore des contributions imposées pour l'entretien de la garnison de Salon et, le 10 octobre 1592, pour la réparation des murailles de cette ville. Cette levée d'impôts de guerre fut pratiquée surtout de 1591 à 1594, soit par le duc d'Epernon, soit par divers capitaines de troupes qui menaçaient même de ravager le territoire s'ils ne recevaient ce qu'ils demandaient.

La misère était affreuse. La Communauté établit d'abord des impôts sur les habitants, puis emprunta de l'argent et de l'avoine. L'emprunt du 16 janvier 1592 se fit à un taux écrasant : 10 o/o la première année et 8 1/3 o/o les suivantes. Finalement, le 22 mai 1594, ne pouvant trouver de l'argent, la ville offrit de payer en bétail la contribution de guerre.

Pour le même motif, elle refusa, le 13 mars 1598, de payer la somme de 187 livres demandée pour contribuer aux fortifications du Vigueirat, et offrit au commissaire de fournir des hommes pour faire ce travail jusqu'à concurrence de la somme exigée.

Passages de troupes. — Enfin le passage fréquent de troupes diverses était une lourde charge pour la Communauté. Celle-ci était tenue de fournir les logements, les étapes, les voitures de transport et diverses fournitures appelées fastigages, consistant en ustensiles, meubles, bois, huile, chandelles. Ainsi en novembre 1582, Eyguières dut loger environ 1.500 arquebusiers à pied, 120 à cheval et 150 maîtres.

Il est vrai que ces frais, en principe, n'étaient qu'une avance, et devaient être remboursés par l'imposition prise sur le pays sous le nom d'affouagement, à raison de 121 livres par feu. Mais la Communauté y perdait toujours, ainsi que les habitants qui la plupart du temps avaient à se plaindre des soldats. Ce fut pour atténuer cet inconvénient, que le 4 juillet 1543, le baron de Grignan, lieutenant général de Provence, rendit, à la requête des consuls, une ordonnance exemptant du logement des gens de guerre le quartier du Fort, et celui qui était enclos de murs, à cause des excès, pilleries et violences de toutes natures commis par les bandes qui s'y logeaient.

Le Conseil, ayant entendu dire que la compagnie de M. le comte de Tende devait venir à Eyguières pour y tenir garnison, députa, le 11 février 1571, Frédéric de Craponne et Baltha-

sar Gilles, pour s'assurer du plus ou moins de fondement de
ce bruit, et pour tenter de se faire dispenser de la présence
des soldats. En suite de cette démarche, la compagnie fut
envoyée en garnison à Pertuis, mais la ville dut contribuer à
son entretien.

Indemnités. — Les indemnités accordées pour le logement
des gens de guerre ne furent pas toujours taxées de la même
manière, à somme fixe par feu. En 1557, il fut attribué aux
habitants, pour un soldat, chaque jour 12 sols, soit 6 s. par
repas ; pour un laquais, 8 s., soit 4 s. par repas ; — et pour
chaque cheval, 8 sols. — Le séjour des troupes de M. de
Goult et de M. de la Bruyère, casernées à Eyguières pendant
trois jours, au mois de mars 1586, coûta à la ville 400 florins
par jour. Enfin le 10 juillet 1594, il fut décidé que la Communauté donnerait aux habitants 40 s. par jour pour un cava-
lier avec son valet de pied, et 14 s. pour un fantassin. C'était
insuffisant : la taxe fut portée pour chaque gendarme (cava-
lier), à 50 s. par jour, soit 10 s. d'avoine, 6 de foin et de paille,
10 de pain, 8 de vin, 10 de viande ou autre pitance, 6 de logement ; pour chaque fantassin, à 16 sols par jour : 5 de pain,
4 de vin, 4 de viande et de pitance, 3 de logement. Puis, l'argent faisant défaut, la fixation fut faite à raison de 4 éminées
de blé par mois pour les gendarmes et leurs valets, et de 2 piles
pour les soldats à pied, à donner aux habitants qui les
logeaient.

Comme le séjour des troupes n'avait point de fin, et que la
taxe n'était pas assez rémunératrice, certains projetaient d'aller
se fixer à la campagne. Le 8 août, un des habitants réalisa ce
projet ; alors, le Conseil délibéra que son blé et ses fruits
seraient pris et distribués aux soldats pour servir d'exemple.
La mesure fut efficace.

Pourtant la charge restait toujours, et le Conseil de ville,
pour essayer d'y mettre un terme, envoya Jean Roubaud à
Brignolles auprès du duc d'Epernon. Ce fut peine perdue.
Alors les habitants prirent l'allure de la rébellion, et les consuls délibérant en conseil, après avoir fait ressortir les dettes
énormes de la Communauté, firent décider, le 11 mai 1597,
que le bayle, les conses, le capitaine de St-Vérédème et quatre

des habitants les plus importants iraient trouver le commandant des troupes, et l'inviteraient « à écrire au comte de Suze
« qu'il voulût bien retirer la garnison dans trois jours au plus
« tard, sinon on lui supprimerait les vivres et on l'expulserait
« de gré ou de force ». Cette démarche fut prise au sérieux,
et pour éviter tout désordre, le comte de Suze dirigea ses soldats vers un autre endroit.

Eyguières put respirer pendant quelque temps, mais ne fut
délivrée à tout jamais ni du passage, ni du séjour des troupes. Le siècle suivant ramena les mêmes charges que le XVIe
siècle. Pourtant la population savait les supporter quand elle
était mieux à l'aise, et lorsque les séjours étaient moins pro-
longés. Elle en donna la preuve le 8 décembre 1661. A l'occasion de la naissance du Dauphin, les habitants d'Eyguières
firent de grandes réjouissances, allumèrent des feux de joie et
donnèrent aux soldats 6 barraux de vin, afin qu'ils prissent
part à la joie de la cité.

Toutefois la population aurait mieux aimé éviter ce contact
avec les soldats. D'accord avec les consuls de Pélissane qui
supportait le même poids, un consul d'Eyguières, François
Vignette, et le secrétaire, Pierre Pascal, partirent pour Lambesc, où se tenait l'assemblée des comtes de Provence, pour
demander l'affranchissement de la charge des troupes. Ils ne
réussirent pas, et, le lendemain de Noël, ils allèrent à Aix
dans le même but. Là on leur dit que pour être exemptes de
tout passage, les Communautés devraient donner cent pistoles chacune (environ 1.000 livres). Le Conseil de ville ratifia
cette proposition, le 15 janvier 1696, à condition que la somme
ne serait versée qu'après qu'on aurait joui de la franchise.
Les pistoles furent remises, car les troupes évitèrent de passer à Eyguières... puis ce fut à recommencer.

Recrutement. — A propos de troupes, une question s'impose : Comment se faisait autrefois le recrutement des soldats,
et dans quelle proportion Eyguières y contribuait? Au XVIIIe siècle, l'armée du pays, composée des hommes fournis par chaque Communauté, s'appelait milice. Les jeunes gens qui avaient
été choisis, se rendaient, pour la Provence, à Aix, où on les
examinait pour les réformer ou les déclarer bons pour le ser-

vice. Eyguières devait fournir deux miliciens. Il paraît que le rôle des consuls sur ce point n'était pas toujours commode. Citons quelques faits, et le lecteur sera juge.

Des deux jeunes gens désignés en 1701, l'un s'échappa, et l'autre fut déclaré exempt pour raison d'infirmités. Les consuls en choisirent deux autres qui ne furent pas trouvés aptes à faire le service. Alors on retint en prison, par ordre du comte de Grignan, Jean Payan et Joseph Pellegrin qui les avaient accompagnés à Aix, jusqu'à ce que la Communauté d'Eyguières eût fourni les deux soldats. Les consuls se hâtèrent d'envoyer deux autres jeunes hommes, Esprit Payan et François Giraud, sous la conduite d'Estève Bernard. Celui-ci les mena à une auberge, et par précaution les fit enfermer dans une chambre en attendant de les présenter au conseil de révision ; mais à la nuit, Esprit Payan s'enfuit en sautant de la fenêtre. Le lendemain, son compagnon, Giraud, et son conducteur Bernard allèrent en prison rejoindre Jean Payan et Joseph Pellegrin. Puis le comte de Grignan fit mettre en liberté Jean Payan, à la condition qu'il irait à Eyguières chercher un nombre de jeunes gens suffisant pour que le conseil pût choisir parmi eux deux soldats bons pour la milice. Les consuls firent désigner par le sort cinq hommes valides qui allèrent à Aix avec Jean Payan. Joseph Mourre et Marc Chastelas furent retenus et incorporés dans la milice ; tous les autres furent rendus à la liberté.

Ce système de recrutement, qui faisait peser une certaine responsabilité sur les consuls, amenait ceux-ci à prendre parfois des mesures rigoureuses. En voici un exemple. L'un des miliciens de 1734, appelé Payan, ayant déserté l'armée, les consuls firent mettre en prison son père. Cette conduite reçut l'approbation de l'autorité militaire qui ordonna de retenir Payan père, sous les verrous, jusqu'à ce que son fils fût venu remplacer le milicien que la Communauté d'Eyguières avait dû fournir à sa place.

Quand les événements le comportaient, à cause de leur gravité, les Communautés étaient tenues de fournir un nombre de soldats plus considérable. Le cas se produisit au mois de juillet 1707. Le duc de Savoie et le prince Eugène venaient de franchir le Var avec les armées austro-piémontaises. Le

11 juillet, ils étaient à Fréjus et se dirigeaient sur Toulon. Le
lendemain, les consuls reçurent ordre du comte de Grignan
d'organiser et d'envoyer sur Toulon une compagnie de milice
composée d'un capitaine, un lieutenant, un sous-lieutenant,
deux sergents, un tambour et trente soldats. C'était assez difficile de trouver ce contingent, car quelques-uns de ceux qui
avaient été désignés se cachèrent dans leurs maisons ; ils n'en
sortirent qu'après qu'on eut mis le feu à leurs meubles pour
les en déloger. Pourtant, le 30 juillet, la compagnie se mit en
route, et alla coucher à Pélissane. Les noms des miliciens
n'ont pas été conservés, mais on sait que le capitaine était
Jean-Bernard Estienne ; le lieutenant, Raimond Guibert ; le
sous-lieutenant, Jean Donnadieu ; les sergents, Estève Brun
et Pierre Vert ; le tambour, Mathieu Testanié.

Chaperon. — Tous ces mouvements de troupes, soit locales, soit étrangères, se faisaient avec l'intervention directe des
consuls. Ceux-ci sachant que dans d'autres pays, les consuls,
en pareilles circonstances, se faisaient distinguer des autres
habitants par le costume appelé chaperon, voulurent se faire
accorder le même signe distinctif. Ils firent donc délibérer par
le Conseil, le 27 février 1701, que le consul Estienne irait, en
compagnie d'Estève Colique, demander au comte de Grignan,
le privilège de porter ce costume, et que la Communauté
fournirait les trois chaperons aux consuls qui en prendraient
soin et les laisseraient pour leurs successeurs. Le 15 décembre 1712, l'autorisation sollicitée fut accordée en ces termes :
« Moi, comte de Grignan, lieutenant général du Roi en Pro-
« vence, considérant que le lieu d'Eyguières est un de ceux
« où il passe le plus souvent des troupes et en plus grand
« nombre, et les consuls y étant ordinairement employés à
« passer la revue des hommes, à faire distribuer le logement et
« les vivres, et veiller à ce qu'il n'y ait aucune difficulté entre
« les troupes et les habitants, et qu'il est nécessaire qu'ils
« soient connus, distingués et autorisés par des marques par-
« ticulières, j'ai permis et je leur permets d'avoir des chape-
« rons qu'ils porteront dans toutes les occasions, fonctions et
« cérémonies publiques. » Signé : Grignan. Ainsi il fut fait.

CHAPITRE VII

Travaux publics. — Canal de Craponne. — Voirie. — Fontaines
de la Gorgue, de Borme et de Gilouse.

Tant de dépenses occasionnées à la Communauté par les
procès, la misère, la contagion et les nécessités de la guerre,
ne l'empêchèrent pas de s'occuper du bien général et de dépen-
ser des sommes importantes pour le procurer. La chose la
plus utile qui fut faite, et dont les avantages se font encore
sentir et dureront longtemps, ce fut le traité conclu avec Adam
de Craponne pour faire bénéficier le territoire d'Eyguières du
canal entrepris par cet homme de génie.

Canal de Craponne. — En Provence avait cours autrefois
un vieux dicton :

> Le Parlement, le mistral, la Durance
> Sont les fléaux de la belle Provence.

Le Parlement a vécu, le mistral n'a pas encore rendu son dernier souffle ; quant à la Durance, elle est toujours là, méritant
plus ou moins les épithètes malsonnantes dont l'accablait
César de Nostradamus quand il l'appelait « notre rapide,
farouche, limoneuse, malfaisante et inapprivoisable Durance ».
Pourtant ces qualificatifs sonnent moins mal depuis que l'analyse de ces eaux si agitées a démontré qu'elles sont excellentes
pour calmer les maladies nerveuses, et surtout depuis le jour
où la rivière est devenue bienfaisante non seulement sur ses
bords, mais encore à de grandes distances, où elle fertilise les
terres les plus incultes, comme celles de la Crau, grâce à la
création du canal de Craponne, ainsi appelé du nom de son
auteur.

Raymond Bérenger IV, dernier prince de la maison de Barcelone, avait tiré des eaux les plaines comprises entre le Rhône

et la Durance au commencement du XIII⁰ siècle, en faisant
creuser des fossés d'écoulement qui aboutirent au Vigueirat.
Ces plaines devinrent fertiles et contrastèrent avec l'immense
plaine qui s'étendait au levant d'Arles, la Crau. Raymond de
Bolène, archevêque d'Arles, obtint d'Alphonse I⁰ʳ la faculté
de dériver les eaux de la Durance pour les conduire à Arles.
Le tracé naturel était celui de l'ancien lit de la Durance par
Lamanon, où jadis les Romains en avaient creusé un, qui ne
fut pas entretenu. Au XVI⁰ siècle, Craponne reprit le même
passage, quand il fit le projet d'irriguer, pour la rendre productive, cette immense plaine caillouteuse. Les maîtres ratio-
naux lui permirent, en 1554, de dériver l'eau de la Durance.
Le canal fut commencé cette même année, et dirigé sur Salon
et sur l'étang de Berre.

En 1581, les frères Ravau firent le projet de conduire les
eaux à Arles ; ce projet fut réalisé en 1584. Robert de Montcalm, ingénieur pour l'achèvement du canal de Craponne, se
ruina dans ces travaux, tout comme Adam s'était ruiné le premier, l'un et l'autre dans une entreprise qui devait en enrichir
un si grand nombre. De Montcalm a son tombeau dans l'église
de St-Trophime, chapelle des Sᵗᵉˢ-Maries ou de la sépulture de
Notre-Seigneur. Sa veuve fit graver cette épitaphe : *Mortuus
est aliis, at mihi vivit adhuc :* Il est mort pour les autres, mais
pour moi il vit encore.

Le canal de Craponne a sa prise près de la Roque-d'Anthe-
ron, à 150 mètres au-dessus du niveau de la mer. A Lamanon, il se divise en deux branches, l'une qui va à Salon, Pélissane et l'étang de Berre ; l'autre, l'œuvre d'Arles, traverse la
Crau et va aboutir au Rhône. Le bassin de partage est à un
demi kilomètre à l'est de Lamanon ; les eaux suivent dès lors
quatre branches différentes : la première sur Eyguières ; la
deuxième sur la Crau d'Arles ; la troisième sur St-Chamas et
la quatrième sur Salon.

Ce fut le 25 août 1556 que les consuls d'Eyguières firent
une transaction, par devant M. Honoré Barralis, notaire à
Eyguières, avec Adam de Craponne, pour l'arrosage du territoire, et le fonctionnement d'un moulin à blé que Craponne
se chargeait de bâtir à ses frais, de même que le canal, qui
devait recevoir deux moulans d'eau, sept pouces trois quarts
par seconde, le moulan.

Les signataires de cet acte, au nom de la Communauté, furent Mounet Gilles, bayle ; les trois consuls : Guillaume Estève, Claude Lien et Pierre Astre ; les habitants d'Eyguières : Claude Astre, Jean Cavaillon, Pierre Garnier, notaire ; Louis Gilles, curé ; Louis Astre, Antoine Gilles, Pierre Jaufret, Laurent Payan et Robert Sabatier.

Le 31 décembre 1558, les consuls furent autorisés à signer l'acte d'obligation de Frédéric de Craponne pour la somme de 500 écus prêtés par M. Alphonse de Cadenet, médecin de *Sallon*, habitant à Arles et dont la ville s'était rendue garante. — Rien d'étonnant qu'on lise Sallon pour Salon ; Craponne signait parfois Carponne.

Le 4 septembre 1559, le conseil consentit à un nouveau prêt de 400 écus à Craponne, à condition qu'il donnerait l'eau tant au-dessous qu'au-dessus du moulin qui devait être construit le plus près possible de la ville, qu'il tiendrait la *palun* pleine d'eau pour nourrir les poissons et enfin qu'il aurait terminé son œuvre dans le temps prescrit par l'acte passé entre lui et la Communauté. L'emplacement du moulin fut fixé le 31 décembre 1559, près du chemin de la Gorgue et de la terre de feu Sauveur Gilles, avec la condition qu'il n'occupera pas et n'endommagera pas le chemin.

Les travaux traînaient en longueur ; l'ingénieur avait quelque peine à se procurer l'argent nécessaire. Le 1ᵉʳ juin 1567, il demanda à la ville 1.500 écus pour payer les ouvriers du canal qui travaillaient sous le contrôle de la Communauté. Il fut alors convenu qu'Adam ferait un fossé pour l'arrosage des vergers, des vignes, des prés, et que le prix de l'arrosage serait de 2 sous par *Carteyrade* chaque fois. Enfin le 15 juin, Craponne demanda pour la construction de son canal que les propriétaires des vergers situés au-dessous du canal eussent à lui payer 5 écus par Carteyrade en trois années, et puis les 2 sols par Carteyrade chaque fois qu'ils arroseront et ce à perpétuité. Le Conseil approuva ces propositions et arrêta de les convertir en acte public dès que le canal serait tracé.

L'année suivante, Frédéric de Craponne, toujours à court d'argent, proposa à la Communauté de lui vendre la moitié du moulin à blé et des arrosages, moyennant le prix de 2.500 écus. Le Conseil refusa.

Enfin, en 1571, fut passé l'acte d'association à l'œuvre de Craponne relatif au règlement des arrosages et en 1584, fut faite la convention entre Frédéric de Craponne et les particuliers d'Eyguières. C'était la fertilité assurée au territoire, et l'aisance sinon la fortune, aux habitants de la commune. Deux cents ans plus tard, une branche du canal de Boisgelin devait encore ajouter à ces avantages immenses.

Voirie et fontaines. — En même temps que la Communauté veillait avec un soin jaloux à la question du canal et s'imposait pour cela des sacrifices considérables, elle réservait une partie de ses fonds pour divers travaux de voirie, tant dans la campagne que dans l'intérieur du pays, ou tout au moins elle s'efforçait de conserver les droits communaux trop facilement méconnus le plus souvent. Ainsi les chemins publics étaient parfois envahis, et les bords des fossés occupés par les propriétaires voisins.

Ce fut pour faire disparaître un abus de ce genre que le 11 juin 1539, Antoine dit *Péredoun* fit un rapport aux consuls sur l'occupation, par des particuliers, du chemin public venant de Sénas, tirant à Aureille, et passant vers la tuilerie dans le vallon des Glauges.

Un peu plus tard, le 21 avril 1560, ce furent les *drayes* qui attirèrent l'attention des consuls : la dimension de 15 pas fut rigoureusement exigée, sans doute pour laisser un libre passage aux troupeaux. En conséquence, défense fut faite de semer sur les bords de ces chemins du blé ou toute autre chose, sous peine de confiscation du produit au profit de l'hôpital. Même défense le 14 août 1569 pour protéger le bord des fossés contre les semeurs de chanvre ou de lin.

En 1779, fut dressé l'état des fossés avec leurs dénominations, limites, longueur, largeur, profondeur de chacun. La longueur totale de ces fossés à recurer fut reconnue être de 28.292 cannes.

A leur tour, les murs de la ville étaient l'objet d'empiètements regrettables. Pour y mettre fin, le 25 mars 1577, des commissaires furent nommés pour faire la visite des remparts ; puis le 25 mai l'on fit défense de construire des murailles et des baraques près ou le long des chemins qui suivaient les remparts sans appeler les visiteurs, sous peine d'un écu d'amende applicable par moitié aux visiteurs et à l'hôpital.

En voyant la détresse des finances municipales, parfois des personnes généreuses se chargeaient de certaines réparations : leurs noms trouvent ici leur place naturelle. Mme de Montcalm et Mme de Grignan ont mérité cette mention pour avoir, le 4 mai 1664, offert à la Communauté de réparer le Pont Paradis et de payer les dépenses que la ville y avait déjà faites.

Le chemin de la Font de la Gorgue était beaucoup fréquenté, car c'était la seule source utilisée au XVIe siècle *pour* l'alimentation du pays. Le 10 octobre 1561, on décida de le faire complètement réparer et même de le faire *calader*. Ce genre de mise en état dut offrir certains avantages, puisque le 1er janvier 1572, en guise d'étrenne à la population, les Consuls délibérèrent de faire paver le chemin depuis le Brau-du-Seigneur jusqu'au coin de la terre d'Astre.

Nous venons de voir que la ville n'était approvisionnée d'eau potable que par la Font-Vieille ou de la Gorgue. Cependant, il existait à proximité plusieurs sources abondantes qu'un Conseil *intelligent* ne pouvait manquer de chercher à utiliser. Déjà en 1574 et depuis assez longtemps, la fontaine de Borme alimentait un lavoir public; des travaux importants à faire à la source et au lavoir furent mis à l'adjudication le 18 avril de cette même année. Ce ne fut qu'un siècle plus tard que de nouvelles réparations à Borme étant reconnues nécessaires, on songea à créer un second lavoir à Gilouse, en 1661-2. Un autre siècle devait s'écouler avant la captation de la source de Gilouse et l'adduction de ses eaux dans Eyguières. Nous en avons assez parlé pour le moment : nous y reviendrons plus tard.

CHAPITRE VIII

Pour supporter tant de charges et oser entreprendre toutes ces choses utiles, comment faisait la Communauté et quels étaient ses revenus ? Elle devait se suffire, car l'Etat n'avait pas encore inventé le système soi-disant de venir au secours des Communautés en prélevant toujours le produit de nombreux impôts, et en leur accordant parfois une subvention. Pour arriver à ce résultat, l'histoire d'Eyguières nous apprend que ses revenus provenaient de la rente des biens communaux que nous avons fait connaître dans un chapitre précédent, des conventions faites avec le boucher, les boulangers, et du rendement du piquet de la farine.

Produit des biens de la Communauté. — La ferme du Cousson fut mise à l'adjudication le 19 octobre 1561, et resta à Laurent Payan pour la somme de deux cents florins. Ce même fermage, pris pour une année par Pierre Vinhette, le 7 septembre 1567, fut payé cinq cents florins. Ce prix fut maintenu le 6 février 1570, lorsque Antoine Bernard resta fermier du Cousson, pour en jouir de la St-Michel prochaine à la Mi-Carême de l'année 1571. Cette source de revenu dut être conservée longtemps encore, puisqu'au mois de juillet 1607 les consuls furent autorisés, par le Conseil, à continuer d'affermer les herbes du Cousson.

La ville possédait un moulin à grignon ; elle passa un bail avec Monet Gilles, le 18 octobre 1556, au prix de quarante-un florins un sol.

Elle avait aussi une maison située au faubourg, place de la Poissonnerie ; elle la loua pour trois ans, le 20 février 1569, à vingt-cinq florins par an ; de plus, elle retirait une rente de la forge lui appartenant.

Boucherie. — Eyguières possédait une boucherie. La convention passée avec le boucher, le 17 mars 1504, est une des pièces les plus anciennes conservées aux archives. D'après cet acte, le boucher sera tenu de fournir de Pâques à l'Ascension, sept moutons chaque semaine, un par jour, et d'autre viande autant qu'il en faudra. La viande était taxée ainsi qu'il suit : le mouton, six deniers la livre ; le porc frais, la brebis, le bouc et le bœuf, cinq deniers ; le mou et le foie de mouton, sept patas ; la tête de mouton et les tripes, trois patas ; les autres mous, cinq patas ; la tête et les tripes des autres bêtes, deux patas. Le patas valait un double denier, était de cuivre, à l'image du pape, en usage dans le Comtat et les pays limitrophes.

Une nouvelle convention fut faite en 1557. Le 18 mars, la boucherie fut affermée et le prix de la viande fut ainsi fixé : une livre de mouton, de Pâques à la fin de mai, quatre patas du roi ; du mois de juin à Pâques, six petits patas ; pendant toute l'année, une livre de chèvre, de bouc et de brebis, cinq petits patas ; de porc frais, six petits patas; de bœuf d'Auvergne, quatre patas du roi. La fressure (levadeto, comprenant le foie, le mou, le cœur, les poumons, la rate) de mouton, de chèvre et de brebis, dix petits patas, sans que le boucher puisse ôter la graisse ni les poumons. Les abatis (toumbado) avec les quatre pieds des mêmes bêtes, cinq petits patas ; les tripes, quatre petits patas ; le sang, un petit patas.

Le boucher devait toujours être approvisionné de viande ; il ne pouvait pas vendre une qualité pour l'autre et surtout il devait servir les pauvres aussi bien que les riches en payant, le tout sous peine d'un écu d'amende, moitié pour le seigneur, moitié pour la ville.

Comme ces conditions n'étaient pas toujours très exactement remplies, le Conseil de ville créa, en 1696 (28 mai), des peseurs et des visiteurs de la boucherie.

Fours. — Le four le plus ancien, l'unique four pendant plusieurs siècles, avait été bâti dans la ville, près de l'église, dans la partie appelée l'Enclos. Il était antérieur à l'acte d'inféodation de 1221 et était exempt de tout lods. Un deuxième four fut jugé nécessaire et le 1er janvier 1553, le Conseil décida de le faire construire sous le rempart de la ville, à la bourgade.

L'emplacement ayant été acheté au seigneur, celui-ci fit reconnaître que ce four était tenu sous sa directe; et il exigea 12 sols de cense. Ces deux fours furent affermés, le 19 avril 1557, par Louis Astre, à raison de 21 florins ; le boulanger se chargea de faire cuire le pain et les « fougasso » au cinquantième, c'est-à-dire en retenant pour se payer un pain ou bien une fougasso sur cinquante.

Enfin, par lettre patente d'Henri IV, le 5 septembre 1609, Sa Majesté fit don à M. Cornelio de Serre, d'un droit de lods et de rente à payer par la Communauté pour la construction d'un four banal. Celui-ci ne fut construit qu'en 1655.

Piquet de la farine. — Tout d'abord le piquet de la farine ne fut établi (31 octobre 1694) que pour prévenir la fraude des meuniers. Il y avait alors à Eyguières, un moulin à eau et deux moulins à vent. Le conseil de ville, avec l'intention d'empêcher les gérants de ces moulins de se payer trop largement de leurs mains, décida de mettre à l'adjudication le piquet. L'adjudicataire prêta serment entre les mains des consuls d'exercer sa charge loyalement, sans fraude, avec facilité pour tout le monde.

Dès lors, chaque propriétaire, avant de porter son blé au moulin, dut le présenter au bureau du régisseur. Celui-ci pesait le blé, inscrivait le poids du grain et le nom du meunier choisi, sur un billet qu'il remettait au maître du blé. Après la mouture, on revenait faire peser la farine pour constater, d'après le billet, si le meunier avait rendu poids pour poids, ou bien s'il avait sur le sac pris double mouture. Dans ce cas, le régisseur corrigeait le déficit avec la farine que chaque meunier était tenu d'avoir en dépôt au bureau du piquet. Les propriétaires payaient une redevance de 6 deniers pour un quintal de farine ; c'était peu et chacun y trouvait avantage.

Quelques années après l'établissement du piquet, le Conseil voyant que les ressources de la Communauté étaient épuisées, et qu'on était à la veille d'une grande liquidation, songea à faire de cette institution de simple sécurité en même temps une source de revenu. Il décida que de St-Michel 1713 à la même date 1715, un impôt serait perçu sur le piquet de la farine : tout grain destiné au moulin, même celui qui était exempt d'impôt, dut d'abord passer au bureau, où un employé de probité reconnue, payé par la commune, était chargé de constater le poids que chacun devait admettre de confiance. Le meunier pouvait exiger 2 sous par quintal, de chaque particulier et 10 sous, des boulangers, ainsi que de tous ceux qui faisaient du pain ou de la pâtisserie pour la vente au public. L'exemption de l'impôt était accordée : 1° au seigneur pour le pain de sa famille et non pour celui de ses agents et fermiers ; 2° au prieur pour les cinq salmées et quatre éminées de blé qu'il donnait chaque année aux pauvres ; 3° aux Récollets, à cause du pain qu'ils fournissaient à l'hôpital (13 mai 1713).

Le piquet fut mis aux enchères, le 20 août. Antoine Jean, bourgeois, offrit 400 livres par an ; Jean-Pierre Martin, bourgeois, 500 l. Le premier monta jusqu'à 600 l. Les consuls trouvant ces offres trop inférieures, renvoyèrent l'adjudication d'un dimanche à l'autre jusqu'au 15 septembre, puis finirent par renoncer au piquet pour cette année.

En 1715, nouvelle tentative aussi infructueuse que la première, car cet impôt, augmenté de 25 sous par quintal sur tout poisson, frais ou salé, ne rencontra qu'un seul offrant, originaire des Baux, à 900 livres. Cet échec fut suivi d'un troisième, lorsqu'en 1724, le Conseil de ville délibéra de mettre un piquet de 10 sous sur chaque quintal de grain mouliné dans le pays. Aux enchères des 16, 23 et 30 juillet, il ne se présenta aucun acquéreur. Enfin les 6, 9 et 13 août, de nouvelles enchères furent ouvertes ; elles laissèrent comme adjudicataire Guillaume Bernard, pour trois ans, à raison de 4.200 livres de rente annuelle. L'acte de vente devait être passé dans huit jours avec caution bonne et solide.

La population prit aussitôt des moyens pour faire opposition. Les ménagères qui savent très bien que le pain étant de première nécessité dans la famille et entrant pour une large part dans la dépense journalière, devrait en tout temps et partout être vendu au plus bas prix possible, se chargèrent de faire échouer la nouvelle taxe. Elles n'avaient pas voix au Conseil de ville, mais le pauvre Bernard s'aperçut bientôt, à ses dépens, que dans l'occasion elles savaient parler, se faire craindre, se faire entendre et même se faire écouter. Aidées par leurs enfants, les femmes se mirent à la poursuite de Bernard et Dieu sait dans quel riche vocabulaire, elles durent puiser les expressions destinées à faire changer d'avis l'entrepreneur de l'impôt. Aux injures s'ajoutaient des menaces : on arrachera ses oliviers, on le tuera. Ce n'était pas sans quelque bon motif que Bernard croyait à leur sincérité, car des traces de coups de couteau restèrent sur ses vêtements comme pièces à conviction. Bernard eut peur, renonça au piquet, et lorsque le premier consul Duplan voulut le contraindre, le 18 août, à conclure l'acte, il s'absenta pour quelques jours en affirmant que jamais il ne se chargerait de pareille fonction.

Les consuls convoquèrent le Conseil pour le 24 août ; mais les conseillers, retenus par les menaces dirigées contre eux pour le cas où l'impôt serait établi, jugèrent plus prudent de rester au logis. Ils firent de même en présence de la convocation à eux adressée pour le 27. Alors les consuls, considérant cette opposition comme un mouvement populaire, adressèrent le procès-verbal contenant tous ces faits à l'Intendant pour en obtenir un châtiment contre les meneurs. D'autre part, M. Jacques Richaume, bourgeois, demanda à l'Intendant de vouloir bien annuler la délibération du Conseil relative au piquet. L'Intendant prit ce dernier parti : le 27 septembre, il cassa l'avis du Conseil et décida que le 8 du même mois, il y aurait réunion du Conseil pour voter un autre impôt à la place de celui sur la farine.

Le premier consul Duplan, qui, dit-on, était le véritable adjudicataire représenté par Bernard, parce que ses fonctions ne lui permettaient pas de se démasquer, après avoir essayé en vain d'amener son remplaçant à passer l'acte, envoya son ami Jean-Antoine Chave à la cour des comptes, afin de faire enjoindre aux consuls de renoncer au bénéfice de l'ordonnance du 2 septembre et de passer l'acte de la vente du piquet avec Bernard. La cour, plus avisée, maintint l'ordonnance de l'Intendant, et prescrivit que le dimanche après la signification de l'arrêt, le Conseil se réunirait pour voter un impôt autre que celui de la farine. En conséquence, le 1er octobre, le conseil vota une taille de 10 livres sur chaque livre cadastrale pour remplacer le piquet.

La paix revint alors au milieu de cette population toujours prompte à s'animer, mais qui sait s'apaiser et rentrer dans les limites de la raison en entendant la voix de la justice. Personne ne pensa plus au piquet de la farine ; et lorsqu'en 1754, le Conseil vota, avec un rêve sur la viande, la création d'un piquet sur la farine pour faire face aux dépenses de la construction de la nouvelle église, il n'y eut aucune opposition dans le pays. Sans doute, les temps étaient devenus meilleurs ; peut-être la mesure fut-elle présentée sous un jour plus favorable et le but que l'on se proposait était d'ailleurs bien sympathique aux habitants. Cela permit, le 23 novembre 1759, de mettre à l'adjudication la construction du bâtiment du poids de la farine, qui a donné son nom à la rue dans laquelle il fut construit.

Quant à M. Duplan, notaire, bien connu par sa rapacité et par son caractère vindicatif, ayant vu échouer son projet de piquet, et par là même le bénéfice que sa cupidité lui avait fait espérer, il se vengea de ses déceptions sur la personne de Jacques Richaume, à qui il chercha à nuire de toutes les façons. Ce fut au point que Richaume le dénonça au Procureur du Roi, surtout pour ses nombreux faux en écriture publique. Et comme à Arles on avait donné gain de cause au notaire, son adversaire fit appel à Aix, où Duplan fut gardé en prison. Celui-ci voyant que tous ses efforts, joints à ceux de sa sœur, ne réussiraient pas à le sortir de cette situation, songea à s'évader, et il y réussit, sauvant du même coup sa liberté et peut-être même sa vie, si nombreux avaient été ses faux, ses concussions et ses tromperies de tout genre.

CHAPITRE IX

DETTES DE LA COMMUNAUTÉ (1714). — ARRIÉRÉ DES IMPOTS DU ROI
ET DU PAYS. — LIQUIDATION (1717). — REMISE DE L'ARRIÉRÉ
(1718).

Malgré ces recettes, la Communauté depuis longtemps ne
pouvait plus faire face à ses charges : elle était accablée
de dettes. A la fin du XVI⁰ siècle, elle devait la somme de
50.000 écus.

En 1640 (27 septembre), un premier dénombrement du
domaine de la Communauté fut fait pour essayer de liquider
la situation : il fut estimé à la valeur de 78.000 livres. Les
créanciers furent colloqués sur les biens communaux, et en
particulier sur le Coussou situé en Crau, appelé Coussou de
la ville, qui contenait environ 1.700 salmées de 1.800 cannes.
Le 13 juin 1643, il fut cédé aux créanciers de la ville pour la
somme de 55.670 livres. La Communauté se réserva le droit
de rachat en dix années.

Nul doute que ce rachat dut se faire pour d'autres biens,
mais non pour le Coussou de la Crau, que la situation financière fut au moins pour quelque temps équilibrée ; mais ce
ne fut pas de longue durée, car en 1714, il devint de nouveau
absolument nécessaire de vérifier les dettes afin de les liquider.

Ce travail fut confié à M. d'Eiglen, subdélégué de l'Intendant en la ville de Digne. Le résultat de sa vérification fut que
la Communauté devait à trente-cinq créanciers différents la
somme totale de 82.498 livres 12 sols 8 deniers, représentant
6.116 l. 18 s. 7 d. d'intérêt annuel, sans compter 20.000 l.
pour les arrérages des impôts du roi et de la province. Au
total : 102.498 l. 12 s. 8 d. de dette.

Le Conseil d'Etat, se basant sur ces chiffres, rendit, le
14 juillet 1714, un arrêt ordonnant : 1° que les biens-fonds de
la Communauté seraient mis aux enchères, et le produit
donné en paiement de ses dettes; 2° que si personne ne se

présentait pour les acheter, ces biens seraient cédés aux créanciers au prix d'expertise ; 3° que s'ils ne suffisaient pas pour tout solder, on prendrait la différence sur les particuliers, avec faculté pour eux de se libérer dans vingt ans, en faisant l'intérêt au denier vingt, à moins qu'ils préférassent se libérer tout de suite en cédant, à dire d'expert, sur leurs biens, la quantité nécessaire.

Après avoir pris connaissance de cet arrêté, M. d'Eiglen fit réunir le grand Conseil ; dans la séance du 8 août 1714, le Conseil, reconnaissant l'impossibilité de payer toutes les dettes avec les biens de la Communauté, proposa d'appuyer les créanciers sur les biens des particuliers à proportion de l'alivrement d'un chacun, demandant à M. l'Intendant de faire accorder dix ans de temps pour payer le montant des collocations à raison d'un dixième tous les ans.

Cette proposition n'eut aucun résultat ; on dut se conformer aux conditions posées par l'arrêt du 14 juillet. Dès lors, il fallut songer à faire l'estimation de tous les biens-fonds. Ce soin fut confié à Joseph Carnaud et à Félix Alphéran, avocats à Aix, qui, après avoir prêté serment entre les mains de M. Laugier, subdélégué à Salon, firent l'estimation et présentèrent leur rapport le 6 février 1717. Les biens estimés consistaient en :

1° trois fours pour cuire le pain : l'un dans l'enclos, près de l'église ; l'autre à la place de la Croix (bourgade), et le troisième, appelé le four neuf, à la rue des Icard ; 2° une tuilerie avec son four et son affar de terre dans les Glauges ; 3° un jas casal et une cour, confrontant : au levant, la place des Herbes ; au midi, la rue qui va à la place du Temple ; au couchant, la maison de Valentin Gueydon, et de la bise, la rue de l'Hôpital ; 4° une maison en ruine dans le Fort, et près de la porte Béquillon ; 5° une terre d'une salmée et quatre pougnadières, au quartier Danid blanc, Vallon Ferrendeol ; 6° une vigne au même quartier, contenant trois éminées et deux pougnadières et demie ; 7° un verger d'oliviers de trois éminées, au quartier de la Garrigue ; 8° un capital de 220 livres à la pension de 11 livres payables à la Communauté à chaque fête de Noël par les hoirs Guillaume Tardieu ; 9° un autre capital de 150 livres portant pension de 9 l. 7 s. 6 d. au dernier seize, dû par les héritiers de Louis Berton ; 10° un certain arriéré de taille dû par quelques particuliers. La valeur totale monta à 31.742 l. 9 s. 6 d.

Des conditions furent d'avance imposées aux acquéreurs des fours et de la tuilerie : 1° les propriétaires des fours seront tenus de les confier à de bons boulangers, fourniers, etc., agréables aux consuls et à la Communauté. Le fournier veillera à la bonne cuisson du pain, sinon le maître du four sera rendu responsable. Tous les habitants seront tenus de faire cuire leur pain aux fours du pays, en donnant pour unique rétribution un pain sur vingt-cinq ; 2° le propriétaire de la tuilerie aura la permission de prendre son bois dans la terre gaste, et il ne pourra vendre les tuiles qu'à raison de 30 sous le cent ; les carreaux larges d'un pan au carré, même prix ; ceux de 3/4, 15 sous ; les autres, dans la même proportion, le tout bien cuit et de bonne fabrication. Le tuilier devra faire au moins quatre cuites par an, et il ne pourra servir la clientèle du dehors qu'après celle de la localité ; 3° la Communauté se réserve vingt ans pour racheter les fours et la tuilerie, en rendant le prix d'estime.

Tout étant ainsi préparé, la vente se fit le 21 mai 1717, en présence des consuls, des créanciers et de M. Pierre Guibert, lieutenant de juge. M. Damien Chave resta acquéreur de la tuilerie ; M. de Sade, du four de ville dans l'enclos ; M. Doria, M. de Lieutaud, M. Payan et Mᵐᵉ de Caseneuve, du four de la place de la Croix (bourgade) ; Mᵐᵉ veuve de St-Marc et M. Martinon, du four neuf, rue des Icard.

L'arrêt du Conseil d'Etat du 14 juillet 1714 ne se bornait pas à ordonner la liquidation de la situation financière, mais il régla que dorénavant les réparations et constructions à faire par la Communauté qui dépasseraient 30 livres seraient mises à l'encan, et qu'à partir du 1ᵉʳ janvier 1715, les dépenses ordinaires et extraordinaires de la Communauté seraient fixées annuellement comme suit, en sus des deniers du roi et du pays :

1° Aux trois consuls, 10 l. chacun. . . . . 30 l.
2° Au greffier, avec la charge de se fournir le papier. 30 l.
3° Aux vérificateurs des bêtes mises à l'avérage . . 10 l.

4° A deux auditeurs de compte, 6 l. chacun . . .   12 l.
5° Au maître d'école . . . .   100 l.
6° A l'horloger. . . . .   18 l.
7° Aux deux gardes, responsables des dommages faits
     aux biens particuliers par des inconnus . .   200 l.
8° Pour frais de procès, députations, réparations aux
     chemins, à l'église, et toutes dépenses extraor-
     dinaires non prévues. . . . .   300 l.
                          —————
            Total. . . . . . .   700 l.

Le tout fut accepté, à l'exception de la charge pour le greffier de payer le papier, et de la réduction du nombre des auditeurs de compte à deux au lieu de quatre, et de leur traitement à 6 livres, tandis que précédemment ils touchaient chacun 18 livres. Ces refus, formulés le 5 mai 1715, durent être
manifestés à M. l'Intendant, le 25 août, pour le supplier de
conserver quatre auditeurs avec le gage de 18 livres et de
décharger le greffier de la fourniture du papier.

En attendant une réponse, le greffier se décida à prendre
sur ses gages la dépense du papier, et les consuls nommèrent
auditeurs par intérim Estève Colique et Jean-Pierre Martin ;
l'année suivante, à Estève Bernard et Joseph Duplan, nommés par le Conseil, fut adjoint Antoine Jean, le 3 mai 1716,
avec voix délibérative, sous le bon plaisir de Sa Majesté et de
l'Intendant. Ce système, appliqué d'abord avec le titre de simple adjoint pour le troisième auditeur, le fut ensuite avec le
qualificatif d'auditeur comme les deux autres. On continua de
nommer trois auditeurs payés à raison de 6 livres comme l'exigeait l'arrêt. On peut supposer que l'Intendant ne fit aucune
réponse, et que les choses restèrent comme le Conseil les avait
établies.

En parlant des dettes de la Communauté, nous n'avons
mentionné jusqu'ici que les 82.498 l. 12 s. 8 d. qui regardaient
les créanciers privés ; mais il en existait une autre assez importante, de 20.000 livres, représentant l'arriéré des impôts du
roi et du pays. Il nous reste à savoir comment la Communauté s'en délivra ; nous allons voir que ce ne fut pas sans de
grandes difficultés.

Le collecteur des deniers du roi et de la province, nommé Lions, voyant la Communauté aux prises avec ses vingt-cinq créanciers, vint à son tour réclamer les sommes en retard ; et n'ayant pas réussi à se faire payer, le 3 juillet 1715, il fit faire la saisie de tous les fruits du territoire. Les consuls, pour le satisfaire en partie et lui donner patience, empruntèrent 1.500 livres le 25 août suivant. Peine perdue, car le 27, le collecteur fit mettre arrestation sur tous les deniers de la Communauté présents dans la caisse du trésorier ou devant y venir. Le Conseil, fort embarrassé par cette mesure qui paralysait tout à fait la marche des affaires, décida, le 29 août, d'envoyer le consul, M. d'Hoteman, à Aix, auprès de l'Intendant et des procureurs du pays pour obtenir main-levée de la saisie-arrêt mise sur les deniers communaux.

Malgré cette démarche, le 13 octobre, Lions écrivit aux consuls une lettre pleine de menaces, leur disant clairement que s'ils n'avaient pas versé, avant le 15 novembre, les 12.000 livres dues par la Communauté, il allait faire de violentes exécutions sur les biens-fonds de la ville, et sur la personne des consuls et des plus hauts alivrés.

Le Conseil se réunit le 14 octobre et décida que le trésorier enverrait à Lions tout l'argent de la caisse, et que les consuls le prieraient d'attendre pour le reste la rentrée des impôts de l'année suivante, avec promesse de ne les employer à autre chose qu'à son entier paiement. Le collecteur reçut l'argent du trésorier, et le 17 octobre, il fit sans pitié arrêter et conduire en prison à Aix MM. Estève Guibert et Jean Martin, deuxième et troisième consuls, le premier jouissant de l'immunité nécessitée par la direction des affaires de la Communauté.

Bientôt la liberté leur fut rendue, à la condition qu'ils iraient faire voter par le Conseil la somme réclamée. La misère était grande ; il était inutile de penser à établir un impôt payable en argent. On convint d'imposer un sixain en nature sur toutes les récoltes en vin, huile, grains et légumes du territoire, et de plus une taille de six livres pour chaque livre cadastrale sur les terres labourables et les vergers ; une autre taille de 15 sous par éminée sur les prés, les luzernes et les jardins ; un droit de 12 sous sur chaque barral de vin étranger à son entrée en ville ; les autres tailles devaient continuer d'être exigées à la même taxe que par le passé.

Les consuls appelèrent pourtant Lions devant la Cour des comptes et finances de Provence, et chargèrent Jean Estienne, notaire, de terminer au mieux des intérêts de la Communauté toutes les questions se rattachant aux dettes de la ville. Confiants dans la bienveillante intervention de M. de Lubières, ils le prièrent de faire quelque chose pour Eyguières. Poussé par son bon cœur, après avoir agi pour le mieux, il écrivit aux consuls, le 14 septembre 1716 : « C'est une étoile malheu- « reuse pour les peuples, en donnant tout ce qu'ils ont, d'être « tourmentés et vexés ». En lisant cette lettre si compatissante, on croirait sans peine qu'elle a été écrite au XIXᵉ siècle par celui que tout Eyguières a connu, vénéré et aimé comme l'héritier du nom, du titre et des vertus des marquis de Lubières, et qui est mort en laissant une mémoire sans tache, après avoir donné les plus beaux exemples de dignité comme magistrat, et de dévouement au peuple en vivant au milieu des agriculteurs ses fermiers.

Ce ne fut que le 25 juillet 1718 que toutes ces exactions prirent fin. Le roi venait de faire grâce à la Communauté de toute dette pour retard des impôts, c'est-à-dire de la somme de 18.618 livres 15 sols 4 deniers, joli cadeau royal à inscrire au registre des annales consulaires.

LIVRE IVe

Actes administratifs : XVIIIe siècle.

Il en est de la vie des peuples, et aussi de celle des populations agglomérées sous le nom de ville ou même de village, comme de la vie de chaque homme en particulier : « *in labore paries*, pour produire il faut travailler ». C'est pourquoi ceux que la confiance de leurs concitoyens appelle à l'honneur d'exercer la magistrature, de tout temps ont dû, pour répondre à leur mandat, s'inspirer de cette phrase de Cicéron : « *Non nobis solum natos nos esse, sea ortus nostri patriam sibi vindicare, partem Parentes, partem amicos :* nous ne sommes pas nés seulement pour nous, mais pour le bien du pays de notre origine, composé en partie de parents, en partie d'amis ».

Ils eurent l'occasion favorable pour agir dans ce sens les consuls et les magistrats de tout degré qui furent choisis pour administrer la ville d'Eyguières aux XVIe et XVIIe siècles, sans remonter plus loin. Les épreuves furent alors abondantes ; il ne semblait pas qu'un pays pût en essuyer de plus nombreuses et de plus terribles. Et pourtant le XVIIIe siècle, dont nous venons de voir le premier quart, nous a présenté, dès ses premières années, le même spectacle que ses aînés. C'est une erreur à nous d'espérer et de croire qu'en passant du XIXe au XXe siècle nous allons voir tout se transformer en mieux comme sous le charme de la baguette magique d'une fée bienfaisante. Dieu fasse que le XXe siècle n'ait pas à expier les fautes de celui qui l'a précédé. Mais confions l'avenir à la garde de Dieu, tout en nous efforçant de nous le rendre plus favorable par nos vertus sociales, civiques et religieuses. Revenons au passé maintenant.

Le trouble à l'intérieur du pays, la peste à la porte d'Eyguières, en 1720 et 1721, enfin la liquidation des dettes par la vente des biens communaux, c'en était trop pour le pauvre peuple, et ce n'était pas encore fini ; car alors que ce siècle serait à son déclin, il devait voir éclater la Révolution qui, pour faire disparaître certains abus, — il y en a eu et il y en aura toujours, — allait allumer la guerre civile, renverser le trône et l'autel, dresser l'échafaud, et jeter l'épouvante et la terreur jusque parmi les habitants des hameaux les plus tranquilles et des plus petites bourgades. En attendant que cette tourmente vienne à sévir, il nous reste à dire comment furent remplies, pour la Communauté d'Eyguières, les années à courir depuis le règlement de ses dettes jusqu'à la grande crise sociale révolutionnaire.

CHAPITRE Ier

RESSOURCES : MESURAGE DE L'HUILE. — GLACE ET GLACIÈRE. — FOUR A CHAUX. — BOUCHERIE. — BAUX.

Le plus grand soin fut apporté à la gestion des finances, afin d'éviter, si possible, le retour d'une situation aussi désastreuse que celle d'où la Communauté venait de sortir. Nous disons *si possible*, et certainement c'était bien difficile, puisque malgré la leçon si récente de 1714, nous trouvons qu'en 1735 la Communauté était déjà endettée de nouveau de 38.611 livres 20 sols et 3 deniers. Sans doute, c'était la conséquence de procès multiples à soutenir, des impôts toujours considérables pour l'Etat et le pays, et des nombreux emprunts contractés précédemment. Des tentatives de différents genres furent faites pour créer des ressources à la ville ; les unes échouèrent, les autres donnèrent de bons résultats. Les voici toutes :

1º *Mesurage de l'huile*. — Comme de tout temps l'olivier a été, à Eyguières, cultivé sur une vaste échelle, il a dû y avoir toujours des mesureurs d'huile (ce n'est guère que vers la fin du XIXe siècle que le poids a remplacé la mesure dans la vente de l'huile), or, de même qu'il y avait eu des abus chez les boulangers et les bouchers pour le poids et la qualité du pain ou de la viande, et qu'il avait fallu établir des inspecteurs de boucherie et de boulangerie et des contrôleurs des poids et mesures, de même aussi les mesureurs d'huile avaient laissé se glisser (avec l'huile ça glisse si facilement) certains abus dans l'exercice de leur profession. Pour les corriger, au mois de janvier 1708, le Conseil décida que le mesurage de l'huile serait mis en régie, et que les consuls chargeraient de mesurer, un homme de probité reconnue. Les acheteurs furent soumis à la taxe de 3 sous la charge, et de 6 sous, s'ils étaient étrangers. Le mesureur devait inscrire chaque jour sur un registre arrêté et parafé tous les soirs par le greffier, la quantité d'huile mesurée, le prix de la marchandise, les noms des vendeurs et des acheteurs. Les gages de l'employé étaient, suivant le produit de la régie, de 2 sous et 6 deniers par livre. Pour être à l'abri de tout soupçon, le mesureur ne devait ni manger, ni boire avec les clients, se contenter de la rétribution fixée par le Conseil et ne recevoir sous aucune forme de gratification, sous peine la première fois de perdre trois mois de gage, et, en cas de récidive, d'être poursuivi criminellement. Défense fut portée contre les cabaretiers d'être fermiers du mesurage, directement ou indirectement, sous peine de 500 livres d'amende (6 septembre 1778).

Cette innovation fut utile au public, mais la Communauté n'y trouva pas son compte, et se décida à mettre aux enchères la fonction de mesureur d'huile. Au mois d'octobre 1786, on constata que de ce chef, la Communauté avait un bénéfice de 1.300 à 1.500 livres. Mais alors s'élevèrent des contestations entre le mesureur et les acheteurs étrangers. D'un autre côté, il y avait aussi des difficultés entre les habitants et les étrangers pour toute sorte de vente.

Le Conseil établit (25 janvier 1778), un censier chargé d'être intermédiaire entre les vendeurs et les acheteurs de toute denrée, des marchandises telles que soie, laine, cocons, huiles, etc. Pierre Gras fut pourvu de cette fonction. Sa rétribution était de 2 sous par charge d'huile et de 2 sous par quintal pour les autres marchandises, payables moitié par l'acheteur et moitié par le vendeur. Le censier était astreint au serment ; il tenait registre de toutes les marchandises qu'il faisait vendre ou acheter, de leur prix et condition de vente : la visite de ce registre était de droit et à date variable.

Glace et glacière. — Les impôts ont leur raison d'être et il en a toujours été ainsi. Cependant, il faut l'avouer, parfois il s'en rencontre de vraiment inexplicables, tel par exemple celui qui dut son origine au monopole de la glace.

C'était en 1701. Le sire de Baumont avait acheté pour 300.000 livres le privilège exclusif de vendre la glace en Provence. Cette entreprise ne réussit pas à son auteur, et l'Etat ne voulant pas rendre la somme reçue, passa d'office le privilège du monopole aux Communautés, à chacune desquelles fut attribuée une quote-part à rembourser sur les 300.000 livres. Eyguières fut imposée pour 394 livres 18 sols 11 deniers (12 mars 1731). Sur l'initiative des consuls d'Eyragues, Eyguières et sept autres Communautés envoyèrent des délégués à St-Remy, pour chercher ensemble les moyens de se soustraire à cette charge. Mais on conseilla aux consuls de payer : ils suivirent l'avis de M. Gensolen, leur avocat (1733)

Un an après, en 1774, les consuls eurent de nouveau à s'occuper de la glace, et ne réussirent pas non plus à créer une ressource à la Communauté avec cet élément.

La famille de Sade possédait au quartier de Trinquetaille, une glacière depuis longtemps abandonnée. Mme de Sade fit proposer aux consuls de la leur affermer après l'avoir fait mettre en bon état. La Communauté, en vertu d'un bail passé pour quatre ans, le 8 août 1773, eut la charge de faire remplir la glacière, avec le privilège absolu de tirer parti de la glace en la vendant aux habitants, y compris la famille du seigneur.

La glacière fut inaugurée pendant l'hiver 1774-1775. On la remplit, et Jean-Joseph Dayan, maître-d'hôtel à Eyguières, resta adjudicataire pour l'année, moyennant la somme de 175 livres. Le prix fixé pour les habitants d'Eyguières fut 3 deniers la livre ; le débit devait être quotidien, de 9 à 11 heures du matin, et de 5 à 7 heures du soir. La vente aux étrangers ne pouvait se faire sans l'autorisation des consuls ; le prix en était facultatif.

Dayan ne fut pas satisfait du résultat ; après lui personne ne prit la succession ; le valet de ville fit la vente au nom de la Communauté et celle-ci renonça, le 14 décembre 1777, à employer plus longtemps ce moyen certain d'augmenter ses dettes.

Cet insuccès, peu important en lui-même, ne resta pas isolé ; nous en avons d'autres à enregistrer dont les annales ont conservé le souvenir ; et de cette étude, il se dégagera la conviction que s'ils ne réussirent pas toujours, les consuls successifs rivalisèrent de zèle pour bien remplir leurs fonctions et administrer les intérêts confiés à leur dévouement avec une bonne volonté persistante et une fierté patriotique qui doit aisément les faire excuser s'il nous arrive d'être portés à les accuser parfois d'avoir manqué de sagesse.

Four à chaux. — La ville accorda, le 23 janvier 1735, aux sieurs Mille et Bonardel l'autorisation de construire un four à chaux dans la partie méridionale de la terre gaste, au vallon de « la Figuière », dans la montagne des Aupies. Il fut imposé aux fourniers de ne vendre de la chaux qu'aux habitants à un prix déterminé. La Communauté leur mit des conditions et redevances à son profit.

Boucherie. — De même, certains droits avaient été établis sur la ferme de la boucherie, le 3 avril 1729. Entr'autres obligations, nous relevons les suivantes : Le boucher livrera la viande aux troupes de passage aux mêmes prix qu'aux habitants. Il tiendra du bon mouton pour les malades. Il sera obligé de donner quatre quintaux de viande tous les ans aux PP. Récollets, moitié bœuf et moitié mouton et trois quintaux de mouton aux pauvres ou à l'hôpital ; plus un quintal de chandelle aux consuls, la veille de la Noël, pour être distribuée aux habitants qui la paieront au prix du mouton, et 48 livres de chandelle en pur don aux consuls et aux recteurs de l'hôpital pour le service de la Communauté et de l'hospice.

Ce règlement de boucherie fut retouché le 2 avril 1779, et ainsi établi : 1° Le boucher vendra le foie, le mou, la tête, les tripes et le sang en détail et non en gros ; 2° il fournira aux PP. Récollets, trois quintaux de chair de mouton par an et quatre quintaux à l'hospice comme compensation de l'autorisation à lui accordée de mener son troupeau dans la terre gaste de la commune ; 3° il tuera du bœuf, de Pâques à la Pentecôte et de la Toussaint au dernier jour du carnaval ; 4° il ne pourra tenir dans son troupeau ni vieux mouton (chastre), ni mouton ravau (piémontais, de mauvaise qualité), ni chèvre, sous peine de confiscation et d'amende ; 5° il devra livrer le foie et le mou indifféremment à toute personne propriétaire de biens-fonds à Eyguières, et boutique ouverte, sans qu'il puisse sous aucun prétexte les céder à un seul client ; 6° il tiendra dans son magasin deux râteliers, l'un pour le mouton et pour l'agneau de *camp*, l'autre pour le bœuf, la vache, la brebis et le bouc, pour éviter les abus et la fraude ; 7° il ne pourra tuer que porte ouverte, en présence d'un consul, ou du visiteur de la boucherie, ou du fermier du rêve de la viande, ou de son employé ; 8° il sera tenu de tuer le soir la viande qu'il voudra vendre le lendemain ; 9° il ne pourra vendre aucune viande avant qu'elle ait été marquée par le visiteur de la boucherie ou par le fermier du rêve ; 10° les consuls auront le droit de confisquer tout le troupeau du boucher dans le cas où il s'y trouverait une seule bête qui ne serait pas de bonne qualité ; 11° le boucher sera passible, pour chaque contravention, d'une amende de 40 livres au profit de l'hôpital, en sus de la confiscation quand elle est ordonnée ; 12° les habitants ne pourront vendre aucune des viandes ci-dessus, sous peine de confiscation et d'une amende de 40 livres, le tout au profit du boucher ; 13° les habitants auront le droit de tuer et de vendre du porc ; 14° ils auront aussi celui de tuer des chèvres et des boucs pour faire des outres destinées au transport des huiles, et ils pourront en vendre la chair, le tout sans abus ; 15° en cas de mortalité de leurs animaux, les habitants pourront en débiter et vendre la chair, toujours sans abus.

La viande fut ainsi taxée : le mouton et l'agneau de camp, 5 sols 6 deniers la livre ; le bœuf, la brebis, le bouc et la vache, 4 sols 6 deniers ; le foie et le mou de mouton, 5 sols ; la tête et les pieds, 4 sols ; les tripes, 4 sols ; le foie et le mou d'agneau de camp, 8 sols ; la tête avec les pieds, 3 sols ; les tripes, 3 sols ; le foie et le mou de brebis et de bouc, 4 sols ;

la tête et les pieds, 3 sols ; les tripes, 3 sols ; le sang de mouton, d'agneau de camp, de brebis et de bouc, 1 sol.

Baux 1758. — En additionnant tout ce qui était une source de revenu pour la Communauté au 1er janvier 1758, nous arrivons à pouvoir dresser la nomenclature suivante des divers baux : 1° bail de la trésorerie, de la fourniture du vin et de la viande d'étape ; 2° paiement des places de vachat ; 3° piquet de la farine ; 4° souquet du vin ; 5° bail de la tuilerie, des fours à cuire le pain, du four à chaux ; 6° du rêve sur le raisin et sur le vin étranger ; 7° de la boucherie ; 8° des grignons ; 9° de la garde du terroir.

Le rendement de tous ces baux réunis n'était pas très considérable et ne pouvait en aucune façon contrebalancer le chiffre des dépenses, comme il ressort du tableau comparatif ci-dessous :

En mai 1778, les charges de la Communauté s'élevaient à 26.076 livres 17 sols 9 deniers et les revenus à 10.995 livres, ainsi distribués :

1° Ferme du repassage des grignons.	6.400 l.
2° Ferme du mesurage de l'huile.	1.855 l.
3° Ferme de la terre gaste, déduction du huitième du seigneur	525 l.
4° Ferme de l'entrée des raisins et vins étrangers.	540 l.
5° Ferme de la boulangerie.	425 l.
6° Droits d'arrosage retirés par la Communauté .	600 l.
7° Avévage du gros bétail	650 l.
Total.	10.995 l.

Le déficit s'élevait donc à 16.081 livres 17 sols 9 deniers.

CHAPITRE II

DÉPENSES. — RACHAT DE LA TUILERIE. — PROCÈS POUR LE RACHAT DES FOURS ET DE LEUR BANALITÉ. — VEXATIONS DES FOURNIERS. — PROCÈS DE LA COMPENSATION. — PROCÈS POUR LE RACHAT DU COUSSOU.

Rachat de la tuilerie, des fours, de leur banalité. — Vexations des fourniers. — Pour se créer des ressources, la Communauté dut forcément s'imposer des dépenses : le rachat des biens aliénés fut dans ce sens la première des préoccupations du Conseil après la liquidation. Lors de la vente forcée, une des conditions posées aux acheteurs fut que la Communauté se réservait pendant vingt ans le droit de racheter les trois fours et la tuilerie. Pour cette dernière, le rachat en fut fait dans le temps prévu ; mais il n'en fut pas de même pour les fours. Le délai de la réserve était expiré, et comme dans l'intervalle le seigneur, déjà propriétaire du four de l'enclos, avait acheté ceux de la Bourgade et des Icard, M. de Sade demanda à l'intendant de déclarer la Communauté déchue de tout droit pour l'avenir. Cela fut fait le 10 avril 1739. Le 19, le Conseil réuni délibéra de supplier l'intendant de lui accorder encore six années pour racheter les fours et les payer ; puis se ravisant, le 5 juillet, il fit une nouvelle requête en vue d'être autorisé à faire sans tarder le rachat des trois fours. La Communauté fut déclarée déchue de son droit, parce qu'elle l'avait laissé périmer ; mais elle revendiqua celui de porter plainte contre les fourniers et les porteurs de pain, qui demandaient aux clients plus qu'il n'était convenu. A cet effet, le 3 juillet 1740, elle appela devant le lieutenant de sénéchaussée le seigneur qui était rendu responsable comme propriétaire des fours. Joseph de Sade évita le procès en mettant ses rentiers à la raison ; mais après sa mort, les vexations devinrent pires que par le passé, grâce à la faiblesse de Mᵐᵉ de Sade.

En effet, il avait été réglé, lors de la vente des fours, que les acquéreurs tiendraient un fournier et un porteur chargé d'aller chercher la pâte, de faire cuire le pain et de le rendre à domicile, moyennant un pain sur 25. Or en sus de ce droit, les rentiers exigeaient deux pains, l'un pour l'avertisseur qui allait au fournier pour savoir l'heure de la fournée, et au client pour lui indiquer l'heure de pétrir, etc., l'autre pain était pour le porteur ; de plus, ils réclamaient un gros pain pour la femme qui découpait la pâte et la plaçait sur la pelle (5 août 1764) ; de son côté, le fournier faisait sienne la farine qui restait dans la caisse où l'on transportait la pâte. En cas de refus, les clients s'exposaient à des vexations.

Pour remédier à ces abus, le Conseil, dûment autorisé, appela les fourniers devant le lieutenant d'Arles, pour obtenir contre eux défense d'exiger autre chose qu'un pain sur 25, sous peine de 1.000 livres d'amende et de poursuites. Le 5 février 1765, le lieutenant débouta la Communauté de ses fins et conclusion contre les boulangers. Le Conseil fit appel devant le Parlement de Provence, le 20 avril 1766.

Déjà le lieutenant était saisi depuis le 5 août 1764 : 1° d'une demande contre Mme de Sade au rachat de la banalité des fours : n'ayant pas pu obtenir de racheter les fours eux-mêmes, puisque le délai accordé était passé, le conseil avait pensé qu'il serait toujours admis à faire supprimer, en le payant, le droit de banalité qui n'était pas féodal ; 2° contre la même, d'une réclamation des droits d'arrosage que le seigneur avait refusé de payer sur le pied de la convention passée avec Adam de Craponne ; et d'une autre réclamation des droits de curage du fossé Meyrol, en proportion des propriétés riveraines appartenant au seigneur. Les droits réclamés sur ces deux points remontaient à environ vingt années.

Dès le 12 mai 1739, le seigneur, en effet, avait fait faire sommation aux consuls d'avoir à désemparer, en manière de prélation et de retrait féodal, certain droit d'arrosage avec canal et dépendance, que la commune avait achetés dans le temps. Sur le refus des consuls, le seigneur les appela au siège d'Arles, où le lieutenant donna gain de cause à M. de Sade, le 25 juin 1740. Trois jours après, la Communauté fit appel devant le Parlement qui, le 3 juillet, mit la Communauté hors de Cour et procès, frais et dépens pour M. de Sade. Celui-ci s'exécuta, et le 27 mars 1743, il versa entre les mains du trésorier la somme de 1.171 l. 9 s. et 6 d. pour couvrir les frais et dépens.

Quant aux droits d'arrosage, ils s'accumulèrent jusqu'à ce que, après la réclamation de la Communauté en 1764, Mme de Sade fit proposer aux consuls, le 22 juin 1766, de recourir à un arbitrage pour régler les trois points en litige, à savoir le rachat de la banalité des fours, le paiement des droits d'arrosage et des frais de curage du fossé Meyrol. Deux avocats d'Aix, MM. Julian et Desorgue, furent choisis pour arbitres, mais ne parvinrent pas à s'entendre : l'arbitrage échoua.

Alors on vit renaître et se compliquer la question des fours à cause des vexations incessantes de la part des fourniers. La majeure partie de la population avait pris le parti d'aller acheter son pain ailleurs qu'à Eyguières. Les rentiers des fours, Jean Abeille et Jean-André Bosse, invitèrent les consuls à comparaître devant le lieutenant de juge d'Eyguières pour obtenir défense contre les habitants d'acheter au dehors leur pain, sous les peines de droit. Ils s'appuyaient sur le motif de la banalité qui obligeait tout le monde à cuire son pain aux fours du pays.

Les consuls n'ayant pas confiance dans l'indépendance du juge, attendu que le seigneur était intéressé dans l'affaire, refusèrent de comparaître, et la Communauté fut condamnée le 15 septembre 1769. Le Conseil décida alors que les consuls prendraient avis d'un avocat, 3 décembre 1769.

Sur ces entrefaites, Jean Abeille et ses enfants devinrent rentiers de tous les fours banaux. Poussés par les réclamations des habitants, les consuls adressèrent à Abeille un acte destiné à obtenir de lui que les fours fussent confiés à des personnes agréables à la Communauté, lui et ses fils n'étant pas dans ce cas (5 mai 1771). N'ayant rien obtenu, le conseil voulait faire informer criminellement contre les rentiers ; mais il préféra d'abord essayer une démarche des consuls auprès du seigneur pour obtenir de lui de faire cesser les exactions des fourniers (6 septembre 1772).

M. de Sade intervint ; Jean Abeille abandonna les fours, et Joseph Payan en devint rentier. Celui-ci fut encore plus exigeant que son prédécesseur ; il réclama, en sus du paiement, un pain pour l'avertisseur. Le lieutenant d'Arles le lui défendit, le 5 février 1776, et permit aussi à la Communauté de faire informer contre lui, à cause de ses exactions passées (27 décembre 1780).

Payan continua de faire comme auparavant. Alors les consuls prièrent le lieutenant d'Arles de se rendre à Eyguières, pour informer au criminel contre le rentier des trois fours (16 avril 1781). Les dépenses de cette information se montèrent à 856 l. : cette somme fut versée à titre d'avance par la Communauté entre les mains du procureur (15 juillet 1781).

On ne sait pas quel fut le résultat final ; mais il est certain que le 12 septembre 1784, le conseil de ville considérant que l'usage d'avoir un avertisseur est la cause de tous les abus dont se plaignent les habitants, à cause des dons faits aux fourniers, aux porteurs de pain et à leurs enfants pour obtenir d'être mieux servis, délibéra à l'unanimité d'établir trois avertisseurs, un pour chaque four, chargés de nuit et de jour de s'entendre avec les fourniers au sujet de l'heure d'enfourner le pain, et d'aller avertir les clients du moment voulu pour mettre le levain, pétrir, etc.

Cette décision fut suivie du règlement ci-après : Les habitants ne peuvent connaître l'heure que par l'avertisseur. Les rentiers des fours, les porteurs de pain, les fourniers, ni aucun de leurs fils, directement ou non, ne peuvent se permettre de remplir l'office d'avertisseur sous peine de 12 l. d'amende. — La Communauté paiera les avertisseurs à raison de 12 s. chacun par jour, avec défense de recevoir rien autre de qui que ce soit, sous peine de poursuites. — Les avertisseurs ne peuvent sous aucun prétexte s'arroger le droit d'inspecter ou de faire aucune fonction dans les fours, au détriment du rentier, des fourniers ou de leurs employés. — Défense aux habitants de donner pour tout droit plus d'un pain sur 25, sous aucune forme ni prétexte, sous peine d'une amende de 12 l. M. de Sade fit opposition à cette délibération ; et le 29 mars 1785, les consuls furent autorisés à faire les démarches nécessaires pour soutenir le procès, après avis des avocats.

D'autre part, pendant ce temps-là, le procès pour le rachat de la banalité avait été porté du lieutenant d'Arles au Parlement d'Aix. Le seigneur se disposait à se rendre dans la capitale de la Provence pour suivre de plus près le procès, et mieux appuyer sa cause. Pourtant avant de partir il eut avec un consul un entretien au cours duquel l'un et l'autre tombèrent d'accord de chercher le moyen d'accommoder le procès de banalité et de supprimer du même coup les discussions entre fourniers et clients. Dans cette vue, le conseil chargea MM. Antoine-Gaspard Pascalis, subdélégué de l'intendant, et Marc-Jacques Silvestre, 1er consul, d'aller poser avec M. de Sade les bases d'une entente solide et durable (12 mars 1775).

Leur proposition au seigneur fut de céder les fours et la banalité moyennant une pension féodale que la Communauté lui servirait. M. de Sade exigea que cette pension fût payée en blé, remplacé par de l'argent sur le pied de la valeur du blé et de sa vente à Salon, le jour du marché de Saint-Laurent. Soixante charges de blé, ce fut la quantité demandée ; ce chiffre parut exagéré. Le seigneur promit le 2 avril 1755 de l'abaisser, mais sans rien préciser. Le conseil, découragé, décida de laisser courir les événements, et le 30 avril, M. de Sade revenant à la charge, offrit de céder les trois fours, la banalité et tous les droits qui en dépendaient, sous une rente féodale de 52 charges de blé, avec les conditions suivantes : La Communauté devra renoncer à toute cotisation d'arrosage due ou à devoir pour les terres, prés et jardins que le seigneur possède actuellement ; — elle concédera à perpétuité et gratuitement l'eau nécessaire pour alimenter un bassin dans le jardin du seigneur ; cette eau sera prise à la Burlière.

Le conseil se déroba par une fin de non recevoir, si exagérées lui parurent ces conditions. M. et Mme de Sade se rendirent à Aix, et sur le conseil de M. Nestolat, procureur au Parlement, et de M. Serraire, avocat, le conseil de ville chargea une nombreuse députation d'aller présenter ses devoirs à la Cour. Les députés furent : MM. Vincent Payan, consul moderne ; Marc-Jean Silvestre, Jacques Audibert et Jean Aillaud, tous trois anciens consuls ; Antoine-Magloire Guibert, capitaine de St-Vérédème, plus une vingtaine de bourgeois et de ménagers d'Eyguières (17 juillet 1776).

Trois jours après, la Cour rendit un arrêt d'après lequel la Communauté devait prouver que la banalité des fours avait été établie à prix d'argent ou en vertu de quelque délibération.

L'acte de liquidation des dettes en 1714 était une preuve suffisante ; mais on ne put le retrouver. En attendant, le seigneur
devenait pressant, et la Communauté, pour gagner du temps,
décida, le 15 décembre 1776, de faire appel de l'arrêt du 20 juillet devant le conseil du roi, tandis que les Etats de Provence,
réunis à Lambesc, décidaient d'intervenir en faveur de la Communauté dans ce trop long procès.

En outre, les consuls d'Aix, procureurs du pays, écrivirent
aux consuls d'Eyguières pour leur annoncer que la province
et les syndics de la noblesse avaient décidé de recourir à un
arbitrage, et leur demandaient l'intervention de la Communauté (11 mai 1777). Ce fut accepté. La Communauté choisit
pour arbitre M. Desorgue, avocat, avec M. Jean-B. Payan,
avocat à Eyguières, pour défenseur. M. de Sade prit comme
arbitre M. Siméon.

Plusieurs réunions furent tenues sous la présidence de M. le
marquis de Méjanes, premier procureur du pays. M. de Sade
demanda d'abord cent mille livres pour l'abandon des trois
fours et de leur banalité ; cette demande et plusieurs autres
furent refusées par M. Payan, comme étant trop élevées. Alors,
le 14 juillet, on convint de laisser vider la question par les
arbitres. Mais M. de Sade renonça à l'arbitrage, puis il fit dire
au bout de quelques jours à M. Payan, qu'il céderait *deux* de
ses fours à raison de *50.000 l.* les deux. M. Payan quitta Aix
le 3 août sans avoir traité sur ce pied.

Bientôt l'intendant écrivit aux consuls pour leur dire « que
« la proposition de M. de Sade de céder *ses* fours pour 50.000 l.
« avait paru devoir concilier tous les intérêts ; que la somme
« de 30.000 l. offerte par la Communauté était trop insuffi-
« sante ; enfin que les procureurs du pays, *choisis* comme
« *arbitres*, verraient avec plaisir le rétablissement de la paix
« par un accommodement ».

La réponse des consuls disait en substance à l'intendant
combien le conseil était peiné de voir que sa bonne foi eût été
surprise à ce point, puisque : 1° les arbitres choisis étaient
MM. Siméon et Desorgue, et non les procureurs du pays ;
2° que l'arbitration fut abandonnée tout d'abord par M. de Sade ;
3° que la Communauté n'avait jamais offert 30.000 l. ; 4° que
M. de Sade avait proposé d'abandonner pour 50.000 l. *deux*

de ses fours et non les trois ; 5° que si M. de Sade, après avoir demandé 100.000 l. était descendu à 50.000, la Communauté trouvait que c'était encore surpayé de beaucoup, et ne pouvait pas faire un pareil sacrifice (8 août 1777).

La Communauté, avons-nous dit, avait décidé, le 15 décembre 1776, de s'adresser au Conseil du roi, et sa requête en cassation était déjà présentée lorsque la proposition d'arbitrage arriva d'Aix aux consuls. Cet arbitrage ayant échoué, le Conseil de ville pria MM. les procureurs du pays d'appuyer cette requête auprès du grand Conseil où ils avaient déjà un autre procès très long, interminable, celui de la Compensation, dont nous parlerons bientôt. De leur côté, les consuls traitèrent, le 25 janvier 1778, avec M. Guérin, avocat de la ville de Vence, pour aller à Paris surveiller et pousser les deux procès pendants devant le Conseil d'Etat, à raison de 3.000 livres pour chaque année de séjour à Paris, et de plus, 600 livres pour ses frais de route à l'aller et au retour. Cette dépense avait été autorisée par l'Intendant, le 11 décembre 1777.

Les Etats de Provence avaient fait signifier leur requête, et M. Guérin était à Paris depuis deux ans et plus, lorsque le Conseil d'Etat jugea l'affaire. Selon un arrêt du 12 septembre 1780, cette Cour débouta la Communauté de sa demande en cassation. Le procès revint donc au Parlement d'Aix qui, le 1er juillet 1781, rendit un arrêt définitif qui déboutait la Communauté de sa demande en rachat de la banalité des fours, et la condamnait à tous les frais et dépens. En exécution de cet arrêt, la Communauté fit restitution au seigneur, représenté par sa mère, de la somme de 5.283 livres 9 sols 5 deniers, total des avances qu'il avait faites pour soutenir ce procès. — Janvier 1782.

Procès de la Compensation. — En parlant de l'évocation au Conseil d'Etat du procès ruineux de la banalité des fours, nous avons fait, par un mot, allusion à un autre procès, celui de la Compensation, qui, soulevé en 1619, dura environ cent septante ans, et n'a cessé qu'en 1789, par suite des événements, sans qu'aucun jugement ait été prononcé. Nous avons à en parler, et comme il s'étend à une longue série d'années, sa place nous paraît être ici indiquée, puisque M. Guérin avait la mission de s'en occuper durant son séjour à Paris.

En voici l'origine : Tous les biens nobles étaient exempts de taille, et les biens roturiers y étaient soumis. Or, d'après l'arrêt du 15 décembre 1556, lorsqu'un seigneur avait aliéné quelque bien *noble*, il pouvait le remplacer par du bien *roturier*, qui, dès lors, devenait *noble*, et ne pouvait plus être encadastré. C'est cette substitution d'un bien roturier à un bien d'origine noble qui portait le nom de Compensation. Le cas se produisit à Eyguières au commencement du XVII* siècle, lorsque fut renouvelé le cadastre communal.

Tous les biens roturiers, acquis par la famille de Sade depuis l'arrêt de 1556, furent encadastrés et soumis à l'impôt. En principe, c'était légal, mais il y eut un vice de forme : l'opération fut faite en l'absence du seigneur. Celui-ci demanda au Parlement la réforme du cadastre en ce qui le concernait, et il obtint, le 15 mars 1619, le désencadastrement des biens roturiers qu'il avait achetés depuis 1556 ; mais il fut obligé, après vérification et déduction des biens roturiers qui étaient devenus nobles par compensation, de payer la taille pour tous les autres biens d'origine roturière, achetés par lui ou par ses ancêtres après l'arrêt de 1556.

Telle fut la question rendue encore plus ardue par la prétention du seigneur de faire considérer comme noble la terre gaste qui avait toujours été comprise, avant comme après 1556, dans le domaine de la Communauté, et d'attribuer le même privilège au coussou de la plaine de Borme qui, dans le cas le plus favorable au seigneur, d'après l'acte du 26 juillet 1437, ne pouvait être considéré, tout au plus, que comme une propriété commune entre la Communauté et M. de Sade, et n'était pas, par conséquent, un bien exclusivement noble.

Ce procès interminable traîna en longueur, dit-on, parce que, aussi longtemps qu'il était pendant, le seigneur n'avait aucune taille à payer. Pourtant, la comtesse de Sade, Marguerite-Marie-Thérèse Le Gouche de Saint-Etienne, qui, du vivant de son mari, gouverneur d'Antibes, avait administré la seigneurie d'Eyguières sans tracasser la Communauté, selon la recommandation du vraiment noble et bon seigneur Jean-B.-Joseph-David de Sade, étant devenue veuve, agit de telle manière que l'on vit renaître les anciennes difficultés, celle de la banalité des fours et de leur rachat, et plus particulièrement le procès de la Compensation. La comtesse travailla si bien et si vigoureusement en vue d'une solution favorable à ses intérêts et prompte, qu'elle obtint un arrêt de la Cour, le 30 juin 1764. Cet arrêt déboutait simplement la Communauté de sa demande. Le Conseil de ville résolut, le 11 novembre, de faire appel de cette décision devant le Conseil du roi.

A la même époque, il y avait encore d'autres procès en cours d'examen ; nous les avons suivis ; en voici simplement la nomenclature : les vexations des fourniers devant le Parlement ; le rachat de la banalité des fours, ceux des frais de curage du fossé Meyrol et des droits d'arrosage, devant le lieutenant du sénéchal, à Arles, et enfin celui du rachat du coussou qui va nous occuper.

Mme la comtesse, désireuse de se débarrasser de tous ces procès avant la majorité de son fils, proposa, le 22 juin 1766, un arbitrage général, et fit pourtant exception pour le procès de la Compensation. L'arbitrage échoua le 22 août complètement ; l'affaire de la Compensation était à Paris d'où elle ne sortit jamais. Nous savons la fin des autres procès, excepté de celui du rachat du Coussou.

Rachat du Coussou. — Le Coussou, possédé jadis par la Communauté en Crau, et appelé *Coussou de la ville*, avait été cédé, le 13 juin 1643, aux créanciers, pour la somme de 55.670 livres. — En 1720, et le 16 juin, le Conseil délibéra de le racheter, mais on n'en fit rien. Enfin, en 1761 (118 ans après le désemparement), la Communauté songea à donner suite à la délibération de 1720. M. Julian, avocat à Aix, indiqua, le 29 septembre 1761, deux moyens à prendre : ou bien racheter le Coussou, ou bien l'encadastrer pour faire payer la taille aux propriétaires. Le rachat fut préféré (17 août 1761), mais ne fut pas approuvé par ordonnance de l'Intendant, du 18 octobre 1763. Alors le Conseil de ville délibéra d'appeler de cette ordonnance au Conseil du roi ; puis, réflexion faite, il y renonça et s'occupa de faire porter au cadastre le Coussou pour en exiger la taille des propriétaires.

Or, les propriétaires étaient au nombre de deux : le seigneur

et le marquis de Brue. La part de celui-ci avait tout d'abord
appartenu à un certain Granous, dont le nom resta au Coussou. Donc, le 3o mai 1776, les consuls appelèrent M. de Brue
devant la Cour des comptes pour faire ordonner l'encadastrement du Coussou de Granous. Le marquis mourut avant la
fin de cette procédure, et sa veuve fit tenir aux consuls, le
10 mars 1778, un acte par lequel elle déclarait : 1° qu'elle donnait son consentement à l'encadastrement en cause ; 2° qu'elle
se chargeait de tous les frais de justice et de l'arriéré des tailles depuis le jour de la demande. Elle prenait pour expert
M. Gage, notaire à la Verdière. La Communauté adhéra à cette
proposition, nomma pour expert M. Jean-François Colique
(5 avril 1778), et chargea M. Jean-Joseph Guibert de la repré-
senter dans toutes les opérations à faire. Le Coussou de Granous fut encadastré pour la contenance de 216 salmées et
3 éminées, représentant un revenu taillable de 4.187 livres 10 s.
(14 décembre 1778).

Du côté du seigneur, la procédure n'aboutit pas avec la
même facilité. Le 28 mai 1782, la Cour des comptes débouta
la Communauté de sa demande d'encadastrement de la partie
du Coussou possédée par le seigneur, et le 11 mai 1783, le
Conseil de ville voulant faire appel au Conseil d'Etat, donna
mission à M. Rigault, avocat, de présenter une requête en cassation.

Ce procès se doubla d'une difficulté nouvelle soulevée au
sujet du Coussou du seigneur. En vendant le Coussou de la
ville, en 1643, la Communauté s'était réservé le droit d'usage
depuis la Mi-Carême jusqu'à St-Michel. M. de Sade, non content de s'opposer à l'encadastrement de sa portion, la fit défri-
cher en septembre 1785 pour rendre nulle la réserve faite par
la Communauté. Celle-ci fit opposition, mais perdit sa cause
devant le lieutenant d'Arles, le 3 février 1786, et décida, le
19 mars, de faire appel de cette décision avec l'appui de la province (26 octobre 1786).

Avant d'en venir à cette extrémité, il y avait eu deux essais
d'accommodement par voie d'arbitrage, conseillés le premier
par l'Intendant de Provence, et le deuxième par les consuls
d'Aix, procureurs du pays.

Le 22 novembre 1782, l'intendant de Provence écrivit aux

consuls d'Eyguières, pour les engager à faire arbitrer toutes les contestations dans lesquelles la province était intervenue. Le 15 décembre suivant, les consuls eurent une entrevue avec le seigneur qui accepta l'arbitrage, à la condition que les arbitres seraient pris parmi les magistrats du Parlement. Les consuls lui firent remarquer que ces magistrats avaient déjà siégé dans les procès entre le seigneur et la Communauté, et ils écrivirent à l'intendant pour obtenir que les arbitres fussent choisis parmi les avocats. Le seigneur refusa d'y consentir et tout échoua, 2 avril 1783.

Lorsque le procès du défrichement fut entamé, ce furent les procureurs du pays qui écrivirent (22 mars 1785) pour inviter les consuls à trouver, dans l'intérêt de la Communauté, un moyen pour accommoder tous les procès avec le seigneur. Les notables d'Eyguières, heureux de cette proposition, furent d'avis qu'il fallait tout employer pour obtenir la paix, sans trop sacrifier pourtant les intérêts du pays : 1er mai.

Les procureurs du pays avaient de leur côté, par lettre du 28 avril, conseillé à la Communauté de choisir deux hommes intelligents qui, munis des instructions et des pouvoirs nécessaires, iraient à Aix pour entamer les négociations. M. de Sulauze, avocat, et M Jean, notaire, furent chargés de cette mission qui échoua comme les autres tentatives par la faute du seigneur. Après avoir consenti à faire arbitrer *tous les procès* par M. l'intendant et MM. les procureurs du pays, M. de Sade réclama, à la place de l'arbitrage des magistrats, le choix de deux arbitres avocats, pour la seule question du défrichement du coussou.

Découragé par cette attitude, le Conseil décida de remercier par écrit les procureurs pour avoir si bien agi en faveur de la Communauté, 23 octobre 1785, et d'envoyer le notaire d'Eyguières, M. Jean-Andrieu Jean à Paris pour s'y occuper des procès en instance au Conseil d'Etat. Les frais de voyage étant payés, il lui fut octroyé 10 livres par jour. Dès le mois de septembre, le seigneur et Mme de Sade s'étaient rendus à Paris sans doute dans le même but.

CHAPITRE III

TRAVAUX. — VOIRIE. — FONTAINES. — CANAL DE BOISGELIN.
RESSENCE.

Malgré les ennuis et les dépenses multiples et improducti-
ves occasionnés par tant de procédures, le Conseil, toujours
attentif à procurer aux habitants ce qui pouvait leur être utile,
n'hésita pas à entreprendre des travaux considérables, très
coûteux, mais qui par la suite devaient augmenter considérablement les revenus de la Communauté ; nous faisons allusion à la contribution de la ville au canal de Boisgelin et à la
construction d'une ressence. Mais avant d'aborder ce qui a
rapport à ces deux entreprises, nous allons dire ce qui concerne
la voirie et les fontaines publiques.

Voirie et fontaines. — Un premier travail utile fut, au mois
de mars 1772, l'agrandissement du contrefossé dans quelques-
unes de ses parties, et la consolidation des douves vis-à-vis la
martelière du pont de la Crotte. Déjà en 1770, la Communauté
avait dû payer la somme de 1.700 livres à M. de Beaumont,
ingénieur, pour les plans et devis du contrefossé d'arrosage
dressés par lui.

Un autre travail de voirie fut l'adduction de l'eau de Gilouse
dans le pays. Le projet en fut fait en 1774 : il fallait, pour le
faire aboutir, canaliser cette eau. Le plan consista à l'amener
à St-Joseph, à établir le bassin de repos des eaux à l'angle
opposé à celui où se trouve l'oratoire actuel du saint, à les
diriger vers la ville en les faisant passer sur le fossé Meyrol
destiné à recevoir la surverse et une fois arrivées au quartier
de Trinquetaille, à les distribuer entre trois fontaines qui
seraient établies l'une à Trinquetaille contre la maison de
Cavaillon ; l'autre sur la place et la troisième au puits de la
Burlière, près de la maison de M. Payan.

Le devis de ces travaux, dressé par Jean-Joseph Monier,
maître fontainier à Orange, fut revu ensuite par Fabre, fon-

tainier à Montpellier, et l'adjudication se fit le 15 mai 1774 devant M. Antoine-Gaspard Pascalis, avocat, subdélégué de l'intendant. Le fontainier Monier resta adjudicataire pour la somme de 7.300 livres ; la Communauté prit à sa charge en plus la fourniture de 650 cannes de bourneaux achetés à Bédouin.

Pendant l'exécution de ces travaux, le seigneur offrit à la Communauté de lui céder le terrain nécessaire pour construire un lavoir près de la Croix-des-Aires, là même où l'on allait faire la troisième fontaine (1). MM. Jean-François Colique et Jean-Joseph Guibert furent chargés de s'entendre avec le seigneur, et de lui demander environ deux éminées de terre afin d'avoir la place nécessaire au lavoir et pour faire sécher le linge. M. de Sade accédait à ce désir, à condition qu'on lui accorderait une certaine quantité d'eau pour son jardin. Cette proposition fut rejetée et le lavoir fut séparé de la fontaine. Tandis que celle-ci fut établie sur la route d'Aureille, avenue de St-Vérédème, le lavoir fut construit un peu au-dessus, vers la bourgade, le long de la muraille de M. Marillier, où il est encore.

Une fois ce travail fini, on songea — 1776 à 1778 — à créer, dans la direction de Gilouse, le chemin de St-Joseph.

Canal de Boisgelin. — Le territoire d'Eyguières était arrosé déjà par le canal de Craponne. La Communauté eut l'occasion favorable d'acquérir pour son compte un droit d'arrosage important, et elle sut la saisir. Le 12 juin 1719, fut passé l'acte d'achat de ce droit entre elle et Mᵐᵉ Thérèse Geoffroy, veuve Chaix et Jean-François Boucher, son gendre, moyennant la somme de 5.500 livres.

Mais on estimait si précieux l'avantage de posséder une eau abondante pour l'arrosage, que la Communauté demanda une concession d'eau prise au canal de Boisgelin qui était en chantier. L'initiative de ce canal était due aux Etats de Provence qui lui donnèrent le nom de Boisgelin, porté par l'archevêque d'Aix, président né des Etats. Ce travail fut achevé en 1784 ;

---

(1) Cette croix fut transportée du côté opposé de la route dans la première moitié du XIXᵉ siècle et puis remplacée en 1895 par le monument où s'arrêtent par tradition tous les cortèges funèbres.

puis le canal fut continué et dirigé sur Orgon en 1791 ; alors, il reçut le nom de Canal des Alpines.

Eyguières n'avait pas été seule à demander une concession d'eau ; à elle s'étaient réunies les communes de Salon, Saint-Chamas, Istres, Miramas, Fos, Grans, Arles, etc. La demande fut accordée, et la branche destinée à desservir toutes ces communes fut dénommée canal de Lamanon, du lieu où se fit le partage des eaux. Elle coûta 502.000 livres. Elle distribue les eaux par sept martelières à diverses communes ; la première dessert le territoire d'Eyguières et c'est dans cette localité qu'existe l'œuvre générale de Boisgelin. Les arrosants y ont une association qui a pour but de veiller au bon emploi des eaux de Boisgelin et de Craponne sur tout son territoire.

La concession d'eau faite à Eyguières par acte passé à Aix le 28 mars 1783, se fit en présence des consuls et des assesseurs de la ville d'Aix, procureurs de tous les Provençaux d'une part et, d'autre part, devant Andrieu-Joseph-Chrétien Jean, seigneur de Sulauze, avocat, premier consul d'Eyguières ; Andrieu Jullial, secrétaire de la Communauté et Jean-Andrieu Jean, notaire, députés par le conseil de ville En vertu de cet acte, la Communauté a le droit de prendre au canal de Boisgelin deux moulans d'eau — le calibre du moulan étant de sept pieds trois quarts par seconde. — Le prix du moulan fut fixé à mille livres, soit 2.000 livres pour les deux moulans, — 14 décembre 1784 et 3 janvier 1785.

Mme la marquise de Panisse, représentée par M. Margaillan, de Salon, accorda, le 24 octobre 1784, le droit de passer sur ses terres à la Communauté représentée par M. Carle, notaire à Eguille.

Le plan du canal « devant tenir l'eau le plus haut possible » fut dressé par M. Fabre, ingénieur ; et après avoir été approuvé par le conseil, les consuls Marc-Jacques Silvestre, Jean-Pierre Michel et Jean Aillaud, en confièrent l'exécution à Louis Chabaud, Alexis Vadon et Pierre-Antoine Onde, entrepreneurs de Sarrians.

Le canal devait être construit depuis le bassin de Lamanon jusqu'à la draille de Brays, pour recevoir les deux moulans d'eau dérivés du canal de Boisgelin, en se conformant aux plans et devis de M. Fabre, ingénieur. Le prix fait s'élevait à

18.000 livres, non compris les pierres de taille, appelées *dames*, enfoncées dans le sol à la distance de cent pas l'une de l'autre, et destinées à indiquer de façon invariable le niveau du plafond lors du recurage. M. Gueimet, ingénieur à l'Isle, prit la direction des travaux moyennant le 18 % sur le montant de la dépense — 7 juillet 1785. Quant à la construction des ponts et des aqueducs, elle fut confiée pour la somme de 12.247 livres 12 sols et 6 deniers à Jean Chastelas, Jean-Joseph Chouquet, d'Eyguières et à Jean-B. Icard, Jean-Poussel, de Sénas, tailleurs de pierres (21 septembre 1785).

Lorsque les travaux furent achevés (avril 1786), M. Gueimet, directeur des travaux et M. Aubespin, ingénieur de la province, firent le procès-verbal de réception ; tout fut trouvé conforme au plan. Quant aux augmentations faites sur les ordres des consuls et de M. Gueimet, elles furent estimées 6.008 livres 8 sols 4 deniers (mai et août 1786).

L'année suivante, en février, avril, mai, octobre et novembre, des modifications s'imposèrent, à savoir : 1° près de l'oratoire de Sᵗᵉ-Anne, il fallut changer de place le canal et le creuser dans le verger de M. de Sade ; 2° des contrefossés furent établis dans la terre de M. de Panisse pour recevoir les infiltrations des eaux ; 3° des termes furent plantés entre la terre de Lamanon et celle d'Eyguières ; 4° on traça 18 fossés maîtres pour conduire l'eau du canal jusqu'à la propriété des arrosants.

La Communauté n'avait d'autre droit sur les terres traversées par le canal que de faire passer l'eau, de jeter le limon sur les bords, d'aller et venir pour la direction des eaux et le recurage du canal ; les propriétaires restaient libres de faire sur les berges les plantations qu'ils voudraient.

Au total, le canal de Lamanon coûta à la Communauté la somme de 59.589 livres 10 sols 10 deniers, sans compter les faux frais, ni les dommages subis par les terres traversées. La ville se libéra moyennant différents emprunts, dont l'un de 30.000 livres, autorisé le 12 septembre 1784, et quatre autres en 1786 et 1787, devant Mᵉ Perrin, notaire à Aix, le tout jusqu'à concurrence de 55.000 livres.

Ressence. — Le détritus des olives, dépouillé de la bonne huile, est encore susceptible d'être travaillé et de produire un rendement avantageux en faisant passer à la ressence ce détritus, connu sous le nom de grignon. Jusqu'en 1785, il n'existait à Eyguières qu'un seul moulin organisé pour ce travail ; il était dans la rue d'Astre, et appartenait à M. d'Hoteman. Afin de ne pas perdre le revenu très important des grignons, la Communauté avait loué ce moulin en 1771, au prix de 1.200 livres ; mais le propriétaire augmenta ce loyer ; le 20 février 1781, il exigea 1.800 livres. L'exploitation du moulin fut prise le 16 août 1782 par M. Henri-Estève Jean, négociant à Eyguières; le bail était fait pour six ans, avec une rente annuelle de 9.300 livres.

Afin d'échapper à la nécessité de dépendre d'un seul propriétaire sans rival, le conseil décida de faire construire pour la Communauté un moulin à ressence. L'architecte Brun qui s'illustrait par le plan de l'église paroissiale, fut chargé de faire un devis (30 avril 1786) et d'indiquer l'emplacement le plus propice. L'Intendant refusa d'approuver ce devis qui s'élevait à 40.000 livres et invita les consuls à en présenter un autre. M. Gueimet, l'ingénieur du canal de Lamanon (Boisgelin) fut prié de le dresser ; il le livra le 24 octobre 1786. La dépense s'élevait seulement à 29.807 livres ; réduite à ce chiffre, elle reçut l'approbation de l'Intendant. Ce devis, quoiqu'officiel, n'était que fictif, nous allons le voir.

Il fallut d'abord s'occuper de la question de l'emplacement. Le terrain choisi fut le verger de M. Jean-Andrieu Estienne, près de la chapelle de St-Vérédème ; ce verger était sous la directe du Prieur ; il fallait en acheter deux éminées. Pour échapper à toute revendication de la part du Prieur et à tout droit seigneurial, la Communauté passa avec l'évêque de Sisteron, devenu prieur, une convention d'après laquelle le droit de lods étant payé, tous les droits de main-morte seraient fixés à la rente annuelle de quatre émines de blé, payable selon la valeur des grains à Tarascon le jour de St-Michel. La plateforme du moulin fut cédée par le Prieur pour la somme de 800 livres.

Le Conseil de ville, représenté par M. Julial Andrieu, approuva cette convention, et fit solliciter par les consuls les lettres patentes royales nécessaires pour acheter la terre, et pour la désennoblir (28 janvier 1787). Ces lettres furent accordées au mois de juin, enregistrées au Parlement d'Aix, le 14 avril 1788; et enfin, le 3 février 1789, la convention passée avec le Prieur fut convertie en acte public devant M. Baile, notaire à Aix.

Nous avons dit que le devis s'élevait à 29.807 livres; mais il ne comprenait par toutes les dépenses; il fallut faire plusieurs devis supplémentaires. Tous les travaux furent successivement mis à l'adjudication. La maçonnerie eut pour adjudicataires quatre maçons : Laurent Tamisier, de Gargas (Comtat); Jean-Baptiste Lannes, de Mirepois (Languedoc); Paul-Antoine Brunet, de Mouriès, et Pierre-Joseph Brunet, d'Eyguières (4 janvier 1787). La ferrure resta à Jean-B. Michel, maréchal de Cabannes (4 novembre 1787) ; et les travaux de menuiserie furent exécutés par Joseph Pascal, d'Eyguières (9 juin 1788).

Les frais d'achat de l'emplacement, de construction du canal et de l'aqueduc pour l'usine et des divers travaux totalisés, s'élevèrent à la somme de 44.155 livres 16 sols 3 deniers.

CHAPITRE IV

HÔTEL-DE-VILLE ET ARCHIVES.

Le Conseil de la ville d'Eyguières, au XVIᵉ siècle et depuis un temps immémorial, se réunissait au Fort qui faisait partie et dépendait du château, mais dont l'entretien devait incomber à la Communauté. En effet, nous trouvons qu'en l'année 1510, par une convention du 25 novembre, les consuls imposèrent au fournier de la tuilerie, construite au vallon des Glauges, sur le chemin de Sénas à Aureille, l'obligation de fournir annuellement 200 tuiles pour les toits de la maison commune. Là aussi avaient lieu les élections consulaires, se traitaient toutes les affaires intéressant la Communauté, et se rendait la justice au nom du seigneur. Le Fort servit à ce dernier usage jusqu'au mois de juin 1673, date à laquelle le Parlement en-

voya un conseiller chargé d'imposer au seigneur le choix d'un
autre prétoire plus indépendant.

Il est très probable que ce fut à la même époque que le Fort
cessa d'être utilisé comme maison commune. En quittant le
Fort, le Conseil alla tenir ses séances dans les appartements
situés au-dessus du four de l'enclos, près de l'église, qui appartenait à la Communauté. Mais ce four ayant été vendu en
mai 1717 avec les autres biens-fonds de la ville pour payer les
dettes, les consuls furent obligés de louer une maison pour
servir de commune : ils la trouvèrent dans la rue des Icard,
chez les héritiers de François Estienne. C'était une situation
assez avantageuse, puisque ce local pouvait servir en même
temps pour l'école, mais il offrait l'inconvénient de n'avoir
aucune salle pour les archives ; or c'était là une question dont
il fallait se préoccuper forcément pour ne pas laisser disparaître ou périr les papiers de la Communauté.

Il y avait alors deux cents ans que les délibérations du
Conseil, les annales consulaires, etc., avaient commencé d'être
soigneusement confiées par écrit au papier. A partir de la
même époque, on avait confectionné le cadastre, ou papier
terrier, plusieurs fois renouvelé, et on avait pris tous les
moyens possibles pour ne pas laisser s'égarer tant de choses
précieuses.

En effet, en 1569, le 3 juillet, les consuls furent chargés de
rechercher toutes les écritures de la Communauté, tant chez
les notaires que chez les greffiers et ailleurs, de les réunir dans
un lieu particulier et d'en faire dresser l'inventaire. Le 4 août
et le 17 novembre 1652, il fut délibéré de faire continuer l'inventaire des archives commencé par Valentin Lion, de faire
remettre les papiers au secrétaire, et enfin de les placer dans
un cabinet de la maison commune qui devait être aménagée
à cet effet. Le 17 juillet 1661, des poursuites furent intentées
contre Honoré Duplan, ancien greffier, en restitution des
papiers de la Communauté. En 1664 (6 juillet), Nègre et
Duplan furent chargés de mettre en ordre les archives et de
faire relier les cadastres et autres livres de la commune.

Tout ceci était encore dans le Fort, bien que la maison commune eût été transportée au-dessus du four de l'enclos. Ceci
ressort de la résolution citée plus haut, prise le 11 octobre 1665,

de construire un appartement spécial dans le nouvel hôtel-de-ville pour y placer les archives, attendu que dans l'ancienne commune, au Fort où elles sont, les vers les rongent entièrement.

Indépendamment des rongeurs qui mangeaient les papiers, il y avait des détenteurs des titres communaux contre lesquels nous trouvons des frais de poursuites à la Cour, et des censures ecclésiastiques portées le 4 mars 1668 et renouvelées le 26 octobre 1698.

Le 30 septembre 1696, Antoine Sabatier et Etienne Colique sont chargés de faire l'inventaire des titres et documents de la Communauté, M. Pascal, greffier, écrivant en présence du maire.

Il paraît que c'était très long et bien difficile de mener à bonne fin le classement et surtout la rentrée de tous ces documents ; ceux-mêmes qui avaient mission de s'en occuper se montraient infidèles : ce qui le prouve, c'est qu'en 1700 (21 mars et 11 juillet), il fallut intenter des poursuites contre M. Pascal, ancien greffier, en restitution des papiers de la Communauté ; que même après la construction d'un nouvel hôtel-de-ville contenant une salle pour les archives, le 15 septembre 1737, le conseil renvoya à la première assemblée générale la proposition de faire classer en ordre les papiers, et qu'en 1739, le 1er septembre, fut mise à exécution une ordonnance des 3 et 31 août, de l'Intendant, rendue à la requête du greffier, qui prescrivait à double exemplaire la confection de l'inventaire, en chargeait ledit greffier contre la volonté des consuls qui le disaient incapable de faire ce travail et ordonnait que les détenteurs des papiers les rendissent en trois jours.

On le voit, c'était la préoccupation constante des consuls et du Conseil, à tel point que lorsqu'on délibéra le 11 avril 1734 sur le projet définitif de construction d'un hôtel-de-ville, parmi les raisons données en sa faveur, il est dit que « faute « d'archives, les papiers se perdent ou s'égarent, ce qui est « très considérable ».

Ce projet remontait déjà au moins à dix ans. En 1724, le Conseil, profitant de la présence à Roquemartine de M. Devaux, architecte de Marseille, l'avait chargé de s'en occuper. Le lieu qui lui parut le plus propice fut l'emplacement de l'ancien Jas, situé entre la place des Herbes et celle du Temple, sur lequel André Payan avait été colloqué en 1717. Le Conseil fut de cet avis et demanda à l'Intendant l'autorisation d'en faire l'achat (21 septembre 1724). La réponse fut négative et l'autorisation ajournée jusqu'après le paiement des dettes de la Communauté. Enfin, une nouvelle demande faite dans le même sens, le 16 juin 1732, fut acceptée, à condition que l'on ferait dresser un devis par un homme compétent, et que les travaux seraient mis à l'adjudication.

Paul-Antoine Brunet, maître-maçon à Eyguières, fit le plan et le devis et offrit de se charger de la maçonnerie pour la somme de 2.400 livres à laquelle il l'avait portée. Le 11 avril 1734, ces plans et devis furent approuvés et le 26 septembre eut lieu l'adjudication. Joseph Aillaud et Antoine Tronc restèrent adjudicataires au prix de 1.740 livres pour la maçonnerie seule. L'acte définitif fut passé devant M. Payan, notaire, le 5 octobre.

Au cours des travaux, un procès fut intenté par Jean-Pierre Martin, bourgeois, ancien consul, en opposition à la construction de l'hôtel de-ville, pour le motif que la résolution de le bâtir avait été prise en son absence, et que la Communauté était impuissante à faire un telle dépense. Mais Martin fut condamné aux frais et dépens, et les travaux furent poursuivis, conformément à l'arrêt du Parlement (14 janvier 1735). Ils furent achevés l'année suivante, et le 13 mai 1736, on put faire l'inauguration de l'édifice.

Les consuls Joseph Duplan, Joseph-François Raoulx et Estève Guibert s'y réunirent bientôt pour la première fois, sous la présidence de M. Jean-Pierre Payan, viguier. Ce fut en 1881 que fut tenue la dernière réunion du Conseil dans cette mairie. A cette date, l'hôtel-de-ville fut transféré dans le local actuel qui sert en même temps de prétoire pour la justice de paix. Il a un secrétariat très commode pour l'accès du public, une vaste salle des délibérations qu'on a eu l'heureuse inspiration d'orner du portrait en relief sur marbre de Jules Roche, tombé, à l'âge de 27 ans, entre les mains des Touaregs avec la mission Flatters et mis à mort... peut-être... en 1881. Ce hardi explorateur appartenait à une des familles les plus honorables d'Eyguières. Il est mort victime de son amour de la science et de son dévouement à la patrie.

Un cabinet spécial est réservé aux archives qui contiennent tous les papiers et cadastres si bien colligés et signés dans la mairie du Jas jusqu'en 1881. En voici une courte nomenclature :

1° Un cadastre fait au commencement du XVIᵉ siècle, en langue vulgaire, avec ce titre : « C'est le commencement du « présent libre terrier et cadastre de tous et chescuns les biens, « possessions et propriétés que tiennent et possèdent tant les « particuliers manans et habitans du lieu deyguières que aul- « tres audict lieu deiguières et terroyr et district dicelluy.

« Le premier allivré et Domergue Léons et son frayre. Item « 1ᵉⁿᵗ ung ostal au mal conseil confrontant de vers miech jourt « aver lostal de thonète Andrieuve feme de Claude Bernard, « du couchant avec le barry, lievrat et presat florins 18, gros « VIII ».

L'allivrement est fait en florins, gros et patas. Les mesures sont : le journal d'homme, l'éminée, la carterée et la pougnadière.

Le 23 février 1567, des commissaires furent nommés pour dresser sans retard un nouveau cadastre, et le rôle du bétail gros et menu. — En 1592, Guimardy, maître arpenteur de Cavaillon, fut chargé d'arpenter le terroir pour faire le livre terrier, et le 30 octobre 1594, le soin de faire ce livre fut confié à Michel Etienne, arpenteur, moyennant la somme de 300 écus et 60 sols. Il le finit en 1596. — En 1600 et 1601, le cadastre fut refait par Gounin Berruyer, arpenteur d'Arles, pour le prix de 100 livres. Nouveau cadastre en 1624, avec le titre Bastardeau, et d'autres encore en 1654 et en 1718. — En 1758, le volumineux cadastre était dans un état déplorable. Le premier feuillet était le n° 26 et le dernier le n° 350. On le refit et il porta la date de l'année 1761.

Il a suffi de signaler quelques-uns de ces nombreux cadastres, mais celui de 1683 mérite une mention spéciale. Le Conseil d'Etat avait rendu le 27 octobre 1681 un arrêt d'après lequel chaque commune devait faire une déclaration. Or de celle d'Eyguières (papier terrier et cadastre de 1683), il appert : 1° qu'Eyguières est une simple châtellenie ; 2° que le terroir

confronte Salon, Aureille, Brays, Roquemartine et Beauvezet ;
3° que les officiers du seigneur et non le roi, y exercent la justice ; 4° que le seigneur a un château et que les régales et
murailles appartiennent au roi ; 5° que les consuls n'ont aucune
juridiction et exercent seulement la police..... ; 17° qu'il n'y a
aucun bien appartenant aux ecclésiastiques, excepté la maison claustrale et un petit jardin qui est la propriété du Prieur,
et que en sus de la dîme établie dans le terroir, il existe une
directe sur le quartier de St-Vérédème, que le Prieur afferme
moyennant le sixième des puits.

2° Après avoir signalé les cadastres, il convient de parler
des principales délibérations, des annales consulaires formant
un précieux recueil depuis l'an 1500 jusqu'à nos jours. C'est
là une mine inépuisable de détails bien précieux ; toute l'histoire des cinq derniers siècles écoulés y est renfermée, oui bien
renfermée, au point que très peu de personnes se doutent
même de son existence. Nous aurions voulu un accès facile,
une liberté de puiser à l'aise ; mais les règlements sont là pour
veiller à la conservation de ces importants manuscrits et la
rigueur avec laquelle des magistrats secondaires font l'application de la loi, malgré la tolérance du maire, me dispensent
de supposer que jamais les rats du fossé Meyrol puissent être
rongeurs aussi nuisibles que ceux du Jas, ou même du Fort.
Très heureusement, M. Robolly, vice-consul d'Espagne, l'éminent archiviste d'Arles qui a si bien classé les archives d'Eyguières, après avoir fait un inventaire complet, a eu la bonne
inspiration de faire une analyse sommaire qu'il a bien voulu
nous communiquer en ami. Nous lui en témoignons ici toute
notre reconnaissance, car grâce à ses notes, nous avons pu
savoir que les délibérations et annales de 1500 à 1790 sont
contenues dans 20 registres, dont les feuillets s'élèvent au chiffre de 10.417, tous manuscrits, ayant, les sept premiers, le
format in-8° et les 14 autres, le format in-4° ; écrits en langue
latine et en langue vulgaire jusqu'en 1527, — en langue latine,
provençale ou française jusqu'en 1571, époque où désormais
tout est écrit en français. Grâce enfin à son talent que secon-
dent une patience et un attrait admirables pour le parchemin
poudreux, nous avons pénétré ces arcanes trop souvent tracées en caractères hiéroglyphiques.

Pour être complet, il nous faut ajouter qu'avec tous ces registres se trouvent les titres de police, de justice, d'affaires, de procès ; les livres de compte, de taxe, de passage ou de séjour de troupes ; les dossiers relatifs au culte catholique, aux Récollets, aux Protestants, à l'administration de l'hospice, etc. Tout cela méritait d'être classé, catalogué, soigné. M. Robolly l'a fait, et c'est bien fait. Après ce travail et grâce au présent livre, chacun pourra connaître avec clarté, d'une manière suffisante, les richesses écrites que renferme la salle des archives.

CHAPITRE V

LES ÉCOLES.

Nous venons de voir avec quel empressement jaloux et quel zèle dévoué et intelligent, les administrateurs à divers degrés et à différents titres ont veillé sur les papiers de la commune. On peut dire d'eux la même chose au sujet de l'instruction des enfants de l'un et de l'autre sexe. De même que l'on tenait toujours à joindre une salle des archives à celle du Conseil, de même on cherchait à posséder, soit dans le même local, comme en 1717 et les années suivantes à la rue des Icard, soit ailleurs, un lieu de réunion pour enseigner aux enfants la science profane et sacrée. On n'était point encore tombé dans l'hérésie de la fin du XIXᵉ siècle qui consiste à exclure Dieu de l'enseignement scolaire. Il nous a fallu toucher au dernier quart du siècle qui finit, pour voir imposer, au nom de la loi, des programmes où tout devient matière à instruction, même les exercices physiques, et d'où l'on a eu soin de bannir l'idée de Dieu et de religion ; c'est-à-dire que l'on prétend cultiver les esprits en leur enseignant la science, exercer les corps d'après certaines règles, et on ne songe nullement à donner aux enfants l'éducation, la seule vraie, solide et complète, celle qui ne se borne pas à inculquer à ces jeunes âmes des formules de morale naturelle, mais qui enseigne l'origine, la raison d'être et la sanction de la morale, en remontant jusqu'à Dieu le premier auteur de l'homme, et à Jésus-Christ, fondateur de notre sainte religion, de la religion chrétienne.

Il n'est pas douteux qu'avant le XVIe siècle, il y avait quelque école à Eyguières ; mais nous tenons à ne rien avancer que sur des témoignages authentiques. C'est pourquoi nous citerons d'abord la délibération du 1er novembre 1557 par laquelle les consuls d'Eyguières sont autorisés à bailler pour un an la régence des écoles à M. Maurice de la Court, de Reillane, aux gages de 8 écus d'or sol, à condition que les enfants ne paieront rien. Gratuité pour les familles et dévouement chez le maître qui exige bien peu comme traitement.

Le 8 septembre 1566, autorisation est donnée par le Conseil aux consuls de louer un magister aux gages ordinaires. — Le 21 novembre 1568, Esprit Fabry est chargé de dire la messe de l'aube durant un an, et de diriger les écoles. Enfin, le 17 octobre 1570, un clerc, Maurivet Alène d'Alenson se louait encore comme magister aux gages annuels de huit écus.

Pourtant, il fallut augmenter ce traitement par trop insuffisant et en 1607, les gages du régent des écoles, Louis Honorat, furent portés à 18 écus 5 sols pour trois quartiers ou trimestres, soit, l'écu étant de 3 francs 5 sols, à 56 francs 5 sols.

Jusqu'alors l'école devait être mixte, puisqu'il est toujours parlé des écoles au pluriel quand il s'agit du régent ; mais le 6 juillet 1664 on établit une école particulière et séparée pour les filles. Pour payer la maîtresse, on vota une allocation de 9 écus ou 27 francs. Ce ne fut guère qu'en 1707 que les gages de la maîtresse furent portés à 30 francs. Par une augmentation progressive, il fut décidé, le 11 octobre 1772, de fournir une allocation de 36 francs par an et le 3 juillet 1774, elle fut portée à 72 francs. Quant à l'instituteur, il recevait 100 francs en 1715, et 125 francs en 1781.

Cette amélioration si juste du sort des instituteurs, n'était pas due seulement à l'initiative du conseil local ; une puissante impulsion était venue de haut. Les archives possèdent en effet une « *déclaration du roi*, donnée à Versailles le 14 mai 1724 » d'où nous extrayons les articles suivants :

« 5° Voulons qu'il soit établi autant qu'il sera possible des

« maîtres et des maîtresses d'école dans toutes les paroisses
« où il n'y en a point, pour instruire tous les enfants de l'un
« et de l'autre sexe, des principaux mystères et devoirs de la
« Religion... et avoir soin qu'ils assistent au service divin les
« dimanches et fêtes, comme aussi pour y apprendre à lire et
« même écrire ceux qui pourraient en avoir besoin, le tout
« ainsi qu'il sera ordonné par les Archevêques et Evêques. —
« Voulons à cet effet, que dans les lieux où il n'y aura pas
« d'autres fonds, il puisse être imposé sur tous les habitants
« la somme qui manquera pour l'établissement desdits maî-
« tres et maîtresses, jusqu'à celle de 150 livres par an pour les
« maîtres et de 100 livres pour les maîtresses et que les lettres
« sur ce nécessaires *soient expédiées sans frais*, sur les avis
« que les Archevêques et Evêques diocésains nous en donne-
« ront. — 6° Enjoignons à tous les pères, mères, tuteurs et
« autres personnes qui sont chargées de l'éducation des enfants
« de les envoyer aux écoles et aux catéchismes jusqu'à l'âge
« de 14 ans... Enjoignons aux Curés de veiller avec une atten-
« tion particulière sur l'instruction desdits enfants dans leurs
« paroisses, même à l'égard de *ceux qui n'iront pas aux éco-*
« les, etc. — 7° Pour assurer encore plus l'exécution de l'arti-
« cle précédent, voulons que nos Procureurs et Hauts Justi-
« ciers se fassent remettre tous les mois par les *Curez*, vicaires,
« maîtres ou maîtresses d'école, ou autres qu'ils chargeront
« de ce soin, un estat exact de tous les enfants qui n'iront pas
« aux écoles ou aux catéchismes et instructions, de leurs
« noms, âges, sexes, et des noms de leurs père et mère, tuteurs,
« pour faire ensuite les poursuites nécessaires ».

Rien n'y manque, on le voit : l'école sera gratuite, obligatoire ; donc il n'est point vrai que l'on tenait la lumière de la
science sous le boisseau pour en faire jouir seulement une caste,
et laisser croupir les autres dans l'ignorance. Seul le mot laïc
ne figure pas dans cette déclaration, car dans tous les siècles
antérieurs au nôtre, qui a vu la banqueroute de la science, tandis qu'il préparait l'abolition du Christianisme, on comprenait
très bien que la science est un bienfait auquel tous ont droit,
le droit de le recevoir et celui de le répandre, qu'il fallait en
rendre l'acquisition possible à chacun, et que la science divine
est la première qui forme les bons citoyens dans l'Etat, en
même temps que les futurs habitants du ciel.

Ce fut sous l'inspiration de ces principes que des ordres religieux s'étant voués en grand nombre à la rude tâche d'enseigner la jeunesse dans la première moitié du XIXᵉ siècle, Eyguières s'efforça de se doter d'écoles dirigées par des congrégations enseignantes. Ce fut par une école de filles que l'on débuta.

Vers l'an 1837, M. Félix étant curé, les Sœurs de la Présentation de Marie, dont la Maison-Mère est à Bourg-St-Andéol, dans l'Ardèche, fondèrent une école qui existe encore et jouit de la confiance des familles. C'était une bonne œuvre, c'est-à-dire que l'école fut libre dès le principe ; c'était aux Sœurs de se suffire et aux familles de leur assurer l'existence. Nul n'y manqua, et bientôt cette école fut la seule de la localité, puisque personne ne prit la succession des dignes institutrices laïques qui dirigeaient à cette époque une école libre. La mairie qui jusque-là se désintéressait de cette question si capitale, jugea à propos d'intervenir et pour obtenir comme annexe à l'école des religieuses une sorte de classe enfantine, elle alloua un modique secours de 200 francs environ, à cause de l'augmentation du personnel devenu nécessaire. Les choses allèrent ainsi jusqu'en 1881. Alors Eyguières dépensa plus de 130 000 francs pour faire bâtir un groupe scolaire destiné d'un côté à l'école communale des garçons qui compte, au XXᵉ siècle, 70 élèves (elle en avait 101 en 1824), et de l'autre côté à l'école des filles, dont la population enfantine s'élève environ à 50 fréquentantes. Jusqu'alors la maison devenue aujourd'hui l'hôtel-de-ville avait suffi pour loger les garçons et leurs maîtres. Quant aux filles, la maison donnée aux Sœurs par Mˡˡᵉ Pascalis leur servait et leur sert encore d'école. Aujourd'hui les religieuses continuent leur œuvre auprès d'environ 70 élèves. La salle d'asile fondée par leur soin se soutient, quoique l'allocation de 200 francs lui ait été supprimée. Pour faire face à leurs charges si nombreuses et si lourdes, les Sœurs n'ont plus que les rétributions mensuelles des élèves et les secours de la charité chrétienne.

L'enseignement libre des garçons existait pourtant vers le milieu du XIXᵉ siècle et dura jusqu'en 1870. Il était donné par M. Coustet, dont le souvenir est impérissable et la mémoire en vénération. Tous les enfants d'Eyguières qui voulaient embrasser une carrière libérale étaient confiés à M. Coustet, et les hommes du jour les plus instruits et les plus capables se sont formés sous sa direction.

Enfin, en 1889, le clergé paroissial, avec le secours de souscripteurs volontaires, fonda une école libre dont la direction fut confiée à un instituteur religieux et instruit. Mᵍʳ Gouthe-Soulard, si justement appelé l'Archevêque des écoles, voulut bien assister à l'inauguration de cette école chrétienne et en bénir le local. Cette bénédiction porta ses fruits. Malgré des difficultés pécuniaires ou autres, l'école Saint-Louis a prospéré sous la direction des Frères Maristes qui, depuis 1894, en sont chargés. Merci et honneur à tous ceux qui ont contribué à la fondation et à la conservation d'une œuvre dont le but unique est d'instruire les élèves sur toute l'étendue des programmes officiels et de former les enfants au culte de Dieu et à l'amour de la patrie. La patrie, dont un poète a dit, en parlant de ses malheurs :

> Elle a subi le grand affront,
> Mais Dieu veut qu'elle se relève.
> Nos écoliers la vengeront
> Et par l'esprit et par le glaive.

Ce but, poursuivi sans doute dans toute école française, est recherché avec un soin bien jaloux par les maîtres qui de par leur conscience et de par leur mission assument la responsabilité et se font un devoir de vocation d'associer librement, dans leur école, les deux grands mots : Religion et Patrie, sous le regard de Dieu et des familles qui leur confient l'instruction et l'éducation de leurs enfants.

CHAPITRE VI

EMPLOYÉS AU SERVICE DE LA COMMUNAUTÉ. — BANIERS. VALET DE VILLE. — PIÉTON. — HORLOGER.

Garde ou banier. — Divers services publics nécessitaient l'emploi rétribué de certains fonctionnaires. C'est le moment de les faire connaître, afin que la nomenclature des dépenses soit complète.

Des gardes spéciaux avaient parfois la surveillance des troupeaux ou de certaines récoltes. Mais les consuls entretenaient pour garder le territoire un ou plusieurs gardes ou *baniers*, ainsi appelés du mot *ban* qui signifie ordre, défense ou châtiment. C'est en l'année 1503 et le 12 juillet que l'on trouve une mention écrite pour la première fois de la nomination d'un banier par le conseil de ville. Plus tard, il y en eut deux qui, en 1715, recevaient 200 francs avec la charge pour eux de répondre du dommage qui pouvait être fait dans le bien des particuliers, quand les malfaiteurs restaient inconnus. Nous en avons cité un exemple.

Les consuls étaient un peu la Providence du pays et leurs soins s'étendaient jusqu'aux petits des oiseaux, comme le Bon Dieu, celui-ci pour les conserver, et ceux-là pour les faire détruire. C'est dans ce but qu'ils firent donner six livres de gratification le 31 mai 1722 au nommé Passeroto (du mot passereau) pour avoir détruit cinquante douzaines de moineaux. Alors comme aujourd'hui cet oiseau était classé parmi les animaux nuisibles. Mieux vaut les laisser vivre ; ils mangeront quelques grains et beaucoup de vers : les campagnes et les récoltes s'en trouveront mieux.

Valet de ville. — L'existence du valet de ville est très ancienne. De tout temps ses fonctions ont été multiples. Mais plus particulièrement il a toujours été chargé d'être à la disposition du maire ou des consuls pour le service intérieur de la maison commune ou dans le pays ; le monopole des criées dans la ville lui appartient. Le 15 octobre 1690, on fixa une amende de 3 livres contre quiconque oserait usurper l'usage de la trompette pour faire des publications dans les rues. En 1758, Claude Boyer et son fils s'oublièrent jusqu'à frapper ce modeste employé au cours de sa tournée; ils brisèrent même sa trompette. Les consuls qui voulaient faire respecter leurs employés à tous les degrés, informèrent de ce fait le duc de Villars qui fit arrêter les coupables par les gendarmes de Mallemort. Boyer et son fils furent mis en prison pour dix jours, à leurs frais et dépens, avec ordre de ne les relâcher qu'après qu'ils auraient versé la somme de 19 livres pour payer la trompette brisée.

Piéton de la poste. — Un autre employé, très utile encore celui-ci, fut chargé par les consuls de faire le service postal entre Eyguières et Salon. Deux fois par semaine, le mardi et le samedi, un piéton portait gratuitement les lettres que les habitants lui confiaient ; à son retour, il rapportait et distribuait les plis à destination d'Eyguières, qui lui étaient payés un sou par lettre. La Communauté lui donnait en sus une gratification de 72 l. chaque année. Tel était le service de la poste en 1756. Il était loin de la belle organisation que nous lui voyons aujourd'hui, soit du côté de la rapidité des transmissions grâce à la vapeur, soit au point de vue des facilités nombreuses qu'il procure au public, par exemple pour les envois d'argent. En 1772, la somme de 825 l. en monnaie de cuivre, ayant été attribuée à la Communauté, le conseil délibéra le 22 mars sur le moyen de toucher cette somme, et il n'en trouva pas de plus pratique que celui d'envoyer à Aix trois bourriques pour l'apporter.

En 1778 et le 19 juillet, le conseil pensa que le service serait plus rapide en envoyant le piéton à Orgon de préférence à Salon. On lui maintenait son traitement de 72 l., et on élevait à deux sous le coût de toute lettre rapportée par lui et distribuée. Les lettres de départ devaient être déposées dans une boîte et portées gratuitement. Cette réforme ne fut accordée que huit ans plus tard, au mois d'octobre 1786. Le conseil eut alors la pensée de réclamer le maintien du système en vigueur comme étant plus économique. On peut supposer que la décision du directeur général fut maintenue ; le piéton continua de toucher 72 l. pour ses gages, et dut aller à Orgon.

Horloge et horloger. — La ville d'Eyguières n'a jamais possédé de tour spéciale pour supporter l'horloge ; mais en 1557, une horloge existait déjà depuis longtemps, puisque le 20 avril de cette même année, le conseil décida de faire construire un mouvement neuf pour l'horloge publique qui était installée au clocher de l'église. C'est M. Guillaume, clerc à Avignon, qui traita avec la Communauté pour la somme de 20 écus d'or sol, et reçut en plus le mouvement usé. L'honoraire annuel donné à l'horloge était de 12 l. en 1617, le même que celui des consuls.

Le 6 juillet 1664, il fut sérieusement question de remplacer de nouveau l'horloge vieille de plus d'un siècle, et d'en mettre une nouvelle ailleurs qu'au clocher ; mais cette résolution ne dut pas être traduite en acte, du moins pour le déplacement, car au mois d'octobre 1665 eut lieu la pose de deux cadrans pour indiquer l'heure, l'un vis-à-vis la place de la Croix, et l'autre du côté du portail. L'honoraire de l'horloger fut porté à 18 l. en 1715. On dit qu'il est de 200 fr. aujourd'hui.

En 1824, l'horloge nouvelle fut établie au sommet du clocher dans une cage en fer, dont la forme, sans être véritablement artistique, s'harmonise assez avec la tour qui la supporte.

LIVRE V

La Révolution.

CHAPITRE Ier

1789. Etat des esprits. — Grandes et nombreuses furent les œuvres accomplies par la Communauté d'Eyguières au XVIIIe siècle, malgré les difficultés qu'elle avait rencontrées. Pour que la liste en fût complète, après toutes celles que nous avons déjà mentionnées, il faudrait rappeler que dans cette même période, furent construites la maison curiale en 1786, et l'église monumentale achevée en 1783. La place de ces édifices est tout indiquée dans la 3e partie.

Les conseils et les consuls de cette époque, comme aussi les habitants, ont assurément bien mérité de la postérité. Ces grands travaux étaient achevés tout juste assez tôt pour ne pas être entravés par la Révolution. Pour la plupart ils ont survécu à la tourmente révolutionnaire. Celle-ci ne produisit absolument rien d'utile pour le pays, parce que la politique commença dès lors d'occuper dans les esprits la place des intérêts communaux. Aussi bien nous semble-t-il que nous ne donnons pas la note vraie en affirmant que la Révolution ne laissa aucun monument durable de son règne ; il faut ajouter qu'elle paralysa la vie communale à Eyguières comme ailleurs. Le bon Dieu sans doute l'avait chargée de faire table rase, parce qu'il voulait construire un édifice nouveau sur d'autres bases.

De son côté, le peuple qui connaissait les abus de la féodalité démodée, et en désirait la disparition, attendait du mouvement de 1789 mieux et autrement qu'il ne produisit. Il avait compté sur la sagesse des députés d'accord avec le roi aux Etats généraux, et il concevait de magnifiques espérances. Ce qui le prouve, c'est qu'Eyguières, plutôt réfractaire par tempérament que favorable au mouvement, ne le devançait pas ; loin de le provoquer, elle pensait que les députés de l'assemblée nationale, déclarés inviolables, allaient faire les réformes utiles demandées par le cahier des charges et doléances. C'est pourquoi le conseil de ville, après avoir adhéré aux décrets des 17, 20 et 23 juin, fit part de cette adhésion à MM. Durand de Maillane et Pélissier, députés de la sénéchaussée d'Arles, et les pria, le 12 juillet 1789, « d'assurer l'Assemblée nationale de « son empressement pour exécuter tout ce qu'elle trouvera « bon d'ordonner dans le courant de sa session ; — ajoutant « que « de toutes les Communautés du royaume il n'y en « avait aucune qui se félicitât plus que celle d'Eyguières « d'avoir trouvé des hommes jouissant de l'estime et de la « confiance publiques dans tous les membres de l'Assemblée « nationale, à laquelle elle regardera toujours comme un « devoir de donner les preuves les plus certaines de sa recon- « naissance et de son respect ».

Une nouvelle et semblable preuve d'approbation fut envoyée au nom de la Communauté à l'assemblée après que celle-ci eut renversé l'édifice féodal en renonçant le 4 août à tous les privilèges, les nobles et les prêtres pour leur corps respectif, et les députés pour leurs provinces. La Communauté acceptait par son conseil « l'abolition de tous les titres, hors celui « de français, et renonçait pour les Provençaux au droit d'exis- « ter en corps de nation, excepté le cas, impossible à prévoir, « où la France serait asservie et démembrée ».

C'était explicite, enthousiaste même ; et pourtant la même délibération réclamait pour le plus tôt possible, la réunion d'une assemblée générale du pays de Provence. C'était une contradiction évidente. Eyguières se la permit en compagnie de 140 communautés de Provence, et ce n'était pas sans l'appuyer sur de bonnes raisons, entr'autres celle-ci : « Que la ratifica- « tion isolée de quelques provençaux avait bien moins de « force contre les ennemis de la patrie, et qu'une adhésion

« faite en commun aurait une autorité plus imposante ; qu'il
« faudra se concerter pour l'application aux usages locaux
« des règlements introduits par le régime nouveau des assem-
« blées provinciales ; qu'il est nécessaire de réprimer certains
« abus locaux, et de terminer en assemblée générale bien des
« objets laissés en souffrance, etc. »

On a supposé que sur ce point le Conseil s'était inspiré du
sentiment du célèbre avocat Pascalis, originaire d'Eyguières,
qu'on a si justement appelé le dernier des patriotes provençaux. Sa naissance, sa vie et sa mort semblent réclamer une
courte notice qui doit trouver ici sa place.

Pascalis Jean-Joseph-Pierre naquit à Eyguières le 6 février 1732 du mariage de Joseph Pascalis avec Catherine Am-
phoux. Il entra dans le barreau à Aix, où sa présence produisit une révolution. Il venait consommer ce beau mouvement
qui tendait à introduire au palais l'ampleur de vues, la précision du style et une méthode vraiment philosophique. Il
fut aussi habile jurisconsulte que grand avocat. En 1772, on
le nomma assesseur de Provence : c'était une fonction des
plus honorables. Il la remplit si bien en 1773-4, qu'on la lui
confia de nouveau pour deux ans en 1787. Eyguières était
fière de son enfant, elle lui envoya des félicitations, et réclama
sa protection.

Pascalis voulait des réformes en politique, et non une révolution. D'après ses vues, les trois ordres — clergé, noblesse et
le tiers — auraient dû continuer de constituer les Etats de
Provence, leurs délibérations être prises en commun, le vote
se faire par tête, les députés du Tiers-Etat être aussi nombreux que ceux des deux autres ordres, et la noblesse avec le
clergé prendre leur part des charges publiques. A cet effet, il
publia en 1787 un mémoire, dans lequel, après avoir exposé
le régime alors existant, il réclame pour le tiers une diminution de charges « sinon, dit-il, quel est l'Etat qui, avec un
« pareil régime, pourrait se promettre de perpétuer son lustre
« ou même de maintenir son existence ? L'injustice produit
« le découragement ; le découragement l'inertie ; et l'inertie
« tous les vices sociaux. La classe la plus pauvre, mais la
« plus nombreuse et la plus forte, réclamera, subira le joug,

« mais réclamera toujours, et lassée enfin d'une injustice
« systématique, n'est-il pas à craindre qu'elle ne porte le désor-
« dre dans toutes les parties de l'Etat ? Il n'y a que le règne
« de la justice qui soit éternel ! »

Les conclusions de ce mémoire furent adoptées par toutes
les Communautés de Provence ; mais la noblesse surtout les
combattit. Dans l'assemblée des Communautés de Provence
tenue à Lambesc, du 4 au 9 mai 1788, la réunion le remercia
de son zèle pour réclamer les droits des Communautés, et rendit hommage à ses lumières, à ses connaissances et à son
cœur patriotique. Un autre témoignage de reconnaissance,
très flatteur, lui fut donné par le conseil municipal d'Aix, le
18 décembre 1788, lequel « considérant qu'après tant de siè-
« cles d'erreur, d'abus, de faiblesses, le moment est venu où
« les droits légitimes du Tiers-Etat vont être rétablis ; que le
« zèle et le courage du sieur Pascalis, assesseur, ont donné la
« première impulsion à des réclamations universelles, etc.,
« délibéra unanimement de lui présenter des remerciements,
« etc. »

Le 27 septembre 1790, la Chambre des vacations du Parlement de Provence était réunie pour la dernière fois, à cause
de la suppression de l'ordre des avocats et de l'abolition des
cours souveraines. Pascalis s'y rendit en robe, et exprima des
vœux pour que leurs concitoyens « se réunissent à l'envi pour
« assurer la proscription des abus de l'ancien régime, l'exécu-
« tion de leurs traités avec la France, le rétablissement de la
« monarchie, et, avec le retour des magistrats, celui de la
« tranquillité publique... Tels sont les vœux dont vous fait
« hommage un ordre qui n'eut d'autre récompense que celle
« de veiller plus spécialement au maintien de la Constitution
« et au soulagement du peuple, et qui, décidé de s'ensevelir
« avec la magistrature, veut vivre et mourir citoyen proven-
« çal, bon et fidèle sujet du comte de Provence, roi de
« France. »

Ce discours eut du retentissement ; le Procureur de la commune dénonça Pascalis à l'assemblée nationale. Pascalis se
retira à la campagne « la Mignarde » ; il se refusait de croire
que sa vie était en danger : on n'oserait ! Le 12 décembre 1790,
à 11 h. du soir, une bande se jeta sur la Mignarde, s'empara

de son habitant, et l'emmena prisonnier à la Commune après l'avoir garrotté ; il fut enfermé avec le marquis de la Roquette. Le 13, on les mena a la caserne, au milieu des cris « à la lanterne ». Des Marseillais, informés de ce qui se passait à Aix, vinrent pour renforcer l'insurrection ; il y eut du trouble, surtout lorsqu'on invita les perturbateurs marseillais à rentrer chez eux. C'étaient des volontaires sous la conduite d'un colonel : « N'allez pas à Marseille, leur disent les meneurs, mais aux casernes, aux prisons ». Les rangs se rompent, malgré le colonel ; ceux qui avaient déjà demandé, sans l'obtenir, la tête de Pascalis, vont s'emparer des prisonniers, les traînent sur le cours et les pendent aux lanternes.

Charles de Ribbe, à qui nous avons emprunté les détails de cette courte notice, ajoute : « Il combattit pour le salut de la Provence ; il tomba avec elle et pour elle. Sa mort fut la mort de notre pays, la mort de nos libertés ».

Pascalis est une gloire provençale : Eyguières, en pensant à lui, peut se consoler d'avoir vu naître Jean-Joseph-Vérédème Eméric, le 14 février 1752 : celui-ci fit partie du directoire exécutif près le tribunal civil et criminel de Vaucluse, siégeant à Carpentras, après la réunion du Comtat à la France. Il est vrai qu'Eméric répudia son passé révolutionnaire sous la Restauration. Plus ambitieux que doué de talent, il mourut peu après la Révolution de 1830.

Milice bourgeoise. — Lorsque la ville d'Eyguières avait jeté, sous l'inspiration de Pascalis, un regard vers le passé, elle avait aussi entrevu avec le grand avocat un avenir qui la remplissait de crainte. La création immédiate (23 août 1789) d'une milice bourgeoise et d'un comité d'organisation en est la preuve évidente. Le travail préparatoire étant achevé, sans doute avec prudence pour ne pas détourner les bras du travail de la terre, les consuls écrivirent à M. le comte du Caraman, commandant en chef, pour qu'il autorisât la milice d'Eyguières à « fonctionner en vue du maintien de la paix et de la tranquillité publique ».

L'autorisation fut accordée, à la condition que le règlement de cette milice locale serait en conformité avec celui de la province. Aussitôt le Conseil décida de former huit compagnies,

dont le nombre serait égal et proportionné au chiffre des enrô-
lements. Lui-même choisit les officiers et nomma, par acclamation, aux grades suivants : 1º commandant : M. de Sulauze,
chevalier de St-Louis, ancien capitaine de grenadiers, en Bre-
tagne ; 2º major : M. de St-Jaume, ancien garde du roi ;
3º capitaines en premier : MM. Isnard, avocat ; Gilles aîné,
Antoine Payan, Jean-Andrieu Aubert, Joseph Payan, Cadet
Michel, d'Estienne et Guibert, notaire ; 4º capitaines en second :
MM. Henri-César Jean, Jean, notaire ; Louis Gilles, Joseph
Margaillan, chirurgien ; Estienne, chirurgien ; François Coli-
que, Honoré Paulet et Jean Bosse ; 5º lieutenants en premier :
MM. Martin aîné, Michel Bicheron, fils aîné ; Jean-B. Defleaux,
Cadet Marillier, Sauvaire Donadieu, Ange Pétrier et Jean-
Toussaint Blanc ; 6º porte-drapeau : M. Jean-B.-Andrieu
Payan, avocat.

Ces officiers furent chargés de répartir les hommes dans les
huit compagnies, de nommer les sergents et les caporaux, et
de faire un règlement pour être soumis à l'approbation des
consuls (septembre et octobre 1789).

Enfin, le 6 décembre, furent nommés lieutenants en second :
Gueymard, fils d'Henri ; Joseph Payan, boulanger ; Jean-B.
Bérard, Toussaint Cavaillon, Bonardel, confiseur ; François
Berton de Baltasar, Antoine Pascal, boulanger, et Henri Chave,
aîné.

L'enrôlement fut nombreux, et put suffire à la création de
deux compagnies en sus des huit prévues. Les officiers choisis pour ces nouvelles compagnies furent : capitaines en premier : Denis Reyre et Pierre Guibert ; en second : Autheman,
chirurgien, et Arman-Geneviève Estienne ; lieutenants en premier : Théophile Autheman, confiseur, et Magloire Guibert ;
en second : Antoine Berton et Vérédème Chastelas.

On acheta un drapeau, une canne de tambour-major, seize
fusils avec leurs baïonnettes destinés à armer la patrouille, et
l'organisation fut achevée.

Garde nationale. — L'existence de la milice ne fut pas de
longue durée. Sous le prétexte qu'elle était trop bourgeoise,
elle fut supprimée après l'élection de la municipalité. Le Conseil général forma à sa place, et de lui-même, une garde

nationale avec Joseph-Estève Michel, pour commandant (20 décembre 1790). Mais le 14 octobre 1791, le Directoire fit une loi pour ordonner la création d'une garde nationale officielle. Dans l'église paroissiale, sous la présidence de M. Guibert, un des officiers municipaux, le 25 mars 1792, la garde nationale légale fut organisée en dix compagnies. Séance tenante, les gardes nationaux choisirent eux-mêmes les officiers, sous-officiers, caporaux et tambours de chaque compagnie. Le lendemain, à la mairie, le corps des officiers et sous-officiers fit la nomination des officiers supérieurs qui furent : Jean Pierre, Louis Jean, chevalier de St-Louis, commandant en chef ; Pierre Gros, ancien militaire, commandant en second ; Vincent Roche, ancien militaire, adjudant.

Encadastrement des biens privilégiés. — Après avoir organisé la milice, les consuls ne tardèrent pas de s'occuper de l'encadastrement des biens du seigneur, du Prieur et des PP. Récollets (novembre 1789), — puis leurs fonctions prirent fin ; elles avaient commencé le 1ᵉʳ janvier 1789, et elles durèrent jusqu'au 14 février 1790. Ce même jour eurent lieu, dans l'église paroissiale, les élections municipales auxquelles prirent part 268 citoyens (1). Tous, avant de se séparer, élus et électeurs, 17 février, firent une lettre d'adhésion à l'assemblée nationale, et chargèrent le maire, Arman-Geneviève Estienne, de supplier l'assemblée et le roi : 1° d'accorder à Eyguières d'être comprise dans le diocèse du département auquel elle sera attribuée, afin de pouvoir traiter, avec économie de temps et d'argent, dans le même lieu, les affaires spirituelles et les temporelles ; 2° de hâter, le plus possible, l'organisation municipale et judiciaire, et l'affranchissement des biens féodaux ; 3° de prendre en considération la situation si pénible de la Communauté d'Eyguières par suite de la mortalité des oliviers.

Les actes de la municipalité de 1790 furent la sécularisation des PP. Récollets (avril 1790), — l'inauguration de la justice de paix (1ᵉʳ janvier 1791), avec prestation de serment en présence du Conseil général réuni à la mairie ; la réception du

____

(1) Voir ch. II°, régimes administratifs.

serment civique du clergé, le 3o janvier 1791, dans l'église paroissiale, après la grand'messe ; l'organisation de la garde nationale (25 mars 1792), la célébration de la fête du 14 Juillet, pour la prestation du serment civique de tous les habitants de la commune, y compris le maire et les conseillers.

Serment civique. — Ce jour-là, le corps municipal se rendit à l'église paroissiale d'après le programme réglé en conseil le 24 juin, pour y entendre la messe. Des 600 hommes qui formaient la garde nationale, 20 seulement se rendirent à l'appel pour accompagner les autorités ; le commandant en chef avait refusé de se mettre au cortège. Après la messe, le maire lut à haute voix un serment civique, dont voici le texte : « Je jure « d'être fidèle à la nation, à la loi et au roi, de maintenir, de « tout mon pouvoir, la constitution décrétée par l'Assemblée « nationale, et acceptée par le roi, de protéger, conformément « aux lois, la sûreté des personnes et des propriétés, la libre « circulation des grains et subsistances dans l'intérieur du « royaume, et la perception des contributions publiques sous « quelque forme qu'elles existent, de demeurer uni à tous les « Français par les liens indissolubles de la fraternité ».

Aussitôt après cette lecture, tous, maire, officiers municipaux, gardes nationaux, citoyens d'Eyguières, la main levée, répétèrent : « Je le jure ». Le maire annonça alors qu'on allait planter l'arbre de la liberté, mais qu'auparavant le citoyen Gillot, désigné par le corps municipal, allait prononcer le discours de circonstance. Gillot monta tout de suite sur l'estrade, et ce fut le signal d'un spectacle tout à fait inconvenant dans le lieu saint. M. Gros, qui commandait la garde nationale, apostropha le maire en disant que Gillot, étant garde national, ne pouvait pas prendre la parole en public sans y être autorisé par son commandant, puis il sortit de l'église avec toute l'escorte, et alla se placer, avec ses hommes, à l'endroit où devait être planté l'arbre de la liberté. Alors les ennemis de Gillot, renforcés par les enfants, se mirent à crier à tue-tête : A bas Gillot ! A bas Gillot ! Le procureur de la commune fut forcé d'intervenir, et menaça de procès-verbal les auteurs du tumulte. Le silence se rétablit peu à peu, et Gillot fit son discours. Le corps municipal se rendit ensuite sur la place où fut planté l'arbre de la liberté. C'était fini.

CHAPITRE II

CHATEAU ET PROPRIÉTÉS DU SEIGNEUR. – VISITE, INCENDIE ET PILLAGE.

Visite du château. — Le nouveau régime n'avait pas eu le don de plaire à tout le monde en France. Les événements se chargèrent de prouver que tous n'avaient pas eu tort de ne pas lui donner tout de suite leur confiance. Déjà, en 1790, le mécontentement était tel que des bruits de complot, de conspiration armée se répandaient et trouvaient du crédit. Il en fut à Eyguières, comme partout ailleurs, et ici les choses allèrent même plus loin que dans beaucoup d'autres localités. Une charrette, disait-on, était montée la nuit au château.... chargée, sans doute, d'armes et de munitions... puis elle était redescendue vide. Tel était le bruit du matin ; le soir et le lendemain, le nombre des charrettes montées plusieurs nuits à la suite, s'était multiplié avec une facilité que comprendront très aisément, cent ans après l'événement, les habitants d'Eyguières.

Bref, une municipalité doit avoir l'œil ouvert, et quand la population s'émeut, les édiles doivent veiller : ceux de 1790 n'y faillirent pas. Le 27 décembre, on vit le maire avec deux officiers municipaux, escorté par un détachement de quarante gardes nationaux qu'avait fourni Joseph-Estève Michel, le nouveau commandant, et suivi par un serrurier et un maçon, se rendre au château pour y faire un fur minutieux. Le domestique du « ci-devant de Sade », Jean Roustand, ne se fit pas prier ; toutes les portes furent ouvertes et puis gardées chacune par un factionnaire pour maintenir le bon ordre et le respect de la propriété. De la cave au grenier, tout fut inspecté : le résultat de cette perquisition fut la découverte de trois fusils de chasse, et de quatre pistolets d'arçon. Roustand déclara au maire qu'à sa connaissance son maître n'avait point d'autres armes, ni munitions cachées soit au château, soit ailleurs. Les autorités vidèrent les lieux et allèrent à la mairie rédiger le procès-verbal de cette visite domiciliaire. Deux copies en furent expédiées : l'une au Directeur du département, et l'autre au cercle des amis de la Constitution à Aix ; la lettre d'envoi à ces derniers faisait offre des services de la garde nationale d'Eyguières, mais sans armes, parce que c'est à peine si elle possède seize fusils de munition, disait la lettre (27 décembre 1790).

Cette perquisition avec escorte prouve ce qu'auraient pu faire les autorités, lorsqu'en 1792 se passèrent les événements qui nous viennent sous la plume. Des réformes sages étaient désirées et attendues partout en France, mais non le renversement de l'ordre ; et pourtant il se rencontra assez de mauvais citoyens un peu partout pour pousser aux extrêmes et amener le bouleversement le plus effrayant. On n'en était pas encore arrivé à guillotiner, à fusiller en masse, à noyer les honnêtes représentants de la justice et du droit naturel, mais on commença par le vol et la destruction. Dans la voie du mal, où ne pouvait-on aller à moins d'opposer à cette marche un frein solide ?

De Marseille était venue à Eyguières, le 26 mars 1792, une bande qui avait levé une contribution forcée de 1.590 livres en argent, et de 770 livres en assignats. Peu après, on vit à Eyguières une centaine de mauvais sujets réunis pour se partager le Coussou du seigneur ; ils furent bientôt 500 pour piller et incendier son pavillon, son château et sa ferme. Généralisons, et nous serons effrayés de la proportion obtenue dans le développement et l'action des instincts pervers en France.

Partage du Coussou. — C'était le 14 août 1792 ; le Coussou du seigneur fut envahi par une bande de gens qui, au nombre de cent environ, en faisaient le partage en règle, plantaient des bornes, et le défrichaient chacun à son gré. L'autorité locale ne s'en émut que sur la plainte portée par Jean-Andrieu Aubert, fermier des propriétés de M. de Sade. Alors, sur l'avis du procureur de la commune, le maire écrivit au directoire du district, afin qu'il prît des mesures pour éviter que le bien commun ne devînt la proie de quelques citoyens isolés, et que, du même coup, la nation ne fût privée du gage d'indemnité à elle due par les émigrés. Les biens de M. de Sade étaient dans ce cas, puisqu'ils avaient été mis sous le séquestre en suite de son départ pour l'étranger.

Incendie du pavillon. — Ce premier acte coupable fut suivi de plusieurs autres beaucoup plus iniques. Les voleurs du 14 août devinrent incendiaires le 15 septembre. Pour faire bien connaître et sincèrement apprécier les faits dans toute leur culpabilité, et attribuer en toute justice les responsabilités, il suffit de citer mot à mot, et dans sa teneur, le rapport du maire écrit le 16 septembre 1792.

Vers les 10 heures du soir, « plusieurs citoyens, dit le rap-
« port, se rendirent au quartier de la Burlière pour mettre le
« feu au pavillon de la nation du ci-devant de Sade. Quelques
« membres de la municipalité y furent pour les empêcher ;
« l'incendie fut inévitable, et le commandant de la garde
« nationale ne put empêcher qu'on ne mît le feu. »

Pillage et démolition du château. — « Pendant que le pavil-
« lon brûlait, on apprit que plusieurs citoyens s'étaient portés
« au ci-devant château, et qu'ils travaillaient à la démolition
« des portes de fer. Les mêmes membres de la municipalité
« s'y portèrent pour arrêter le cours de cette insurrection ; ils
« se retirèrent sur la parole que lesdits citoyens leur donnè-
« rent qu'ils se retiraient aussi. Mais vers minuit, une patrouille
« vint avertir la municipalité qu'on pillait les meubles du
« ci-devant château. Celle-ci fit une réquisition au comman-
« dant de la garde nationale pour faire battre la générale et
« rassembler la garde nationale au lieu du délit. Le comman-
« dant répondit qu'il n'avait pas de tambour à sa disposition,
« et il proposa à la municipalité de se rendre avec elle au
« château.
« Son apparition a intimidé la plupart des pillards. La
« municipalité les *ont* invité de cesser leurs rapines, leur
« remontrant qu'ils portaient tort à la nation, et qu'ils enle-
« vaient les biens publics. Le pillage a repris malgré ces
« exhortations. Il y avait 500 personnes, hommes, femmes ou
« enfants. Les membres de la municipalité se sont retirés
« devant les menaces des insurgés. La démolition d'une partie
« du château a suivi le pillage ».

Pillage du mas de Coupie. — « Ensuite, continue le compte-
« rendu de ce vandalisme sans nom, ensuite les pillards sont
« allés *pillé* le mas de Coupie qui appartient aussi à la nation,
« comme ayant appartenu au ci-devant Sade. Il a été pris,
« outre le blé dont une partie appartenait à Joseph Mourre,
« fermier, six bœufs de labour destinés à la culture du tène-
« ment de Coupie. La municipalité a fait inutilement une
« nouvelle réquisition, et fait garder les avenues pour empê-
« cher le transport des objets pillés ».

Tout fut fait inutilement parce que tout se passa de connivence avec les pillards et les incendiaires, c'est de toute évidence. Il y avait dans Eyguières une municipalité, une garde
nationale composée de 600 hommes, la patrie avait été déclarée
en danger, il y avait un corps de garde en permanence nuit
et jour à la mairie, des patrouilles circulaient dans le pays, et
pourtant le pavillon est incendié, le château pillé et démoli, le
mas de Coupie volé, tout cela dans l'espace d'une nuit. Les
autorités sont averties, vont même sur les lieux et elles ne
font rien pour faire éteindre le feu ; ils se fient à la parole des
pillards qui promettent de se retirer, ils font garder les avenues de Coupie après que tout a été pillé et emporté, en un
mot ils n'ont pas fait appel à la garde du pays, faute d'avoir
un tambour, alors que chacune des compagnies devait en
avoir un. Pour tout expliquer, un seul mot suffit : Compli-
cité !

Pour atténuer les responsabilités, on a bien mis en circulation une version d'après laquelle l'autorité locale se voyait
dans l'impossibilité d'enrayer le mouvement et d'autre part,
voulait donner un gage de civisme à la révolution, ainsi que
l'y aurait engagée Rabaud St-Etienne, le fameux conventionnel de Nîmes qui avait des parents à Eyguières. Donc on
aurait décidé de laisser accomplir tous les méfaits que nous
venons de raconter, après avoir chargé toutefois deux conseillers municipaux d'inviter l'Intendant du château à mettre en
lieu sûr toutes les choses de valeur qui se trouvaient au pavillon ou au château. Cet avis n'aurait pas été donné par ces
conseillers infidèles qui aimèrent mieux voler avec les pillards.
Le maire, Arman-Geneviève Estienne, les conseillers qui
étaient dans le complot et le commandant Jean-Pierre-Louis

Jean, persuadés que l'Intendant avait été averti et avait pris les précautions nécessaires, laissèrent agir la bande incendiaire. Plus tard, la Communauté dut payer de ses deniers (7 juillet 1793), les choses volées à Coupie qui appartenaient au fermier ; quant aux deux conseillers municipaux qui ne s'étaient pas acquittés de la singulière mission à eux confiée et par eux acceptée, on les trouva, après le 9 thermidor, détenteurs d'une partie de l'argenterie volée au château.

Il est dangereux dans des temps pareils d'être investi d'un pouvoir comme celui de maire et de commandant de la force armée. Mais quand on a une fois accepté ce mandat, un homme de cœur ne doit pas y être infidèle. L'on peut se demander, après avoir jugé les deux conseillers pillards, si le maire et le commandant ont répondu à la confiance qu'on avait eue en eux, en leur confiant leurs charges.

CHAPITRE III

RENCONTRE ARMÉE AU COL DE MÉLET. — MORTS ET BLESSÉS.

L'occasion se présenta bientôt pour les officiers municipaux et nationaux de mieux agir et ils furent mieux dans leur rôle, il faut en convenir, dans la rencontre du Col de Mélet, qui eut lieu un mois après le pillage et l'incendie, le 23 septembre 1792. Il est vrai qu'ils ne se trouvaient plus en présence de leurs compatriotes, mais d'une bande venue du dehors ; ils auraient dû pourtant ne jamais oublier que la justice n'a pas de patrie, qu'elle est ou devrait être de tous les pays.

Voici l'histoire de cette triste journée et de ce qui la prépara. Les électeurs des Bouches-du-Rhône, réunis à Avignon pour nommer les députés à la Convention nationale, au lieu de se séparer après les élections puisque leur mandat était épuisé, se constituèrent en un comité qui se donna la mission de parcourir les districts d'Arles, de Tarascon et de Salon pour expulser les hommes suspects des tribunaux, des municipalités et de toutes les administrations. Environ 1.400 hommes partagés en divers détachements, chacun sous la conduite d'un commissaire muni de pleins pouvoirs, même celui de puiser dans les caisses publiques, assuraient l'exécution des ordres donnés par le comité. Maillane, St-Remy, Eyragues et de nombreuses communes situées au nord des Aupies, reçurent la visite de ces bandes qui avaient à leur service le brigandage, le vol, la menace, les arrestations et les contributions forcées. La terreur régnait partout dans cette contrée, les fonctionnaires prenaient la fuite.

Cependant les sociétés populaires de Marseille, Salon, Lambesc, Pertuis, etc., avec l'appui moral de l'autorité centrale, essayèrent d'organiser la résistance sous le commandement de Jourdan et d'Eyme, qui de Grans, où ils avaient concentré des forces, firent signifier aux bandes d'Avignon de cesser leurs brigandages, sinon elles y seraient contraintes par la force, et aux municipalités de leur faire résistance, si elles ne voulaient pas être rendues responsables.

Cet ordre parvint aux bandes avignonnaises le 20 septembre 1792, alors qu'elles étaient à Eygalières. Au lieu de s'y soumettre, elles décidèrent de concentrer leurs forces à Orgon, et pour mieux assurer leur succès, elles firent demander à Arles, 200 gardes nationaux avec un canon et chargèrent Ferrand, l'un des commissaires, d'aller recruter des hommes à Mouriès et à Eyguières. De cette localité devaient partir sans tarder pour Grans les troupes réunies d'Arles, de Mouriès, d'Eyguières et celles d'Orgon. Le 21 septembre, un envoyé prit la direction d'Arles, tandis que Ferrand se rendit à Eyguières, où le commandant lui promit 50 hommes, et de là à Mouriès, où il fut si mal accueilli qu'il fit la menace de détruire le pays. Il alla passer la nuit au mas de Payan et le lendemain, il fit réquisitionner les 50 hommes promis à Eyguières pour les diriger du mas de Payan sur Mouriès. La municipalité d'Eyguières refusa l'envoi des gardes nationaux, parce que la loi n'accordait pas à l'assemblée électorale le droit de requérir la force armée. Sur ce refus, Ferrand fit aviser la municipalité d'Eyguières qu'il arriverait le même jour avec la troupe d'Arles, et lui enjoignit de faire préparer des logements en conséquence. Quant à la troupe d'Orgon, on lui envoya l'ordre de venir à Eyguières au nombre de 300 hommes avec deux canons.

Sans perdre de temps, la municipalité envoya des courriers à Lamanon, à Salon et à Grans pour annoncer ce qui se passait et réclamer du secours ; elle fit convoquer la garde nationale sur la place publique, et vers les neuf heures du matin, 600 hommes bien armés arrivaient de Salon en même temps que du côté opposé Ferrand paraissait à la tête de l'avant-garde de la troupe arlésienne. Le maire lui demanda ses papiers et, après avoir constaté que le commissaire n'avait pas le pouvoir qu'il s'attribuait, il le fit arrêter et conduire à la mairie. En même temps on désarmait son avant-garde et on décidait d'aller tous ensemble, la municipalité avec tous les hommes d'Eyguières et de Salon, à la rencontre des Arlésiens. Ferrand fut contraint de marcher avec eux, mais il eut le talent de leur échapper presque aussitôt.

Quant à la troupe d'Arles, elle fut aperçue sur le Col de Mélet, non loin de la chapelle et du cimetière de St-Vérédème. La municipalité s'avança pour parlementer, entre les deux troupes en ligne de bataille. L'un propose de recevoir les Arlésiens comme des frères et de se mettre d'accord avec eux ; un autre émet l'avis de les désarmer, de les recevoir à Eyguières et de leur rendre leurs armes à leur départ. Le chef des Arlésiens, Babaudy, ne veut pas subir cette humiliation et parle de revenir sur ses pas quand il a appris la fuite de Ferrand. Les alliés de leur côté réclament le désarmement général et immédiat, de crainte de se trouver pris entre deux feux par l'arrivée de la troupe d'Orgon, et ils se mettent à l'œuvre en commençant par l'aile gauche. Alors de l'aile droite partent quelques coups de fusil, un garde national d'Eyguières est frappé mortellement, les autres ripostent pour venger sa mort, la mêlée devient générale, et la municipalité réussit avec grand'peine à se retirer de sa mauvaise situation.

Bientôt les Arlésiens se retirèrent en désordre, laissant leur pièce de canon, six morts, sept blessés et un certain nombre de prisonniers. Les vainqueurs eurent aussi des pertes : un mort et trois blessés parmi les Salonais ; un mort et deux blessés d'Eyguières. Le cimetière de St-Vérédème reçut la dépouille de tous les morts, les blessés furent soignés à Eyguières

et les prisonniers, renvoyés à Arles le lendemain sous bonne
escorte pour les soustraire à la vengeance de la population
d'Eyguières et des gardes nationaux de Salon. Ceux-ci furent
cantonnés pour la nuit dans l'église paroissiale et le 27 septembre, ils rentrèrent à Salon avec la pièce de canon prise à
l'ennemi. Ce fut leur curé qui les reçut et les complimenta à
la porte de la ville.

Cependant les Orgonais qui n'avaient pas reçu la lettre de
réquisition de 300 hommes avec deux canons, et qui igno-
raient la fuite de Ferrand, envoyèrent un des commissaires,
Bruyère, pour prendre des informations à Eyguières. Quand
il arriva, une heure à peine s'était écoulée depuis la rencontre
du Col de Mélet. En apprenant le résultat de cet engagement,
il feignit d'être venu pour faire rebrousser chemin à la troupe
d'Arles et pour exiger le respect des personnes et des propriétés. Sa ruse ne lui servit de rien ; on le mit sous les verrous.

Le bataillon du Var qui ce jour-là se portait sur Orgon à la
rencontre de la troupe ennemie, ayant été instruit par la municipalité de Mallemort de ce qui se passait à Eyguières, prit la
direction de ce pays, où il arriva vers les onze heures du soir,
pensant lui devenir utile. Mais quand les chefs connurent le
résultat final de la journée, ils continuèrent leur marche sur
Orgon, et emmenèrent avec eux Bruyère pour le mettre en présence des autres commissaires ; puis changeant d'avis, les soldats, excités sans doute par la vue du champ de bataille du
Col de Mélet, le massacrèrent vis-à-vis de la croix de la mission, plantée sur le chemin d'Eyguières à Orgon, par les
Glauges.

Comme conséquence de la journée du 23 septembre, le directoire du département cassa le comité électoral d'Avignon,
et nomma une commission chargée de faire une enquête à
Eyguières et dans les pays voisins. Mais Ferrand reparut, et
fit faire par ses partisans un rapport à la Convention nationale
(3 octobre 1792); il y accumulait les mensonges, et faisait
dire : 1° que la troupe d'Arles allait à Grans uniquement pour
rétablir l'ordre troublé; 2° que Ferrand avait envoyé l'ordre
aux Arlésiens de rebrousser chemin, et que cet ordre avait été
retenu par ceux d'Eyguières; 3° que le commandant d'Arles
ayant refusé de se laisser désarmer, ses camarades furent tués,

blessés, faits prisonniers, que lui-même avait été dépouillé de ses épaulettes et de sa cocarde. Bref, Eyguières avait ouvert le feu et avait tous les torts, Ferrand était un conciliateur, et les Arlésiens avaient été des victimes innocentes, pour avoir passé comme aristocrates ou comme chiffonistes aux yeux du malheureux peuple d'Eyguières.

De son côté, Ferrand manœuvra si bien qu'il fit nommer par le directoire une autre commission dont la présidence fut confiée à l'un de ses complices. Le bruit se répandit alors que 1.500 hommes armés devaient accompagner les enquêteurs. Tout Eyguières fut épouvanté, les membres de la municipalité s'enfuirent, à l'exception de Sauvaire, procureur de la Commune qui, malade, fut pris dans son lit et conduit à Marseille, où il fut retenu prisonnier. Une ordonnance de non-lieu le rendit plus tard à la liberté.

Il fallut songer à reconstituer la municipalité; les électeurs se réunirent, à cet effet, dans la chapelle des pénitents. Le résultat du vote fut la nomination d'Estienne comme maire, de Reyre, Chave, Bosse, Brand et Colique au titre d'officiers municipaux; d'Estève-Toussaint Mathieu aux fonctions de procureur de la commune à la place de Sauvaire (1ᵉʳ novembre 1792).

CHAPITRE IV

Nouvelle Constitution. — La Terreur. — Municipalité de l'an III. — Fête de la souveraineté du peuple. — Eyguières, chef-lieu de canton.

Nouvelle Constitution. — Ce fut sous l'administration de la municipalité élue le 1ᵉʳ novembre, que la Convention nationale ayant achevé la nouvelle Constitution, après la chute des Girondins, la fit présenter à la ratification du peuple. Le 4 août fut fixé à Eyguières pour réunir les électeurs du canton. Sur les 600 inscrits qui formaient le corps électoral, il ne s'en présenta que 29. La réunion fut renvoyée au 8 août, et ce jour-là l'assemblée se composa de 69 membres dont la majorité accepta la Constitution, avec les réserves suivantes cependant : 1° La Convention actuelle sera remplacée par une Assemblée nationale d'où seront exclus tous les membres de la Convention ; cette Assemblée s'occupera de réviser l'acte constitutionnel ; 2° toutes les autorités constituées, surtout celles de Paris, et même le pouvoir exécutif provisoire, seront remplacées ; personne ne pourra sortir de Paris avant le rendement de ses comptes ; 3° la représentation nationale sera mise sous la protection des forces départementales ; 4° enfin la population ne servira plus de base pour la convocation de la nouvelle assemblée.

Le succès n'était pas brillant à Eyguières pour l'œuvre de la Montagne : 69 électeurs sur 600 se réunissent ; parmi les présents, tous n'acceptent pas la nouvelle Constitution, et ceux qui l'acceptent y mettent des conditions qui sont la condamnation évidente des Montagnards.

La Terreur. — Au point de vue religieux, comme au point de vue politique, Eyguières continuait d'être attachée à la foi de ses pères. Ni l'ouverture du Temple de la Raison, le 27 avril 1794, ni la fête de l'Etre suprême, ni l'établissement du calendrier républicain ne réussirent à changer l'esprit de cette population. Ce fut au point que lorsque Maignet, sous le régime de la Terreur, fut envoyé dans les Bouches-du-Rhône pour combattre les complots contre-révolutionnaires, son rapport cita Eyguières et Eygalières comme étant le centre de la résistance à la Révolution.

Ce partisan de Robespierre avait déjà fait juger le cas de Bédouin par le fameux comité d'Orange, et avait obtenu que ce pays, déclaré infâme, serait brûlé, et que 63 de ses habitants seraient condamnés à la peine de mort. Cette sentence fut exécutée le 14 prairial an II (1794), par le 4ᵉ bataillon de l'Ardèche.

Ce même bataillon fut alors dirigé sur Eyguières, sous la conduite du terrible Suchet. Fallait-il s'attendre à des scènes de destruction semblables à celles dont le Comtat avait été témoin ? on aurait pu le craindre. Ce plan fut-il déjoué par la

ruse des habitants d'Eyguières qui, dit-on, auraient reçu
Suchet et son bataillon en amis, et les aurait traités comme
tels, les faisant boire toute la nuit dans les cabarets? C'est
probable. Mais tout le mal ne fut pas conjuré, puisque Maignet, parlant d'Eyguières et d'Eygalières, disait « que ces deux
« communes avaient été, pour ainsi dire, jusque-là étrangè-
« res à la Révolution ». « L'aristocratie, disait-il encore dans
« son rapport, y dominait et offrait aux scélérats qui vien-
« draient y chercher un asile, toutes les facilités nécessaires
« à l'exécution de leurs projets ». Enfin il ajoutait en forme
de conclusion : « Une partie du 4ᵉ bataillon de l'Ardèche s'est
« portée, avec un dévouement digne de vrais républicains,
« dans ces deux communes, a pénétré jusque dans les repai-
« res de ces scélérats, et a purifié ce sol trop longtemps habité
« par le crime ».

« Sans renouveler l'exemple de la malheureuse commune
« comtadine, raconte à ce sujet l'abbé André, les soldats de
« Suchet se montrèrent dans les deux villages provençaux, à
« la hauteur de leur position ». Ils ne tuèrent pas, ils n'in-
cendièrent pas Eyguières où on les avait reçus en amis, mais
afin de purifier son sol habité par le crime et devenu un
repaire de scélérats, comme s'exprime Maignet, Suchet fit
arrêter quarante personnes suspectes, et conduire ensuite dans
les prisons d'Orange pour comparaître bientôt devant le tribunal révolutionnaire. C'était la guillotine en perspective et à
bref délai. Pourtant leurs têtes furent épargnées par une circonstance tout à fait providentielle.

Le tribunal révolutionnaire d'Orange était composé de cinq
membres. Or, l'un de ses juges, Ragot, surnommé la Violette,
menuisier de Lyon, s'était lié d'amitié, en faisant son tour de
France, avec Pascal, le menuisier d'Eyguières qui avait fait la
menuiserie du moulin à ressence. Pascal, par dévouement
pour ses compatriotes, partit aussitôt pour Orange, afin de
mettre à profit son amitié avec la Violette pour les sauver.
Ragot se laissa toucher, parvint à gagner du temps en faisant
différer, par ses collègues, la comparution des quarante prisonniers devant les juges. Sur ces entrefaites, le 9 thermidor
(27 juillet 1794) vit la fin de la Terreur avec la chute de Robespierre. La France allait respirer et les prisons s'ouvrir. Celle

d'Orange laissa sortir les compatriotes de Pascal, qui revinrent au pays natal achever leur existence auprès de celui qui, par patriotisme, leur avait sauvé la vie.

Municipalité de l'an III. — Ceux qui, à Eyguières, avaient exercé les fonctions municipales pendant la Terreur, étaient encore en place trois mois après la chute de Robespierre. Leur trouver des remplaçants bénévoles était impossible à Eyguières comme à peu près partout. Le conventionnel Cambon fut chargé de venir constituer des autorités nouvelles, et ne réussit que par la menace.

Le 14 frimaire de l'an III (octobre 1794), Rouit, agent national du district de Tarascon, se rendit à Eyguières, muni d'un arrêté du représentant du peuple, qui désignait neuf citoyens nommés pour remplir les fonctions d'officiers municipaux, d'agent national et de juge de paix. Rouit les fit appeler à la mairie, leur donna lecture de l'arrêté ainsi conçu : « Sont nom-
« més officiers municipaux : Pierre Guibert, Honorat Berton,
« Esprit Alibert, Ange Bouvet, Jean-B. Défleaux, Claude
« Sigaud et Mathieu-Vérédème Trenquier ; agent national ;
« Joseph Bonnardel, confiseur ; juge de paix : Arman-Gene-
« viève Estienne. Le représentant du peuple requiert, au nom
« de la loi, les citoyens ci-dessus désignés d'accepter leurs
« fonctions, et de se rendre à leur poste sur la simple notifica-
« tion de leur nomination, sous peine d'être regardés comme
« suspects, et traités comme tels ». L'ordre était formel ; s'y soustraire n'était pas facile, car chacun se sentait encore à l'époque où, d'après l'expression de St-Just, tout le monde était furieux et farouche de peur.

Tous prêtèrent serment en ces termes : « Je jure de mainte-
« nir la liberté, l'égalité, la république une et indivisible, et de
« mourir à mon poste en la défendant ».

L'administration de cette municipalité ne fut pas de longue durée, puisque l'année suivante toutes les autorités communales furent remplacées par des municipalités cantonales ; mais on doit citer un acte qui honora ses auteurs : nous voulons parler des perquisitions faites sur la réquisition de l'agent national chez tous ceux qui avaient rempli une fonction municipale pendant la Terreur. Ces recherches amenèrent la découverte de nombreux objets en argent ou autres, volés au château la nuit du pillage et de l'incendie ; il y en avait même qui avaient appartenu à l'église paroissiale, et parmi les détenteurs se trouvaient les deux conseillers municipaux qui avaient avec intention omis d'inviter l'intendant du château à mettre en lieu sûr tout ce qui avait quelque valeur. Les objets dérobés furent confisqués et vendus au profit de la nation ; quant aux coupables, dénoncés d'abord au juge de paix, ils furent, durant quelque temps, retenus en prison à Marseille.

Fête de la souveraineté du peuple. — La Révolution qui avait fermé les églises, et par là supprimé les fêtes religieuses, comprenait que le peuple a besoin de fêtes qui rompent la monotonie de l'année ; les hommes au pouvoir essayaient de remplacer le culte religieux par des fêtes civiques destinées en même temps à perpétuer le souvenir des dates mémorables. C'est ainsi que le 9 thermidor an IV (juillet 1794), une fête commémorative de la chute de Robespierre fut célébrée à Eyguières. Le programme de ces fêtes ne variait guère. Pour en avoir une idée générale, il suffit de relater ce qui se passa le 29 ventôse de l'an VII (1797), à l'occasion de la solennité de la souveraineté du peuple.

La place de la Commune fut choisie pour cette fête : elle fut entourée de décorations en verdure, agrémentée d'oriflammes aux trois couleurs, le drapeau national surmontait le tout. Sous ce dôme de verdure, on dressa l'autel de la patrie. Au jour désigné, au son des instruments de musique et des tambours qui parcourent la ville, des farandoles s'organisent et se dirigent vers la mairie. La garde nationale, armée de piques et de fusils, aligne ses rangs, tambour et fanfare en tête ; un cortège se forme composé de quatre jeunes gens porte-bannières, puis de quatre vieillards tenant dans leurs mains des baguettes blanches ; ensuite tous les fonctionnaires publics, les instituteurs et les écoliers, enfin la municipalité suivie d'une masse de gens sans ordre. Ce cortège fit le tour du pays, puis revint sur la place.

Alors le président de l'administration municipale déposa sur l'autel de la patrie « le livre sacré de la Constitution » ; les jeunes gens portèrent à l'autel leurs bannières, et les vieillards leurs baguettes qui furent liées en faisceaux avec des rubans aux trois couleurs. A mesure qu'ils avaient accompli cette cérémonie, ils venaient, jeunes et vieux, se placer en demi-cercle devant l'autel ; pendant ce temps, les autres entonnaient des chants patriotiques, et la garde nationale fit une décharge de mousqueterie. La lecture de l'acte constitutionnel et un discours en rapport avec la fête, complétèrent le programme. Une nouvelle décharge de mousquet fut le signal de la fin : la matinée s'était écoulée. Des farandoles et des danses eurent lieu dans l'après-midi. Enfin le soir, le pays fut illuminé ; le tout avec l'accompagnement obligatoire de chansons patriotiques.

Tels sont les faits principaux qui remplirent à Eyguières la période révolutionnaire ; tels aussi ceux qui à travers les siècles constituent l'histoire de ce pays. Nous les avons relatés avec la fidélité et l'impartialité qu'on attend toujours de l'historien, et avec un amour qu'on pourrait trouver étonnant de rencontrer chez un étranger, si l'on ne savait que le cœur, en dehors de ses attaches naturelles, a encore des liens occasionnels formés par les circonstances, plus forts peut-être à mesure qu'ils serrent davantage. Depuis la Révolution, Eyguières n'a plus sa vie propre ; elle est confondue dans l'ensemble de la nation française, souhaitant pour la mère-patrie, la grandeur, la paix et la prospérité : l'auteur aime la France, et avec elle le pays dont l'existence passée est loin d'avoir cessé d'être intéressante, et dont l'avenir, pour être conforme à nos vœux, devrait être fait de gloire par l'accomplissement de tous les devoirs envers Dieu, la société et la famille.

Eyguières chef-lieu de canton. — Depuis la Révolution, Eyguières n'est plus une simple commune ; au XVIIIᵉ siècle, cette ville reçut le rang de chef-lieu de canton, possédant actuellement une justice de paix, une gendarmerie, commandée par un maréchal-des-logis, un bureau des postes et des télégraphes, un agent-voyer, une perception et un bureau d'enregistrement.

Le canton d'Eyguières comprend six communes : Mallemort, Alleins, Le Vernègues et Lamanon au levant, et Aureille au couchant. Il est limité : au nord, par la Durance, le terroir

de Mallemort et une ligne tortueuse qui aboutit aux montagnes d'Aureille ; à l'ouest, par une ligne qui se détache des
montagnes d'Aureille, va près d'Entressen, et remonte au-
dessus du Merle ; au midi, par une ligne oblique qui passe
au-dessus de Richebois, traverse la vallée de Lamanon, con-
tourne les collines d'Aurons jusqu'à Tour-Vieille, et redes-
cend au bois de Suès ; enfin à l'est, par le bois de Suès jusqu'à la Durance. Sa superficie est de 13.056 hectares ; le territoire est en général montagneux ; dans les parties les plus
basses, il est arrosé par les canaux de Craponne et de Boisgelin.

LIVRE VI

Roquemartine.

Dans les limites que nous venons d'attribuer au canton d'Eyguières se trouvent compris non seulement le territoire de l'ancienne commune de St-Pierre-de-Vence, mais encore celui de Roquemartine qui font partie de celui d'Eyguières aujourd'hui, St-Pierre depuis une époque inconnue, et Roquemartine depuis 1805. Nous ne pouvons passer complètement sous silence cette dernière, ni la confondre avec Eyguières dans les siècles passés, attendu que cette commune est plus ancienne que celle à laquelle on l'a annexée, et qu'elle eut elle aussi son histoire particulière. Voici ce que nous en avons appris.

CHAPITRE Ier

Territoire. — Le territoire de Roquemartine, situé au nord de celui d'Eyguières, est séparé de ce dernier par la carraire des parties, à laquelle on arrive par une gorge de deux kilomètres qui sépare les collines de Roquemartine des Aupilles. Le chemin d'Eygalières et de St-Remy passe dans cette gorge.

Le territoire de Roquemartine a une superficie de 1.697 hectares ; il est en général montagneux, excepté dans la partie basse et marécageuse qui confine avec Sénas, et qu'on appelle

Paluds de la Baume. Une grande Roubine traverse ces Paluds, sert de fossé d'écoulement, se dirige vers Sénas, et sépare Roquemartine de Lamanon. Tout le reste n'est que montagnes et vallées. Autrefois, les montagnes étaient couvertes par des bois épais qu'habitaient des animaux sauvages ; avant la coupe des chênes verts, peu avant la révolution, on y trouvait des loups et des ours ; aujourd'hui, il n'y a plus que des renards. Dans les vallées on sème le blé, le seigle, l'orge, les légumes ; on trouve peu d'oliviers à Roquemartine, mais les amandiers y sont nombreux. C'est le quartier le plus productif des champignons. Le climat y est froid, le sol pierreux et sec ; il en sort pourtant une eau suffisante pour l'usage des habitants, des bêtes de somme et des troupeaux qui sont composés de plusieurs milliers de têtes.

Les habitants et le château. — Les habitations de Roquemartine sont complètement disséminées dans les vallées : ce sont des fermes isolées. La demeure du marquis est au midi des montagnes, au milieu de grands arbres séculaires qui lui forment plusieurs belles avenues, se croisant au rond-point dans la direction des quatre points cardinaux. On trouve, à l'est, de superbes allées de buis géants qui, impénétrables au soleil, sur une longueur de plusieurs centaines de mètres, offrent une promenade ravissante, d'un genre peu commun.

Le château actuel fut démoli durant la révolution jusqu'à la hauteur du rez-de-chaussée, puis il fut rebâti et remis à neuf. Son architecture n'a rien de remarquable à l'extérieur ; l'escalier principal mérite d'être signalé, ainsi que la rampe en fer qui le borde.

Anciennement le château seigneurial était perché comme un nid d'aigle sur la montagne du Castellas, où l'on ne trouve rien autre aujourd'hui que ses ruines imposantes qui ont bravé le temps et les coups du mistral. On ignore l'époque où il a été abandonné, et les circonstances qui ont contribué à sa démolition. Mais ce que l'on sait parfaitement, c'est que, d'après le rapport fait en 1237 par les commissaires qu'avait envoyés Bérenger IV, le château de Roquemartine était franc et libre par privilège accordé à la famille d'Albe : *Castrum de Roca Martina nihil debet, quia dicitur fore liberum ex privilegio concesso Albæ.*

A cette même époque, ce château était le rendez-vous de la bonne société. Le seigneur y faisait bon accueil aux étrangers et y donnait des fêtes brillantes auxquelles les troubadours étaient conviés. On raconte à ce propos que Pierre de Châteauneuf, un des plus beaux esprits de la Cour de Raymond Bérenger, auteur de plusieurs serventes, à son retour de Roquemartine « fut pris par quelques larrons qui brigandaient les passans « et après l'avoir démonté et oté son argent et dépouillé jus- « qu'à la chemise, le voulaient tuer ; le poète les pria de lui « faire cette grâce d'ouir une chanson qu'il dirait avant de « mourir ; ce qu'ils firent. Il se mit à chanter sur la lyre un « chant qu'il fit promptement à la louange de ces brigands, « si qu'ils furent contraints de lui rendre son argent, son che- « val et ses accoutrements, si grand plaisir prirent à la dou- « ceur de sa poésie ».

Moins heureux que Pierre de Châteauneuf, le seigneur de Roquemartine ne put échapper à une bande armée qui envahit son château au mois de juillet 1384. C'étaient des Tuchins. Après avoir pénétré dans la ville d'Arles pour y exercer le pillage, grâce à la connivence de Jaume d'Eyguières et de plusieurs autres qui leur ouvrirent les portes, ces malfaiteurs, repoussés vigoureusement par la population vers la pointe du jour, se dirigèrent tout droit vers le château de Roquemartine. Le seigneur surpris fut lâchement tué ainsi que son cuisinier « par ces brigands qui mirent le chasteau à l'abandon et au « pillage pour fin, comble et couronnement de leurs méchan- « cetés et voleries », ainsi que s'exprime Nostradamus.

Nous l'avons déjà dit ailleurs, le 7 septembre 1385, Jaume d'Eyguières reçut la récompense de ses œuvres : il eut la tête tranchée à Arles, sur la place du Centié, pour avoir prêté la main à ces exploits.

CHAPITRE II

La 'commune. — La paroisse. — Chapelle de Saint-Sauveur
au Castellas.

La commune. — A l'époque où la commune de Roquemartine fut abolie, sa population s'élevait au chiffre de 99 habitants. Un appartement emprunté à une ferme du quartier de
la Patouillade servait alors de mairie. La Communauté avait
été taxée pour 1/4 de feu dans l'affouagement de 1728, au chiffre de 6oo livres pour un feu, jusqu'en 1735, où il fut porté
à 65o livres par feu jusqu'à la révolution.

Avant d'être réunies, les communes de Roquemartine et
d'Eyguières avaient eu parfois des rapports de voisinage ; le
souvenir en est effacé pour la plupart ; nous en avons recueilli
quelques-uns.

Au XIV° siècle, un différend s'était élevé entre noble Bertrand d'Albe, seigneur de Roquemartine, et noble Pierre de
Bénévent, coseigneur *d'Aiguières*, à l'occasion des limites
des territoires desdits châteaux. Le pape Jean XXII chargea
l'archevêque d'Arles de mettre d'accord les deux seigneurs
(février 1325).

En date du 1ᵉʳ juin 1569, on cite un procès avec la Communauté de Roquemartine en remboursement de la somme de
8oo écus que lui avait prêtée la Communauté d'Eyguières.

Dans les comptes du trésorier de la viguerie de Tarascon
pour l'année 1347-8, il est fait mention de « 3 livres reçues par
« le trésorier de la part de Raimond de Lambesc pour avoir
« arraché les deux poteaux qui séparaient les chemins de
« Roquemartine et d'Eyguières. » La portée de ce détail est
d'établir que ce chemin à travers les Glauges était à la charge
non des Communautés, mais de la viguerie. Plus tard, cependant, il dut s'élever des difficultés entre Eyguières et Roquemartine, puisque le 25 novembre 1571, le conseil d'Eyguières
désigna des commissaires chargés de limiter les *drayes* de la

terre des Glauges qui étaient limitrophes avec celles de Roquemartine.

Les habitants d'Eyguières allaient prendre du bois à Mont-
Vallon, sur les Aupies. Le seigneur de Roquemartine leur
défendit de passer sur son terroir. Le 21 mai 1643, le conseil
de ville arrêta qu'il prendrait fait et cause pour les habitants
s'ils étaient de nouveau troublés dans l'exercice de ce droit.

La paroisse. — Au pied du mamelon qui supportait le château féodal, dans l'enceinte fortifiée, du côté sud, on avait
bâti l'église paroissiale dans le style roman. Cette église remonte
environ au X° siècle ; elle est à peu près contemporaine de
celle de St-Vérédème ; elle est encore debout. Sa fête patronale se célébrait le 6 août, ou le dimanche suivant, sous la dési-
gnation de St-Sauveur.

Lorsqu'après la révolution, Roquemartine fut rattachée à
Eyguières en 1805, l'annexion se fit tant au religieux qu'au
civil. Dès lors et jusqu'à peu près en 1870, la messe ne fut plus
célébrée dans la chapelle du Castellas que le jour de la fête
patronale par le clergé d'Eyguières.

De tous les prêtres qui ont desservi Roquemartine, nous ne
connaissons que le nom de Joseph Roche Chastelas, originaire d'Eyguières, qui fut ordonné prêtre en 1769, à un âge
assez avancé, après avoir passé sa jeunesse dans les travaux
de la campagne. D'abord il fut, durant une année, vicaire
dans sa propre paroisse ; puis il fut procuré de Roquemartine
de 1770 à 1783, époque où il tomba gravement malade et
redevint vicaire à Eyguières.

Le procès-verbal de la visite épiscopale faite en 1708 par
M⁰ʳ de Gontéri, nous fournit quelques détails précieux pour
nous aider à connaître la vieille église de Roquemartine Nous
les donnons *in-extenso :*

Sur l'ordre de l'archevêque qui était à Eyguières, M. de la
Baume, secrétaire, et le prosecrétaire allèrent avec plein pouvoir faire la visite de St-Pierre de Vence et de Roquemartine.

Après qu'ils eurent adoré le St-Sacrement, M. le curé reçut
la commission épiscopale, qui fit sur-le-champ la visite de
l'église. Celle-ci était sous le titre de la Ste-Vierge; la paroisse
était un prieuré monacal dépendant de l'abbaye de St-Victor
de Marseille, possédé en 1708 par M. de Roaie.

Tabernacle. « Le St-Sacrement est dans un petit ciboire
« d'argent dont le pié sert à l'ostensoire ; il y a aussi une petite
« boëte pour porter le St-Viatique en campagne, attendu que
« cette paroisse est en partie composée d'hameaux et gran-
« geages, contenant environ huitante ames de communion ;
« la clef du tabernacle n'est point dorée, et il n'y a point de
« daiz au-dessus de l'autel. Les Saintes-Huiles sont conservées
« avec propreté au-dessus du tabernacle. Aux Fonts baptis-
« maux, il manque une culière, une image de St-Jean-Baptiste,
« et des clous sur le couvercle.

« Les livres de la Cure sont fort bien tenus.

« Le grand autel est pourvu de tout le nécessaire. — La
« voute de toute l'église a besoin d'être réparée.

« La sacristie est fort mal propre ; le vicaire ne s'y habille
« pas. Il y a quatre chandeliers de laiton, une chasuble de
« chaque couleur et une autre de ligature avec un pluvial
« blanc (chape), six purificatoires, trois amicts et les autres
« linges nécessaires.

« L'autel de St-Simphorien n'est pas orné ; on n'y dit pas
« la messe. Il y a une autre chapelle sans titre et sans tableau,
« où repose le St-Sacrement le jeudi saint ».

Cimetière. Il touche à l'église ; il est ouvert à deux endroits
qui se peuvent fermer avec des portes.

Quelques seigneurs de Roquemartine furent ensevelis dans
l'église, il en est plusieurs dont le lieu de sépulture se trouve
dans l'église de St-Pierre du Canon, près de Salon. Le moment
est venu d'aborder la matière qui traite des familles seigneuriales.

CHAPITRE III

FAMILLE SEIGNEURIALE. — D'ALBE OU D'AUBE — S ELZÉAR ET
SAINTE DELPHINE. — MARQUISAT. — DE BENAULT DE LUBIÈRES. —
DE BONNECORSE.

Le château de Roquemartine fut construit probablement au
commencement de la féodalité par la famille d'Albe ou d'Aube
qui n'a jamais cessé d'être la famille seigneuriale. La généa-
logie de cette maison a été conservée en entier dans le livre de
raison de la maison d'Albe, commencé en 1465 et arrêté en
1672. Pour la faire connaître, nous ne saurions mieux faire
que de laisser la parole à l'un des auteurs de ce livre, en conservant le texte original.

« L'ancienne famille Daube, ainsy qualifiée par ceux quy
« ont faict la recherche de l'origine des maisons de cette pro-
« vince et de celles du royaume, prent la sienne de sy loing,
« qu'a peine trouverait on d'autre source de son antiquité que
« celle des I^{ers} siècles, non plus que de la possession des terres
« de Roquemartine et du Thoret. Et quoy quelle en aye pos-
« sédé d'autres en cette province et ailleurs quy sont presque
« toutes tombées en quenouille par les deffaut des masles des
« anciennes branches de cette même famille, quy ayant jadis
« été leune des plus nombreuses de la province, se treuve
« réduite à la seule branche des aisnés, quy a conservé nonobs-
« tant la révolution des siècles et la mauvaise conduite de ses
« prédécesseurs, les terres de Roquemartine et du Thoret ;
« depuis tant de siècles la succession desquelles a toujours
« affectée aux aisnés de cette race, a cause de l'ancienneté du
« titre dans leur famille, ainsy qu'on a remarqué par lés tes-
« taments et dispositions de tous les anciens possesseurs des
« dites terres de ce même nom, au delà de Thomas, Ier de ce
« nom, quy en était seigneur en l'année 1400 et de la terre de
« Puymichel, et quy avait de grands biens à Tarascon et à
« Montpaon. Ce Thomas moureust en l'année 1465, en laquelle
« il fit son testament, et institua Jean Aube, son fils aisné, et
« de Damoyselle Allemande de Gironte, fille du sieur baron

« de Monclar, son héritier universel avec charge de substitu-
« tion à tous les masles descendants dudit Jean, quy feust
« une condition sy ruineuse pour ses descendants qu'il a tenu
« à peu que ce nayt esté l'anéantissement de cette famille. »

Avant de citer les personnes les plus illustres de cette famille, nous voulons donner une place bien méritée à celle qui, mariée avec Irmingaud de Sabran, fut appelée de son vivant la bonne Comtesse, à cause de ses vertus, et qui eut la gloire et le bonheur d'être la mère de S. Elzéar, nous avons désigné Laudune Albe (1283).

Puisque la gloire des enfants rejaillit sur sa famille, c'est un devoir pour nous de mentionner ce saint si connu et si aimé en Provence, avec son épouse Delphine de Signes, sainte elle aussi. Ces deux personnages, canonisés par l'Eglise, appartiennent à l'histoire de Roquemartine.

S. Elzéar et Sainte Delphine. — L'illustre Elzéar de Sabran se fit remarquer de bonne heure et pendant toute sa vie par sa mortification qui le fit entrer dans le Tiers-Ordre de Saint-François, par son amour pour les pauvres, son dévouement pour les malades, son attachement à la prière. Dieu l'en récompensa par le don des miracles. On en cite plusieurs et en particulier la guérison de Constance d'Albe, fille du sei-gneur de Roquemartine, qui possédait un hôtel à Arles dans le quartier de Sᵗᵉ-Anne. Ce saint vécut dans la chasteté la plus complète avec son épouse Sᵗᵉ Delphine. Celle-ci était née à Puymichel, dans le château qui appartenait à la famille d'Albe. Privée de ses parents à l'âge de sept ans, elle fut confiée à sa tante, abbesse du monastère de Sᵗᵉ-Catherine de Sorps. Ce monastère fut fondé en 1254 pour cent religieuses, tout près d'une des merveilles de la nature provençale ; nous faisons allusion à cette source toujours claire, quoique bouillonnante, à l'eau limpide et à l'écume argentée qu'on a appelée, en 1634, Fontaine-l'Evêque. Les parents d'Elzéar de Sabran habitaient à cette époque le château seigneurial de Beaudinard, peu éloigné de Sorps. Ils avaient envoyé leur fils à Marseille au-près de son oncle, l'abbé de Saint-Victor. Charles II, roi de Naples et comte de Provence qui alors demeurait à Mar-seille, conseilla d'unir Elzéar avec Delphine, âgée à peine de 15 ans. Leur mariage fut béni par l'archevêque en présence du roi. Ces saints époux furent fidèles toute leur vie à leur vœu de virginité. Elzéar mourut à Paris ; son épouse vendit alors tous ses biens et les distribua aux pauvres. Après sa mort, sa dépouille fut déposée dans la ville d'Apt auprès du corps de son époux. Le culte de St-Elzéar de Sabran et de Sainte-Delphine de Signes est très populaire en Provence : il a été approuvé et confirmé par le B. pape Urbain V. Leur statue est dans la chapelle de Roquemartine, à côté de l'autel.

En 1309, mourut à Tarascon, en opinion de sainteté, Saucia Albe, femme d'un sénéchal de Provence.

Le cardinal d'Albe vécut à la même époque, sous le pontificat de Clément V, premier pape qui siégea à Avignon.

Citons encore en 1372, Jacques, sénéchal de Provence, et Charles, grand sénéchal des troupes du roi ; — en 1526, Louis Albe de St-André ; — en 1541, Robert, grand prieur de Saint-Gilles ; — en 1550, Antoine, prévôt de la Ste-Eglise d'Arles ; — en 1523, Arnaud, conseiller au Parlement de Provence ; — en 1671, André d'Albe qui reçut le premier du roi de France, le titre de marquis et vit ériger en marquisat sa terre de Roquemartine ainsi qu'il ressort de la pièce suivante que nous transcrivons.

Marquisat. — « Louis par la grâce de Dieu, roy de France et de Navarre, comte de Provence, Forcalquier, terres adjacentes, à tous présents et advenir, salut.

« Estant informé que la maison d'Albe est une des plus
« nobles et des plus anciennes de notre pays et comté de Pro-
« vence, de laquelle est issu le cardinal d'Albe quy vivait sous
« le pontificat de Clément V, et depuis Jacques et Charles
« d'Albe, nepveux dudit Cardinal, qui vivaient sous le règne
« du roy Louis Ier, et se rendirent l'un et l'autre très-considé-
« rables par leur mérite et leurs services, que ledit Jacques
« d'Albe fut fait grand sénéchal de Provence, et le dit Charles,
« grand maréchal des troupes du dit Roy ; Considérant d'ail-
« leurs que cette ancienne maison a despuis produit de siècle
« en siècle plusieurs subjets célèbres dans l'histoire du pays,
« quy faist une honorable mention et de leur vertu ainsi que
« de leur naissance, Nous avons heu bien agréable la très-
« humble supplication qui nous a esté faite de la part de
« notre cher et bien aimé André d'Albe, sieur de Roquemar-

« tine, du Thouret, de Vaulongue et de St-Ange de vouloir
« ériger la dite terre et Seigneurie de Roquemartine en mar-
« quisat, etc.

« Donné à Paris au mois de février, l'an de grâce mil six
« cent soixante-onze, et de notre règne la 28ᵉ. Loys. »

Tous ces titres, y compris celui de marquis, furent transmis
à Louis d'Aube de Roquemartine, prévôt du chapitre d'Arles,
qui fut nommé évêque de Grasse, et fut sacré le 17 janvier 1677,
par J.-B. de Grignan, coadjuteur de l'archevêque d'Arles,
assisté des évêques de Cavaillon et de Vaison. Il devint ensuite

Nigra sunt sed formosa (devise des de Benault).

évêque de St-Paul-Trois-Châteaux. Il fut le premier désigné
sous le nom d'Aube, et le dernier rejeton de cette illustre
famille. Il était l'héritier du marquisat, et en lui devait s'éteindre la maison des Albe. De son vivant, il céda le marquisat et
le nom de ses ancêtres à Henri de Benault de Lubières, descendant des Albe par les femmes. Des lettres patentes furent
renouvelées en 1701 en faveur du nouveau marquis.

Blason. — La famille d'Albe ou d'Aube avait un écu ainsi
blasonné : Ours de sable sur champ d'argent, avec la devise :
Mihi nascitur et perit ira. Ma colère aussitôt née disparaît.

Après qu'il eut reçu le titre et les propriétés du marquisat, Henri de Benault de Lubières conserva son propre blason, composé des deux écus de Benault et de Lubières, supportés celui-ci par un loup et celui-là par un nègre, tous deux surmontés de la couronne de marquis. Le blason des de Benault portait : trois têtes de nègre de sable affrontées et enchaînées d'argent, sur champ d'or avec l'exergue : *Nigra sunt sed formosa :* ces têtes sont noires, mais belles. Celui des de Lubières avait à l'écu : lion d'or ravissant, tenant dans ses pattes une fleur de lis d'argent, sur champ de gueules.

De Benault de Lubières. — Les de Lubières comme les Albe avaient un hôtel à Arles. Sans doute, l'héritier du marquisat de Roquemartine appartenait à la descendance de Jean de Lubières, contemporain et ami du roi René, et par celui-ci chargé en 1464 d'une juridiction spéciale destinée à juger les malfaiteurs si nombreux qui chaque soir mettaient la ville en coupe réglée. Jean de Lubières fit pendre les trois premiers voleurs qui furent saisis. Une des cordes cassa, la foule cria au miracle, arracha le patient des mains des gens de justice, et pour le sauver l'entraîna dans l'église de St-Trophime. Le grand justicier y entra pour reprendre le condamné ; mais il fut injurié, molesté et frappé dans l'église même.

A cette même famille de Lubières se rattache Varadier de St-Andiol, chanoine d'Arles, insigne bienfaiteur des pauvres, auteur de poésies sacrées et profanes qui furent imprimées sous le titre : *Juvenilia,* et d'une traduction de l'imitation de Jésus-Christ en vers latins. Il fut un des fondateurs de l'Académie d'Arles.

Vers la fin du XIX° siècle, la famille de Benault de Lubières a eu le même sort que celle d'Aube. La succession à la propriété des biens et des titres a passé, faute de descendance mâle, sur la tête d'une nièce qui, par son alliance antérieure avec M. de Bonnecorse, a introduit les droits au marquisat dans une famille digne à tous égards d'un pareil héritage.

M. de Bonnecorse de Benault de Lubières, marquis de Roquemartine, ancien conseiller à la Cour d'Aix, premier héritier par sa femme du marquisat, est décédé dans son hôtel d'Aix, le 3 juillet 1900. Il appartenait à la plus vieille aristocratie de Provence. Au XVII⁰ siècle sa famille avait produit le poète Balthasar de Bonnecorse et en 1788, à la veille de la révolution, elle donna pour Maire à la ville des Baux M. de Bonnecorse de Beauregard.

Le marquis de Bonnecorse avait toute la distinction de race de la noblesse authentique alliée à une simplicité charmante et à une bonté qui ne faisait aucune exception. Conseiller à la Cour, il y occupa très bien sa place avec son savoir juridique, sa perspicacité native, son esprit fin et sa grande droiture. C'est à ce titre qu'il fut décoré de la Légion d'honneur. En 1883, il descendit de son siège, lors de l'épuration de la magistrature. Chrétien vaillant, d'une religion aussi simple que franche, il a contribué aux bonnes œuvres partout où il a vécu, notamment à Eyguières. C'est pourquoi on a pu dire de lui sur sa tombe : « C'est une noble figure qui disparaît... sa « fin comme sa vie a été celle d'un homme de foi, d'un chré- « tien convaincu. En nous quittant, il laisse une belle famille « dont chacun des membres le fera revivre.

Cette famille est composée ainsi que suit : 1° Frédéric de Bonnecorse, capitaine d'infanterie, devenu par le décès de son père marquis de Benault de Lubières de Bonnecorse ; — 2° Madame de Savy ; — 3° Charles de Bonnecorse, avocat, et 4° Madeleine de Bonnecorse.

La chapelle de Roquemartine, avons-nous dit, possède les deux statues de S. Elzéar et de Sᵗᵉ Delphine, mais lorsqu'on voyait à leurs pieds en prière, ou dans le château pratiquant les vertus domestiques, le marquis et la marquise, on croyait voir revivre en une excellente copie, les deux saints époux qui ont illustré la Provence au XIII⁰ siècle, et en particulier la famille d'Albe. Et lorsque nous lisons au-dessus des nobles écus des Benault de Lubières : *Nigra sunt sed formosa*, nous nous permettons par une substitution naturelle et une application facile aux derniers héritiers d'écrire : *Albi sunt et formosi* : ils appartiennent aux Albes et ils sont beaux.

IIIᵉ PARTIE

RELIGION

LIVRE Ier

Temps primitifs jusqu'au XIe siècle.

CHAPITRE Ier

PAGANISME. — PREMIERS SIÈCLES DU CHRISTIANISME.

Dieu existe et tous les peuples qui ont habité notre chère
Provence ont été religieux, c'est-à-dire ont été reliés à la divinité par un ensemble de croyances et de rites qui ont constitué les diverses religions à travers les siècles.

Les Désuviates avaient sans doute la religion druidique dont
le culte ne se faisait pas seulement dans les forêts, mais aussi
dans certains lieux couverts, appelés temples. Les Druides,
qui étaient à la fois législateurs, juges, instituteurs de la jeunesse et prêtres, présidaient à l'exercice de la religion. On croit
que le temple principal des Désuviates était bâti au nord des
marais de la vallée des Baux. En tête de ces marais aujourd'hui
desséchés, au nord-est, sur une petite chaîne de montagnes
parallèle à celle des Aupies, et en regard des Baux, on voit
s'élancer les élégantes tours de Castillon, autrefois reliées
entr'elles par un rempart qui dominait le village de St-Martin
de Castillon, devenu aujourd'hui le charmant Paradou, et dont
il ne reste plus que les fondations de la chapelle, de 14 mètres
sur cinq au niveau du sol, orientée du levant au couchant.
C'était jadis un fief, un marquisat qui, donné aux princes de
Monaco, fut acquis par M. Le Blanc, membre du Parlement
d'Aix, qui prit aussitôt le nom et le titre de marquis Le Blanc
de Castillon. Au levant de ces tours, à l'extrémité de la petite
chaîne appelée la Penne, tout près de l'ancienne voie romaine
qui se détachait de la voie Aurélienne du côté de Mouriès,

passait au midi de Chabrand, puis à la gorge des Pompes et s'engageait à travers les marais pour traverser l'étang du Comte et rejoindre la voie romaine du littoral, au sud de la Crau, à l'endroit même où existe encore de nos jours la belle chapelle romane du XI° siècle, dédiée à saint Jean et dont les dépendances étaient un asile ouvert aux pèlerins de Terre-Sainte, desservi par des religieux de l'ordre de St-Jean de Jérusalem, là, les Désuviates faisaient le culte religieux druidique (1500 à 600 ans avant J.-C.). De nombreux débris de poterie celte indiquent cette place et la fixent.

Sous la domination romaine, et déjà dans la période des rapports commerciaux avec les Grecs, les divinités païennes durent, avec leur mythologie, s'introduire et s'implanter chez ce peuple : la plaque de plomb couverte d'une inscription cursive, où les lettres grecques sont, en majorité, mêlées à des caractères étrusques, trouvée en 1898 sur l'ancien emplacement de la chapelle de Ste-Cécile (Coste-Fère), est une preuve à l'appui de cette affirmation, qui d'ailleurs est corroborée par la découverte à quelque distance, à la Roche du Nadal, d'urnes cinéraires et de statues, dont l'une représente une divinité sous les traits d'une femme voilée.

La Providence avait des vues particulières sur notre belle contrée : dès l'origine du christianisme, des apôtres choisis et prédestinés vinrent évangéliser nos pères. Saint Trophime annonça l'Evangile à Arles, vers l'an 46, envoyé par saint Pierre et saint Paul, mais déjà d'autres apôtres l'avaient devancé : Marthe et Marie-Madeleine, les saintes Marie Jacobé et Salomé, saint Maximin, chassés de Judée par la persécution et jetés sur la mer dans une barque désemparée, s'étaient voués à la conversion de la Provence après être descendus sur la plage des Saintes-Maries de la Mer. Lazare était dans l'île de Chypre, et vint un peu plus tard à Marseille. Maximin alla à Aix ; sainte Madeleine se rendit au désert de la Ste-Baume, les deux sœurs Jacobé et Salomé restèrent au pays qui conserve leur nom, et sainte Marthe évangélisa sur les bords du Rhône, Arles, Tarascon et Avignon. Nous ne nous arrêterons pas à réfuter un auteur qui moins que d'autres est autorisé à enseigner, contrairement à nos traditions, que les saints de Provence ont été exposés par saint Pierre sur la Méditerranée dans une mauvaise embarcation. Est-il nécessaire de faire remarquer à certains auteurs qu'ils ont tort de relever ce qu'ils appellent la tradition religieuse, lorsqu'ils combattent nos traditions provençales et nient l'arrivée sur la plage de Camargue des saints de Provence, parce qu'une erreur s'est glissée chez le peuple d'après laquelle les saintes Marie seraient venues débarquer aux Baux, alors battus par les eaux de la mer? La croyance populaire ne se trompe pas quand elle affirme que la mer autrefois baignait les Baux et que les saintes Maries ont visité ce pays. L'erreur consiste à rapprocher deux faits qui sont séparés par des siècles : il est vrai que les flots de la mer couvraient tout, la Crau et le reste jusqu'à la chaîne des Alpilles, plus de 1200 ans avant J.-C. ; il peut être vrai que les saintes Maries sont venues visiter les Baux et se sont arrêtées à l'endroit où la piété des chrétiens va les honorer, devant la stèle des trois personnages que l'on dit être des personnages romains. Pour le peuple, ces sculptures représentent les saintes Maries et leur servante aussi bien que le ferait un bas-relief fait tout exprès pour conserver le souvenir de nos grandes saintes. En quoi cela infirme-t-il nos traditions? Nous aimerions bien mieux voir ces critiques attaquer de front nos traditions qui sont assez solidement établies pour résister, plutôt que de les surprendre avec un faux air de triomphateurs après avoir battu en brèche une erreur populaire sans portée, qui n'a rien de commun avec la croyance appuyée sur les données de la science et sur les documents les plus certains.

Donc les saints de Provence ont dû parcourir la province, ne fut-ce parfois que pour se rapprocher les uns des autres, et chemin faisant, leurs lèvres devaient répandre la bonne nouvelle, et la semence qu'ils jetèrent ne fut pas perdue. Plus tard, lorsque la voie Aurélienne exista, il y eut encore des apôtres pour arroser de leurs sueurs le champ du père de famille ; leur prédication fut encore plus féconde après la grande apparition dont Constantin fut témoin dans cette région, quand il vit, lui et ses soldats, le signe de la croix entouré de rayons, avec ces deux lettres grecques : Alpha, Oméga, le tout surmonté de la légende : *In hoc signo vinces*, par ce signe tu seras vainqueur. Les peuples se convertissent rapidement, et le succès d'Hilaire, mort à 48 ans, en 449, est immense auprès des bergers qui peuplent la Crau, lorsque ce saint docteur doublé d'un poète qui charme les cœurs et les forme à la vie chrétienne, s'avance nu-pieds et vêtu pauvrement, le samedi-saint, pour achever leur instruction commencée par des catéchistes, et les baptiser ensuite. Peut-on supposer raisonnablement que les habitants voisins du lieu qui plus tard devint Eyguières, bergers, chasseurs, pêcheurs ou agriculteurs, n'aient reçu la visite providentielle et sanctifiante de ces envoyés de Dieu ? Non, car ils étaient trop sur leur passage, tout près de la voie Aurélienne. Dans tous les cas, les ombres de la mort ne devaient pas les trouver toujours assis et endormis dans leurs erreurs. D'autres avaient laissé en passant dans cette région la bonne odeur de leurs vertus qui n'étaient autres que celles de J.-C. Le moment était proche où ces hommes, ces femmes, ces enfants dispersés comme des brebis errantes au midi des Alpilles et surtout dans la vallée des Glauges, du côté de la Roche de Nadal et de Roquemartine, se sentiraient attirés par un parfum tout particulièrement entraînant, au point de dire à celui qui allait le répandre : *In odorem unguentorum tuorum currimus :* nous accourons à l'odeur de vos parfums divins. Vérédème était né, san Vérume allait venir sanctifier par sa vie solitaire le col de Mélet, et indiquer le lieu où serait bâtie la ville des vivants, en attendant que cet endroit embaumé par ses prières et ses pénitences devînt plus tard la cité des morts.

CHAPITRE II

Saint Vérédème. — Sa vie.

Saint Vérédème, le grand ermite de la Provence, est le patron d'Eyguières. Il ne saurait nous déplaire de constater que l'histoire d'Eyguières, à proprement parler, débute par la vie d'un saint. La voici dans sa brièveté.

De Vérédème ou Vérédime — en provençal Vérume — on

a conservé à peine quelques souvenirs : c'est la tradition et le Bréviaire d'Uzès qui nous fournissent des détails, et encore sont-ils en petit nombre. La tradition dit qu'il était d'origine grecque, qu'il naquit vers l'an 660.

> « En plen siécle seten, vers l'an sieis cent seissante,
> Souto la rajo escandihante
> Doù beu souleu de Grèço, un enfantoun naissié
> E floureto de Dieu, d'aise s'espandissié. »

Quant aux noms de ses parents, de sa ville natale, silence complet. Comme il vécut d'humilité, il ne révéla jamais rien, et le nom de Vérédème, sous lequel est connu ce saint, paraît lui avoir été donné par le peuple, à cause des nombreux bienfaits dont il le comblait. Ce mot signifie dans la langue grecque alors encore parlée en Provence : soutien du peuple.

Déjà épris de l'amour d'une vie solitaire dans son jeune âge, il fut recherché et gêné par ses parents et ses compatriotes. Alors il conçut le dessein de fuir loin du beau ciel de la Grèce. Il rencontra des Marseillais qui se préparaient à rentrer dans leur patrie ; il s'embarqua avec eux, passa en Italie dont il visita les lieux célèbres, laissa partout la bonne odeur de ses vertus, autant sur le continent que parmi les matelots et les voyageurs, et aborda aux côtes de la Provence. Là, il se déroba à ses compagnons de route, mais par eux le renom de sa vertu, de sa piété et de sa sainteté se répandit parmi les peuples qu'il visita. (*Bréviaire d'Uzès* du XVIIᵉ siècle, cité par les Bollandistes.)

Quelles furent ces populations ? Laissant les grandes voies romaines qui conduisaient sur Aix ou sur Arles, il prit le chemin solitaire de la Crau, vaste désert pierreux qui précédait un autre désert fait de bois, de marais et d'étangs, au milieu desquels se trouvaient quelques rares hameaux, et de nombreux bergers conduisant des troupeaux immenses, appelés abéiè, formés par les « escabots » des particuliers. Là se trouvait à l'aise ce jeune homme qui avait faim et soif de vie solitaire. Mais il fut surpris par des bergers ; il s'éloigna encore et de solitude en solitude, il finit par arriver aux confins de la Crau, au pied des Alpilles. Il s'y fixa au lieu même qui de nos jours porte son nom et désigne à la fois sa retraite et le cimetière. Mais on se dit bientôt :

> Qu'un jouine ermito ié trevavo,
> Qué dins la bouscasso abitavo,
> Vivent de racinage, et d'aigo di sourgent.

L'ermite se dérobe à l'empressement des visiteurs nombreux qui l'assiègent, fuit et s'arrête à Verquières quelque temps, et toujours poursuivi par la foule avide de contempler ses traits, il traverse la Durance, passe à Avignon, franchit le Rhône, et habite tour à tour dans les rochers de St-Privat, la grotte de la Balousière, puis celle de N.-D. de Laval, et errant à travers les forêts et les sentiers, il arrive enfin sur la rive du Gardon, diocèse d'Uzès, où il se fixe après avoir choisi pour son domicile une grotte creuse, dont l'accès était très difficile, à cause des rudes anfractuosités de la montagne (*Bréviaire d'Uzès*).

Cette description s'applique parfaitement à la baume du Gardon, où le saint fit sa plus longue station, dans la grotte de Sanilhac, grande perforation qui traverse la montagne. Placée à plus de vingt mètres au-dessus des eaux du Gardon, sur lesquelles elle sûrplombe directement, elle mesure environ cent trente mètres de longueur. Là le jeune saint, à la figure angélique, pieuse et suave à faire envie, vécut en vrai solitaire.

Un jour pourtant, il eut une visite, celle d'un autre ermite qui était comme lui originaire du beau pays de Grèce et avait adopté le même genre de vie que lui. On l'appela Gilles, du nom que les Grecs donnent à la chèvre, parce qu'il se nourrissait du lait d'une chèvre qui le suivait toujours. Après la mort de ses parents, Gilles avait distribué tout son patrimoine aux pauvres ; puis il se rendit à Arles où il vécut deux ans auprès de l'illustre évêque saint Césaire. Mais se sentant appelé à la vie érémitique, il se retira dans la vaste solitude que lui offrait la rive droite du Rhône. Et ce fut dans cette retraite qu'il fit la rencontre de son compatriote Vérédème, auprès de qui il se fixa et vécut quelques années. Sans doute ce furent leurs prières réunies qui obtinrent de Dieu la cessation de la sécheresse qui dévastait le pays.

Un peu au-dessus de l'asile de Vérédème se trouvait une excavation d'un accès très difficile, par un sentier étroit, creusé dans le roc lisse, Gilles s'y établit. On voit encore la place de son grabat, ainsi qu'une grande croix grecque entre deux autres croix. Les solitaires élevèrent une chapelle qui peut contenir environ dix personnes : elle est placée entre les deux asiles et appuyée dans la profondeur du rocher ; elle est terminée par une abside circulaire. D'après M. Révoil, c'est la plus ancienne construction chrétienne du Bas-Languedoc.

Les habitants de la région connaissaient ces retraites. Un jour, ils apportaient sur une civière un pauvre malade à travers les bois. Les saints ermites rencontrèrent ce cortège étrange. On les supplie de guérir le malade ; la piété de Vérédème l'emporte sur l'humilité de Gilles ; il met les bras en croix, implore Dieu, les yeux levés vers le ciel, et dit au malade : « Prends ta civière et loue éternellement le Seigneur qui te « guérit ». Le malade obéit, et au bruit de sa guérison, de tous côtés on accourt pour contempler les saints ; on leur amène des malades, des estropiés, des possédés. Il semble que le désert est changé en une ville bien peuplée, si nombreux sont ceux qui viennent pour chercher la guérison. Vérédème se prête à ces demandes.

Or un jour, dit Nouguier, en l'absence de Vérédème, un paralytique fut présenté à son compagnon pour qu'il le guérît. Gilles, par humilité, renvoya à Vérédème qui, par ses prières, obtenait habituellement de Dieu tous ces miracles si extraordinaires. Enfin, touché par les prières du peuple, Gilles qui autrefois, en Grèce, avait opéré des miracles et avait guéri un pauvre malade en le revêtant de sa tunique, usa encore de ce don merveilleux. Il guérit ce paralytique, et après une telle merveille, il se sépara de son maître, quitta son ermitage, et alla à la recherche d'une retraite plus assurée. Il se retira dans la forêt flavienne, où existe aujourd'hui Saint-Gilles-du-Gard. Cette ville possède quelques restes très précieux de l'ancien couvent fondé par saint Gilles ; le tombeau du saint est dans une belle crypte, sur laquelle a été bâtie une église remarquable par son porche qui rappelle celui de Saint-Trophime d'Arles.

Quant à Vérédème, la tradition rapporte qu'il quitta lui aussi la Baume en même temps que son émule en sainteté et en miracles. Il dirigea ses pas du côté du levant, vers la forêt de Pujaut ; la foule vint encore là implorer sa puissance miraculeuse, et quand il voulait se soustraire à ces recherches empressées, il retournait à sa chère grotte du Gardon pour y prier dans un recueillement plus profond. Le chemin qu'il suivait est encore de nos jours appelé le chemin de Saint-Vérédème ou d'Avignon, et passe au rocher de Sanilhac.

Or, sur ces entrefaites, Agricol, évêque d'Avignon, arrivé au terme de son existence, avait assemblé son clergé et son peuple avant de mourir. « Amis, leur dit-il, la mort me presse, « et je sens que Dieu va m'appeler à Lui ; je vous invite à élire, « pour me remplacer, Vérédème qui, dans la forêt, mène une « vie angélique, et à qui Dieu a accordé le don des miracles. « (Nouguier) ». Après son décès, l'assemblée générale du clergé et du peuple, se ressouvenant des paroles du saint pasteur, choisit l'ermite Vérédème pour le placer à la tête de l'église d'Avignon. Bientôt le désert fut de nouveau envahi par une foule compacte, composée cette fois de prêtres et de fidèles qui entourèrent l'ermitage, et malgré les larmes abondantes et le refus du solitaire, moitié par prière et moitié par force, amenèrent Vérédème avec des cris de joie à Avignon. Son prédécesseur était mort le 27 septembre 700. Elu aussitôt après, Vérédème gouverna l'église confiée à ses soins pendant vingt-deux ans, Dieu l'ayant appelé à Lui le 17 juin 722. Voici son épitaphe d'après Fornéry (*Histoire du Comtat Venaissin*) :

« *Veredemus Xri famulus et sanctus ecclesiæ aven. episc. hic pausat in pace, qui vixit plus minus LXI an. Depositus XV Kal. Julias, épiscop. sui XXII, indict. V.* « Vérédème, serviteur du Christ, et saint évêque de l'église d'Avignon, repose ici en paix ; il vécut environ soixante et un ans. Il mourut le quinzième jour des calendes de juillet, la vingt-deuxième de son épiscopat, indiction cinquième ».

C'est la ville d'Avignon qui possède les reliques de notre saint ; elles se trouvent dans l'église de N.-D. des Doms, où elles furent transportées, en 1321, par le pape Jean XXII qui siégeait à Avignon ; depuis lors, cette église est devenue le centre du culte de S. Vérédème. L'église d'Uzès possède aussi une portion de ces précieuses reliques. La chapelle qui porte son nom au territoire de Pujaut, fut bâtie, vers le XIᵉ siècle, à l'endroit désigné comme ayant été son dernier ermitage. La paroisse de Verquières, du diocèse d'Aix, a saint Vérédème pour patron, et elle l'honore aussi comme titulaire de l'église paroissiale. Mais son culte est surtout populaire à Eyguières qui l'invoque comme patron depuis un temps immémorial. La chapelle romane du Xᵉ au XIᵉ siècle, bâtie dans le cimetière qui porte le nom de Vérédème, est consacrée à ce saint. L'église paroissiale ne possède aujourd'hui, dans la chapelle du Saint-Esprit, que la statue de saint Vérédème et un tableau appendu au mur de la même chapelle, du côté de l'épitre, près de la statue. Ce tableau représente saint Agricol à son lit de mort, laissant ses insignes épiscopaux, la crosse et la mitre, entre les mains des anges qui les transmettent à son successeur, S. Vérédème.

Mais avant la Révolution, Eyguières possédait en entier une côte du saint. Elle lui fut donnée par Mᵍʳ de Mauzy, archevêque d'Avignon, comme l'atteste un acte dressé le 16 mai 1761, par Mᵉ Poncet, notaire apostolique de la ville d'Avignon. Ce trésor fut apporté par M. Forestier, prêtre de la paroisse d'Eyguières, qui alla le chercher et le recevoir en compagnie de M. Louis Emeri, second consul.

CHAPITRE III

S. Vérédème patron d'Eyguières. — Fête votive.

A quelle époque S. Vérédème fut-il donné comme patron à Eyguières ? Sans doute, ce fut dès l'origine de cette ville, et cela pour un double motif facile à comprendre. Eyguières, très vraisemblablement, fut établie d'abord tout près de l'endroit où S. Vérédème avait vécu, et elle relevait au point de vue administratif de l'évêché d'Avignon ; il était donc naturel que l'autorité ecclésiastique donnât à Eyguières comme patron le saint qui était devenu évêque d'Avignon après avoir vécu en ermite sur l'emplacement même occupé plus tard par cette paroisse.

Le jour choisi pour fêter le saint patron fut le 17 juin, date de sa mort. Cette date, fixée de temps immémorial, figure dans un bréviaire de Grasse de 1528. Mais au XVIᵉ siècle, le blé était devenu une récolte importante, et comme au milieu du mois de juin les travaux de la moisson occupaient beaucoup, le conseil de ville délibéra, le 25 avril 1550, de supplier l'archevêque d'Avignon de permettre qu'à l'avenir la fête de S. Vérédème se fît un autre jour. Le vicaire consentit, au nom de l'archevêque, à ce que la fête fût devancée : elle fut fixée au 20 mai.

Dès la veille, on allait en procession à la chapelle de St-Vérédème, où l'on chantait solennellement les premières vêpres. Le jour de la fête, l'office était très solennel, et l'on se rendait de nouveau processionnellement à la chapelle de *Monsieur saint Vérédème*, pour y chanter la grand'messe. Tels étaient les usages inscrits au Coutumier.

Toutefois, l'année 1743, par ordonnance du 4 mai, l'archevêque d'Avignon régla « qu'à l'avenir on ne chanterait plus la « grand'messe le jour de la fête patronale parce que l'on ne « gardait pas toujours le respect dû à la terre des morts ». Il y a tout lieu de croire que la chapelle ne pouvant contenir l'assistance, celle-ci devait se disperser dans le cimetière et y commettre des irrévérences.

Donc, le 19 mai 1743, veille de la fête, au retour de la procession au cimetière, et avant de donner la bénédiction du Saint-Sacrement dans l'église paroissiale, M. Dallen, vicaire perpétuel, lut l'ordonnance du haut de la chaire. Avant de quitter l'église, les consuls et le lieutenant du juge allèrent à la sacristie, au milieu des murmures du peuple, et M. Jean d'Hoteman, premier consul, déclara qu'au nom de ses collègues et de la Communauté il faisait appel de la décision susdite. Le lendemain, la procession se fit, mais le clergé refusa de chanter la grand'messe, et pour calmer la foule, les consuls promirent d'aller à Avignon solliciter le retrait de l'ordonnance : le Conseil confia, le 21, cette mission à Jean d'Hoteman et à Pierre Guibert, consuls. L'archevêque, informé de ce qui se passait, ne fit aucun droit à leur demande ; puis, ayant reçu un *placet* du Conseil de ville, rédigé après consultation de trois avocats, il chargea son official de faire une enquête sur place. Sur ces entrefaites, le corps consulaire avait été renouvelé ; les trois consuls modernes refusèrent de s'occuper de cette affaire qui ayant été engagée par les anciens regardait ceux-ci et était à leur charge, frais et dépens, ainsi que le décida l'Intendant. De son côté, l'archevêque se plaignit auprès de M. de Mirepoix, commandant de la province, de ce que les anciens consuls voulaient mettre empêchement à l'exécution de son ordonnance. M. de Mirepoix les manda auprès de lui, à Toulon, blâma leur attitude (septembre 1743), et ce fut fini : la grand'messe ne fut jamais plus chantée dans la chapelle de St-Vérédème le jour de la fête votive.

Cette fête avait une partie civile dans son programme ; celle-ci était supprimée l'année de la mort du seigneur, de sa femme et de ses enfants. Mais en dehors de ce cas, le Conseil cherchait à rendre attrayante la fête en organisant des jeux et en multipliant les distractions pour amener les étrangers en grand nombre. Il y avait des courses : c'était le juge qui avait le droit exclusif de tirer un coup de pistolet pour annoncer le départ des coureurs. Le 31 mai 1700, on donna quatre francs à la fille de Jean Sabatier pour avoir dansé la *Mouresque* le jour de la fête patronale. Cette danse, introduite et laissée en Provence par les Maures ou Sarrasins avant le Xᵉ siècle, se faisait avec beaucoup de gestes très animés et très variés, et en portant une tunique blanche très courte et ornée de rubans. En 1649, Isabeau Estienne reçut trois francs parce qu'il avait dansé le soir de la fête, lorsqu'on faisait le *Guet* par le village ainsi que de tout temps on avait coutume de le faire.

C'était le capitaine de St-Vérédème qui devait supporter les frais de la fête votive, mais il jouissait, en échange, de certains privilèges, et même nous trouvons qu'en 1604, il recevait une indemnité pour honorer le patron, et qu'en 1733 on lui donnait une étrenne, le jour du *triomphe* du saint, pour son concours aux processions de St-Vérédème et de la Fête-Dieu avec sa bande de ménétriers, de violons et de tambours. Dans cette circonstance, il portait l'épée au côté, l'écharpe blanche frangée d'or, et le sponton (demi-pique). Il se mettait à la tête du capitanage armé de hallebardes, précédé par l'enseigne ou porte-drapeau, secondé par son lieutenant; il escortait les consuls qui, vêtus du chaperon, allaient prendre à son domicile le Juge, et tous ensemble, formant un cortège à la fois gracieux et imposant, se rendaient à la messe et assistaient à la procession, car alors on ne comprenait pas que l'on pût exclure la religion des fêtes locales ; le peuple était chrétien, il voulait une fête qui fût un vœu envers le Patron, c'est-à-dire un honneur, et on était loin de penser qu'un jour viendrait où, sous prétexte d'honorer le saint, on éliminerait du programme la partie religieuse qui serait remplacée par des danses lascives et des cafés-concerts où tout est fait pour démoraliser, tant le poison subtil de la sensualité se glisse dans les chants, dans les gestes et dans les costumes. Les gens qui se respectent ne devraient jamais franchir le seuil de ces lieux, mieux encore, la police devrait en fermer la porte.

La fête avait été fixée au 20 mai, et elle fut célébrée à cette date jusqu'en 1790. Alors, par délibération prise en février, le maire, officiers municipaux et les citoyens actifs, réunis dans l'église paroissiale, arrêtèrent que la fête du lieu serait transférée au 4 du mois d'août, *jour mémorable et à jamais célèbre dans les fastes de l'empire français, par l'abolition du système féodal.* A cette décision, le curé répondit qu'on ne pouvait ainsi décréter une translation de fête, sans avoir fait ressortir l'utilité publique de cette mesure. La municipalité ne parut pas embarrassée ; de même qu'en 1550, à cause des moissons, le 20 mai avait remplacé le 17 juin, de même on fit valoir, auprès de l'archevêque d'Avignon, que beaucoup de fidèles travaillaient aux vers à soie et au foin durant le mois de mai (7 mars 1790), et par là même faisaient infraction à la loi de l'Eglise. Cette raison parut suffisante au supérieur ecclésiastique qui, sans s'occuper des circonstances qui avaient inspiré la demande, accorda ce qui en faisait l'objet : on fêta donc S. Vérédème le 4 août.

Mais le XIXᵉ siècle s'était écoulé aux trois quarts lorsqu'on s'aperçut qu'au mois d'août il faut fouler le blé : les autorités civiles se décidèrent alors à choisir le deuxième dimanche de septembre pour faire la fête votive profane ; et depuis lors on est dans l'usage de prolonger jusqu'au jeudi, inclusivement, une fête que la plupart chôment scrupuleusement, tandis que la partie religieuse fut réduite, ce même jour, à une simple procession qui se faisait en ville à l'heure de la grand'messe. Il valait tout autant ne rien faire, et c'est ce qui est arrivé le jour où le Conseil municipal a cessé de se joindre au cortège religieux du saint.

La procession a été supprimée, le clergé dit l'office, et chante la grand'messe et les vêpres du saint Patron le 17 du mois de juin ; ce système a été consacré définitivement en 1898, avec le concours bienveillant de la musique et de la chorale de l'Œuvre de dom Bosco établie à St-Pierre de Canon, qui donna un éclat inusité à la fête d'un saint toujours resté cher aux pieux fidèles, malgré les nombreux changements que nous avons relatés.

CHAPITRE IV

La Paroisse.

De bonne heure, c'est bien évident, Eyguières connut la religion chrétienne ; soit que nous prenions cette population groupée au nord-ouest dans le quartier désigné encore aujourd'hui sous le nom de St-Pierre de Vence, soit que nous la trouvions réunie au col de Mélet, après le départ de S. Vérédème, et un peu plus tard au Mont-Menut, lors des invasions sarrasines, il est certain que la foi du Christ était celle de ce peuple. Dès que le groupement des habitants fut assez considérable, le culte religieux dut être confié à des prêtres séculiers et la localité fut érigée en paroisse, dépendant du diocèse d'Avignon. Et c'est même cette dépendance de l'Archevêque d'Avignon qui nous paraît comme une preuve de plus qu'Eyguières actuelle — et par là même nous comprenons le col de

Mélet et le Mont-Menu — a été formée et peuplée par les habitants de St-Pierre de Vence, dont elle n'était que le prolongement à travers le vallon des Glauges. Car sans cela comment expliquer ce fait que de tous les pays qui occupent le midi des Aupies, Eyguières seule ait été placée sous la juridiction ecclésiastique d'Avignon ? Tandis que la chose devient toute naturelle dès qu'il est admis que la paroisse de St-Pierre peu à peu s'est étendue vers le midi, élargissant ainsi le domaine épiscopal d'Avignon. Et ce point de départ une fois admis, nous ne serons plus à nous demander pourquoi l'archevêque d'Avignon finit par établir le centre du service religieux à Eyguières, en chargeant de la direction de cette paroisse les chanoines de St-Ruf, auxquels il confie en même temps le soin spirituel des habitants de St-Pierre, et leur donnant la chapelle de ce quartier à l'époque même où des notables d'Eyguières concèdent à ces mêmes chanoines les terres considérables qu'ils possèdent à St-Pierre de Vence, comme il sera dit bientôt. Enfin tandis que l'état des paroisses du diocèse d'Aix indique l'an 1070 comme étant l'année de la fondation de la paroisse d'Eyguières, il est incontestable qu'il faut remonter plus haut, puisque l'an 1048, l'archevêque d'Avignon, pour assurer le service paroissial et l'administration temporelle des biens du clergé à Eyguières, fonda un prieuré composé d'un prieur décimateur ayant sous ses ordres trois religieux, tous, comme le prieur, chanoines de l'ordre de St–Ruf. Or la présence de quatre prêtres en 1048 ou environ, dans cette paroisse, force à conclure que la population était considérable, et qu'elle se partageait alors en trois centres, St-Pierre de Vence, St-Vérédème et Ste-Marie-Madeleine. Donc à notre avis, le siècle de la fondation de la paroisse d'Eyguières n'est pas le XIᵉ comme on l'a cru jusqu'à aujourd'hui, mais bien le IXᵉ et peut-être même le VIIIᵉ, approximativement. Tout ceci méritait d'être établi avec quelque précision.

LIVRE IIe

Prieuré.

CHAPITRE Ier

Au commencement de l'année 1039, Benoît, évêque d'Avignon, donnait en plein don une église consacrée à S. Just, sise près d'Avignon, à des chanoines qui devaient y mener une vie retirée et conventuelle sous la règle de S. Augustin. (*Galliæ Christ.*, t. XVI). Ils y demeurèrent jusqu'en 1158, où ils allèrent s'établir dans le diocèse de Valence. Or, tandis qu'ils étaient sous l'autorité de l'archevêque d'Avignon, celui-ci fonda, avec leur concours, le Prieuré d'Eyguières. Dans un Vidimus de l'an 1394 des anciens titres de l'abbaye de St-Ruf où est indiqué le nombre des religieux qui doivent être dans chaque maison, on lit : *Domus de Aqueriâ cum dono quatuor*, quatre pour la maison d'Eyguières (manuscrit 2384, pièces du procès de Mgr l'évêque de Sisteron, 1781, p. 40). Or, cette prise de possession du Prieuré ne peut être fixée que entre l'année de la fondation des Saint-Ruffins (1039) et l'année 1048, puisque à cette dernière date, l'archevêque d'Avignon, « faisant la visite de son diocèse, bénit l'église de « St-Pierre de Vence, et la donna et joignit à l'église de St-Ruf « d'Eyguières et aux chanoines d'icelle, et la leur confirma « pour la posséder. Il la dédia à la Ste Trinité, à la Ste Vierge « et à S. Pierre » surnommé de Vence, à cause de ce quartier qui était ainsi désigné.

Dès lors, les chanoines durent veiller au bien spirituel des âmes confiées à leurs soins, mais on pensa d'autre part à leur assurer des moyens d'existence. La double donation que nous allons mentionner en est la preuve.

D'abord, en 1068, quelques âmes généreuses donnèrent aux dits chanoines, dans le terroir de St-Pierre de Vence, l'affar (dépendances) et les terres que quatre bœufs pouvaient labourer en deux ans. Puis, en 1077, les mêmes signataires firent une nouvelle générosité. « Nous souvenant, disent-ils, qu'au
« temps passé avons donné à Dieu et à l'église de St-Ruf et
« aux chanoines qui y sont et à ceux qui viendront après eux,
« l'église de St-Pierre d'Eyguières connue dans un lieu aban-
« donné appelé Vence, et quelques terres et des prés dans
« ledit territoire de Vence, d'une étendue telle que quatre
« bœufs y ont du labour pour deux ans, et quatre muids de
« terre pour y planter la vigne, sans en avoir fourni le témoi-
« gnage et tracé les limites, et considérant que ces chanoines
« n'ont pas pour vivre convenablement, et qu'ils nous prient
« de limiter ledit terroir pour éviter toute sorte de questions
« à l'advenir entre lesdits chanoines et nos héritiers, et par
« cette raison et pour les obliger à prier Dieu plus volontiers
« pour nous, adjoustant à la première donation que nous
« confirmons, nous donnons aussi auxdits chanoines de
« St-Ruf qui résident en l'église d'Eyguières, toutes les terres
« cultes et incultes de labourage (rusticcas) et d'agrément
« (urbanas), les lieux de paissance, les garrigues, soit toutes
« les propriétés que nous avons et que nous possédons, que
« nous avons eues et avons possédées de tout temps pendant
« notre vie, et que nos parents avant nous pendant qu'ils
« vivaient ont eues et possédées sur ledit terroir de St-Pierre
« de Vence, et ainsi que suit limitées : Route de Salon à
« Tarascon qui passe près de la fontaine de Roquemartine ;
« de là en droite ligne jusqu'à la chapelle de sainte Cécile
« sur le Mont-Menu ; de ladite chapelle jusqu'au sommet
« des Aupies, et de là en descendant à la Roque de Nadal,
« et jusqu'à l'endroit où la route de Salon à Tarascon tra-
« verse de nouveau l'eau vive qui coule de Vaulongue (ex
« valle longuâ) où se trouve un grand arbre de forêt ; (à
« remarquer que de la Roque de Nadal jusqu'à cet arbre, il
« y a **beaucoup** de pierres entassées faisant séparation entre
« nos terres et celles du seigneur de Roquemartine), de cet

« arbre jusqu'au jardin de Roquemartine du côté du nord et
« de ce jardin au point où lui arrive l'eau vive jusqu'au lieu
« le plus rapproché où le chemin de Salon à Tarascon traverse
« l'eau courante qui coule au-dessous de la fontaine de Roque-
« martine. — Il faut aussi savoir que le seigneur de Roque-
« martine a occupé et occupe encore quelques terres près de
« son jardin avec une haie vive et que dans les limites susdi-
« tes sont plusieurs terres qui sont tenues et possédées par des
« habitants d'Eyguières et de Roquemartine en emphithéose
« (bail de longue durée) sous notre domaine et nous font la
« tasque quarte, et la dîme à notre église ; à vous, seigneur
« abbé de St-Ruf et à vos chanoines, nous les livrons et don-
« nons complètement, tant les terres qui sont tenues par ces
« hommes que les nôtres, ne retenant pour nous, aucune
« juridiction ni aucun domaine, mais abandonnant tout à
« vous ledit abbé et auxdits chanoines, afin qu'elles soient un
« remède pour nos âmes et pour celles de nos parents, nous
« dépouillant dudit territoire et vous en investissant, etc.,
« donnant la malédiction à ceux qui contreviendraient, etc.

« Fait à Avignon, le 6 des Ides de mai, l'an de l'Incarnation
« du Seigneur, 1077, indiction 15 ; et avons requis que ce fût
« confirmé par le cachet de l'Evesque d'Avignon et dudit
« abbé.

« Humbert d'Eyguières, Imbert de Lamanon, Raymond
« Gonsolin et ses frères, Pierre Isnard et ses frères, et sa
« femme Veique, et ses fils, Arnulphe et Fouque ont signé ».

On nous pardonnera d'avoir donné la traduction du latin et
cité à peu près *in-extenso* l'acte ci-dessus, qui est le titre pri-
mordial de possession des biens du prieuré. Et après l'avoir lu
attentivement, personne ne sera tenté de croire avec Alphonse
Michel que les chanoines de St-Ruf ont acquis leur patrimoine
d'une façon suspecte. Michel qui a employé la langue provençale croit avoir écrit l'histoire d'Eyguières, et l'on ne trouve
dans son livre que des renseignements, des faits disparates,
sans lien entr'eux, et des appréciations qui dénotent le parti
pris contre l'ancien temps et la religion en particulier. Il oublie
que pour apprécier sainement une époque, il faut pour ainsi
dire revenir à cette époque et s'identifier avec elle, au lieu de
juger tous les siècles antérieurs à la Révolution avec les idées

sectaires du XIX⁰ siècle. Pour faire prévaloir sa manière de voir, il va jusqu'à fausser les textes, et pour diminuer l'étendue des terres données aux chanoines, il traduira « *duobus annis* » par deux jours, et dira que ces religieux possédaient une terre que quatre bœufs pouvaient labourer en deux jours, quand il faut traduire en deux ans et cela sans doute pour se fournir une apparence de raison contre le prieur qui, dit-il, n'avait reçu qu'un hectare de terre en 1077 — et non en 1074 comme il dit — et qui ne possédait pas moins de vingt-cinq hectares soixante-six ares en 1436. Telle était alors la contenance des terres données à rente perpétuelle par Raymond des Granges, prieur, à Giraud Boniface, sous le cinquième des fruits. Ce petit patrimoine, dit-il, avec du temps et de la patience, s'était accru comme la pâte dans le pétrin ! C'est joli, n'est-ce pas comme appréciation ; si l'ancien juge de paix d'Eyguières jugeait les causes de la même façon et lisait les actes avec les mêmes yeux, ils étaient à plaindre ceux qui étaient forcés de comparaître dans son prétoire. Et si quelqu'un parlait de perpétuer son souvenir en donnant son nom à une rue de la ville, nous espérons que celui-là resterait seul de son avis, comme le fut le héros de Michel, Pierre Garelle, *unanimiter excepto Petro Garello*, qui eut le courage, dit l'historien, qui eut la sottise, disons-nous, de croire avoir lui tout seul plus de clairvoyance que tous les chefs de famille réunis avec leurs consuls. Nous nous bornons à signaler cette inexactitude ; nous en avons déjà relevé plusieurs, et ce ne seront pas les dernières, comme pourra s'en convaincre le lecteur qui se donnera la peine de faire la comparaison entre les deux écrits ; n'insistons pas ; il est permis à un historien de se tromper, mais l'honnêteté lui défend de vouloir tromper en falsifiant les textes et en travestissant les faits.

Au surplus, pour mieux faire connaître l'origine des privilèges dont jouissait le Prieuré d'Eyguières, nous allons citer un nouveau titre du XIIᵉ siècle, que Michel n'aurait pas dû oublier, puisqu'il en parle à la page 29, quand il critique à la page 46 et autres le soin que prennent les chanoines de réclamer en faveur de leurs droits.

Alphonse Iᵉʳ, roi d'Aragon, comte de Barcelonne et de Provence, étant de passage à St-Remy au mois de février de l'an 1189, prit sous sa protection les chanoines de St-Ruf, et les églises et les chapelles d'Eyguières, afin, dit l'auteur de la statistique des Bouches-du-Rhône, de favoriser la population et le défrichement de la plaine d'Eyguières.

Il résulte de cet acte : 1° que le prieur et les chanoines de St-Ruf tiendront à l'avenir, sans être astreints au droit d'albergue, les églises et chapelles de Ste-Marie-Madeleine, de St-Pierre de Vence et de St-Vérédème ; 2° qu'ils recueilleront la dîme à Eyguières et dans tout le territoire, tenant compte au roi d'un quart, et retenant le reste pour eux ; 3° que leurs terres seront exemptes de la dîme pour la part revenant au roi ; 4° qu'ils promettent en reconnaissance de ces franchises et privilèges, pour le salut de l'âme du roi et de celle de ses parents, de faire manger vingt pauvres une fois par an et à perpétuité, dans leur maison conventuelle d'Eyguières, et de dire ou faire dire cent messes le jour de la mort du comte roi. Par la suite du temps, malgré toutes les précautions prises par les donateurs, il s'éleva quelques difficultés qui nécessitèrent des transactions et des arrangements :

1° Le 6 juillet 1288, il y eut sentence arbitrale entre le prieur d'Eyguières et celui de Roquemartine, sur quelque différend survenu entr'eux à l'occasion d'une certaine dîmerie, ou d'un terrain qui va du territoire de St-Pierre de Vence et s'étend jusqu'à une certaine terre de Gonselin de Roquemartine au contour occidental du Mont-Menu, vers un certain fossé du côté du levant. Après que les parties eurent dit et proposé pour le soutien de leur droit tout ce qu'elles voulaient, et après leur avoir produit des témoins, les arbitres décidèrent et tracèrent les limites, et leur jugement fut ensuite approuvé par l'abbé de St-Ruf de Valence en 1290 : *quam sententiam confirmamus et approbamus.*

2° En 1427 et le 1ᵉʳ avril, une contestation survenue entre les chanoines et les habitants fut soumise à l'arbitrage de M. Paul de Sade, évêque de Marseille. On ignore quel en était le sujet et quelle fut l'issue.

3° Thomas Aube, seigneur de Roquemartine, rendit au prieur Jean Sabatier, par acte passé devant Mᵉ Guineri, notaire à Salon, le 29 novembre 1443, une terre près de la chapelle de St-Pierre, une autre à la Roche de Nadal, et se chargea de

faire à ses frais une fossé bien creusé et solide descendant de la
Roche de Nadal vers le chemin de Tarascon, tout le long des
terres du seigneur et du prieur.

4° Enfin, le 13 décembre 1454, le même notaire dressa un
acte par lequel se terminaient à l'amiable plusieurs questions
survenues entre vénérable Jean Sabatier, prieur, et les habitants d'Eyguières ; cet arrangement, dit l'acte, doit être attribué à noble prudent homme Girard de Sade, Claude de Folque,
docteur en droit, et Daniel Guidon. Il sera intéressant de lire
les clauses de cet acte :

1° Tout habitant d'Eyguières, de l'un ou de l'autre sexe, est
tenu de payer au prieur le vingtain de toutes les récoltes,
blé, légumes, tels que chou, oignon, poireau, etc., raisin, olive,
amande, même le blé pour pâturage, à moins qu'il soit mangé
en herbe par le troupeau du propriétaire, sans que le prieur
ni les siens puissent entrer dans les jardins, de jour ni de
nuit, si le propriétaire n'est présent et consent; c'est celui-ci
ou son représentant qui doit remettre le vingtain, enfin le
vingtième des agneaux et des chevreaux, et s'il y en a moins
de vingt, il sera payé pour chaque agneau ou chevreau un
droit de la valeur de deux deniers en cours à Avignon. La
dîme sera due pour les agneaux et les chevreaux mangés,
donnés ou vendus, comme pour ceux qui seraient nés après
l'échéance de la dîme. Les agneaux doivent être comptés séparément des chevreaux, et ne peuvent être ajoutés les uns aux
autres pour faire le compte. Les veaux, les poulains, pour-
ceaux et volailles sont exempts de la dîme.

Le décimateur entretenait pour cette perception un préposé
qu'on appelait champin.

2° Tous les propriétaires des biens-fonds dans le clos de
St-Vérédème et de l'Hôpital doivent payer le sixain de toutes
les récoltes de ces terres, blé, raisin, olive, légume, amande
et autres, sans compter les droits de lods, de treizième, d'hommage, etc. C'est de là que le quartier du Sizain tire son nom.
Ces deux clos comprenaient celui de la Condamine et du
Luminaire qui englobaient les quartiers des Maiet, des Cou-
doulières, de la Vie d'Aureille et des Garrigues, de Campanéri,
de Canorgue, des Fonts, de Tracasteau.

3° Le lit de chaque chef de famille décédé dans le pays sera payé à raison de quinze gros (vingt sols) pour les riches, de douze gros (seize sols) pour la classe moyenne et de six gros (huit sols) pour les pauvres. On demanda que le droit de lit servît à payer les droits de funérailles, ou du moins y fût compris.

4° Quiconque laissera pour faire dire des messes pour le repos de son âme, devra des quatre parts en laisser une pour l'église paroissiale.

5° Les propriétaires d'oliviers dans le clos de St-Vérédème sont tenus de faire leurs huiles au moulin du prieur en payant comme aux moulins de la commune. Ce moulin touchait la maison claustrale, derrière l'église : on l'appelle encore le Deime. A ce sujet on fit la demande que ces olives fussent logées dans le moulin.

6° Le prieur et ses successeurs seront exempts de toute contribution aux dépenses publiques, telles que réparation des remparts, fossés, ponts, églises, etc. Ils devront pourtant contribuer pour leur part aux réparations du prieuré et à celles du fossé et des remparts qui touchent la clastre.

Jusqu'au XVIᵉ siècle, le prieuré d'Eyguières relevait de l'archevêque d'Avignon ; mais d'après certain auteur, sans savoir sur quelle autorité il s'appuie, en 1530, le 17 janvier, le pape Clément VII l'aurait rattaché au chapitre de St-Laurent de Salon qui relevait lui-même de l'archevêque d'Arles. Nous nous permettons d'émettre un doute en ce qui regarde le Prieuré, car nous allons voir bientôt que des questions importantes concernant le prieuré sont réglées par l'archevêque d'Avignon ; tout au plus peut-être s'il faut comprendre que les prêtres du prieuré, en tant que chanoines, furent rattachés à ceux de St-Laurent. S'il en fut ainsi, on se demande si les chanoines d'Eyguières échappèrent à un usage que nous signalons ici pour expliquer un dicton provençal souvent employé. Lorsqu'un chanoine de St-Laurent était sur le point de mourir, ceux qui aspiraient à lui succéder surveillaient l'instant de son trépas, et dès que le titulaire avait rendu le dernier soupir, les candidats en étaient avertis par un signal donné du haut de la fenêtre de la chambre mortuaire. Aussitôt ils envoyaient des messagers porter la nouvelle à l'archevêque d'Arles qui seul avait le droit de choisir l'élu ; chacun espérait

que le choix se porterait sur le premier coureur, ou mieux sur
celui qui l'avait envoyé. Et pour aller plus vite, ces coureurs,
dit-on, se déchaussaient et portaient leurs souliers (si sabato) à
la main. Les retardataires avaient gagné tout juste de faire à
la course les quarante kilomètres de Salon à Arles. De là
l'habitude quand on veut promettre à quelqu'un un salaire
dérisoire, de lui dire : « Te pagarai lou coure d'ici en Arle emé
li sabato a la man ».

« Malgré ces changements, il ne faut pas douter, disent les
« mémoires de Roquemartine, que le prieur d'Eyguières,
« n'aye joui ou deu jouir des terres de la bastide du dit Saint-
« Pierre de Vence depuis le temps de la susdite donation faite
« l'an 1077 jusques au 30 septembre 1548, auquel jour noble
« Jean de Sade, prieur et seigneur d'Eyguières, donna à nou-
« veau bailet en emphithéose perpétuelle à Nicolas Constantin,
« de St-Gervais en Dauphiné, de noblesse archère, dans la
« compagnie du comte de Tende, gouverneur de Provence,
« sçavoir certaine bastide près des terres tant cultes que incultes
« de St-Pierre de Vence, posées au terroir de Roquemartine,
« confrontant : du levant, avec le grand chemin qui va d'Ey-
« guières à St-Remy ; du midy, avec la montaigne de Sainte-
« Cécile ; du couchant, avec la Roche de Nadal, et du temps
« droit, avec la terre de noble Pierre Aube, seigneur du Tou-
« ret, etc. (toutes les terres données aux chanoines sont encla-
« vées dans celles de Roquemartine), à la cense annuelle et
« perpétuelle de la sixième partie de tous les fruits, blé, orge,
« seigle, avoine, huile, vin, amande, noix, légume et autres
« greins de toute qualité, sans rien excepter, se réservant la
« majeure directe, et chargea à perpétuité le dit Constantin
« de faire dire une messe dans la dite chapelle de St-Pierre à
« toutes les trois festes de S. Pierre ». Le contrat fut conclu
moyennant six perdrix que Jean de Sade déclara avoir reçues
d'avance.

Jean de Sade, qui est appelé (acte du 17 mai 1543) Révérend
paire en Dieu, noble et généreux seigneur du présent lieu
d'Eyguières, après avoir cédé en emphithéose les biens de
St-Pierre, libre d'ailleurs puisqu'il était, avons-nous dit, prieur
commanditaire, vivait ailleurs que dans son prieuré. Les consuls l'invitèrent, le 9 octobre 1569, à venir faire résidence à

Eyguières, ainsi que le voulait une déclaration du roi ; ce qui ne l'empêcha pas, en 1577, d'aller combattre les protestants.

En même temps, les consuls furent autorisés, par le Conseil, à traiter au meilleur compte possible avec un Père Prêcheur qui devait prêcher l'Avent et le Carême. C'était le prieur qui devait pourtant payer l'honoraire dû pour la prédication du Carême ; mais le conseil fournissait une étrenne ; c'est ainsi que le 1ᵉʳ mai 1557, il fut donné deux écus d'or sol à M. Jean Pernoulet, curé, en outre des gages fournis par le prieur pour avoir prêché le Carême. En plus, le 16 avril 1558, les consuls furent autorisés à traiter avec le même curé de l'année précédente pour faire la même fonction l'année suivante, ses services étant agréables à la ville.

En 1571, le 1ᵉʳ avril, le conseil retient M. Ambrosi, prêtre, pour prêcher le Carême, et remplir l'office de curé pendant un an. C'était pendant que Jean II de Sade était prieur séculier que des prêtres étrangers étaient choisis pour être curés. En 1604, des gages furent donnés, pour le Carême, à Jehan Rabin, docteur. En 1624, ce fut un religieux observantin qui prêcha ; il reçut quinze francs, tandis que l'on donna soixante sols, en 1625, à frère Jacques Robert, religieux de St-Jacques ; quinze francs, en 1666, à frère Robert Maurice, supérieur des Barnabites du Bourg-St-Andéol, et la même somme, en 1700, au père Archange, de la province de Lyon.

Après la mort de Jean de Sade, survenue en 1580, la charge de prieur fut confiée à Louis Gilles, prêtre d'Eyguières, qui avait déjà rendu service à son pays comme signataire de la convention passée entre la Communauté et l'ingénieur Adam de Craponne. Le nouveau prieur attaqua la vente des biens de St-Pierre faite par son prédécesseur à Nicolas Constantin, devant le lieutenant du sénéchal au siège d'Arles. Celui-ci annula la vente comme n'ayant pas été faite avec les formalités en usage, ni autorisée et approuvée par le Pape, ni surtout en vue de l'utilité évidente de l'Eglise. Louis Constantin, fils et héritier de Nicolas, fit appel de cette décision devant le parlement de Provence ; enfin, le 21 octobre 1585, un acte préparé par deux experts amis des parties fut passé devant Mᵉ Besson, notaire à Eyguières, et termina le différend de la manière suivante : Louis Constantin consentit à rendre les biens-fonds au prieur, et celui-ci s'engagea à donner la somme de trois cents écus, de soixante sols pièce, pour compenser les augmentations et les améliorations par lui faites dans cette propriété.

Louis Gilles, prieur, fit à son tour ce qu'il avait reproché à son prédécesseur ; il disposa des mêmes biens-fonds de saint Pierre en faveur d'un membre de sa famille. Mais Aimar de Serre, nommé prieur après lui, revendiqua tous ces biens. Un arrêt du parlement de Provence, rendu au mois de mars 1616, autorisa le prieur à « rachepter ladite bastide et tous les biens-fonds en rendant audit Gilles la somme de neuf cents livres à quoy les réparations faites audit St-Pierre avaient été liquidées, plus une autre somme qui serait fixée par des experts pour les améliorations faites depuis 1585 ». Après cet arrêt, survint entre Aimar de Serre et Jean Gilles une transaction (acte du 29 novembre 1616 devant Gilles, notaire à Aix), d'après laquelle le prieur laissait Gilles dans l'affar de saint Pierre, à condition qu'il « luy ferait, au lieu et place du seixein des fruits, stipulé dans le nouveau bail de 1548, la quantité de six charges de blé et de vingt barrals de vin ».

Sur ces entrefaites, le roi de France rendit en 1619 un arrêt qui accordait cinq ans au clergé pour recouvrer les biens aliénés du domaine ecclésiastique. Aimar de Serre obtint du grand Conseil du Roi une lettre l'autorisant à agir dans ce sens ; et alors Jean Gilles, pour éviter un procès, « promit de vuider ledit affar de St-Pierre de Vence toutes les fois que le Prieur voudra luy payer la somme de neuf cents livres au denier seize, et l'expertise des améliorations ». Aimar n'étant pas en mesure de fournir cette somme, consentit à cette transaction le 26 mai 1623, devant M. Belfort, notaire à Aix, moyennant les six charges de blé et les vingt barrals de vin qu'il recevrait chaque année.

D'après un écrivain local, Edouard Martin, le prieur Aimar aurait été le type parfait du gentilhomme. Voici le portrait qu'il en a laissé : « Passionné pour la chasse et les chevaux, il menait la vie élégante des riches abbés de l'époque. Les fonctions du culte ne s'accordaient guère avec cette nature exubérante, changeante, affamée de plaisir. Aussi sous l'aumusse du chanoine, dans sa maison conventuelle d'Eyguières, songeait-il souvent aux vallées verdoyantes et giboyeuses de son beau Dauphiné ». Si tel était le prieur de cette époque, il est de toute évidence qu'il n'était pas l'homme de la situation, car alors les protestants faisaient à Eyguières une propagande effrénée et des efforts inouïs pour s'y implanter. Dieu qui mène l'homme tandis que celui-ci s'agite, permit pour le bien de la religion les faits que nous allons raconter.

CHAPITRE II

Etablissement du Vicaire perpétuel.

Le 13 janvier 1624, Aimar de Serre présenta une requête à Mgr François-Etienne Dulac, archevêque d'Avignon, pour obtenir que la paroisse de N.-D. de Grâce d'Aiguières fût érigée en vicairerie perpétuelle avec charge d'âmes, et que le prieuré ne fût plus désormais qu'un simple bénéfice. Il se chargeait de loger et de nourrir à sa table dans la maison claustrale le vicaire perpétuel, à qui il fournirait chaque année un traitement de soixante florins ; et il lui abandonnerait enfin toutes les offrandes en or et en argent provenant des funérailles. Ce fut accepté. Le R. P. Louis Suarez, chanoine de la sainte église d'Avignon, vicaire général et official de l'archevêque, signa le décret d'érection, le 7 août 1624 ; l'abbé de saint Ruf le ratifia le 4 mai 1632, et enfin le 4 juillet de la même année, le conseil d'Eyguières consentit à cette transformation. Dès lors, le titre de prieur fut scindé ; le prieur fut exonéré des fonctions curiales qui furent laissées au vicaire perpétuel, avec portion congrue, et garda pour lui seul la dîme et les revenus du prieuré.

La possession de ces biens occasionna bientôt au prieur décimateur une difficulté avec le seigneur, Guillaume de Sade. Celui-ci exigea le dénombrement des biens-fonds qu'il possédait sous sa directe. Le prieur, Henri de la Lombardière, répondit que tous les biens de l'ordre de St-Ruf étaient tenus noblement, qu'ils remontaient à la donation du mois de février 1189, qu'ils étaient antérieurs à ceux du seigneur qui ne dataient que du 14 octobre 1416, jour de la donation de la seigneurie par le comte de Provence à Jean de Sade, et en conséquence, il refusa le dénombrement demandé. Le seigneur l'appela devant le lieutenant du sénéchal au siège d'Arles, et eut gain de cause. Mais l'ordre de St-Ruf en appela devant le grand Conseil, et un arrêt du 28 septembre 1657 cassant la sentence du sénéchal, défendit au seigneur d'Eyguières d'inquiéter le prieur au sujet de ses biens nobles des quartiers de St-Vérédème, de l'Hôpital, de Condamine et du Luminaire (celui-ci ainsi désigné parce qu'il fournissait les frais de luminaire à l'église).

Le nom d'Aimar de Serre qui reparaît après celui d'Henri de la Lombardière nous amène à nous demander si c'est le même que nous avons vu s'exonérer des fonctions curiales en 1624, ou bien un autre portant le même nom. Quoi qu'il en soit, le prieur Aimar de Serre céda, en 1664, le prieuré à son neveu André ou Andéol de Serre, chanoine de St-Ruf. L'archevêque d'Avignon donna l'autorisation nécessaire le 9 mai 1666. Dans l'intervalle, une difficulté était survenue entre l'oncle et le neveu ; elle disparut en suite d'un accord fait entre eux le 28 septembre 1665, d'après lequel le neveu gardait le prieuré, et devait servir à son oncle, sa vie durant, une rente annuelle de deux mille livres.

D'autre part, un procès avait surgi entre Andéol de Serre, prieur, et le vicaire perpétuel Jean Colique. Le 26 septembre 1670, le grand Conseil du roi statua sur cette affaire et condamna le prieur à payer à M. Colique sa portion congrue, lui adjugeant les droits honorifiques à l'exclusion des cloîtriers, et la maison claustrale servant de presbytère ; mais les parties transigèrent, et le 1ᵉʳ avril 1672, un règlement fut convenu entre : 1° Humbert de Valernod, abbé général de l'ordre de St-Ruf, demeurant à St-Vallier, en Dauphiné ; 2° Andéol de Serre, bachelier en théologie, prêtre et chanoine du même ordre, prieur de N.-D. de Grâce d'Eyguières ; 3° et Jean Colique, prêtre, vicaire perpétuel de la paroisse d'Eyguières. Il fut décidé :

1° Que la préséance et les droits honorifiques, en présence

et en absence du prieur, appartiendront aux chanoines cloîtriers dudit prieuré, ainsi que les places d'honneur dans le chœur ; que l'office divin sera fait par hebdomades (semaines) alternées, entre lesdits sieurs cloîtriers et vicaire, à la réserve du jour de la fête de saint Vérume *(sic)*, patron de ce lieu, où les cloîtriers ou l'un d'iceux sera en droit d'officier à l'exclusion du sieur vicaire, quand même il se trouverait de semaine ;

2° Que les oblations appartiendraient au vicaire, lequel serait tenu de fournir les cierges nécessaires pour le culte divin ;

3° Que le produit des messes appartiendrait par moitié au prieur et au vicaire ;

4° Que le prieur céderait au vicaire l'usage de quatre appartements dans la maison curiale, au couchant, deux en bas, deux en haut ;

5° Enfin que le prieur paierait chaque année, au vicaire, la somme de deux cents livres pour sa portion congrue.

Une des conséquences de la division du prieuré en temporel et en spirituel fut que le prieur ne fit plus sa demeure habituelle à Eyguières. Jusqu'alors, à la deuxième fête de Pâques, par suite d'une ancienne coutume, le prieur payait un banquet à tous les chefs de famille. On fit contre lui une procédure pour le contraindre à continuer, ou bien à donner dix charges de blé aux recteurs de l'hôpital pour être distribuées aux pauvres. De même, le jour de Pâques le prieur assemblait dans la clastre pour les y faire dîner, vingt pauvres des plus nécessiteux. Pourtant vint un jour où il aima mieux faire distribuer quatre charges de blé à la place de ce repas. Mais en 1662, le conseil décida que ce blé serait vendu et le prix versé dans la caisse du trésorier de l'hôpital pour être distribué entre tous les pauvres de la ville le jour de Pâques. Puis pour couper court à l'abus qui s'introduisit, de voir se présenter des solliciteurs même aisés, le conseil voulut, le 12 avril 1682, que cet argent fût confondu avec tous les revenus de l'hôpital pour secourir les malheureux dans l'année.

Une autre suite, plus regrettable celle-ci, de l'établissement du vicariat perpétuel, fut de mettre en souffrance le service religieux. Le 11 juin 1662, plainte fut portée contre le procuré pour inexactitude dans son service ; et le 1ᵉʳ mai 1694, ce fut sur l'insuffisance de prêtres que les consuls attirèrent l'attention de l'archevêque d'Avignon au cours de sa visite pastorale. Monseigneur reconnaissant que le vicaire perpétuel et ses deux vicaires étaient insuffisants pour tout le ministère ordinaire et en particulier pour s'occuper d'une trentaine de familles revenues du protestantisme, ordonna que le prieur prendrait un troisième vicaire.

Le prieur prétexta que cette mesure prise en son absence devait être abandonnée par les consuls (14 décembre 1694), parce qu'il n'avait pu faire valoir ses raisons , sinon il ferait appel au grand conseil du roi : c'est ce qui eut lieu. M. Joachim de Valernod, abbé de l'ordre de St-Ruf, Jean-Pierre de Serre, syndic général, et Andéol de Serre, prieur d'Eyguières, eurent beau soutenir que l'archevêque avait dépassé son droit, le Grand Conseil condanma, par arrêt du 28 septembre 1696, le prieur à payer chaque année cent cinquante livres pour entretenir un troisième vicaire.

Le prieur se soumit ; mais en octobre 1700, le poste de troisième vicaire n'étant pas occupé depuis le mois d'août, les consuls demandèrent à l'official de Tarascon d'imposer le plus tôt possible ce prêtre au prieur qui, en attendant, devrait selon eux verser dans la caisse de l'hôpital la partie du traitement proportionné à la durée de la vacance. Le prieur fit venir le troisième vicaire, paya vingt-quatre livres aux consuls pour couvrir leurs frais (1er mai 1701) ; mais au bout d'un certain temps se produisit une nouvelle vacance, qui durait déjà depuis plusieurs années, le 4 juin 1713, alors que Jacques de Serres était prieur. Celui-ci avait reçu son *forma dignum* de l'archevêque d'Avignon, le 14 décembre 1706, il était chanoine régulier de St-Ruf, parent et successeur d'André de Serre. L'archevêque d'Avignon, en tournée à Eyguières, ordonna de rétablir le troisième vicaire ; l'official de Tarascon intervint, et il fut convenu entre les parties (acte du 20 janvier 1715, ratifié par le conseil en mai) que le prieur aurait un troisième vicaire dans un mois sans plus tarder, sans quoi les consuls le choisiraient eux-mêmes, sans formalité de justice, et exigeraient des rentiers de la dîme le montant du traitement de ce prêtre ; et que les arrérages de cette rétribution seraient fixés et payés à trois cents livres. Le même arrêt, 1696, trancha encore certaines questions relatives à la dîme. Pour les olives, le prieur restait libre de choisir entre le vingtain pris au verger, ou le vingt-cinquième porté au moulin. Le prieur choisit le vingtain, et alors le conseil de ville décida que chacun laisserait sur les oliviers la part du prieur, avec défense de payer la dîme au moulin, même au-dessous du vingt-cinquième, sous peine d'une amende de dix livres.

Quant à la dîme sur les légumes, le foin, les chèvres, etc., le grand Conseil renvoya à l'acte de 1454 qu'il fallut soumettre à des arbitres, puisque le litige venait de l'application de cet acte. Conclusion : le prieur continuera de lever la dîme sur les grains et sur les fruits, mais nullement sur le foin et les chèvres. Seulement la perception de la dîme se faisait de manière à soulever des difficultés. Les consuls pensèrent devoir intervenir, et ils demandèrent au lieutenant du sénéchal, dans l'intérêt commun, que 1° défense fût faite d'établir des champins (des collecteurs de dîme) qui ne fussent pas au gré de la population ; 2° que les champins fussent tenus à prêter serment entre les mains des consuls ; 3° que les aumônes imposées au prieur par Alphonse Ier fussent augmentées, les tenant pour hors de proportion avec les revenus de la dîme (six mille livres) et le nombre des habitants. Les parties tombèrent d'accord le 24 juin 1704, et convinrent, qu'à l'avenir, les champins choisis par le prieur ou ses rentiers prêteraient serment en présence des consuls devant les officiers de justice du seigneur ; et que toutes les aumônes dues par le décimateur seraient soldées entre les mains du recteur de l'hôpital moyennant la somme de cent livres, et cinq salmées et quatre éminées de blé.

Camille Alexandre de Serre, chanoine de St-Ruf, docteur en théologie, chamarier (dignité de l'église de Lyon), fut agréé comme prieur après Jacques ; le 12 novembre 1727, il reçut son *forma dignum* de l'archevêque d'Avignon.

Nous allons analyser un acte qui marqua son administration et fut passé le 24 janvier 1741, devant M. Thibaud, notaire à Aix, entre : 1° les trois consuls d'Eyguières : Joseph Pascalis, Estève Michel et Joseph-Henri Bayol ; 2° Camille de Serre, prieur ; 3° Antoine Dallen, curé, vicaire perpétuel ; 4° Autheman, procureur de Pierre-Louis Chomel, abbé et supérieur général de St-Ruf, et de Henri Camoin de la Lombardière, grand prieur et syndic général du même ordre. Le conseil d'Eyguières ratifia cet acte le 12 février, et les supérieurs de l'ordre de St-Ruf le 16 mai.

Article 1er. Maintien de ce qui a été réglé en 1715, touchant le troisième vicaire ; son traitement, en cas d'absence, sera versé dans la caisse de l'hôpital ; 2° le prieur renonce à tous ses droits sur la maison curiale, et ne se réserve que le jardin, le *deime* et le large nécessaire pour faire le vin ; 3° la Communauté se charge des réparations à faire à la gouttière du couvert de l'église ; 4° la Communauté renonce aux six livres d'aumône établie à la place du repas que jadis le prieur donnait à la jeunesse du pays, cette somme étant englobée dans les cent livres de l'acte de 1704 ; 5° le prieur renonce aux droits de lit réglé par l'acte de 1454 sans modifier le droit du vicaire sur les funérailles. (Déjà en 1698, défense avait été faite de dépouiller les morts de leur cercueil pour le vendre à prix d'argent, d'après un vieil usage abusif et criant) ; 6° il pourra exiger la dîme des haricots et des autres légumes à l'exception de ceux qui seront mangés à domicile, sans abus ; 7° la dîme des olives sera levée au vingt-cinquième dans la maison des propriétaires qui y sont soumis ; 8° le prieur entretiendra les vitres de l'église et de la maison curiale ; 9° la Communauté entretiendra les confessionnaux, les fonts baptismaux, la chaire à prêcher et les cordes des cloches, et en retour, le prieur donnera cent cinquante livres, une seule fois ; 10° le jardinage et les olives mangées ou conservées dans le ménage, sans abus, seront exempts de la dîme ; 11° à la somme annuelle due au prédicateur du carême, le prieur contribuera pour cinquante livres ; 12° le vicaire sera exempt de tout droit de capitation pour le passé et l'avenir.

Cet acte ne réussit pas complètement à éviter les réclamations élevées au sujet du casuel perçu par le vicaire perpétuel Dallen. Les consuls avaient, en 1732, demandé à l'archevêque d'Avignon de faire un règlement sur cette matière ; le prélat se contenta de recommander au curé de s'en tenir aux usages en attendant qu'un tarif général fût établi dans le diocèse. En 1757 et même en 1761, la situation était la même. M. Dallen mourut et sans doute la difficulté soulevée prit fin. A titre de renseignement, voici le tarif exigé par M. Dallen : pour les mariages, six livres ou même trois livres dix-huit sols suivant la solennité ; pour les funérailles des petits enfants, vingt-quatre sols ; pour chaque enfant qui faisait la première communion, six sous ; pour le service annuel de chaque confrérie, six livres.

Ce fut sous le même prieur, et en 1743, que fut supprimée la grand'messe du jour de saint Vérédème.

Enfin, et pour démontrer qu'il n'était pas toujours bien facile d'être au gré des consuls, signalons encore ce fait. Après la mort de la reine Marie Leczynska, femme de Louis XV, le 24 juin 1768, M. Estrangin, curé, célébra un service funèbre ; les consuls ne furent pas satisfaits, paraît-il, et proposèrent au conseil de faire dire une messe à la même intention dans la chapelle des Pénitents, pour « effacer l'insensibilité de notre curé au service fait pour la reine en parallèle avec le moindre de nos manants ». Cette proposition n'eut que quatre adhésions ; les autres conseillers s'abstinrent, ne voulant paraître blâmer qui que ce soit. Le curé, offensé par les termes de la délibération, obtint du lieutenant d'Arles que cette phrase fût supprimée ; le greffier fut chargé de l'effacer.

La même année 1741 et le 25 octobre, le conseil d'Etat rendit un arrêté qui réunissait le prieuré de N.-D. de Grâce à la succursale de St-Andéol (Viviers). Sans doute, cette mesure fut prise à l'occasion du manque de sujets de l'ordre de Saint-Ruf ; en 1760, cette pénurie fut rendue plus manifeste par la procédure entamée en vue d'exiger le rétablissement de la conventualité dans l'église, à laquelle étaient tenus le prieur et les chanoines de St-Ruf. Désormais, on se contenta de laisser au nom de l'ordre un simple économe pour administrer les biens du prieuré. C'est pourquoi nous voyons, en 1761, messire Flandy, économe, résister au nom du prieur à M. Guibert, bourgeois d'Eyguières, lorsque celui-ci soutenait que sa terre au clos des Fonts ne devait payer que le vingtain comme étant sous la directe du seigneur, au lieu du sixain exigible sous la directe du prieuré. Ce fut l'économe qui eut gain de cause.

Mais l'ordre de St-Ruf avait vécu. En effet, le 12 juin 1773, parurent les lettres patentes du roi, portant à l'article second que « l'évêque de Valence est autorisé à procéder à l'extinction de l'ordre de St-Ruf et à la sécularisation des membres qui le composaient, réservant aux prélats diocésains de procéder de leur côté à l'extinction et suppression des couvents, maisons et offices qui se trouvaient dans leurs diocèses respectifs, et à la répartition des revenus qui en dépendent de la manière la plus utile à l'Eglise et à l'Etat ». L'archevêque de Toulouse fut nommé président de la commission chargée de faire cette répartition. Ces lettres patentes furent enregistrées au Parlement de Grenoble le 14 août de la même année.

Avant que cette formalité fût remplie, le conseil de ville avait chargé les consuls d'Eyguières de demander qu'une partie des revenus du prieuré fût attribuée à l'hôpital. A cette demande adressée aux archevêques d'Avignon et de Toulouse, ils ajoutèrent celle de la restitution des biens-fonds de St-Vérédème, et de l'affranchissement de la dîme des olives, contraire, disaient-ils, aux usages et aux droits provençaux. L'archevêque d'Avignon les renvoya à M. St-Julien, receveur général du clergé de Paris, comme étant chargé de ces affaires.

Sur ces entrefaites, par lettres patentes du 8 mai 1778, le roi de France avait ordonné l'union du prieuré de N.-D. de Grâce à la mense épiscopale de Sisteron ; cette union fut confirmée par une bulle du Pape, du mois de mai 1779 ; lettres patentes et bulle furent enregistrées le 23 décembre au Parlement de Provence.

L'union était dès lors un fait accompli ; l'évêque de Sisteron possédait le bénéfice d'Eyguières et tous ses revenus, mais une réserve de deux mille livres lui était imposée à lui et à ses successeurs en plus de toutes les charges dont le prieuré était grevé. Une part de ces deux mille livres devait servir à doter la fabrique paroissiale qui serait chargée à l'avenir des réparations, fournitures et dépenses supportées jusque-là par le prieur ; l'autre part était attribuée aux besoins de la ville et des autres églises du prieuré (St-Vérédème et St-Pierre de Vence).

Pourtant l'évêque de Sisteron avait eu un concurrent pour l'obtention de ce bénéfice : Henri Gilles, curé d'Eyguières, avait écrit au roi et au pape, exprimant sans doute que les biens du prieuré ayant été donnés primitivement à ceux qui avaient charge d'âmes et faisaient le service religieux, que l'ordre de St-Ruf n'existant plus, c'était lui seul qui remplissait tou-

tes ces fonctions, et qu'en conséquence, à lui devrait être
donné ce qui avait cette origine de fondation, d'après l'intention présumée des premiers donateurs et bienfaiteurs du
prieuré. La logique était pour lui, mais le bénéfice fut pour
M. Louis Gérome de Sufren du St-Tropez, évêque de Sisteron.
Henri Gilles fit bien signifier une opposition à cette union, le
3 novembre 1783 ; mais sans succès, puisque le 10 février 1784,
le commissaire délégué, M. de Redortier, ordonna la conti-
nuation de la procédure d'union ; et le 7 avril, M. de Boisgelin, archevêque d'Aix, conseiller du roi, en vertu des pouvoirs
à lui concédés par le pape, ordonna que « le prieuré d'Eyguières, auparavant attaché à l'ordre de St-Ruf, ses biens, ses
droits utiles et honorifiques, ses fruits et ses revenus seraient
et resteraient pour toujours unis à la mense épiscopale de Sisteron, sous les charges et réserves indiquées dans les lettres
patentes et la bulle d'union ». Nivière, huissier à Salon, fut
chargé par l'évêque de Sisteron de signifier cette ordonnance
au curé Henri Gilles, au maire, aux consuls et à la Communauté d'Eyguières.

Quant aux deux mille livres réservées sur les revenus annuels,
c'était l'archevêque d'Avignon qui devait en faire la répartition ;
mais avant de donner satisfaction aux consuls qui la réclamaient, il voulut prendre l'avis du garde des sceaux ou de
l'archevêque de Toulouse, parce que le nouveau prieur faisait
observer que l'intention du roi était de ne prélever cette somme
annuelle que lorsque toutes les pensions existantes auraient
été éteintes. On attendit.

Fidèle à notre plan de faire de chaque partie un tout complet, nous laissant entraîner par l'enchaînement des choses,
nous avons omis tout à fait de nous occuper, en parlant du
prieuré, de deux faits importants : à savoir le protestantisme
et l'établissement des Récollets à Eyguières. Nous allons traiter ces deux matières successivement dans leur ordre chronologique.

LIVRE IIIe

La lutte protestante.

CHAPITRE Ier

LES PROTESTANTS.

Il est temps de parler des protestants, et de dire quelle a été leur place dans l'histoire d'Eyguières. Nous avons déjà cité leur nom plusieurs fois, et puisque dans la partie historique qui concerne le prieuré nous sommes presque arrivés à la date marquante de la Révolution, nous allons, avant de pousser plus loin notre récit, nous occuper de la période protestante ; cette question ayant un caractère mixte — religieux et civil à la fois — nous la classons de préférence dans la partie où sont traitées les choses de religion.

Au milieu du XVIᵉ siècle, la Provence entière devint en proie à la guerre civile : ce fut avec les armes à la main que les protestants essayèrent de rester les maîtres ; les catholiques, convaincus que la résistance était le plus saint des devoirs, se mirent en mesure de se défendre, mais ce ne fut pas sans effusion de sang, et ce ne fut qu'après un siècle d'efforts que notre région reprit le calme et la tranquillité en écartant à tout jamais les « huguenaultz », autrement dits les protestants. On a tenté d'affirmer (Destandau) que le protestantisme était né en France ; non, c'était un produit exotique qui ne put jamais s'acclimater au midi des Aupies. Les paroisses de la vallée des Baux et celle d'Eyguières peuvent chanter en toute vérité : Nosto fé n'a pas fali.

Le danger protestant se présenta de divers côtés à la fois. D'abord il vint du côté de Vaucluse : Mérindol, Cadenet, Riez et Sisteron étaient leurs lieux de rassemblement, et de là il menaçait d'envahir la Provence. Le 8 septembre 1562, les consuls d'Eyguières durent envoyer aux frais de la Communauté une garde au pont de la Durance pour contribuer à barrer le passage aux huguenots. Le 28 du même mois, le danger devenant plus pressant, le conseil décida la fermeture des portes et d'établir une garde autour des remparts ; de plus, il menaça d'être poursuivis en justice ceux qui fourniraient des vivres aux huguenots. Enfin le 18 octobre, on résolut de prendre le vin des suspects de la nouvelle religion pour subvenir avec son produit aux urgentes nécessités. Le 7 mars 1653, ordre fut donné à tous les habitants de se retirer à 8 heures du soir, et défense d'ouvrir les portes après cette heure. Enfin comme on avait des motifs de se méfier des protestants qui habitaient Eyguières, le lieutenant du bayle reçut, le 12 décembre 1563, sommation de faire commandement aux religionnaires de vider le lieu d'Eyguières.

Pourtant, pour se conformer à l'édit du roi, la porte du conseil fut ouverte en 1564 à ceux de la religion nouvelle ; ils furent reçus à la maison commune, et autorisés à s'occuper des affaires de la ville. Or dès le 7 mai, ceux qui avaient été élus sommèrent les consuls de faire rendre compte de leur administration, les officiers des trois années précédentes ; puis en 1566, ils refusèrent de contribuer à l'œuvre projetée d'élargir l'église paroissiale. Le loup était dans la bergerie et pouvait fournir des intelligences et un appui aux coreligionnaires armés du dehors, parmi lesquels se trouvait un certain nombre d'hommes venus d'Eyguières. C'est pourquoi le conseil autorisa, le 8 novembre 1567, les consuls à se charger de l'inventaire et de la confiscation des biens meubles et immeubles, du bétail, des fruits, des denrées, des huiles et du vin des protestants absents d'Eyguières ; Philippe Antoine, licencié en droit, juge ordinaire de la ville de Salon, présidant le conseil, avait été chargé de faire cet inventaire par ordre du grand sénéchal, gouverneur de la Provence.

De son côté, le capitaine de la ville prononça, le 30 novembre, la saisie et la vente à l'encan sans recours contre ceux qui refuseraient de faire le guet.

D'autre part, le 16 novembre, le commissaire du roi vint

réquisitionner huit hommes, douze chevaux, une charrette et un tombereau pour transporter de l'artillerie de Marseille à Sisteron ; le 3o, nouvelle réquisition d'hommes pour empêcher les protestants réunis à Aramon, de traverser la Durance ; enfin au mois de janvier 1568, les consuls de Tarascon demandèrent du secours pour mettre obstacle à l'irruption en Provence des huguenots qui étaient à Beaucaire avec de l'artillerie. Le 3 mai, fut faite une remise d'armes aux citoyens d'Eyguières contre ces envahisseurs pour se tenir en garde contre toute attaque. Cette précaution pouvait bien n'être pas inutile, on le savait. La surprise du château et de la ville de Beaucaire avait jeté l'épouvante dans les environs, et la panique était grande depuis que l'on avait appris que malgré toutes les mesures de précaution et le courage personnel de Jean de Manville, ceux de la religion soi-disant réformée s'étaient emparés des Baux et de son château féodal, et en avaient brûlé les meubles devant la porte fausse, tout près de la chapelle de Ste-Catherine. Les catholiques épouvantés s'étaient réfugiés à Arles, où on les reçut à bras ouverts, et le capitaine Jean de Quiqueran, pour reprendre les Baux, dut faire subir à la ville un siège qui dura un mois et demi. Il y eut de terribles représailles qui ne réussirent pas complètement à calmer les esprits dans la région. D'autre part, le 18 juillet 1568, Eyguières dut contribuer, sur le pied de quatre feux, à l'entretien de la garnison de Forcalquier, et s'imposer une taille pour rembourser Catherine de Mistral, dame de Romani, qui avait vendu du blé à la ville. Enfin peu auparavant, en 1566, la peste avait visité Eyguières. atteint le seigneur et fait mourir son fils. C'en était assez et même plus qu'il ne fallait pour que cette époque, et notamment l'année 1568, fût qualifiée dans les annales d'année de trouble et de tourmente. Les années qui suivirent ne furent guère moins agitées. En 1577, le seigneur et prieur d'Eyguières, Jean II de Sade, alla combattre les protestants du Languedoc qui menaçaient la ville d'Arles et furent expulsés de la Camargue ; des contributions de guerre furent fréquemment imposées à la ville. Pourtant la question protestante semblait sommeiller à Eyguières ; c'était sans doute un bénéfice de l'Edit de Nantes, rendu par Henri IV en 1598 et accordant aux protestants le libre exercice de leur religion, et la facilité de pouvoir occuper certaines charges. Mais cette question fut mise en éveil de nouveau en 1617, à la suite du mariage du seigneur, Jean-Valentin de Sade, avec la fille du seigneur de Boucairan, en Languedoc, qui appartenait à la religion réformée. Cette femme prit aussitôt sous sa protection les protestants de la localité, qui se hâtèrent d'acheter une vaste remise ou bergerie au quartier de la Bourgade et de la transformer en temple. Là, chaque dimanche, les protestants des environs se réunissaient librement pour l'exercice public de leur culte et recevoir les instructions de leur ministre.

De 1621 à 1659, ce fut Paul Maurice, homme plein d'ardeur, capable de parler et d'écrire, qui fut à la tête de l'église réformée d'Eyguières. Encouragé et soutenu par Mᵐᵉ de Sade, il organisa des conférences publiques, et composa plusieurs traités qui furent imprimés ; grâce à cette propagande, le Protestantisme fit des progrès considérables.

De leur côté, les catholiques furent-ils suffisamment défendus par leur clergé ? Il est permis d'en douter, car à cette époque, le prieur, Aimar de Serre (1624), scinda le titre de prieur, et prouva en ne gardant que le bénéfice pour lui, soit qu'il voulait se désintéresser de la lutte, soit qu'il ne se sentait pas le courage de la soutenir ; c'est pour cela qu'il obtint que la charge spirituelle fût confiée à un vicaire perpétuel. Mais les fidèles ne se laissèrent pas déconcerter, et, forts de l'appui de leurs consuls, ils firent une résistance qui se manifesta surtout dans la question du cimetière et dans celle de la fermeture du temple protestant.

Cimetière. — Les règles ecclésiastiques défendent expressément que le corps des hérétiques décédés soit déposé en terre sainte avec les restes des catholiques. Les protestants d'Eyguières voulurent passer outre à cette défense, et ce fut pour les en empêcher que le gardien du cimetière, l'ermite Jean Gannaud, adressa, d'accord avec les consuls, une requête au Parlement de Provence pour obtenir défense expresse aux protestants d'ensevelir leurs morts dans le cimetière de St-Vérédème. Jean-Louis de Porcelet de Maillane, conseiller du roi, et lieutenant du sénéchal au siège d'Arles, fut chargé par le Parlement de se rendre à Eyguières pour examiner et trancher cette affaire.

Le 11 mai 1626, il alla au cimetière avec les consuls,

le ministre et quelques-uns des principaux protestants. Dans
l'impossibilité de partager en deux le champ des morts, il
fut proposé de faire un autre cimetière pour les nouveaux religionnaires. Trois emplacements furent offerts dans des quartiers différents et refusés par les protestants à cause de leur
distance trop considérable. Ils proposèrent eux-mêmes qu'on
leur accordât un terrain situé au couchant de la ville, près de
la propriété d'Annibal d'Astre. Les consuls n'acceptèrent pas
à cause de la proximité du lieu où l'on traînait les bêtes de
somme mortes, de crainte que si par cas des ossements de ce
genre étaient jetés dans le cimetière des protestants, ce fût
une occasion de trouble ; et comme les protestants insistaient,
ne tenant nul compte de cette raison de convenance et de
prudence, les consuls dirent qu'ils tenaient à consulter le
Conseil. Ce qui fut fait. Le Conseil se décida pour l'une des
trois terres proposées dès le début. Cet avis déplut aux protestants qui demandèrent la permission de porter l'affaire
devant la Chambre de l'édit à Grenoble, et en même temps
protestèrent contre la nullité de la procédure. Le commissaire
du Parlement pour en finir écrivit son rapport en concluant
« que les consuls et la Communauté d'Eyguières donneront
« aux protestants une demi-éminée (quatre pougnadières, la
« pougnadière valant un are, 1139) sur la propriété de Jean
« Malpoil, au quartier de « l'Acarreiradou », à cent pas envi-
« ron de la ville, pour leur servir de cimetière ; laquelle terre
« sera achetée à dire d'expert et entourée de murailles à la
« chaux et au sable, de six pans d'élévation, avec porte fer-
« mée à clef. Après cela, les protestants ne pourront plus
« enterrer leurs morts à St-Vérédème, sous peine de cinq
« cents livres d'amende et des autres peines édictées dans les
« édits et ordonnances du roi ». Ce fut ainsi ordonné par le
Parlement, et accepté de part et d'autre.

Le cimetière fut donc établi tout près du lieu où se trouve
aujourd'hui une aire, au nord-ouest du pays, non loin du
contour fait par le chemin qui conduit à St-Véran. Les murs
de clôture coûtèrent 52 écus 55 sols, leur métrage étant de
trente-six cannes et demie à 4 francs 7 sols.

Ce point une fois réglé au gré des catholiques, restait la
question de la fermeture du temple et de l'interdiction du

culte protestant, qui était d'une importance plus grande et offrait des difficultés autrement graves. Ils l'abordèrent pourtant avec courage et la Providence leur vint en aide après un premier échec. Suivons cette affaire dans ses diverses phases.

Fermeture du temple.— Nous avons déjà dit que chaque dimanche le temple d'Eyguières servait de réunion aux protestants des environs. La vallée des Baux fournissait un nombreux contingent. En effet, dès l'année 1619, le capitaine Viguier Jacques de Vérace avait refusé de recevoir aux Baux, le ministre qui alla s'installer au château de Manville, quartier de Cornilhe, mais le baron dispersa plusieurs fois les assemblées protestantes, qui se firent alors en secret à Mouriès. De son côté, au mois de mars 1621, le sieur de Manville qui exerçait la juridiction, s'engagea à ne plus s'en servir pour y établir patibulaire, pillori... et moins encore pour y faire l'exercice de la religion réformée.Du coup, l'église des Baux perdit son autonomie et son pasteur ; elle se rattacha à celle d'Eyguières qui était la plus rapprochée. Cette juridiction remontait à l'année 1543 ; François Ier l'avait accordée au chevalier Claude Ier de Manville pour la somme de sept cent cinquante-trois florins quatre sols.

A ceux de la vallée des Baux se joignaient les protestants de St-Remy, de Salon, de Sénas et des autres pays circonvoisins. Ils étaient là sept ou huit cents hommes tous armés pour se défendre en cas d'attaque. La sécurité de la ville parut menacée ; les consuls en furent émus, et ils demandèrent au Parlement de Provence la démolition du temple avec défense formelle aux protestants de se réunir dans le pays, avec ou sans armes, pour quelque motif que ce fût, sous peine d'une amende de mille florins. Le Parlement renvoya au lieutenant du sénéchal du siège d'Arles la question de la démolition du temple et défendit aux protestants de porter des armes dans leurs réunions à Eyguières.

Les protestants ne tinrent aucun compte de cet arrêt ; ils continuèrent de se réunir comme par le passé, même en armes ; la situation ne fut donc nullement modifiée, et c'est à l'influence de Mme de Sade que l'on dut attribuer ce résultat. En effet, le seigneur Jean Valentin était mort, laissant son fils Guillaume encore bien jeune sous la tutelle de sa mère qui fut à la fois tutrice de son enfant et régente de la seigneurie. Cet état favorable aux protestants se prolongea jusqu'au moment où l'héritier âgé de vingt-six ans, après de brillants faits d'armes, vint prendre la direction de la seigneurie d'Eyguières.

Guillaume de Sade eut bientôt compris la gravité de la situation ; catholique fervent, il entreprit de la modifier et finalement il réussit, grâce à son intelligence et à son courage. Il commença d'abord par s'assurer le concours d'un ordre religieux. Sur le refus des capucins, il parvint à faire fonder une maison de Récollets, destinée à combattre par la prière et la parole, la propagande anti-catholique, puis il obtint du Parlement de Provence un arrêt qui prohibait tout à fait sur la terre d'Eyguières l'exercice de la religion soi-disant réformée (14 octobre 1647).

Le surlendemain, le seigneur qui avait provoqué et reçu cet arrêt, le fit signifier aux trente-quatre protestants les plus marquants, avec ordre de s'y soumettre, et comme le 15 décembre il y eut contravention, Guillaume fit dresser procès-verbal aux délinquants et le 19, il obtint du comte d'Alès, gouverneur de Provence, une ordonnance exigeant que les protestants exécutassent la décision du Parlement d'Aix, en attendant les ordres du roi.

Non contents de résister, les protestants portèrent leur cause devant la Chambre de l'Edit, au Parlement de Grenoble. L'Edit de Nantes avait créé dans le Parlement de Grenoble une Chambre composée par moitié de catholiques et de protestants, chargée de juger les procès concernant la religion réformée dans le Dauphiné et la Provence. Les protestants se plaignirent donc de l'interdiction portée contre eux après avoir librement exercé le culte durant trente ans. La Chambre les autorisa à continuer comme par le passé le culte de leur religion sur toute la terre d'Eyguières, et même chargea un de ses conseillers d'aller sur les lieux assurer l'exécution de la décision et la rentrée en possession du temple. C'était créer un conflit qui ne manqua pas d'être soulevé entre les deux Parlements. Bref, M. Emerici, bourgeois et consul d'Eyguières, se rendit à Paris pour soumettre le cas au Grand Conseil du roi. La Communauté paya deux cents florins sur les frais de ce voyage qui en coûta onze cents ; le reste fut avancé par le seigneur. Quant à l'arrêt d'évocation, il ne fut rendu que le 29 décembre 1648 et, en attendant, chacune des cours en présence maintenait son arrêt comme exécutoire.

Sur ces entrefaites, Guillaume revenait couvert de gloire du siège de Meyrargues ; fort de l'appui des habitants d'Eyguières qui étaient allés en délégation à sa rencontre jusqu'à Eguilles, et l'avaient reçu triomphalement le jour de la fête de S. Louis, 25 août 1649, dans son propre pays, peiné des lenteurs sans fin du Grand Conseil, il voulut en finir avec la question du temple. Il fit signifier, le 7 février 1650, l'ordonnance obtenue en 1647, à Paul Maurice et aux principaux protestants, puis il fit fermer et garder les deux entrées du temple pendant les journées du 12 et du 13 février. Alors, il retira les soldats, fit ôter les barrières, et aussitôt les protestants reprirent le chemin du temple. Le ministre y allait de son côté ; mais le seigneur le fit saisir dans la rue par son huissier, et conduire à Salon pour y être retenu prisonnier à la disposition du Parlement de Provence qui siégeait dans cette ville.

Le comte d'Alès, gouverneur de Provence, ne tarda pas de recevoir les plaintes des protestants, et se laissant gagner, il rendit, le 14 mai 1650, une ordonnance contraire à la première, permettant le libre exercice de la religion protestante. Cette ordonnance fut cassée par arrêt du Parlement le 22 juin 1650 et un mois après, le seigneur d'Eyguières employa de nouveau la force armée pour empêcher les protestants de se réunir dans leur temple, et l'on vit se reproduire les mêmes scènes d'autrefois et des tentatives de réunion en l'absence des soldats.

Le 26 octobre 1653, un conseiller envoyé pour faire exécuter l'arrêt de la Chambre de l'Edit, alla en costume officiel, vers le temple, précédé d'un huissier du Parlement, suivi par le ministre Paul Maurice et par tous les protestants de la localité, pour rétablir solennellement le culte des soi-disant réformés. Mais il trouva les deux entrées gardées chacune par une quarantaine de soldats et protégées par une forte barrière. M. de Vauredon, frère du seigneur, commandait la troupe d'Eyguières placée du côté où se trouve aujourd'hui la place

Croix-du-prêche ; le côté opposé correspondant à la rue des Icard était gardé par des soldats venus de Salon sous la conduite du Cadet de Sufren et du viguier de Lamanon.

Le seigneur veillait à la direction générale. Le conseiller demanda à lui parler, lui fit lire par l'huissier l'arrêt de Grenoble, puis désignant le ministre et sa suite, il dit : « Guillaume de Sade, seigneur d'Eyguières, voici des chrétiens, « qui viennent adorer Dieu dans son temple ; et moi, conseil- « ler du roi en son Parlement, je vous ordonne de ne pas les « en empêcher ». Le seigneur répondit que souverain chez lui, il ne permettrait sur sa terre que la religion des aïeux, et que d'ailleurs si le Parlement de Grenoble était contre lui, il avait en sa faveur celui d'Aix. « Seigneur d'Eyguières, je vais « rapporter à la Chambre de l'Edit ce que vous venez de faire « et de dire. » Ces mots étant achevés, il se rendit à la maison de Maurice, suivi du ministre et de tous les protestants.

Deux années s'écoulèrent avant que l'arrêt définitif de la Chambre fût rendu sur ces faits. Mais le 20 décembre 1655, la Chambre de l'Edit condamna le seigneur d'Eyguières à la peine de mort ; M. de Vauredon, le cadet de Sufren et le viguier de Lamanon aux galères à perpétuité. Cet arrêt fut rendu par défaut, en l'absence des condamnés. Dès qu'il fut connu à Eyguières, tous ceux qui étaient atteints allèrent demander protection à Aix, et le 14 janvier 1656, le Parlement d'Aix rendit un arrêt en opposition à celui de Grenoble. C'était un autre conflit entre les deux cours.

Le grand Conseil du roi prit alors une décision, le 4 avril 1656, qui suspendait l'exécution de l'arrêt portant condamnation à la peine de mort et aux galères, et de celui qui ordonnait le rétablissement de la religion réformée à Eyguières. L'année suivante, le roi accorda une lettre de grâce pour tout ce qui, depuis dix ans, avait été matière à condamnation ; puis le grand Conseil, par son arrêt du 27 avril 1657, renvoya devant le petit Parlement de Castres tous les procès portés déjà devant la Chambre de l'Edit par les protestants d'Eyguières. Ce fut le triomphe définitif du seigneur et des catholiques : les protestants ne pouvaient pas exercer leur culte tant que le Parlement de Castres ne s'était pas prononcé ; cela dura ainsi bon nombre d'années, et finalement la révocation de l'Edit de

Nantes vint rendre complètement inutile la décision de Castres.

Mais auparavant, l'affaire de la liberté du culte et celle du temple passèrent par d'autres alternatives. Mazarin institua une commission chargée de parcourir le royaume et d'examiner les différends survenus en matière de religion. Les deux commissaires envoyés en Provence, MM. de Champigny et de Montclar, après avoir passé à Tarascon, à Arles et à Aix, allèrent siéger à Pertuis, où ils convoquèrent le seigneur et les protestants d'Eyguières, et le 18 mai 1662, ils décidèrent de « renvoyer l'affaire devant le roi ». C'était le maintien du *statu quo*. Les religionnaires avaient profité de cette circonstance pour demander aux commissaires du roi d'être admis aux différentes charges, aux assemblées municipales, et d'être exemptés des impositions pour réparation aux églises, couvents et autres concernant le culte catholique.

Le seigneur ne perdait pas de vue son but : l'interdiction du culte ne lui suffisait pas ; pour mieux réussir, il continuait à réclamer une ordonnance pour la démolition du temple, lorsque en 1674, le 28 septembre, il obtint du Conseil d'Etat un arrêt qui « réservait au roi la connaissance de cette affaire ». Il n'y avait plus qu'à attendre le moment de la décision royale. Cependant, en 1681, il fit le bilan de tout ce qu'il avait supporté de frais à cause de son rôle dans la question protestante et le présenta à la Communauté sous ce titre : Etat de ce que j'ai fourni pour faire interdire l'exercice de la Religion Prétendue Réformée (R. P. R.) dans ma terre d'Eyguières : 19.991 fr. 16 sols 9 deniers. Il ajouta : « Et comme Dieu m'a « fait la grâce d'arriver à l'âge de soixante-quatre ans parmi « beaucoup de troubles et de chagrins que j'ai eus, et que je « ne dois plus songer qu'à passer le peu de temps qui me « reste à vivre à mieux en user pour tacher de *gaigner* le ciel ; « aussi, si mes sujets catholiques veulent avoir quelque recon- « naissance de ce que j'ai fait pour tirer du milieu du *village* « un exercice si contraire à leur Religion que la complaisance « de mes prédécesseurs y avait establi, ils doivent encore « avoir esgard de me mettre à couvert de la rage des religion- « naires qui m'ont fait faire commandement de payer cinq « mil cinq cent livres d'amende, et m'ont menacé de faire

« taxer les dépenses auxquelles moi et mes amis et parents
« auront été condamnés solidairement par l'arrest de la cham-
« bre de l'Edit de Grenoble du 20 décembre 1655 qui nous con-
« damnait à la mort par deffaut pour avoir soutenu les arrests
« du Parlement de Provence et du conseil qui interdisait
« l'exercice des Huguenots dans cette terre, et aux frais qui
« se pourront faire au Conseil d'Etat où l'instance de l'inter-
« diction de l'exercice et démolition du temple est encore pen-
« dante au rapport du marquis de Châteauneuf ».

Nul doute que les consuls, le conseil et les habitants catholiques d'Eyguières durent être touchés des termes dans lesquels cette déclaration leur fut adressée. Guillaume de Sade
avait droit à la reconnaissance de ses contemporains, et aujourd'hui encore, disons-le bien haut, sa conduite noble, che-
valeresque et catholique, mérite le juste tribut de notre admiration. Il eut encore la satisfaction, avant de mourir, 1686,
de connaître la révocation de l'Edit de Nantes qui mettait un
terme à toutes les querelles à l'avantage des catholiques, et de
voir démolir le temple d'Eyguières. Voici l'application que fit
à Eyguières, de cette révocation, le Parlement de Provence,
s'inspirant des intentions du roi : « Arrest du Parlement de
« Provence qui ordonne la démolition du temple du lieu d'Ai-
« guières, et la réunion des biens du Consistoire à l'Hôpital
« dudit lieu, 17 septembre 1685... Tout considéré : Dit a esté
« que la Chambre.... a ordonné et ordonne que les Directeurs
« de l'Hôpital du dit lieu d'Aiguières auront l'administration
« des biens et droits du Consistoire supprimé par arrest de la
« Cour du 14 octobre 1647, et par la discontinuation de l'exer-
« cice depuis trente-huit ans, et à ces fins les Directeurs
« feront incessamment démolir ledit Temple jusques aux fon-
« dements, et au lieu et place dudit Temple feront élever une
« Croix de pierre sur un pied d'estal de trois pans de hau-
« teur ; et en ce que les Directeurs disposeront des matériaux
« et de la place et sol dudit Temple, de même que les autres
« lieux du Consistoire, conformément aux déclarations de
« Sa Majesté ».

Cet arrêt fut exécuté sans retard. Le temple fut démoli pendant le même mois. Le pasteur Charles Maurice se retira en
Suisse avec plusieurs protestants. Durant son séjour à Eyguiè-

res, il avait été pourvu à son entretien par des dons en nature, des souscriptions et des legs ; de même pour son prédécesseur Paul ; celui-ci fut ministre de 1621 à 1659, et Charles jusqu'en septembre 1685. La croix fut-elle élevée à la place du Temple ? nul ne le sait ; mais le souvenir est resté, puisque l'emplacement du temple est nommé encore aujourd'hui « Place de la Croix du Prêche ».

Pour faire suite à la révocation de l'Edit de Nantes, Louis XIV ordonna le désarmement des protestants, 16 octobre 1688. Les nouveaux convertis désarmés à Eyguières furent : Jaume Malpoil, maître cordonnier, qui rendit un fusil ; Pierre Roussier, tisseur de drap, un fusil ; Jean Sabatier, un fusil, deux pistolets, une épée ; Andrieu Richard, travailleur, un fusil, une vieille épée ; Jean Gilles, travailleur, un fusil ; Jean Payan, ancien notaire, un fusil, deux pistolets d'arçon, un pistolet de poche, un bâton ferré, trois épées ; Honorat Payan, bourgeois, une vieille carabine, un vieux mousqueton, deux pistolets d'arçon, trois épées, une vieille lame de hallebarde ; Pierre Sabatier, bourgeois, deux pistolets d'arçon, une épée ; Estève Cavaillon, un fusil ; Hercule Sylvestre, bourgeois, un fusil ; Jaume Raide, un fusil.

Deux ans plus tard, les consuls firent sommation aux administrateurs, fermiers et débiteurs des biens des religionnaires et des nouveaux convertis fugitifs, de rendre compte de leur administration à M. l'Intendant.

Puis, le 4 décembre 1702, le comte de Grignan, gouverneur de la Province, défendit aux nouveaux convertis de retenir des armes, des munitions pendant dix années, sous peine d'être attachés à la chaîne et conduits dans les galères de Sa Majesté pour y servir comme forçats, sans autre forme ni figure de procès. « Pour ce qui est des gentils hommes nouveaux con-
« vertis, ils pourront garder et avoir deux épées, deux fusils
« et deux paires de pistolets pour leur usage, et six livres de
« poudre et pareille quantité de plomb, et au cas qu'aucun
« desdits gentils hommes gardent et ayent une plus grande
« quantité d'armes, poudre et plomb, ils seront arrêtés et
« obligez de payer trois mille livres d'amende au profit de
« l'Hôpital, tenant prison jusqu'à l'actuel payement de ladite
« amende ».

Enfin, le 14 mai 1724 parut une déclaration du roi concernant la Religion. Après avoir loué le dessein de son prédécesseur d'éteindre entièrement l'hérésie dans son royaume, le roi dit avoir examiné les Edits, déclarations et arrests du conseil, et étant informé que leur exécution a été ralentie, il ajoute : Nous ordonnons que la religion catholique, apostolique et romaine soit seule exercée dans notre royaume ; défendons à tous nos sujets de faire aucun exercice de religion autre que ladite religion catholique, et de s'assembler pour cet effet en aucun lieu et sous quelque prétexte que ce puisse être, à peine contre les hommes des galères perpétuelles, et contre les femmes d'être rasées et enfermées pour toujours, avec confiscation des biens des uns et des autres, même à peine de mort contre ceux qui se seront assemblés en armes. Même peine contre les Prédicants.

Ces deux ordonnances nous étonnent par leur rigueur, mais elles avaient leur raison d'être, et elles nous aident à comprendre et admettre l'attitude des consuls et du seigneur d'Eyguières durant la période protestante. N'oublions pas, en effet, que les catholiques étaient paisiblement chez eux, lorsque des gens armés, au nom d'une religion nouvelle, menacent d'envahir le pays, font avec l'artillerie le siège des villes et des châteaux fortifiés, incendient et tuent comme l'avaient fait les Maures autrefois, et exercent le culte avec des réunions armées, d'où les femmes sont tenues à l'écart. Il est évident qu'il y avait là non seulement un péril religieux, mais un danger politique et une cause de perturbation sociale. C'est pourquoi le roi, le gouverneur de la province et le seigneur avec les consuls prenaient des mesures énergiques pour maintenir la paix et écarter tout moyen de division et de trouble.

L'église d'Eyguières n'existait plus, mais il resta encore des protestants isolés après le désarmement et la démolition du temple. Leur sort fut très précaire durant le XVIIIe siècle, et il devint pire durant la Terreur. En attendant l'interdiction complète du culte et la fuite des notables, le pasteur était dans l'obligation, à Eyguières, de baptiser au pied de l'arbre de la Liberté.

Pourtant, le 21 juin 1801, les protestants reprirent leurs assemblées ; et, en 1803, le premier consul Bonaparte fit décréter que les deux cent cinquante protestants de la vallée des Baux, et les cinquante d'Eyguières constitueraient, avec ceux de Laroque, une église rurale, distincte de celle de Marseille, ayant pour chefs-lieux Mouriès et Laroque. La nouvelle paroisse, qui devait se scinder en 1840, eut deux conseils d'anciens, deux délégués au consistoire général et un pasteur.

A la fin du XIXᵉ siècle, à Eyguières, il n'y avait plus de protestants, et pourtant le budget municipal qui ne portait aucune allocation pour le clergé catholique, avait, dans la colonne des dépenses, un secours pour le pasteur de Mouriès. Un conseiller municipal, clairvoyant, s'aperçut, en 1898, de cette anomalie : pourquoi subventionner un pasteur sans ouailles ? Le conseil ouvrit les yeux, et supprima aussitôt un secours qui jurait davantage encore depuis la suppression du traitement du vicaire catholique.

CHAPITRE II

LES RÉCOLLETS.

Pour mieux réussir dans sa lutte contre les protestants, le seigneur, Guillaume de Sade, pensa qu'il fallait faire appel à d'autres armes que la force matérielle. Convaincu que le clergé séculier était insuffisant pour enrayer le mouvement hérétique et pour le bien de la foi catholique, apostolique et romaine, il jugea à propos de s'entendre avec le conseil de ville, le 17 avril 1645, pour faire établir à Eyguières une maison de religieux qui travailleraient au *rembarrement* des erreurs. Les consuls s'adressèrent au Père Provincial pour obtenir une mission de quatre capucins ; mais ils ne réussirent pas dans l'objet de leur demande.

Alors Guillaume de Sade eut un entretien à Arles avec le R. P. d'Aymini, religieux Récollet et son propre parent ; il lui exposa son intention qui fut transmise au R. P. Marc de Bruduno, provincial de l'ordre ; la proposition fut agréée et les conditions furent posées aussitôt. La Communauté fournirait l'emplacement nécessaire pour construire un couvent et une chapelle, avec jardin attenant, et l'Ordre enverrait six religieux pour y résider. Sur l'initiative du seigneur, le conseil de ville accepta ces conditions le 6 janvier 1646 ; le 16 du même mois, l'archevêque d'Avignon donna son autorisation et sans tarder, les Récollets vinrent s'établir à Eyguières.

Le but de l'établissement était, d'après l'acte de leur réception, de secourir la population en temps de peste, et ensuite de combattre la propagande et les efforts des protestants.

Nous puiserons tous les détails qui vont suivre dans les « Archives du couvent des PP. Recolez establis à Eyguières en l'année 1646, le 6 janvier, le tout fidèlement recueilly par le Père Césaire Cambin, archiviste de la Province en 1669, le 27 juillet, à la plus grande gloire de Dieu et de l'Immaculée Vierge Marie » *(dans un cartouche à l'encre rouge et noire)*.

A leur arrivée à Eyguières, les PP. Récollets furent logés dans la maison de Jean Lyons, sur la place ; la chapelle des pénitents qui était contiguë fut mise à leur usage en attendant qu'ils eussent bâti leur couvent. Cette maison et la chapelle sont devenues aujourd'hui l'auberge du Veau d'or et sa remise. La Communauté avait loué cette maison pour deux ans ; le bail fut renouvelé le 5 juillet 1648, et finalement les religieux l'habitèrent jusqu'en 1657. Mais déjà le 25 juin 1646, la Communauté, par devant Garnier, notaire, avait acheté pour le couvent une superficie de terrain de quatre éminées des nommés André Domergue, Reynaud Sabatier, Benoît Colique, D^{lle} François de Robolly, veuve de Palamède Astre, Antoine Lyons, Michel Autheman, Bourges Heyriery, Honoré Micheau et Sauvaire Gilles. Ce terrain, sis au quartier de Pontilhau, avait pour confront de bise (nord) le chemin de la fontaine de Borme sur Salon. La première pierre du couvent sur ce terrain fut posée le 16 septembre 1646.

Le R. P. Fulgence de la Barthe, nommé supérieur le 2 juillet, entra en fonction « au grand contentement de toute la population catholique, surtout du seigneur Guillaume de Sade, de M. Valredon, son frère et d'André Girard, chanoine de Saint-Ruf, et vicaire perpétuel de la paroisse de N.-D. de Grâce ».

Quels étaient les moyens d'existence de ces religieux ? Les Récollets sont un ordre mendiant. C'était donc la charité publique qui les aidait à vivre. Chaque semaine, le mercredi et le samedi, ils faisaient dans Eyguières la « quête du pain et du sou », sollicitant auprès des cinquante-quatre bienfaiteurs inscrits sur leur registre le pain ou le sou promis : ils recevaient 146 pains et 70 sous par mois. En outre, ils faisaient une quête régionale chaque année à l'époque des principales récoltes, huile, blé, vin, légumes. Les localités dans lesquelles il leur était permis de faire appel à la générosité des habitants étaient : Eyguières, Roquemartine, Sénas, Orgon, Eygalières, les Baux, Mouriès, Salon, Alleins, Pélissane, Istres, Grans et St-Chamas ; ces quatre derniers pays étaient réservés, pour la quête de l'huile, aux capucins d'Aix ; les Récollets ne pouvaient donc s'y présenter. Voici comment ils furent autorisés à aller à Orgon.

Cette ville possédait un couvent de religieux Augustins, qui envoyaient un frère quêteur à Eyguières pendant que les moulins à huile fonctionnaient. Les Récollets réclamèrent contre cet usage auprès du Conseil de ville qui révoqua toutes les autorisations anciennes, et consentit à ce que les Récollets fissent appel à l'archevêque d'Avignon pour défendre à n'importe quels ordres mendiants de faire la quête à Eyguières (12 octobre 1704). Alors, le 19 novembre, le seigneur Joseph de Sade présenta une requête à l'official de Tarascon pour faire défendre aux Augustins de quêter à Eyguières. Ceux-ci, déjà régulièrement autorisés par l'archevêque, firent cependant un accord avec les Récollets. Il fut proposé que les Récollets à Orgon et les Augustins à Eyguières pourraient ramasser l'huile vingt jours durant, et tous en même temps, moitié pendant le travail des moulins, et moitié après leur fermeture. Cet avis plut à l'official qui rendit un arrêt dans ce sens, le 26 novembre 1704 ; l'archevêque d'Avignon le ratifia et confirma le 19 mai 1708.

De son côté, la Communauté venait en aide aux Récollets dans une certaine mesure ; c'est ainsi que le 27 août 1659, elle abandonna la rente de la tuilerie pour servir à faire le pavé de la chapelle des pénitents à leur usage. En 1692, une aumône de vingt-huit francs dix sols leur fut donnée à cause de la

misère, et en 1706, ils reçurent un secours pour la tenue de
leur chapitre. Plusieurs fois le Conseil vota des sommes pour
les aider dans leurs constructions, et finalement promit cinq
cents livres payables à la fin des travaux de la chapelle
(5 août 1699). En 1715, lors du projet d'établir l'impôt du
piquet de la farine, il devait y avoir exemption pour les Récollets, à cause du pain qu'ils donnaient à l'hôpital. En 1733, la
rétribution de soixante livres est donnée pour dire tous les
jours une messe à la chapelle des Pénitents blancs ; on leur
donne, en outre, chaque année un tonneau de vin.

Lorsque la peste éclata en 1720, la ville dut être fermée ; dès
lors, les PP. Récollets y entrèrent pour remplir leur obligation
de secourir les pestiférés, et ils n'en sortirent pour revenir à
leur couvent que lorsque la contagion eut disparu. Pendant
ce temps, deux compagnies du régiment de Forey, envoyées à
Eyguières pour y tenir garnison, avaient occupé la maison
des religieux.

Le couvent avait été achevé ou du moins rendu habitable en
1657 ; pour le compléter, les Pères voulurent ajouter un cloître,
dont la première pierre fut posée par Mme la comtesse de Sade,
le 9 décembre 1726 ; ce n'était pas dans le but de se procurer
un promenoir pour la Communauté, puisque le cloître est un
lieu régulier et de silence, par conséquent ; c'était dans le but
de fournir aux Récollets, qui étaient tenus à la vie claustrale,
le moyen de se reposer isolément dans la journée dans l'intervalle des heures de travail ou des exercices religieux. Parfois
cependant ils sortaient en corps à la campagne ; leur promenade favorite était du côté de St-Joseph, en suivant le Défend
et la montagne qui porte la croix du Séti. De là le nom de chemin des « frères Menoun » donné à celui qui va de St-Joseph
vers le Castelas (menoun vient de moine ou de religieux mini-
me). Et qui sait si l'existence de la Croix du Séti n'a pas pour
origine cette direction fréquemment prise par les religieux ? Et
qui sait encore si l'usage de monter pieds nus en procession
auprès de cette croix n'est pas dû à l'imitation et à l'exemple
des Récollets qui ne portent que des sandales pour chaussures ?
Chacun sait à Eyguières qu'en temps de grande sécheresse, la
population montait à la croix du Séti pour obtenir la pluie,
et pour mieux être exaucés, et faire davantage pénitence durant

cette ascension pénible, ceux qui en avaient le courage montaient déchaussés. La dernière procession de ce genre eut lieu vers le milieu du XIXᵉ siècle ; et la vénérable sœur Léonie, supérieure de l'école des filles, témoin oculaire, se plaisait à redire la récompense accordée par le Ciel à la foi des suppliants. Partis avec un ciel tout bleu, ils revinrent inondés par une pluie abondante. Personne ne songeait à s'en plaindre. Tout est possible à la foi, franchir les montagnes et attirer les nuages.

La chapelle du couvent fut pourtant achevée en 1735, et le 15 juillet, elle reçut la bénédiction liturgique. Ce fut le R. P. Marc-Antoine Aubert, provincial de l'ordre, qui présida la cérémonie, assisté par les PP. Acurse, Giniez, gardien, et Erman Masse, définiteur. La chapelle fut dédiée à Sᵗᵉ Anne, mère de la Sᵗᵉ Vierge, et eut pour parrain les trois consuls : Duplan, Raoulx et Guibert. On a retrouvé et déposé plus tard, à la mairie, la pierre, clef de voûte, sur laquelle on avait gravé le blason de la ville et celui du seigneur confondus au même écu, portant une étoile d'or à huit rayons, sur deux aiguières d'argent.

Les Pères Récollets établirent à Eyguières, dix ans après leur prise de possession, le 25 décembre 1656, la pieuse confrérie des agonisants à l'autel paroissial de St-Joseph. L'état de cette confrérie est conservé au n° 129 des archives. Mais un numéro plus important est celui où est décrit l'état du tiers-ordre (181). Etabli depuis d'assez nombreuses années, cet ordre avait périclité ; le R. P. Armillon, nouveau gardien de la maison d'Eyguières, nommé en 1756, songea à le raviver ; et, en effet, il devint bientôt florissant. Mais sans doute, le restaurateur du tiers-ordre avait omis de se munir des autorisations nécessaires, et l'archevêque d'Avignon rendit une ordonnance de suppression qui, le jour de la Toussaint, fut publiée du haut de la chaire par le vicaire perpétuel Dallen. Le P. Antoine réclama contre cette mesure, mais il ne put fournir à l'archevêque qui la lui demandait comme preuve de régularité, l'autorisation donnée par ses prédécesseurs, la permission du prévôt de la Baume, vicaire capitulaire, et celle de M. Philip, vicaire général : il dut donc se soumettre. Il ne le fit pas sans avoir mentionné, dans les archives de sa mai-

son, « qu'il fallait maintenir les droits des Récollets dans leur église ; que le clergé paroissial n'avait que le droit d'y chanter le *Libera*, le *De profundis* avec l'oraison, en vertu de l'article 6 de l'arrêt du 13 mai 1746 » ; et surtout il ne manqua pas de s'adresser, le siège étant vacant, au vicaire général, pour lui demander la permission de donner la bénédiction du St-Sacrement, dans la chapelle du couvent, pour les frères et les sœurs du tiers-ordre, le matin et le soir du second dimanche de chaque mois. Ce fut accordé le 27 décembre 1756 ; et le 16 mai 1757, cette faveur fut accrue de l'autorisation de faire dans la ville, avec le tiers-ordre, la procession du St-Sacrement le soir de la Fête-Dieu ou un jour dans l'octave. Cette procession se fit en 1758. M. Dallen la dépeignit comme inconvenante au nouvel archevêque d'Avignon. Le P. Armillon se fit donner une attestation favorable par le maire, les consuls Duplan, Martin, Malpoil, et un certain nombre d'habitants qui affirmaient « que la procession des PP. Récollets avait été édifiante, conforme à la sainteté de la religion, que tout le monde l'avait approuvée, que les personnes du cortège avaient eu une modestie dévotieuse, un air recueilli qui touchait le cœur, et une piété pleine du respect le plus grand envers le St-Sacrement (6 juin 1758) ». Malgré ce témoignage, l'archevêque rendit, le 2 septembre, une ordonnance ainsi conçue : « Considérant que les confréries du tiers-
« ordre, utiles dans les villes, sont nuisibles dans les petites
« localités, où elles amènent la désertion de la paroisse, déci-
« dons : 1° la confrérie du Tiers-ordre établie dans l'église des
« Récollets d'Eyguières, sans l'autorisation épiscopale, est
« interdite ; 2° les Récollets ne pourront plus faire la proces-
« sion dans le pays, mais seront tenus, au contraire, de se
« joindre à celle de la paroisse ».

Ce fut un coup mortel pour les Récollets ; les habitants reprirent le chemin de leur église paroissiale.

Ce qui fut encore bien plus malheureux pour eux, ce fut l'édit de mars 1768 qui réglait le nombre des religieux, neuf ou seize, pour former un couvent. La maison d'Eyguières, n'en ayant que six, devait donc être supprimée ; mais le Conseil de ville, « les tenant pour utiles aux habitants », demanda à l'archevêque d'Avignon d'obtenir le maintien de leur couvent.

Autre était la manière de voir des supérieurs de l'ordre qui, se trouvant dans l'impossibilité de conserver toutes leurs maisons, avaient décidé la suppression de six, y compris celle d'Eyguières. Mais, avant de mettre à exécution cette mesure, ils demandèrent et obtinrent, en octobre 1768, des lettres patentes qui les autorisaient à vendre les couvents abandonnés, leurs meubles et leurs vases sacrés, pour en employer le produit à réparer les autres maisons.

Alors le conseil, « considérant que le couvent est la propriété de la Communauté qui n'en a donné que la jouissance aux Récollets sous la réserve du droit de retour en cas d'abandon de la part des religieux », chargea en l'occurence les consuls de réclamer la propriété du couvent. Cette délibération, 12 août 1769, fut signifiée au supérieur des Récollets et adressée au Parlement. Conséquence : la maison d'Eyguières fit exception ; les supérieurs décidèrent de la maintenir et y furent régulièrement autorisés, malgré le nombre inférieur des religieux.

Pourtant, la maison était dans un tel état de vétusté que l'intendant avait déjà ordonné une visite sur requête, en 1767, en vue des réparations à faire au couvent et à la chapelle ; il refusa d'approuver le devis dressé en 1770, et les Récollets firent à leurs frais les réparations les plus urgentes. En 1775, le Conseil de ville, sur la demande du R. P. Florent, « consi-
« dérant que le couvent est très pauvre, et que les dons des
« fidèles sont de plus en plus rares depuis quelques années »,
accorda la somme de 72 livres pour payer les dettes contractées à l'occasion de ces travaux, mais « sans tirer à conséquence pour l'avenir ».

Toujours disposé favorablement, le Conseil de ville imposa au boucher, dans le bail du 2 avril 1779, de fournir gratuitement aux Récollets trois quintaux de viande de mouton chaque année. Mais, au bout de dix ans, au lieu de leur continuer cette concession, le 21 novembre 1789, ce fut l'encadastrement de leurs biens qu'on leur demanda en conformité avec le décret de l'Assemblée nationale, rendu le 26 septembre. L'huissier Ropton se présenta pour les sommer de nommer un expert chargé avec celui de la mairie de procéder à cette opération. Le P. Gardien dit qu'il laissait aux consuls le soin de nommer les deux experts. Les biens des Récollets furent imposés pour soixante-neuf francs dix-neuf sols et six deniers.

L'Assemblée nationale avait décrété la suppression des Communautés religieuses et l'abolition des vœux monastiques. Les Récollets d'Eyguières durent, en conséquence, être sécularisés. Le 30 avril 1790, il fut procédé à cette formalité par Estienne, maire, Gilles et Colique, officiers municipaux, assistés par le procureur de la commune et le greffier secrétaire. Il n'y avait dans le couvent que deux religieux : frère Arsène Giniès et frère gardien Joseph Descottes. Arsène dit que son intention était de se retirer dans une maison de son Ordre, le gardien affirma n'avoir pris aucune détermination à ce sujet. Le commissaire fit aussitôt l'inventaire des meubles du couvent ; il eut bientôt fini, si pauvre était le mobilier. Cet inventaire fut joint à celui du 27 septembre 1777. On le trouve dans les archives avec tout ce qui se rapporte à la durée de la maison d'Eyguières, y compris le nom des morts ensevelis dans leur chapelle. Durant les deux cent cinquante-quatre années d'existence du couvent, il y eut soixante-six supérieurs ou gardiens, il y était mort dix-sept religieux ; et parmi les principaux bienfaiteurs sont inscrits : l'archevêque d'Avignon, la famille du seigneur d'Eyguières, la Communauté, les familles Bonnet, Ragis, Estienne, Robert, Cauvet, Richaume, Colique, Payan, Bernard, Sabatier, Domergue, Duplan, Vignette, Andelin, Pascal, Pascalis, Pélegrin, etc.

CHAPITRE III

LES CONFRÉRIES CONSULAIRES ET DE DÉVOTION. — CHAPELLE DES PÉNITENTS.

La Révolution approchait, plus que cela, elle sévissait déjà, et allait constituer un autre péril pour la religion catholique. Le Protestantisme avait tenté de s'établir par la violence des armes, et il rencontra des souverains chrétiens qui surent faire à propos des lois utiles à la foi, et même au besoin faire agir des compagnies de dragons comme le fit, en 1685, le comte de Grignan, intendant de Provence, qui envoya quatre compagnies pour convertir les religionnaires des Baux et de sa vallée. Le résultat espéré fut obtenu, et les 16, 17 et 18 octobre de cette année, il y eut deux cents abjurations dans les églises des Baux, de Mouriès et de Paradou, par familles à Mouriès, et en masse dans les deux autres. Les ordres religieux à côté du clergé séculier, appuyés sur la puissance civile (c'était nécessaire puisque l'Etat et la société étaient menacés), opposèrent une résistance énergique et secondée par un succès dont la France bénéficia avant de subir la Révolution. On l'a vu à Eyguières au moment critique de la scission du prieuré en deux pouvoirs séparés ; les Récollets arrivèrent, et leur action fut efficace.

Mieux avisée que le protestantisme, la Révolution qui était avant tout antireligieuse, supprima les ordres religieux, puis conduisit à l'échafaud les prêtres tant séculiers que réguliers, après n'avoir voulu admettre que des prêtres assermentés. Ou l'hérésie pour diriger le culte, ou pas de clergé. Assurément, la foi fut sauvée parce qu'elle avait jeté des racines profondes dans ce vieux sol de Clovis, de Charlemagne, de S. Louis, des croisés et de Jeanne d'Arc. Mais, à notre humble avis, une partie de la force de résistance doit être attribuée à ces confréries laïques qui, sous l'inspiration chrétienne, avaient formé des groupements, des corporations ayant un saint pour protecteur, des recteurs pour les gouverner, le soutien mutuel comme but, et la charité pour les animer.

Il en existait à Eyguières, et il est bon d'en consigner ici le nom pour que leur souvenir ne périsse pas.

Saint-Sacrement. — La première en dignité était celle du St-Sacrement ou du *Corpus Domini*, qui avait pour but d'honorer le St-Sacrement soit à la messe, soit à la bénédiction ou à la procession ; elle s'occupait aussi des lampes et des cierges pour le culte au maître-autel. En sortant de charge, les consuls en devenaient prieurs de droit. C'était le Conseil de ville qui choisissait le marguillier chargé du soin des effets de la confrérie et de certaines fonctions sous la direction du recteur. Pour reconnaître ses services, on l'exemptait de loger les soldats de passage. Cette confrérie existait déjà en 1666.

Saint-Esprit. — Venait ensuite la confrérie du Saint-Esprit, dont les recteurs étaient chargés d'administrer l'hôpital et ses revenus, et de protéger les enfants abandonnés. Après avoir été recteurs du *Corpus Domini*, pendant un an, les consuls devenaient prieurs du St-Esprit. Le 11 septembre 1661, les vergers de cette confrérie furent exemptés de la taille.

Saint-Vérédème. — Enfin, la troisième année, les personnages consulaires devenaient recteurs de la confrérie de Saint-Vérédème. Tout d'abord, ce n'était qu'une association de piété ; mais le 9 mai 1756, le Conseil, sur la proposition des consuls, décida que la confrérie de St-Vérédème serait consulaire comme les deux autres, et que les recteurs rempliraient cette fonction aussi bien dans l'église paroissiale qu'à la chapelle du cimetière.

Saint-Rosaire et *Saint-Scapulaire.* — Ces deux confréries, uniquement de dévotion envers Marie, et de confiance envers la patronne de l'église paroissiale, admettaient toutes sortes de personnes, sans avoir égard ni à l'âge, ni au sexe. Elles étaient réunies au même autel de l'église. C'était un homme qui en était prieur en 1694.

Saint-Joseph. — La création de la confrérie de St-Joseph, aussi appelée des agonisants, est contemporaine de l'établissement des Récollets, et doit être attribuée à l'ardente initiative de Guillaume de Sade qui voyait en elle une association capable de préserver la foi. Elle fut autorisée par l'archevêque d'Avignon qui se dit « heureux d'ériger, dans l'église parois- « siale d'Eyguières, une confrérie en l'honneur et gloire de « Dieu, sous le titre du glorieux patriarche S. Joseph, époux « de la glorieuse Mère de Dieu ». Ce fut le 19 mars 1646, que par devant Mᵉ Duplan, notaire, M. André Girard, vicaire perpétuel, transmit la permission régulière de s'organiser en confrérie à Noël Petit, Honoré Mercier, Barthélemy Berton, Honoré Blanc, Antoine Poisson, Estève Bais, Antoine Petit, Jean

Audibert, Guillaume Maurel, Jean Bernard, Honoré Michel, Jean Rigau, Pierre Chastelas, Pierre Garcin et Paul Béraud, tous domiciliés à Eyguières.

A la tête de la confrérie, il y avait d'abord un prieur, puis il y en eut deux, et même trois. Chaque *confrère* fondateur versa deux livres, et prit l'obligation de passer le bassin pour faire la quête dans l'église. Le curé ou bien le prieur présidait les réunions qui se faisaient primitivement dans la maison commune, puis dans la chapelle, quand elle exista.

L'emplacement de cette chapelle fut donné par M. Jean Bonnet, audiencier civil à la Cour du Parlement, qui avait le droit de faire construire une chapelle dans l'église paroissiale et le céda, à la charge pour les prieurs de lui concéder un banc dans cette chapelle, et d'y creuser une tombe pour la famille Bonnet. Le 19 mars 1666, il y eut une réunion pour trouver les ressources nécessaires. Il fut convenu que chaque confrère paierait dix livres dans le mois ; un impôt de deux livres fut établi sur tous les maîtres-maçons, tailleurs de pierre, menuisiers, charrons et tonneliers étrangers qui viendraient travailler à Eyguières ; un impôt de douze livres sur tous ceux qui lèveront un magasin ; dix sous sur les compagnons ; six sous sur tous les confrères qui seront pères d'un enfant le jour de S. Joseph. Le Conseil de ville, pour aider cette œuvre, donna cinquante livres le 3 octobre 1666 ; cent livres le 17 avril 1667, autant le 2 avril 1668. La chapelle fut prête pour être bénite le 7 février 1669 : ce fut l'archevêque d'Avignon qui fit la cérémonie ; les prieurs de l'année étaient Antoine Petit, Jean Valentin Trenquier et Estève Gay.

La confrérie de St-Joseph n'admettait d'abord que les gens de métier ; mais peu à peu la population toute entière en fit partie, et les prieurs, désireux d'obtenir du pape que leur corporation fut enrichie de la faveur d'une indulgence plénière perpétuelle, en firent la demande au Souverain Pontife, qui leur envoya, le 30 janvier 1705, une bulle ainsi conçue : « Comme « nous avons appris que dans l'église du lieu d'Eyguières, en « Provence, dans le diocèse d'Avignon (ou autre) et dans la « chapelle de St-Joseph, il y a une confrérie érigée sous l'in- « vocation de ce saint, non par quelques artisans et particu- « liers, mais généralement par tous les fidèles de l'un et de

« l'autre sexe, lesquels ont en coutume de pratiquer plusieurs
« .actes de piété et de charité, nous accordons indulgence plé-
« nière : 1° le jour de la réception ; 2° à l'heure de la mort ;
« 3° le jour de saint Joseph ». Chaque confrère paya quinze
sous pour couvrir les frais d'expédition.

En 1708, sur les vives instances des membres de la confrérie, l'archevêque d'Avignon leur permit de faire la procession
le jour de la fête de saint Joseph, et le deuxième dimanche
de chaque mois.

En 1714, l'assemblée générale délibéra de faire payer à tous
les menuisiers, charrons, tonneliers, maçons et tailleurs de
pierre, étrangers ou non, douze livres s'ils sont maîtres, et
dix livres à tous les enfants de maîtres travaillant pour leur
compte. Ces deux délibérations furent homologuées le 5 février 1715, par le Parlement de Provence.

Cette organisation fonctionna jusqu'à la Révolution, et si
bien, que les prieurs en furent complimentés le 26 août 1763,
par l'archevêque d'Avignon, qui loua leur zèle et le bon ordre
de la confrérie.

Saint Eloi. — Quatre autres confréries réunissaient sous le
patronage de quatre saints bien connus, les travailleurs d'Eyguières. Saint Eloi groupait sous sa bannière les cultivateurs.
Il avait une chapelle dans le quartier qui porte son nom, à
l'endroit même où se dresse aujourd'hui le monument de la
.mission, en face le chemin de St-Roch. Elle est tombée de
vétusté. Chaque année, le deuxième dimanche de juillet, la
procession de S. Eloi se rend encore en ce lieu pour y bénir
les bêtes de somme.

 Saint Marc. — Ce saint était le patron des vignerons : le
jour de la fête du saint, est le jour de la fête de la confrérie.
Au son des cloches, le 25 avril, dès six heures du matin, les
confrères portant la statue de S. Marc, entourée de pampres
et de raisins conservés, les baylesses chargées de corbeilles
pleines de pain bénit, de nombreux fidèles, précédés par le
.tambour, se mettent en marche sur la route de St-Pierre de
Vence, où l'on arrive après avoir béni plusieurs fois la campagne. La chapelle est superbement ornée de buis et de fleurs,

on y célèbre la messe, les choristes de la paroisse chantent de jolis cantiques, puis chacun s'empare des bouquets de fleurs appendus aux murs, et s'en va faire un déjeuner champêtre sur l'herbe, tandis que l'hospitalité la plus généreuse est offerte cordialement au clergé, aux clergeons, aux prieurs et aux prieures par le fermier et sa famille que bénit visiblement le saint. La procession continue sa marche dans le vallon des Glauges ; on chante, on prie, on bénit, et à onze heures on entre triomphalement dans Eyguières, entre deux haies de curieux.

Saint Blaise. — L'évêque de Sébaste, S. Blaise, a sa fête le 3 février. Il fut longtemps le patron des cardeurs et des cordeliers qui étaient en nombre considérable jadis à Eyguières. Le jour de sa fête, les confrères faisaient bénir du pain, du sel et des raisins, regardés comme spécifiques contre les maux de gorge, la toux, la coqueluche, le goître, etc. La confrérie a duré de 1761 à 1793.

Saint Véran. — Ce saint fut pris comme protecteur des bergers et des troupeaux. La confrérie des bergers existait au XVIIᵉ siècle : en 1666, elle demanda un secours au conseil. Le territoire d'Eyguières permettait d'élever autrefois du bétail en grande quantité. Les bergers composaient une confrérie importante. Bien que l'on cultive beaucoup moins les troupeaux, les bergers, quoique non organisés en confrérie depuis la Révolution, sont restés fidèles à leur saint qui, étant évêque de Cavaillon, avait mérité la confiance des pasteurs, en délivrant le pays d'un monstre qui dévorait les brebis. Ce fait est rappelé par le dragon vaincu aux pieds de la statue du saint, et terrassé sous le bâton pastoral de l'évêque. La procession du lundi de Pâques attire chaque année la population à l'oratoire de St-Véran : S. Joseph a eu la sienne en plein carême, presque en hiver ; celle de S. Véran est réjouissante comme le printemps, qu'elle semble inaugurer.

Saint Roch et saint Sébastien. — Ces deux saints, invoqués contre les maladies épidémiques, contre la peste et le choléra en particulier, ont eu leur confrérie dès l'année 1665 jusqu'en

1793 et sont restés les protecteurs du peuple chrétien en temps de contagion, malgré l'abolition de la confrérie. Associés l'un et l'autre, S. Sébastien et S. Roch, aux invocations et à la confiance des confrères, comme le démontre encore le tableau conservé dans l'église paroissiale, S. Roch a fini par être seul invoqué. Ce saint étant né à Montpellier, est considéré comme un compatriote par tous les peuples du midi, parmi lesquels il est très populaire. On trouverait très peu de pays qui ne possède un oratoire dédié à ce saint, sur la voie publique. Eyguières a fait mieux, puisqu'on lui a consacré une chapelle dans l'église paroissiale, et qu'on a construit sous son vocable une autre chapelle sur l'ancien chemin romain. Ce fut à la suite des apparitions si fréquentes de la peste en Provence, et surtout après que ce fléau eût sévi en 1720 et 1721 que les habitants d'Eyguières construisirent, en 1725, une première chapelle. Dans leur intention, cet oratoire devait être à la fois une supplication permanente et l'expression de la reconnaissance publique, puisque le mal avait respecté tout à fait le pays sans y faire une seule victime. La Communauté donna aux recteurs de la confrérie une indemnité pour les aider à couvrir leurs dépenses. L'édifice était-il insuffisant comme proportions ou manquait-il de solidité ? On ne le sait, mais on n'ignore pas qu'il fut refait en 1759 ; c'est cette dernière chapelle qui reçoit la visite empressée autant qu'intéressée de la majeure partie des habitants, le 16 du mois d'août. La procession est nombreuse, la piété en marque le passage dans la rue et le séjour pendant la messe. On porte dans ce cortège d'honneur, la statue du saint et une relique précieuse venue d'Arles où l'on conserve le corps de S. Roch presque en entier.

Les Pénitents blancs. — La date de l'établissement de la confrérie des Pénitents blancs à Eyguières ne nous est pas connue, mais elle est évidemment très ancienne, puisqu'en 1646, cette confrérie possédait une chapelle sur la place du Ballon, qui servit aux Récollets en même temps qu'aux Pénitents pour leurs exercices religieux jusqu'en l'année 1735.

Remontons plus haut : en 1630, des travaux importants faits à l'église paroissiale, forcèrent le clergé à réunir les fidèles pour le culte, dans la chapelle des Pénitents ; la Communauté fit repaver cette chapelle, si grande fut l'usure du dallage durant cette période. Plus tard, le 4 mai 1692, pour créer une ressource à la confrérie, le conseil accorda au recteur des Pénitents, l'autorisation de planter le mai et le droit des pelotes, que le capitaine de la jeunesse n'avait plus voulu accepter. Enfin en 1772, il fut établi une rente en faveur de la confrérie.

Dans son procès-verbal de tournée pastorale du 8 décembre 1663, l'archevêque d'Avignon désigne ainsi ladite chapelle : Non consacrée, assez belle, autel en pierre de taille où tous les dimanches on dit la messe. Elle possède un tableau de l'Annonciation de la sainte Vierge.

Ces détails sont complétés par ceux que nous fournit le procès-verbal de la visite faite en 1708 ; les voici en abrégé :

L'an 1708, et le dix-huitième du mois de may, Mgr. Ill^me et R^me archevêque, a été à la chapelle de la dévote compagnie des Pénitents blancs du lieu d'Eyguières où il a été reçu à la porte par MM. les recteurs et confrères sous un daiz, etc., et aprez avoir fait toutes les cérémonies et prières accoutumées Mgr a visité comme suit :

Tabernacle : en bon état ; autel : le rétable est fort beau ; la pierre sacrée et le restant sont en bon état, tout y est propre. Il y a une fondation de deux messes tous les ans, pour lesquelles cinq livres de revenus. Sacristie : très beau calice d'argent, ornements de toutes couleurs avec linges nécessaires ; les statuts ont été approuvés par Mgr Fieschy, ci-devant archevêque d'Avignon ; ordre de les lire au chapitre deux fois par an. Pour que tout le monde assiste à la messe du prône, défense aux confrères de dire leur office dans le même temps ; ordre de ne faire aucune fonction qu'avant ou après cette messe, afin qu'ils puissent profiter des secours spirituels de la paroisse.

La confrérie des Pénitents blancs subit le sort commun, et fut abolie pendant la Révolution ; leur chapelle fut aliénée. Elle avait servi d'église paroissiale pendant la construction de l'église ; elle sert aujourd'hui de remise à l'auberge voisine ; tout à fait dans le fond, se laisse voir encore l'abside, où était le beau rétable.

Par les soins de M. Boyer, curé, et sur l'ordre formel de

Mgr l'archevêque, la confrérie des Pénitents fut rétablie le 30 mars 1818. Les confrères eurent la pensée de construire une nouvelle chapelle sur le terrain de l'ancienne église paroissiale et du cimetière. En vue de faciliter cette œuvre, le conseil municipal délibéra et décida la suppression de la clause qui prohibait la vente de ce terrain pour y bâtir : cette clause avait été imposée d'abord pour empêcher des constructions gênantes, soit pour le presbytère, soit pour la nouvelle église paroissiale. Cette délibération fut approuvée le 2 juin 1827. La confrérie fit bâtir la chapelle avec le secours de diverses souscriptions ; les travaux furent achevés en 1840. Le 16 août 1839, fut dressé un acte d'association pour la propriété de cet immeuble. Le 15 mai 1856, la confrérie fut autorisée à se réunir, conformément au décret du 25 mars 1852. Les élections dernières se firent le jour de Pâques 1879 ; J.-B. Manivet termine la liste des recteurs. Le règlement des comptes a été fait jusqu'en 1890.

Ajoutons quelques noms de Pénitents : Trophime d'Astre, Joseph de Sade, chevalier de Malte ; Joseph-Etienne, médecin ; Jean-François Etienne, avocat ; Etienne Blanc d'Antoine ; Joseph Martin, Jean Bernard et Joseph Roche Chastelas, tous trois prêtres ; Joseph Reyre ; Joseph Bosse ; Henri Gille, Joseph Chastelas, capucins, etc.

Tels étaient les moyens d'action et de préservation morale qui existaient à Eyguières lorsque l'évêque de Sisteron fut nommé prieur, ainsi que nous l'avons écrit. A une époque où la religion pénétrait à ce point dans la société, où elle avait son rôle assigné, accepté et voulu dans toutes les circonstances importantes de la vie sociale et de la vie familiale, où, en un mot, tous, hommes et femmes, étaient enrôlés dans les confréries religieuses, et où le pouvoir civil et le pouvoir religieux s'entr'aidaient, le côté spirituel devait réclamer seulement une bonne direction dans la paroisse. Une action sage et dévouée devait suffire pour accomplir le bien.

Mais le côté matériel, on l'a vu, occupait une large place. Le nouveau prieur ne tarda pas à l'apprendre, car alors deux édifices importants, l'église et la maison curiale, réclamaient des réparations importantes, ou même peut-être une reconstruction.

Nous en parlerons bientôt.

LIVRE IVe

Les Edifices.

CHAPITRE Ier

L'Hôpital. — Le Mont-de-Piété. — Les Médecins.

L'hôpital. — Au XVIe siècle, Eyguières avait un hôpital pour ses malades, bien pauvre, il est vrai, asile très modeste à son début, mais qui peu à peu finit par avoir une dotation considérable à l'époque où éclata la révolution. Cette maison, appelée Hôtel-Dieu, était véritablement la maison du bon Dieu pour les déshérités atteints de maladie et privés de soin. Elle était administrée par des recteurs, anciens consuls et membres de la Confrérie du St-Esprit ; par des rectoresses qui secondaient les recteurs : le 4 mai 1554, Mmes d'Eyguières, Garnier Honorate et Barrale Marguerite furent nommées rectoresses. L'archevêque était de droit le premier supérieur et chef ; il avait droit de visite, d'examen des comptes et de direction. C'était, on le voit, la charité chrétienne qui s'efforçait de réaliser par des legs, des quêtes et des aumônes, la parole évangélique : Bienheureux les pauvres et ceux qui souffrent, car ils seront assistés. Et c'est pourquoi nous parlons de l'hôpital dans le livre qui traite des édifices religieux ; il en sera de même à propos du cimetière, car alors il n'était pas encore sécularisé.

Les consuls aussi avaient un rôle administratif ; ceci ressort du changement de direction qui fut fait par eux le 29 juin 1521. Le fait est relaté dans les archives en un style que nous croyons devoir respecter :

« Aurias de Lauris e meste Nicou Vigneto, sendeques de

« aquest present luoc d'Eyguyeros an receput lo meynage de
« lospital de les mans de la molher (femme) de Breyssant ; et
« an receput 5 bonos flansados et 3 vieiilhotos ben usados, et
« 5 linsous ben maris et 2 coyssins ben maris e 3 lies, 1 bon
« et 2 ben vuilhes et maris. Et l'an susdich et jour, les subre-
« dis sendeques au beylat a meste Jehan lo Fabre tout lo mey-
« nage sobre escrit et ly au beylat lospital tant que lo dit
« mèste Jehan hi aura demoro à sa vido del et de sa molher ».

Déjà le 7 juin 1521, on avait fait un règlement relatif à l'entrée et à la sortie des personnes de mauvaise vie, ce qui indique avec quel soin les directeurs entendaient veiller non seulement sur le matériel, mais encore sur le côté moral.

Il est à présumer que ce Jehan, chargé de l'hospice, est le
même que Jehan, forgeron, à qui l'on avait accordé, le
21 avril 1521, licence d'exercer son art, *pro loco et cadune
universitate :* dans le lieu d'Eyguières et partout ailleurs. On
ne saurait être surpris qu'un forgeron ait reçu un emploi de
ce genre, lorsqu'on verra qu'en 1558 (29 juin), il est convenu
que les « Consuls bailleront au barbier, qui médicinera pour
l'amour de Dieu, quatre écus quand le malade Mondon Poulin sera guéri ».

Les recteurs de l'hôpital avaient encore à leur charge le soin
des enfants abandonnés. Le cas d'exercer ce rôle se présenta
le 8 mai 1558. Un enfant trouvé fut envoyé à l'hospice d'Aix
par leurs soins, mais après qu'ils l'eurent fait baptiser par précaution, nul ne sachant si l'enfant avait reçu le baptême. —
La même année, le 24 avril, un des consuls fut chargé de
conduire Claude Roux à Avignon pour le faire examiner et
savoir s'il est ladre ou non.

Les ressources fixes de l'hôpital finirent par devenir assez
importantes ; il existait, on savait le trouver dans la rue à
laquelle il a donné son nom, et dont la porte d'entrée est encore
aujourd'hui surmontée d'une image religieuse sculptée avec
l'enseigne ; les cœurs généreux songèrent à le doter. C'est ainsi
que le prieur, au lieu de réunir chaque année vingt pauvres
à sa table, comme il y était tenu, ayant préféré faire distribuer
quatre charges de blé aux pauvres, ce fut le recteur de l'hospice
qui fut chargé de la vente de ce blé et de la distribution du prix
de la vente aux pauvres ; finalement, le produit en fut versé

dans la caisse commune de l'hôpital pour être employé à secourir les malheureux, 12 avril 1682.

Déjà en 1675, le sieur Etienne de Beauregard, par acte du 21 avril 1671, passé devant Mauson des Baux, notaire, avait fait à l'Hôtel-Dieu un legs de 1.200 livres, dont la rente devait servir à doter deux filles pauvres.

En 1680, un arrêt du Parlement de Provence avait ordonné la réunion des biens du consistoire à l'hôpital.

Au cours de sa visite pastorale de 1708, Msr de Gontéri, archevêque d'Avignon, se porta à l'hôpital vers les deux heures après-midi, fit assembler le bureau, et demanda à messieurs les recteurs, qui étaient au nombre de trois, combien de revenus possédait l'hospice ; il constata qu'ils s'élevaient à 400 livres, sur lesquelles le prieur payait 100 livres en argent, et six salmées et demie de blé, froment, comprises dans les 400 livres, comme aussi six livres en argent pour droit de vaquette, donnés à l'hôpital en compensation du repas que le prieur donnait autrefois à la jeunesse du pays.

Ayant appris qu'il n'y avait pas de trésorier parmi les recteurs, et que depuis longtemps on n'avait rendu aucun compte, Monseigneur ordonna d'élire incessamment un trésorier à qui seraient remis les mémoires pour exiger les revenus et les aumônes, et il régla qu'à l'avenir les recteurs et le trésorier rendraient leurs comptes par devant M. le vicaire, autorisé pour cette fonction par l'archevêque, devant le lieutenant du juge, et MM. les consuls appelés conformément au décret de feu Msr de Marinis.

Monseigneur observa qu'il n'y avait qu'une seule salle pour les malades, et souhaitant que les femmes ne fussent pas confondues parmi les hommes, il ordonna qu'on mettrait les femmes dans une chambre à plain-pied de l'entrée, jusqu'à ce que la Communauté eût fourni un autre endroit.

Il était difficile de faire mieux dans ce local étroit et mal divisé. De préférence à une transformation impossible, on songea à une reconstruction complète. Le Conseil de ville s'en occupa dans sa réunion du 29 juin 1755, et chargea les consuls de choisir un emplacement mieux situé, au grand air, à l'entrée de la ville. Le 25 février 1756, on obtint du roi les lettres patentes indispensables pour ce projet qui comprenait l'acquisition du terrain à ce destiné, la construction de l'hospice et d'une chapelle à son usage, etc. Ce projet ne devait jamais être exécuté. On resta dans ce local si resserré par les maisons voisines, que l'on est à se demander comment il pouvait suffire pour loger trente-sept malades, car ce chiffre a été atteint, les ressources l'ayant permis.

En 1732, le commandeur de Sade avait fait un don capital de 1.300 livres pour les pauvres. En 1767, une pension annuelle de 130 livres 4 sols 9 deniers fut attribuée à l'hospice. Le 2 avril 1778, dans le bail avec le boucher figurait la condition de fournir quatre quintaux de chair de mouton à l'hôpital, en compensation de l'autorisation qu'on lui accorda de conduire son troupeau en terre communale. Les PP. Récollets eux-mêmes, malgré leur pauvreté continuelle, fournissaient aux malades de l'hospice une certaine quantité de pain. — Tous les revenus cumulés atteignaient, à l'époque de la Révolution, la somme de 1.500 livres, avec laquelle il était possible de faire un grand bien sous une bonne administration. Or, cette sage direction, on l'avait à Eyguières, puisqu'elle était confiée à trois recteurs, personnages consulaires, et à deux adjoints désignés par le Conseil de ville, comme on le fit le 25 janvier 1778, conformément à l'usage.

En 1821, les ressources de l'hôpital se trouvèrent réduites à 1.092 fr., en y ajoutant les 100 fr. alloués par la mairie. En 1825, cette somme s'éleva à 1 192 fr. avec 752 fr. de dépense, dont la plus grande partie était donnée en secours à domicile : l'hôpital ne pouvait plus contenir alors que cinq ou six lits. Aujourd'hui Eyguières a encore des malades, mais n'a plus d'Hôtel-Dieu, pas même cette modeste maison capable d'abriter quelques malades pour les y faire soigner. Le bureau de bienfaisance les assiste à domicile, ou bien les fait admettre dans un hôpital voisin.

Mont-de-Piété. — Le 12 avril 1767, l'hôpital hérita de tous les fonds qui avaient été possédés par le Mont-de-Piété. Si nos renseignements sont exacts, Eyguières eut son Mont-de-Piété dès l'année 1675, à peu près en même temps que Marseille, Aix, Arles, Tarascon, Salon et St-Remy. Cette société était composée de 33 personnes, 5 hommes et 28 femmes. Le curé de la paroisse en était le directeur ; il y avait un secrétaire et un trésorier, une mère, une économe et une assistante.

En 1730, M. Louis-Elzéar de Sade, seigneur, était nanti des objets engagés. En 1762, les gages étaient entre les mains de M. Dallen, curé, qui les avait depuis 1747, époque à laquelle il les avait reçus en échange des 200 livres, derniers fonds de la caisse, par lui prêtés sous sa signature comme directeur. Le 1ᵉʳ août 1762, les consuls furent chargés par le Conseil de réclamer ces objets pour les faire vendre à l'encan, à moins qu'ils fussent remboursés par leurs anciens propriétaires. M. Dallen mourut avant d'avoir rendu ces gages. Après sa mort, ses héritiers les remirent à M. Estienne, notaire ; le Conseil de ville décida alors de les mettre à la disposition du trésorier de l'hôpital. Le Mont-de-Piété avait fini de fonctionner pour toujours.

Médecins. — Nous venons de voir, en traitant cette matière, que le Conseil venait au secours de l'hôpital, et même des malades à domicile. Ne serait-ce pas ici le lieu d'ajouter que la Communauté ne se contenta pas toujours d'avoir un barbier pour médiciner en ville, à 4 fr. par malade, payables après guérison. Le Conseil pourvoyait, dans la mesure possible, à toutes les nécessités. Dans ce but, en 1521, le 6 janvier, il fit prêter serment à Jeanne, femme de Jean Bernard, qu'on admit comme matronne ou baïlhe pour recevoir les enfants nouveau-nés.

Le 13 août 1537, eut lieu l'institution d'une nouvelle sagefemme « pour lever les enfants mascles et fumeaux de toutes « les felmes qui feront enfant en tout temps sans et pestifé- « rons, audit lieu et terroir d'Eyguières à raison de six sols « pour le premier né, et quatre sols pour les subséquents ».

Le 11 janvier 1546, on loua une maison pour le barbier. Le 8 février 1562, le Conseil céda gratuitement une maison appartenant à la ville, sise sur la place, au chirurgien, pour exercer son art.

De 1741 à 1751, les malades d'Eyguières eurent la bonne fortune d'être soignés gratuitement par Joseph Estienne, docteur d'Eyguières. Mais cet homme de bien, dont nous avons cité le nom volontiers, cessa d'exercer sa profession à cause de sa mauvaise santé, et le 15 août 1751, on délibéra pour obtenir un médecin à sa place. Le traitement accordé au nouveau médecin fut de 400 livres par an, puis fut porté successivement jusqu'à 800 livres, plus le logement, en 1780.

CHAPITRE II

CIMETIÈRE.

L'intérieur de l'ancienne église et le terrain non bâti qui l'entourait, pendant des siècles servirent de lieu de sépulture, comme d'ailleurs la plupart des églises de cette époque. Pourtant, depuis longtemps on avait créé le cimetière de Saint-Vérédème, autour de la chapelle et de la maison de l'ermite. Celui-ci gardait la chapelle et le cimetière, et vivait des aumônes que lui donnait la charité des fidèles. La Communauté lui allouait 2 livres 1/4 de cire le jour de la fête du saint.

La chapelle dédiée au saint patron d'Eyguières devait dater du Xe siècle. En 1663, elle possédait un autel assez propre, sans pierre sacrée ; on y disait la messe le premier dimanche du mois. En 1660, le Conseil avait donné une allocation de 30 fr. pour la doter d'une cloche d'un quintal. On fit réparer cet édifice en 1785, quand on fit le transport au cimetière des ossements qui étaient dans les caveaux de l'ancienne église et tout autour. Ce transport (1784-86) coûta 333 francs.

Aujourd'hui encore la chapelle est en très bon état, grâce à la générosité et aux soins dévoués qu'elle reçoit d'une âme qui, frappée dans ses plus chères affections, en 1880, a depuis lors pris à sa charge tout ce qui concerne S. Vérédème, soit au cimetière, soit dans l'église paroissiale. Tout le monde sait que dans cette église, où chacun rivalise pour l'entretien et l'ornementation de ses douze chapelles, celle du St-Esprit-St-Vérédème se fait remarquer avec honneur.

Une partie du terrain de l'ancien cimetière, nous le disons

en son lieu, servit plus tard d'emplacement pour bâtir la chapelle nouvelle des pénitents blancs. Quant au cimetière de St-Vérédème, lors de la visite de Monseigneur, en 1663, il n'avait pas encore des murs de clôture. Plus tard, en mai 1708, il était enclos d'une muraille à sec, et avait une porte sans fermeture ; il était par conséquent accessible à toute sorte d'animaux. L'archevêque, après avoir fait l'absoute, le constata avec peine ; il fut frappé aussi de la grande distance qui le séparait du pays, ce qui offrait un inconvénient soit à cause du mauvais temps en hiver, et les jours de pluie, soit même en vue des offices divins qui étaient longtemps interrompus par le long trajet à parcourir. Il ordonna donc que les consuls, sans tarder, délibéreraient de choisir un endroit plus proche du pays pour y placer le cimetière, leur donnant pour cela le terme de six mois ; passé ce temps, sans l'avoir fait, il les obligeait de faire construire des murailles à chaux et à sable autour du cimetière de *St-Vérédine*, à peine d'interdiction. Cette réparation se fit en 1713 ; on en fit une nouvelle en 1758. Puis, le trouvant trop étroit, on l'agrandit, en 1886, à peu près de la moitié : une porte monumentale fut établie à l'entrée, à proximité de la route, une belle croix fut inaugurée au centre du nouveau terrain, le 1er novembre ; cette amélioration a été faite avec intelligence et piété.

Ce n'est pas étonnant dans un pays où le culte des morts est si populaire. Le jour de la Toussaint, on se rend, en une longue procession, à St-Vérédème. Les vêpres des morts sont chantées durant le trajet ; dans la chapelle, on donne une absoute solennelle, puis on adresse une exhortation aux fidèles réunis au pied de l'ancienne croix, qui fut placée là en 1778. Elle était auparavant sur la place de l'ancien Jeu-de-Paume, plus tard Jeu-du-Ballon, où l'on allait en procession certains jours à l'heure de la grand'messe.

Le jour des Morts on va dire la messe dans la chapelle de St-Vérédème, indépendamment de celle qui se chante dans l'église paroissiale à une heure matinale.

La procession de S. Marc fait halte devant le cimetière, et prie pour les chers défunts.

CHAPITRE III

MAISON CLAUSTRALE OU CURIALE.

Les prêtres attachés au service de la paroisse ne furent
jamais logés à grande distance de l'église. En particulier les
chanoines de St-Ruf, ayant à mener la vie conventuelle dès
lors que la paroisse d'Eyguières fut convertie en collégiale
avec prieuré, ce fut encore plus nécessaire que leur habitation
fût attenante à l'église. Donc elle fut placée en face de la ruelle
de la Tour-du-Renard, à l'intérieur du rempart qui la limi-
tait à l'est, alors que l'église était au couchant. Mais son élévation la mettait à découvert du côté du levant, et la faisait do-
miner toute la plaine jusqu'au Défends qui seul en bornait la
vue.

Cette maison, très bien située et aménagée, remontait à
l'année 1345. Elle n'était plus habitable en 1765. Nous ne
doutons pas qu'elle ait dû maintes fois subir des réparations,
ou même être rebâtie pendant les 420 ans écoulés depuis la
date que nous avons citée. Sur les réclamations réitérées de
M. Estrangin, curé, d'abord adressées aux consuls, puis à
l'intendant, celui-ci ordonna que deux experts vérifieraient la
cure et diraient quelles réparations étaient nécessaires ; la
Communauté devait supporter les frais d'expertise. Cette opération fut confiée à Joseph Tissot, bourgeois d'Eyguières, et à
Hiacinthe Ricard, maître maçon à Roquemartine. Leur travail,
achevé le 24 avril 1771, ne fut livré qu'au mois de juin aux
consuls contre paiement imposé à nouveau par l'intendant.
Les réparations indiquées furent insuffisantes ; quelques années après, la maison claustrale s'écroula de fond en comble.
Pour loger le curé et les vicaires, on loua la maison des frères
Pétrier, sise sur la place, d'abord pour quatre ans, à dater du
3 avril 1779, à 200 livres chaque année ; puis un nouveau bail
de quatre ans, à 300 livres, fut passé entre les parties.

Dans cet intervalle, le nouveau curé, Gilles, le même qui

avait réclamé le titre de Prieur, obtint de l'intendant qu'un expert se prononcerait sur les dépenses nécessaires pour remettre à neuf l'édifice. L'architecte Brun, qui devait avoir aussi à s'occuper de la construction de l'église, estima la dépense à 5.000 livres pour la maçonnerie, la charpente, la menuiserie, etc. Le placet de l'intendant ayant été accordé, les travaux mis à l'adjudication furent confiés, le 8 janvier 1786, à François Fabre, maître-maçon de Cavaillon, au rabais de 4.825 livres. Mais, finalement, le tout s'éleva à 6.538 livres. L'évêque de Sisteron, prieur décimateur, devait payer le tiers de cette dépense ; il avait au préalable accepté le devis. C'est dans cette maison que le clergé demeura avant et après la Révolution, lors du rétablissement du culte.

Vers le milieu du XIXᵉ siècle, l'état du presbytère réclamait des réparations, sans doute parce qu'on avait longtemps négligé de l'entretenir. Mais comme on l'avait par trop borné et isolé en construisant la nouvelle église, et qu'on en avait rendu l'abord à peu près impraticable, il fut décidé qu'on l'abandonnerait comme maison curiale. Alors fut construite, en 1855, la cure actuelle, plus apparente que confortable. Quant à l'ancienne *clastre*, elle fut partagée entre la mairie et la fabrique, dont le lot se trouva être la partie la plus rapprochée de l'église.

⸺

CHAPITRE IV

L'ÉGLISE PAROISSIALE JUSQU'EN 1783. — SAINTE-CÉCILE. — SAINT-PIERRE DE VENCE. — SAINTE-MADELEINE. — NOTRE-DAME-DE-GRACE.

La population d'Eyguières s'étant plusieurs fois déplacée depuis son origine, le centre de la paroisse, le point de ralliement des paroissiens, l'église a dû se déplacer aussi. L'acte de 1077, déjà cité, mentionne la chapelle de Ste-Cécile au Mont-Menu ; quelques ruines amoncelées indiquent l'endroit précis où elle était construite. Elle était encore debout en 1488, comme il appert de l'examen de la collection Massiliau (Avignon), où elle est citée ainsi que trois autres églises dans l'ordre suivant : l'église de St-Pierre de Vence avec celle de Sainte-Cécile et ses dépendances ; l'église de Ste-Marie d'Eyguières avec toute sa paroisse et les choses qui lui appartiennent, l'église de St-Vérédème, du dit lieu d'Eyguières.

D'après ce texte, il est naturel de supposer que Ste-Cécile a été le plus anciennement l'église paroissiale, puis elle céda ce titre à celle de St-Pierre de Vence, et continua de servir de chapelle sur la même paroisse.

St-Pierre de Vence venait d'être rebâti en 1048, et fut alors cédé, par l'archevêque d'Avignon, aux chanoines de St-Ruf qui étaient alors chargés de la paroisse d'Eyguières ; mais il y avait longtemps déjà que St-Pierre avait cessé d'être église paroissiale. A mesure que la population avait suivi le vallon des Glauges pour se fixer au Col de Mélet, aujourd'hui Saint-Vérédème, St-Pierre de Vence était devenu une simple chapelle de secours où l'on disait la messe chaque dimanche, mais l'église paroissiale fut construite dans le nouveau centre, au milieu des habitants d'Eyguières groupés à St-Vérédème. Puis quand le pays se déplaça, à l'époque des invasions sarrasines, et se fixa au Mont-Menu où il est encore aujourd'hui, la nécessité se fit sentir de posséder une église, et on la construisit à l'endroit désigné de nos jours entre les ruines du château et l'ancien presbytère. Elle fut dédiée à Ste Marie-Madeleine. Le passage de la collection Massilian cité plus haut, mentionne toutes ces églises en 1488 ; mais nous les trouvons désignées dans un acte beaucoup plus ancien, puisqu'il remonte à l'an 1189. Cet acte parle : 1° de St-Pierre de Vence, encore debout aujourd'hui, et reçoit la visite annuelle des habitants d'Eyguières le jour de S. Marc, pour rappeler que là fut le premier berceau du pays ; 2° de St-Vérédème qui a remplacé l'église primitive bâtie lors du mouvement de la population de St-Pierre vers le midi ; pour conserver le souvenir, la procession de St-Marc fait halte aussi devant cette chapelle qui domine le cimetière ; 3° de l'église de Ste-Marie-Madeleine, appelée dans l'acte de 1077, église de St-Ruf, à cause sans doute de l'ordre religieux qui la desservait alors.

Nul ne sait à quelle date précise fut bâtie l'église dédiée à l'illustre pénitente de la Ste-Baume ; mais il ressort d'une délibération prise le 27 septembre 1345, qu'il était nécessaire à cette époque de songer à sa reconstruction. Ce jour-là, les coseigneurs et les habitants d'Eyguières, réunis dans la grande salle du château, sous la présidence de Mᵉ Sivoli, notaire des comtes de Provence et de Forcalquier, « pour manier, « procurer et ordonner toutes choses utiles et avantageuses « au bien public tant des seigneurs que des sujets du château « d'Eyguières », convinrent qu'un coussou commun serait établi dans la terre gaste de la fontaine de Borme, et que la rente en serait affectée à la reconstruction de l'église paroissiale.

On dut sans retard mettre la main à l'œuvre et bâtir la nouvelle église sur l'emplacement de l'ancienne, orientée du nord au midi, avec la porte d'entrée du côté du couchant où était le château, et le chœur limité par le rempart de la ville.

Notre-Dame-de-Grâce fut alors désignée comme titulaire de l'église reconstruite, et le jour de l'Assomption, où l'Eglise célèbre la principale des fêtes de la Sᵗᵉ Vierge, fut désigné par l'autorité ecclésiastique pour faire la solennité annuelle en l'honneur de l'illustre titulaire.

Cependant la population d'Eyguières, qui ne dépassait guère le chiffre de 1.900 quand on avait bâti l'église de Notre-Dame-de-Grâce, s'était accrue considérablement, et avait atteint le chiffre de 2.800 âmes au milieu du XVIᵉ siècle. L'église fut alors reconnue tout à fait insuffisante. Le Conseil de ville, assemblé le 1ᵉʳ avril 1554, décida de faire élargir ou allonger cet édifice, et vota même les tailles nécessaires à la réalisation de ce projet. Guillaume Estève, Louis Astre, Gilles Blanc, Claude Lien, Louis de Sabran et Robert Sabatier furent adjoints aux consuls de l'année et à ceux de l'année précédente pour s'occuper de ce travail. On peut supposer que leurs efforts ne furent pas couronnés par le succès, puisqu'en 1567 paraît de nouveau un projet d'élargissement à faire au moyen d'un legs de feu Balthasar de Sade. Cette somme fut reconnue insuffisante, et le Conseil eut à voter un secours pour la compléter ; mais les protestants du Conseil firent opposition, disant qu'ils ne voulaient contribuer en rien à ce travail.

Pourtant cette même année, le 3o août 1567, le Conseil proposa d'affermer le Coussou de la ville et de demander au lieutenant d'Arles l'autorisation de vendre les fruits reçus du Prieur décimateur. Le but que l'on poursuivait était de satisfaire le fondeur d'une cloche faite l'année précédente (13 avril 1566). C'est à Laurent Vincent, fondeur à Avignon, que ce travail avait été confié. Cet habile ouvrier s'était distingué, en 1515, par la fonte de la fameuse statue de Mars, appelée l'Homme de bronze, qui surmonte la tour de l'horloge de l'Hôtel-de-Ville à Arles, et dont le poids est de 12 quintaux 22 livres : elle fut achetée par les consuls au prix de 8 sols la livre pesant.

Avec cette cloche, la sonnerie paroissiale dut être bien organisée, car déjà, le 2 mai 1520, une grande cloche de 13 quintaux et du prix de 117 florins avait été fondue par Yvon Paris de Remeye. Mais cette dernière dut être refondue en mars 1671, après 150 ans d'existence ; le prix convenu avec Claude, fondeur, était de 78 écus ; la ville se chargea de fournir le métal, en partie acheté à Marseille et en partie provenant de l'ancienne cloche.

Mais revenons à l'église. Le projet d'agrandissement de 1567 fut-il complètement enrayé par le mauvais vouloir des conseillers protestants, ou bien seulement contrarié par l'état obéré des finances de la Communauté ? Rien ne l'indique ; pourtant nous sommes porté à supposer que la proposition resta à l'état de lettre morte, lorsqu'en 1629, nous voyons paraître de nouveau un devis pour agrandir l'église de Notre-Dame-de-Grâce, et l'année suivante pour la prolonger. C'est à ce dernier parti que l'on dut s'arrêter : la chapelle des pénitents servit de paroisse pendant l'exécution des travaux, et comme le pavé de cette chapelle se trouva usé en 1632, un secours fut accordé par la Communauté pour le refaire.

Pourtant toutes ces réparations n'avaient qu'un caractère provisoire, puisque cinq ans plus tard, on fit le projet de reconstruire l'église en entier (1637). C'est dans ce dernier sens que l'on dut se déterminer ; mais les travaux traînèrent en longueur durant plusieurs années, puisque le 21 février 1649, il est question d'un différend avec M. de Serre, prieur, qui veut contraindre les consuls à faire achever l'église. Ils durent finir par s'y soumettre, car à cette époque les églises étaient tout entières à la charge des Communautés qui en étaient propriétaires, ainsi que des vases sacrés et des ornements.

C'est ce qui ressort du procès-verbal des élections du 2 mai 1540, où il est dit que parmi les officiers élus ce jour-là on remarque les *ouvriers* de l'église, aujourd'hui l'on dirait les Fabriciens, chargés de veiller à la conservation des vases sacrés de ladite église appartenant à la ville. C'est pour ce motif que le 1er avril 1554, il fut donné autorisation « aux consuls de faire l'Inventaire des Juelz tant d'or que d'argent de l'église, et des vêtements » ; et que le 1er août 1655, la clef des reliques et des ornements conservés à l'église fut remise aux consuls suivant l'usage.

Mais en 1695, un édit fut rendu qui régla que lorsqu'il y avait dans une paroisse un prieur décimateur et plusieurs vicaires, dans tous les travaux d'églises et de presbytères, la Communauté supporterait les deux tiers, et le décimateur le reste ; que le chœur serait à la charge du clergé, ainsi que l'entretien de la maison curiale, et que les paroissiens auraient à leurs frais la nef et le logement du clergé. Tel était le cas à Eyguières.

C'est assurément pour des modifications de ce genre, que le temps et les circonstances avaient introduites, que nous voyons exiger du Prieur de contribuer pour un tiers à la réparation de la tribune de l'église, du clocher et des cloches, et en 1741 de donner 150 livres pour l'entretien du matériel.

L'église du XVII° siècle fut trouvée défectueuse aux deux points de vue de la solidité et des dimensions par l'archevêque d'Avignon, au mois d'août 1757, au cours de sa tournée pastorale. Monseigneur ordonna donc de la remplacer. Cet ordre ne fut pas du goût des consuls qui craignaient de faire une dépense trop considérable. Mais la volonté de l'archevêque fut inébranlable ; il menaça d'interdire l'exercice du culte si on ne se conformait pas à son avis ; sa fermeté mit fin à la nécessité où l'on se trouvait depuis des siècles de refaire ou d'agrandir l'église tous les cent ou cent cinquante ans, et fit doter en même temps Eyguières du bel édifice religieux qui fait l'orgueil de ses habitants et l'admiration des étrangers. Les consuls obéirent, cherchèrent les moyens de bâtir une église pour remplacer l'ancienne. Celle-ci mérite bien de fixer quelques instants notre attention. Jetons sur elle un regard avant qu'elle tombe sous le marteau des démolisseurs.

CHAPITRE V

L'ANCIENNE ÉGLISE : SON INTÉRIEUR, MOBILIER, FONDATIONS, COUTUMIER PAROISSIAL, FÊTES.

Intérieur et mobilier. — Deux visites faites par les archevêques d'Avignon, la première en 1663, 8 décembre, et la deuxième en 1708, nous permettront, grâce aux procès-verbaux, de connaître en détail l'ancienne église et son mobilier.

Visite du 8 décembre 1663 : *Maître-autel* : il est en pierre ; le luminaire est fourni par la confrérie du St-Sacrement ; il a un petit tabernacle en bois peint. Le ciboire a une coupe non dorée. L'ostensoir est en argent avec un soleil fort beau ; le croissant n'est pas doré. La boîte pour porter le St-Viatique à la campagne est en argent non doré.

La Sacristie est à gauche du maître-autel ; elle est assez commode.

Du côté droit, c'est-à-dire du côté de l'évangile, se trouvent :

1° L'autel en pierre de *S. Marc*, près de la chaire. La confrérie des vignerons l'entretient.

2° *Notre-Dame du St-Rosaire :* son autel est en pierre, bien orné, possède un rétable très beau et doré par la piété et la dévotion des deux confréries du St-Rosaire et du St-Scapulaire, érigées audit autel. Un tableau reproduit la Vierge présentant le rosaire à saint Joseph, à l'Enfant-Jésus et à sainte Anne. On donne la bénédiction les premier et troisième dimanches du mois à cet autel qui possède une petite Notre-Dame d'argent.

3° *Saint Blaise :* son autel n'est pas consacré ; il y a un tableau assez *desans*. Les cardeurs et les cordeliers y ont leur confrérie.

4° *Le Saint Esprit* possède un autel qui a été placé par ordre de Monseigneur depuis la précédente visite. Il y a une personne chargée par *le Curé de le soigner, et qui fournit tout le nécessaire.*

5° *Saint Sébastien* a un autel en pierre ; le bassin passe à son tour.

6° *Saint Eloi :* un tableau représente le saint; l'autel est assez bien tenu ; il est soigné par la confrérie des ménagers.

Visite du 16 mai et jours suivants, 1708 : Mᵍʳ de Gontéri arriva le mercredi 16 mai, à 7 heures du soir. Il fut reçu à la porte du pays par le curé, les prêtres et les religieux de Saint-Ruf, avec le cérémonial ordinaire : les magistrats accompagnèrent le prélat jusqu'à la porte de l'église, en portant le dais ; là, M. le Curé harangua Monseigneur, puis on dit les prières d'usage. M. de la Baume, secrétaire du prélat, fit une exhortation du haut de la chaire ; Monseigneur donna ensuite sa bénédiction, officia au Salut, puis se retira dans le château de M. d'Eyguières.

Jeudi : messe dite par Monseigneur qui fait une homélie et donne la communion générale ; la plus grande partie des personnes de la paroisse fait ses dévotions avec une modestie qui édifie le prélat. La visite suit la messe.

Tabernacle. — Monseigneur en a sorti un bel ostensoir, un ciboire et une boîte pour porter le saint Viatique en campagne, le tout d'argent et fort propre. Ordre au prieur de faire dorer la clef du tabernacle et doubler tout l'intérieur d'une étoffe de soie dans un mois, à peine de séquestration des fruits du prieuré. Les hosties consacrées devront être renouvelées de huit en huit jours l'été, et dans l'hiver tous les quinze jours.

Fonts baptismaux. — Ordre de remplacer la cuillère de cuivre qui gâte l'eau, par une autre en argent, et de mettre une image de saint Jean-Baptiste au-dessus des fonts, dans un mois, sous les mêmes peines ; d'avoir en argent la boîte des huiles pour les infirmes comme le sont les deux autres, et de l'envelopper d'une bourse de soie.

Reliques. — Elles sont exposées pour la visite sur le grand autel : boîte contenant une partie de côte de *saint Vérédème* ; reliquaire d'argent avec plusieurs reliques données par Monseigneur de Marionis ; petite statue d'argent avec reliques de saint Sébastien ; belles reliques en quantité dans des petits coffres en bois dans un état pas trop convenable. Ordre de décorer en soie la niche qui contient toutes ces reliques, et de faire veiller continuellement une lampe devant cette niche.

Livres de la Cure. — Ils sont bien tenus en bonne forme. Ils portent environ 1.500 âmes de communion, et indiquent 40 ou 50 maisons de nouveaux convertis.

Eglise paroissiale. — Le même jour, à 2 heures, Monseigneur et les missionnaires font le catéchisme et préparent les enfants à recevoir la Confirmation. Les instructions achevées, un nombre prodigieux d'enfants a été confirmé ; comme il faisait nuit, Monseigneur a donné la bénédiction du St-Sacrement.

Pénitents blancs, vendredi. — Il en a été parlé au chapitre des confréries. Après cette visite, Monseigneur est revenu à l'église paroissiale, où, après avoir dit la messe, il a visité les autels.

Grand-autel. — La pierre sacrée et les ornements sont très propres. Le dais devra être placé mieux au-dessus de l'autel pour garantir le calice contre les grains de poussière. Une fondation fournit de l'huile en quantité pour la lampe. La confrérie du St-Sacrement possède quatre chandeliers d'argent, tenus dans une armoire sous la clef des marguilliers. Le banc du seigneur est à droite du maître-autel (côté de l'Evangile), et celui des consuls à gauche (côté de l'Epitre).

Saint Véran. — Tout l'autel et la pierre sacrée sont en bon état ; dans le tabernacle est renfermée une provision d'huile. Ce saint est le patron de la confrérie des bergers.

Saint Joseph. — Il a tout le nécessaire, bien propre, par les soins de la confrérie des Agonisants, dans laquelle on reçoit des personnes de tous les états. A l'article confrérie, il est parlé des indulgences accordées par une bulle du Saint-Père. Des confrères ont témoigné *avec passion* la pieuse intention de faire quelques processions. Monseigneur leur a permis d'en faire une tous les deuxièmes dimanches, et aussi aux jours désignés dans la bulle des indulgences.

Saint Marc. — La confrérie des vignerons est si zélée qu'il ne manque rien à cet autel. Tout y est fort bien tenu.

Notre-Dame du Rosaire. — L'autel est en très bon état, pourvu du nécessaire ; il possède deux beaux chandeliers et quatre lampes d'argent, des devants d'autel et d'autres ornements fournis par la confrérie du Rosaire et de l'*Escapulaire* ; des filles dévotes appelées Baylesses dirigent cette confrérie et avec un bassin ramassent les offrandes pour l'autel.

Saint Esprit. — La pierre sacrée est en bon état ; il n'y a pas de Te igitur, il faut s'en procurer ; un gradin d'autel est tout brut : le peindre dans deux mois à peine d'interdiction : faire abattre la muraille qui sépare le St-Esprit du Rosaire, et faire un arc pour soutenir la voûte, aux dépens de qui de droit : tels sont les ordres donnés aux ex-consuls qui sont Bayles de la confrérie du St-Esprit.

Saint Blaise. — Il y a le nécessaire ; mais l'autel est adossé contre un pilier, et gêne le passage ; les prieurs du St-Esprit sont invités à donner à S. Blaise une place entre les deux fenêtres de leur chapelle pour y dresser l'autel de la confrérie de St-Blaise, moyennant une rétribution convenue. On pourvoira ensuite à l'interdiction de l'ancien autel et à la bénédiction du nouveau.

Saint Sébastien. — Son autel touche celui de St-Eloi ; c'est irrégulier. Ordre, à peine d'interdiction, d'unir les deux confréries à l'autel de St-Eloi, de faire peindre dans un an un tableau avec les deux saints. Les deux confréries resteront distinctes de mobilier et d'intérêts.

Saint Eloi. — Belle pierre sacrée à l'autel qui a tout ce qu'il faut. Tout y est bien tenu par la confrérie des ménagers.

Sainte Anne. — L'autel possède une belle pierre sacrée, mais il a besoin d'un dais, d'un Te igitur et d'un marchepied. Aux veuves d'y pourvoir sous peine d'interdiction.

Purgatoire. — Cet autel a une pierre sacrée neuve, mais il n'a pas de Te igitur. Ordre au vicaire perpétuel qui en est chargé d'en fournir un, et de veiller à ce que tous les autels soient toujours couverts de nappes.

Les confréries rendront compte annuellement au vicaire, sous peine d'interdiction.

Les confessionnaux auront leurs grilles de bois remplacées par des plaques de fer, et seront pourvus d'images de dévotion.

Le pupitre a tous les livres nécessaires pour le culte divin.

La sacristie est bien bâtie, pourvue d'ornements de toutes couleurs, en damas et velours avec galons d'or, de linges en abondance, etc.

Fondations. — Il manque une table des fondations. Il est ordonné de la dresser et de la tenir toujours exposée dans la sacristie, telle que suit : 1º Pierre Vignette, 21 juin 1585, messe basse pour les morts à l'autel de St-Sébastien, tous les mardis ; 2º Nicolas Vignette, pour une messe des morts tous les vendredis à l'aube, 7 florins par an payés par les consuls (3 novembre 1536), provenant d'un capital de dotation de 145 florins ; 3º Anthoine Moiroux et Laurent Baillol, 12 florins pour une messe le 26 novembre ; 4º Alexandre Jourdan, grand'-messe des morts, un des premiers jours du Carême, 15 florins ; 6º Claude Robert, une messe le lendemain de l'Ascension, 15 florins ; 7º les hoirs de Sigaud doivent 1 florin 10 sols pour une messe dans l'octave des morts. M. le Curé jouit d'un verger pour une messe basse tous les jeudis, avec bénédiction du St-Sacrement ; 8º les hoirs de Dᶫˡᵉ Cornand, épouse de St-Michel Pascal, 1 florin 10 sols pour une grand'messe dans le Carême ; 9º tous les vendredis, une messe fondée par M. de Sade, 3 salmées de blé ; 10º une grand'messe anniversaire

fondée par Sébastien Arnaud à l'autel de Notre-Dame, don
1 florin ; 11° le 31 décembre 1647, ont été fondés quatre anni-
versaires par Jacques Jean, ménager.

Etat de l'église. — Elle est bien bâtie en pierres de taille,
vitrée, fermée et pavée : mais il est ordonné de faire des réparations à la toiture et de blanchir l'intérieur. Défense est faite
au *campanier* ou autre de sonner les cloches pendant les offices, prônes et catéchismes, soit pour les baptêmes, soit pour
d'autres motifs, sans avoir la permission de M. le Curé. Les
voûtes de l'église devront être fermées par des cloisons pour
éviter qu'on aille y faire des irrévérences. Ordre est donné à
M. le Curé, sur les instances des consuls et des habitants,
d'avoir un quatrième prêtre approuvé pour les confessions.

Le même jour, sur les deux heures, Monseigneur confirma
quelques enfants, et donna le baptême à Estienne Estiène, fils
de Joseph Estiène et de Claire Reyne, mariés, puis fait la
visite de l'hôpital et du cimetière ; les détails de cette double
visite sont au chapitre qui traite de ces matières. Etant de
retour, Mondit seigneur s'est retiré au château où il a fait les
ordonnances suivantes : Baptêmes et mariages. 1° Défense
expresse, sous peine d'excommunication, d'échanger dans
l'église des félicitations irrrévérentes ; conseil de s'abstenir des
collations et repas à l'issue des baptêmes. Liberté accordée
aux parrains et aux marraines de faire porter les cierges que
bon leur semblera ; si M. le Curé les fournit, il ne peut exiger
que 3 sols pour chaque torche.

2° M. le Curé sera obligé de célébrer les mariages, quand il
en sera requis, en été depuis cinq heures, et en hiver depuis
sept heures jusqu'à midi, sans qu'il puisse prétendre rien
au-delà de ce qui lui est dû. Il pourra pourtant devancer les
heures susdites quand il le jugera à propos. Défense à M. le
Curé d'aller faire les mariages et les baptêmes ailleurs que
dans sa propre église sans autorisation, sous peine arbitraire.
Ordre aux sages-femmes et aux parents d'avertir M. le Curé
quand un enfant est né, et défense de différer le baptême plus
de trois jours, sans autorisation expresse, sous peine arbitraire.

Le même jour, sur l'ordre de Monseigneur, M. de la Baume,

secrétaire, et le pro-secrétaire, sont allés avec plein pouvoir faire la visite de la chapelle de St-Pierre de Vence et de Roquemartine. De celle-ci nous ne dirons rien ; la matière est au chapitre de Roquemartine. De St-Pierre il est dit :

Saint-Pierre de Vence. — Il n'y a qu'un très mauvais tableau à l'autel, la porte est toute brisée, sans serrure, et les fenêtres sont sans fers. « Cette chapelle, dit le procès-verbal, est joi-« gnant une grange qui appartenait autrefois au prieuré « d'Eyguières qui l'a abandonnée moyennant 6 salmées de « bled et 20 barraux de vin ».

M. le Prieur d'Eyguières y fait dire tous les ans une messe avec deux processions.

Dans le procès-verbal de la visite de 1708, il n'est pas mentionné d'autre chapelle, ce qui nous fait supposer que celle de Ste-Cécile, si elle était encore debout, ne servait plus pour le culte. Quant à celle de St-Genez que M. Gilles cite dans ses mémoires écrits en 1781, page 43, avec St-Vérédème, St-Pierre de Vence et Ste-Cécile, on ignore où elle était.

Nous avons donné presque en entier le compte-rendu de la visite épiscopale ; il nous a paru très suggestif. L'évêque consacre plusieurs journées à ses ouailles, voit tout par lui-même jusqu'aux plus petits détails, donne ses ordres ; véritable bon Pasteur, il ne passe pas comme la grêle (qu'on nous pardonne cette comparaison, ce n'est pas nous qui l'avons créée), mais comme une pluie bienfaisante qui produit le bien : église paroissiale, chapelles, confréries, hôpital, cimetière, rien n'échappe à sa sollicitude. Les fonctions comme les titres et les honneurs sont les mêmes aujourd'hui qu'autrefois. On a vu à Aix comme à Avignon des prélats qui savaient remplir leurs obligations utilement, leur mémoire est restée en vénération et appelle de dignes successeurs.

Les mœurs religieuses de cette époque nous sont parfaitement dépeintes dans ce même procès-verbal, tout à la louange des fidèles qui sans décliner, après bientôt 200 ans écoulés, savent encore pratiquer la piété sincère et solide, et travailler avec dévouement à la décoration de l'église et des autels. Et pourtant à cette première pièce, nous en ajouterons une seconde qui jettera un nouveau jour sur les usages pratiqués de tout temps dans le prieuré de Notre-Dame-de-Grâce : c'est le *Coutumier*, conservé dans les archives de St-Ruf à Valence, et dont copie fut faite en 1638 par le soin du vicaire perpétuel, presqu'aussitôt après l'institution de ce titre qui remonte à 1624.

Coutumier. — Fêtes fixes :

6 janvier, fête des Rois. Avant la grand'messe, procession à la croix de la place. (Cette croix était au bas de la place, et à l'entrée de la rue qui montait à la mairie ; derrière la croix, le passage était fermé ; il n'a été ouvert qu'au XIXe siècle ; la croix est au cimetière depuis 1778).

2 février, Chandeleur. Bénédiction des cierges ; la procession sort par la petite porte de l'église, et entre par la grande.

25 mars, Annonciation. Procession à la croix èt grand'messe solennelle.

25 avril, S. Marc. Procession à l'oratoire de St-Pierre de Vence, où l'on chante la grand'messe. Au retour, messe basse à l'église paroissiale.

3 mai, Invention de la croix. Procession à la croix et messe basse.

20 mai, S. Vérédème, patron. La veille, procession à la chapelle du saint, et chant solennel des premières vêpres. Le jour de la fête, chant solennel de tout l'office, et procession avec grand'messe à la chapelle de Monsieur S. Vérédème.

15 août, Assomption. Avant la grand'messe procession à la croix.

8 septembre, Nativité de Notre-Dame. Procession à la croix et grand'messe.

1er novembre, Toussaint. Après vêpres, procession à la chapelle de St-Vérédème, où l'on chante vêpres des morts.

2 novembre, les Morts. Tout l'office est dit solennel. La première messe solennelle est suivie de la procession à St-Vérédème, où l'on chante une grand'messe solennelle ; au retour à la paroisse, on chante encore une grand'messe solennelle.

25 novembre, Ste Catherine. Dédicace de l'église. Tout l'office est solennel ; avant la grand'messe, procession à la croix.

8 décembre, Immaculée-Conception. Office tout solennel. Avant la grand'messe, procession à la croix.

25 décembre, jour de Calende (Noël). Tout l'office se chante solennellement ainsi que les deux jours suivants.

Fêtes mobiles. — Mercredi des cendres. De grand matin, bénédiction des cendres et grand'messe. Tous les jours du carême, à dix heures, grand'messe, et à quatre heures du soir, Complies.

Rameaux. Bénédiction des Rameaux à la croix, puis grand'-messe.

Ténèbres. Les trois jours, office solennel.

Samedi-Saint. Bénédiction des fonts, etc., grand'messe solennelle.

Pâques et les deux jours suivants, office solennel. Le lundi, après la première messe qui est basse, procession à la chapelle de St-Vérédème. Grand'messe avec diacre et sous-diacre ; au retour à la paroisse, autre grand'messe solennelle.

Rogations. Premier jour, la procession fait le tour de Gilouse et au retour, grand'messe. — Deuxième jour, la procession va à la partie de Roquemartine ; grand'messe — Troisième jour, la procession fait le tour de la Parade, et va chanter la grand'messe à la chapelle de St-Vérédème.

Ascension. Office chanté solennel ; avant la messe, procession générale à laquelle on porte toutes les reliques.

Pentecôte. Office solennel. Avant la grand'messe, la procession fait le tour du pays. Lundi et mardi, office solennel. Le lundi, procession à St-Vérédème, grand'messe de mort pour les confrères du St-Esprit, décédés.

Fête-Dieu. Office solennel. Avant la grand'messe, procession générale dans le pays.

Coutumes particulières : 1° Le premier dimanche du mois, première messe à la chapelle de St-Vérédème ; avant la grand'-messe, procession à la croix.

2° A part les fêtes solennelles, la grand'messe se dit la première les jours de fête.

3° Pour toutes les fêtes de la Sainte Vierge, après Complies, les *Gaude* de Marie.

4° Tous les dimanches, après la première messe, Matines ; avant la grand'messe, Sexte, et après la messe, None.

5° Toutes les fêtes et tous les dimanches, après l'antienne et l'oraison de Complies, se chante l'antienne de S. Sébastien et celle de S. Roch, patrons de la contagion.

6° La veille de toutes les fêtes et tous les samedis, on chante Vêpres dans le chœur.

7° Pour toutes les fêtes solennelles, on chante Matines dans le chœur, et au *Benedictus* ainsi qu'à *Magnificat*, on allume des cierges au maître-autel et aux chapelles.

8° Tous les jours ouvriers, à la place des Vêpres, au coucher du soleil, on sonne le *Salve Regina* et on le chante devant le maître-autel, puis on récite le *De profundis* pour les morts.

Telles étaient les cérémonies en usage et les coutumes établies dans la collégiale de Notre-Dame de Grâce ; elles furent conservées et pratiquées aussi longtemps que le clergé fut assez nombreux. Après la Révolution forcément, ce coutumier si beau et si chrétien dut être modifié ; mais il en est resté des vestiges précieux. Nous connaissons l'intérieur et l'extérieur de l'ancienne église ; nous n'avons plus qu'à nous occuper du bel édifice construit au XVIIIe siècle, achevé et béni en 1783, puis de la riche couronne de monuments religieux qui entourent cette église et gardent les diverses avenues d'Eyguières, et nous aurons achevé notre tâche, trop heureux si nous avons pu à la fois être utile et agréable au lecteur de l'*Histoire d'Eyguières*.

CHAPITRE VI

NOUVELLE EGLISE PAROISSIALE (1783).

Emplacement. — Pour se conformer à l'ordre formel de Monseigneur, les consuls s'occupèrent d'abord de choisir, pour y bâtir la nouvelle église projetée, un emplacement convenable. Ils auraient préféré faire reconstruire l'église et le clocher au même endroit que l'ancienne ; Mme de Sade opinait pour le

quartier de la Burlière, route d'Aureille, où elle avait son
pavillon et son jardin. Les uns proposaient de bâtir la nouvelle église à Trinquetaille, d'autres rues d'Astre, à la place
du moulin d'Hoteman. Après huit ans d'hésitation, on finit
par prier l'archevêque de choisir lui-même l'emplacement au
moins de frais pour la Communauté, Monseigneur se prononça
pour le quartier de la Burlière. Alors les consuls, d'avis contraire parce que ce quartier était hors ville et que le transport
des matériaux de l'ancienne église serait trop coûteux, suivant le conseil de plusieurs avocats, et ne pouvant faire revenir le prélat de sa décision, prirent le parti de faire appel
comme d'abus au Parlement d'Aix. Pour mieux réussir, ils se
firent soutenir par l'ordre de St-Ruf qui, devant contribuer à
la dépense, avait intérêt à éviter de trop grands frais. M. Tardivon, abbé général de l'ordre, s'occupa de l'affaire et fit écrire
aux consuls « qu'il convenait de faire pour M. le comte de
« St-Florentin, un mémoire sincère qui, en mettant au jour
« leurs difficultés, exposerait leur situation. Il faut insinuer
« l'intérêt qu'a l'économat de l'ordre de St-Ruf à s'opposer à
« un projet aussi ridicule que dispendieux. »

Le procès fut gagné ; le 19 juin 1769, le Parlement ordonna
au conseil de ville de s'assembler dans un mois pour choisir
un emplacement autre que celui de la Burlière et de l'ancienne
église. Quatorze conseillers sur vingt et un se rendirent à la
réunion du 30 juillet. Les avis furent très partagés ; il y eut
sept propositions différentes ; les cinq premières n'avaient
qu'une voix chacune ; la sixième en réunit quatre et la sep-
tième cinq en faveur du moulin d'Hoteman. D'après le règlement, il aurait dû y avoir quinze membres réunis au conseil,
douze conseillers et les trois consuls ; il n'y avait eu que quatorze présents, donc la délibération était nulle. Nouvelle réunion, le 3 décembre 1769, où il fut délibéré que l'église serait
construite à la place de la maison Valentin Audibert, quartier
de Trinquetaille, comme étant le plus rapproché de la maison
curiale. La lutte n'était pas finie, et le 21 janvier 1770, Henri-
Joseph Jean crut mettre un terme à toute contestation en pro-
posant de délibérer qu'un conseiller de la Cour viendrait sur
place avec l'archevêque d'Avignon et le prieur, avec un architecte, si c'était utile, pour examiner tous les emplacements

proposés et faire un devis estimatif sur lesquels la Cour se prononcerait. Mais le conseil s'y opposa et de plus, les partisans de la place du moulin d'Hoteman revinrent à la charge et demandèrent, le 6 février 1770, au Parlement, de casser la délibération du 3 décembre 1769. On a fait remarquer qu'ils étaient tous propriétaires d'un moulin et désiraient supprimer un concurrent. Le Parlement accepta cette demande en cassation et désigna, le 19 décembre 1770, le conseiller de Chénerille pour venir à Eyguières, en présence du Procureur général, d'un architecte, du prieur et de l'archevêque qui seraient informés, examiner toutes les propositions, entendre les parties et faire un rapport au Parlement. M. le conseiller termina son procès-verbal le 1ᵉʳ février 1771. Mais l'archevêque présent déclara qu'il ne bénirait jamais l'église si elle était bâtie à Trinquetaille.

L'opposition se composa dès lors de cinq conseillers, propriétaires de moulins et de l'archevêque d'Avignon.

Au sujet des premiers, la Communauté et l'ordre de Saint-Ruf s'adressèrent de nouveau au ministère et le comte de Saint-Florentin, devenu duc de la Vrillière, écrivit aux consuls que l'emplacement choisi près de l'ancienne église lui paraissait le plus commode et le moins coûteux ; il ajoutait · « Rien ne « me paraît déraisonnable que de vouloir placer cette église « sur un terrain où est un moulin à huile qui ferait perdre à « la Communauté, en le détruisant, un revenu de mille deux « cents livres et qui occasionnerait à l'ordre de St-Ruf et « même aux habitants, une dépense trois fois plus forte ; il « est également déraisonnable de vouloir placer l'église dans « un endroit fort éloigné de la maison prieurale..... le roi « ne souffrirait pas une entreprise aussi préjudiciable aux « habitants qu'aux ordres de St-Lazare et de St-Ruf » (les deux ordres allaient être incessamment réunis). Nonobstant cette lettre, les opposants propriétaires s'adressèrent de nouveau au Parlement le 8 avril 1771. Les consuls firent connaître cette démarche à M. de Tardivon, abbé général de l'ordre de St-Ruf, qui la blâma et à M. de la Vrillière. Enfin, le Parlement rendit, le 15 mai 1771, un arrêt faisant défense à n'importe qui de proposer tout autre emplacement pour l'église.

Ce fut alors que le second consul, Guillaume Colique, pour

tout concilier, proposa de construire l'église sur l'emplacement de l'ancienne, sur la rue et sur la propriété du prieur, c'est-à-dire depuis la porte du « deime » jusqu'au fossé du moulin, en prolongeant vers la place et sur la fontaine, empruntant à droite et à gauche, les maisons jugées nécessaires pour contenir l'église et ménager un espace suffisant et commode en vue de donner libre avenue du côté de la place.

La majorité des suffrages fut acquise à cette proposition ; le conseil offrit même aux opposants de se charger de tous les frais du procès d'opposition s'ils voulaient bien signer cette délibération. Ils acceptèrent et le conseil aussitôt décida : 1° que les parties demanderaient à la Cour un arrêt de « consensu » ; 2° que le prieur et l'archevêque seraient priés d'accepter cet arrangement ; 3° que les consuls feraient venir l'architecte Bondon pour tracer le plan de l'église projetée (9 juin 1771).

Le consul Joseph Gilles et cinq conseillers ne voulurent pas adhérer à cette décision, s'appuyant sur l'arrêt du 15 mars 1771, défendant de proposer de nouvel emplacement, et adressèrent une requête au Parlement d'Aix pour obtenir cessation de la délibération du 9 juin. Dans le même but, de son côté, l'ordre de St-Ruf fit requête à la Chambre du Parlement de Paris. Le conseil consentit à se défendre contre l'opposition intéressée de Gilles (11 août 1771) ; quant à celle de l'ordre de St-Ruf, faite au préjudice du Parlement de Provence, elle fut recommandée aux procureurs du pays. D'ailleurs on passa outre, car on savait que cet ordre allait être supprimé. Enfin le consul Gilles, malgré l'adhésion des nommés Blanc et Emery, se désista de sa demande pour éviter les frais, pria Monseigneur d'accommoder l'affaire, et le Parlement d'Aix rendit un nouvel et dernier arrêt qui mettait la Communauté et les consuls hors de cour et de procès.

Toutes les difficultés, après quatorze ans, étaient surmontées. L'archevêque accepta de venir bénir la première pierre... qui ne fut posée que cinq ans plus tard.

Expertise des maisons. — Il fallut dès lors s'occuper de l'acquisition des maisons à démolir, des autorisations régulières à obtenir, du plan, du devis, etc. Les vingt-deux maisons à démolir furent estimées par Antoine Laurent, de Pélissanne, et Antoine Pasquier, notaire à Salon, experts désignés par

M. Pascalis, subdélégué de l'Intendant à Eyguières. Le rapport d'expertise fut déposé le 23 novembre 1773 ; il évaluait ces maisons 3o.o87 francs 14 sols 9 deniers. Cet espace ne fut pas suffisant : la plate-forme de quatre maisons en plus fut jugée nécessaire ; l'expertise en fut faite par Pierre Tamisier et Mathieu Grand ; leur rapport du 10 février 1779 en porte le prix à 4.470 francs 19 sols et 6 deniers. Les propriétaires demandèrent un cinquième en sus de l'expertise. Déjà en 1772, on avait envoyé une assignation de déguerpissement aux propriétaires de ces maisons. Le 12 octobre 1774, les consuls firent la demande au Roi des lettres patentes nécessaires pour l'achat des maisons et pour la construction de l'église. Ces lettres furent accordées au mois de février 1775, et enregistrées le 28 mars au Parlement. Les frais de chancellerie et d'expédition s'élevèrent à la somme de trois cent quatre-vingt-cinq livres. Pour faire face à ces premières dépenses, la Communauté avait déjà en caisse cinquante mille livres environ en 1771, provenant : 1° du piquet du poids de la farine, dont le revenu annuel était de trois mille cinq cents francs ; 2° du rève sur la viande : 185o livres. Ces impôts, établis dès 1757, avaient produit la somme de 43.206 francs qui étaient entre les mains du comptable.

Plan et devis. — Plusieurs plans avaient été dressés successivement par l'architecte Brun, de l'Isle au Comtat et par Bondon, architecte d'Avignon ; mais l'emplacement définitif n'étant pas le même, c'était de rigueur de faire un nouveau plan. M. Bondon en fut chargé par les consuls ; son travail ne fut pas accepté ; on lui reprocha de manquer de solidité ; l'examen en fut fait par MM. Roulier, d'Aix, et Pierre, d'Arles. Sur la demande du conseil, 4 février 1776, l'architecte Esprit-Joseph Brun accepta de préparer le plan et le devis. Quand ils furent achevés, il y eut une première adjudication des travaux devant M. Pascalis, subdélégué de l'Intendant. Claude Gerband, maître-maçon et entrepreneur, de Tarascon, promit de les exécuter pour 95.5oo livres ; l'Intendant refusa d'accepter cette somme qu'il trouva trop forte (15 septembre 1776). M. Brun fit un autre devis, qui pour la maçonnerie et la charpente s'élevait à 84.676 livres (3o mai 1777). Le prix fait fut accepté

par quatre associés pour la somme de 79.500 livres. Mais trop
lents à se décider, la Communauté demanda l'autorisation
d'une troisième mise aux enchères, le 16 mars 1778 ; Gervais
Barielle, ingénieur d'Apt, Jean Creste et Mathieu Grand, entrepreneurs dans la même ville, se rendirent adjudicataires pour
78.500 livres : l'acte fut ratifié le 5 avril 1778. Tout était donc
prêt.

Pose de la première pierre. — L'archevêque d'Avignon ayant
été empêché de se rendre à Eyguières le 1ᵉʳ juin 1778, pour la
pose de la première pierre de l'église, M. Gilles, curé, fut délégué pour le remplacer. Voici, d'après le procès-verbal, l'ordre
de la cérémonie. Les entrepreneurs se rendirent à la maison
commune précédés d'un corps de musique composé de violons, flûtes, tambourins, trompettes, etc. De la mairie le cortège se dirigea vers l'emplacement de la nouvelle église. Après
les prières liturgiques, les entrepreneurs présentèrent la truelle
et le marteau ornés de rubans de couleur rose avec franges
d'argent, aux officiers municipaux qui vinrent à tour de rôle
jeter du mortier et frapper sur la pierre, dans laquelle on avait
préparé une place pour recevoir une plaque de plomb portant
l'inscription commémorative suivante : « La première pierre
de cette église a été posée par MM. André-François-Roch
Payan, Jacques Audibert et Pierre Marillier, consuls, et Joseph-
Etienne Michel, greffier secrétaire de cette communauté
d'Eyguières, le 1ᵉʳ juin 1778. L'église a été construite sur les
dessins et sous la conduite d'Esprit-Joseph Brun, architecte
de l'Isle ». La plaque et l'inscription coûtèrent vingt-quatre
livres. On a dit qu'une somme de deux cent seize livres en
diverses monnaies avait été mise avec cette plaque : c'est une
erreur ; cette somme fut donnée comme gratification aux
entrepreneurs. A ce procès-verbal officiel conservé aux archives, nous ajouterons, pour le compléter, le compte-rendu fait
par un témoin oculaire : « L'an 1778, premier juin, sous le
pontificat de Pie VI, pape et chef de l'Eglise catholique, apostolique et romaine, sous le règne de Louis XVI, très chrétien,
roy de France, et Charles-Vincent de Giovo étant archevêque
d'Avignon, je soussigné, prêtre et procuré de l'église de Roquemartine, ai assisté sur les six heures du soir à la bénédiction

INTÉRIEUR DE L'ÉGLISE

UN JOUR DE FÊTE

de la première pierre de l'église paroissiale d'Eyguières, mise dans les fondements près du moulin à farine. M. le curé Gilles, assisté de ses trois secondaires : M. Plaizant, M. Berne et M. Isnard, de M. Reyre, prêtre, jadis Jésuite, et de moy, a fait cette bénédiction solennellement, en présence de la douairière de Sade, son fils seigneur d'Eyguières étant à Paris, de M. Payan, premier consul et de ses confrères, du greffier, accompagnés des messieurs les plus distingués du païs et d'un nombre considérable des habitants. Signé : Chastelas, prêtre, procuré de Roquemartine ».

On croit que les entrepreneurs ne furent bientôt plus d'accord, et qu'ils cédèrent l'entreprise aux deux frères Jacques et Joseph Pelais, d'origine Lorraine et fixés à Marseille. Ils la menèrent à bonne fin dans l'espace de cinq ans. Ils auraient proposé, paraît-il, au cours des travaux, d'asseoir la voûte sur une base composée de quelques assises de plus. Tel qu'il est pourtant, ce monument est simplement remarquable : de style byzantin, sans coupole, à trois nefs, avec large transept, précédé de quatre chapelles hors nef de chaque côté, et complété par deux autres chapelles absidales qui accompagnent le sanctuaire, sans autre ornement que la corniche qui domine les arceaux à plein cintre et les pilastres, d'une grande pureté de lignes, éclairé par seize fenêtres qui, encadrées par la voûte, tamisent un jour suffisant du matin au soir, terminé par un clocher carré qui abrite une bonne sonnerie et est couronné par la cage en fer de l'horloge ; ayant une façade sobre de même style, avec porte de belles dimensions, surmontée d'un tympan qui attend soit une inscription soit un bas-relief ; le tout précédé d'un perron en pierres de taille comme tout l'édifice. On arrive à l'église du côté de la place, au midi, par un escalier composé d'une dizaine de marches, mais elle est malheureusement masquée par des maisons lentes à tomber, malgré leur état de vétusté et de délabrement, surtout du côté du vieux moulin : *Caveant consules.*

La bénédiction eut lieu le 8 septembre 1783, le jour de la Nativité de la sainte Vierge. Elle fut donnée par M. Gilles, curé, accompagné des secondaires, d'un grand nombre de prêtres voisins et de ceux de la paroisse. L'abbé Reyre, un des meilleurs orateurs de son temps, donna le discours de circonstance. Le choix était de haute convenance, car ce prêtre était originaire d'Eyguières.

A cette occasion, les consuls organisèrent une grande solennité : tambourins, tambours et fifres de la localité, corps de musique de Cavaillon, deux tambourins d'Aix et un de Grans ; les boîtés de St-Chamas et de Grans servies par deux canonniers qui brûlèrent dix-neuf livres de poudre ; le tout dominé par le son des cloches, c'était plus qu'il ne fallait pour électriser un peuple toujours porté par nature vers les fêtes qui frappent les sens. Le soir, un feu d'artifice du prix de cent vingt livres, fut la clôture et le bouquet de cette journée inoubliable. Le même jour, eut lieu sur la petite place qui précède l'église, l'inauguration du buste de S. Vérédème, le patron aimé et séculaire d'Eyguières. Ce buste dut être enlevé pendant la Révolution. Il occupait sans doute près du moulin, au haut de l'escalier, la place qui plus tard fut donnée à la croix que l'on voit actuellement sur le fronton de l'église, à moins qu'il n'eût été mis lui-même au-dessus de la façade.

Dépenses. — Voici le relevé des dépenses totales faites pour la nouvelle église :

Acquisition des maisons à démolir .	34.558 liv. 14 s. 3 d.
Lettres patentes (port et chancellerie).	385 »
Construction et toiture	8o.816 »
Menuiserie et serrurerie	5.542 »
Honoraires du directeur des travaux (Brun).	8.082 »
Peinture et vitres	95o »
Maître-autel, fonts baptismaux, bénitier (marbre).	9oo »
Tambour et perron.	1.517 »
Translation de la terre et des ossements de l'ancienne église. . . .	333 »
Procès, voyages, correspondances, plans et devis, etc.	1.000 »
Total :	143.083 liv. 14 s. 3 d.

En présence de ce total, il faut nous demander à qui incombait la charge de payer cette somme. La Communauté devait se charger de la majeure partie. Mais dans quelle proportion le prieur décimateur devait-il y contribuer ? C'est ce que voulurent savoir MM. de Gouteron et Meyras de la Roquette, syndics généraux de l'ordre de St-Ruf, qui demandèrent aux consuls d'assembler le conseil pour « délibérer et déclarer si la Communauté entend que le prieuré, appartenant à cet ordre comme décimateur de la paroisse, doive entrer dans le fonds de la construction de la nouvelle église paroissiale et achat du local à ce nécessaire, ou y contribuer en quelque portion ». Le conseil, réuni le 3o juillet 1769, décida de consulter des avocats ; ceux-ci donnèrent leur avis dans le sens favorable à la Communauté. Alors les consuls envoyèrent aux supérieurs de l'ordre un acte par lequel ils déclaraient qu'on entendait exiger du prieur sa participation à la dépense du sanctuaire, du maître-autel et de la sacristie (3 décembre 1769).

C'est à cette époque que l'ordre de St-Ruf fut supprimé ; l'union du prieuré d'Eyguières à la mense épiscopale de Sisteron allait être consommée ; les consuls écrivirent au nouveau prieur pour l'informer que le cinquième de la dépense de la maçonnerie devait être payé par lui. L'évêque répondit que « n'étant pas encore possesseur du prieuré, il n'avait rien à dire à cette estime, qu'il croyait que les estimateurs avaient mis à sa charge ce qui peut-être n'y était pas ; et que si jamais il était paisible possesseur de ce bénéfice, il se prêterait à tout ce qui serait raisonnable » (31 mai 1779).

Des pourparlers eurent lieu entre le prieur et les consuls ; finalement trois arbitres furent choisis : MM. Barlet, Pascalis et Siméon, avocats à Aix. Le 16 février 1780, les arbitres rendirent leur sentence arbitrale et engagèrent la Communauté à accepter les offres de l'évêque qui étaient raisonnables : 1° la somme de six mille livres sera payable trois mois après la réunion définitive du prieuré à la mense de Sisteron ; 2° une somme de huit mille livres, payable en quatre ans et par annuités de deux mille livres, à prélever sur les revenus du prieuré. Cette proposition fut acceptée par le conseil de ville et approuvée par l'archevêque d'Avignon.

Mais l'évêque de Sisteron n'était pas encore nommé prieur ; M. Gilles, curé, était en concurrence pour obtenir ce titre ;

c'est pourquoi, avant de verser les six mille livres, l'évêque voulut passer avec les consuls une convention relative au conseil des arbitres, et obtenir que M. Gilles, curé, et son père garantissent la restitution de cette somme dans le cas où le prieuré lui serait attribué. M. Gilles n'accepta pas cette condition, et les consuls se décidèrent alors à demander au Parlement l'autorisation pour la Communauté de faire saisie-arrêt sur les revenus du prieuré. C'est qu'en effet, l'église était bénite depuis plus d'un an ; la Communauté n'avait encore rien touché de la part du prieur, et les créanciers allaient lui faire des frais pour être payés.

L'évêque répondit alors « qu'il se décidait à faire renonce aux arrérages qui se trouvaient entre les mains des rentiers de la dîme (22 avril 1782) ». Puis, en attendant que toutes les formalités fussent finies pour sa nomination, il écrivit à Paris aux consuls, décembre 1784 : « Dès que les lettres patentes seront « enregistrées, il sera expédié un arrêt du Conseil qui autori- « sera l'archevêque d'Avignon à faire rendre compte au rece- « veur des dîmes de ce qui lui restera en mains, les charges « du prieuré d'Eyguières étant acquittées, et à appliquer à la « construction de l'église ce reliquat, jusqu'à concurrence « de ce qui peut être dû à la Communauté pour la portion « *compétente* au prieur. Si ce surplus ne suffit pas, ajoute le « prélat, je pourvoirai au reste, et en tout état de cause, d'ici « au mois de février, vous recevrez de quoi vous mettre à l'abri « des poursuites de vos créanciers ».

L'évêque tint parole. Bien plus, les consuls lui ayant fait part d'un oubli qu'ils avaient fait en 1780, lors de la sentence arbitrale, de porter sur le compte des dépenses effectuées les honoraires de l'ingénieur, le prix des cloches, etc., l'évêque prieur consentit à un nouvel accord, d'après lequel les 14.540 livres payées déjà par lui, sont reconnues suffisantes pour sa participation aux constructions ; mais il devra donner 12.000 livres pour le maître-autel quand on l'aura placé, et de plus fournir tous les ornements nécessaires pour le culte, la fabrique devant continuer de les entretenir, ainsi que la sacristie, avec la somme que l'archevêque assignerait sur les 2.000 livres à prélever sur les revenus du prieuré.

Les comptes à régler durèrent jusqu'en 1787 ; le solde des

intérêts de 2.000 livres aux entrepreneurs ne fut payé qu'en 1789. Restait le compte du maître-autel entre la Communauté et le prieur. Quand le maître-autel fut placé, les consuls réclamèrent les 1.200 livres, mais pendant ce temps, l'évêque de Sisteron avait été nommé au siège de Nevers, et il renvoya la demande à son successeur, 21 juin 1789. L'archevêque d'Avignon était, par le Conseil, prié d'intervenir, lorsque les événements politiques se chargèrent de terminer cette affaire et toutes celles de ce genre : c'était la Révolution qui renversait l'ancien régime d'une façon violente, et préparait la place d'un régime nouveau qui est loin dans le XIXe siècle d'avoir achevé de prendre sa forme définitive.

CHAPITRE VII

L'ÉGLISE PENDANT LA RÉVOLUTION.

L'église avait reçu la bénédiction liturgique le 8 septembre 1783, avons-nous dit. Moins de six années après cette touchante cérémonie, le 25 mars 1789, le temple de la prière fut transformé en salle électorale et de délibération. Tous les habitants d'Eyguières, français ou naturalisés, âgés de vingt-cinq ans au moins, et inscrits sur le rôle des contributions, se réunirent dans l'église au nombre de trois cent trente, sous la présidence de M. Joseph Tissot, viguier lieutenant de juge, pour rédiger leur cahier de doléances et de remontrances. Une fois ce cahier écrit, daté et signé, on fit l'élection des députés chargés de le porter, le 30 mars, devant le lieutenant général de la sénéchaussée d'Arles. Les élus furent : MM. André-Joseph-Crestin Jean, seigneur de Sulauze; Antoine-Gaspard Pascalis, avocat, frère aîné de l'assesseur de Provence ; Claude François Isnard, avocat, et André Jullial, bourgeois. Ils reçurent tous les pouvoirs nécessaires « pour faire proposer, remon- « trer, aviser et consentir tout ce qui peut concerner le besoin

« de l'Etat, la réforme des abus, l'établissement d'un ordre
« fixe et durable dans toutes les parties de l'administration, la
« prospérité générale du royaume, le bien-être de tous et d'un
« chacun des sujets de Sa Majesté ».

Les événements se précipitaient. Au mois de novembre de la
même année, les consuls, se conformant au décret de l'Assemblée nationale, procédèrent à l'encadastrement des biens du
prieuré qui avaient perdu leurs privilèges, ainsi que ceux de
la seigneurie et des PP. Récollets. On les taxa : l'impôt annuel
fut fixé à 1.373 francs 4 sols 9 deniers.

Bientôt les 14, 15, 16 et 17 février 1790, l'église vit une nouvelle réunion électorale destinée à constituer la première municipalité d'après le nouveau décret rendu le 16 décembre.
Cette irrévérence renouvelée était pourtant accompagnée d'un
acte de foi, car avant de se séparer, tous les élus et les électeurs, au nombre de deux cent soixante-huit, « prennent à
« témoin le Dieu qui tient en main la destinée des hommes
« et des empires, et dans le temple duquel ils se trouvent
« assemblés, du serment qu'ils font de la plus profonde sou-
« mission et d'une adhésion sans bornes à tous les décrets
« rendus et à rendre par l'Assemblée nationale, etc. »

Hélas ! la Constitution qui avait soulevé l'enthousiasme de
ces hommes de bonne foi, qui juraient ce jour-là de rester
fidèles à la Nation, à la Loi et au Roi, cette Constitution ne
devait pas tarder d'être antireligieuse, car elle exigea bientôt
de la part du clergé constitué civilement un serment considéré
comme schismatique et condamné comme tel par le Souverain-
Pontife. Le 30 janvier 1791, le clergé d'Eyguières accomplit
cet acte. On voulut le rendre très solennel. C'était un dimanche ; à l'heure de la grand'messe, les officiers et le corps municipal, avec un détachement de la garde nationale, se rendirent à l'église paroissiale. Après la messe, M. Henri Gilles,
curé, prêta le serment civil en ces termes : « Je jure de veil-
« ler avec soin sur les fidèles de cette paroisse, d'être fidèle à
« la Nation, à la Loi et au Roi, et de maintenir, de tout mon
« pouvoir, la Constitution décrétée par l'Assemblée nationale
« et acceptée par le roi ». Le même serment fut prêté par les
deux vicaires. Joseph-Roch Chastelas et Jacques-Grégoire-
Agricol Tourel.

Etait-ce dans une vue intéressée qu'ils avaient ainsi agi ?
N'était-ce pas plutôt par ignorance de la portée du serment
au point de vue disciplinaire ? Cependant Mirabeau avait dit :
il faut décatholiciser la France. Cette œuvre se poursuivait :
l'ordre du clergé dépossédé de ses biens, et mis au rang des
salariés ; privé de ses auxiliaires par la dispersion de ses religieux, et enfin sommé de prêter serment à la constitution
civile qui donnait au peuple et au pouvoir civil ce qui doit
appartenir au pouvoir ecclésiastique, c'en était assez pour
soulever le pape, les évêques, le clergé et même les populations.

Le prêt de ce serment rencontra une opposition admirable
en France, à tel point que l'Assemblée législative rendit, le
29 novembre 1791, un décret qui déclarait suspects les prêtres
non assermentés, les rendait responsables des troubles religieux, s'il en surgissait autour d'eux, et voulait qu'ils fussent
éloignés du département. Ce fut alors seulement qu'on vit
marcher sur les traces du clergé paroissial, deux prêtres du
nom de Joseph Reyre, l'un et l'autre originaires d'Eyguières.

Le plus jeune des deux, contraint de prêter le serment, et
interrogé sur sa situation, répondit qu'il avait son domicile
dans une rue rapprochée de la place aux Herbes, qu'il disait la
messe à l'église de la paroisse, qu'il touchait un traitement
de sept cent vingt livres, mais qu'il n'en avait joui qu'après
la proclamation de la loi sur la constitution civile du clergé.

L'aîné déclara qu'il n'était pas fonctionnaire public, qu'il
habitait une maison de campagne dans le quartier de Borme,
qu'il disait la messe à l'église paroissiale, et qu'il ne touchait
aucun traitement. La physionomie de ce Joseph Reyre n'était
pas ordinaire ; elle mérite de fixer un instant notre attention :
ses concitoyens l'ont bien compris quand ils ont appelé
Faubourg Reyre le quartier qui fait suite au couvent des Récollets.

L'abbé Reyre naquit, le 26 avril 1735, de Joseph Reyre et
de Thérèse Mathieu. Elevé à Avignon par les PP. Jésuites, il
entra dans cette Compagnie à l'âge de seize ans et demi. Tour
à tour professeur à Lyon, préfet à Aix, il reçut la prêtrise à
Avignon le 28 juin 1762 : cette société vécut encore dix ans
dans le Comtat. L'abbé Reyre se fit, pendant ce temps, un nom

dans la chaire chrétienne. En 1768, lors de l'occupation du Comtat par les troupes françaises, il vint à Eyguières se livrer à la prédication et à des travaux littéraires. En 1785, il alla à Paris : son *Ecole des Demoiselles* lui valut une pension accordée par l'assemblée du clergé. En 1788, il prêcha le Carême à Notre-Dame, et l'année suivante, il devait le prêcher à la Cour sans les événements qui se produisirent. Il avait assez prêché, et avec talent, pour mériter le surnom de *Petit Massillon*, qui lui fut donné par ses contemporains. La marche des événements lui conseilla de rentrer dans son pays ; il y était quand on l'invita à prêter serment à la constitution civile. Il répond aux consuls qu'il est à la campagne et fatigué ; il affirme s'être traîné dans une municipalité voisine pour prêter le serment civique, car il s'est toujours fait un devoir d'être bon citoyen. Il espérait venir faire de même à Eyguières ; ne le pouvant, il l'envoie par écrit, et demande un accusé de réception. On le lui donna.

Malgré cette soumission, sous la Terreur, il fut arrêté et mis en prison à Orange comme suspect. Rendu à la liberté après le 9 thermidor, il alla chez un neveu, avocat à Lyon, où il travailla à l'éducation de ses petits-neveux, et écrivit divers traités élémentaires d'histoire, de géographie, d'arithmétique, etc. Le climat de Lyon nuisait à sa santé ; il vint à Avignon, où il fut reçu membre de l'Académie ; il prêcha encore avec fruit. Son dernier succès oratoire fut celui de l'octave de la Fête-Dieu, en 1809, à Carpentras. Il mourut en 1812, à l'âge de 77 ans, à Avignon. Le plus bel éloge qu'on ait fait de sa vie est celui que nous empruntons à Hyacinthe Morel, secrétaire de l'Académie : « Les vertus morales de l'abbé Reyre « étaient exquises, parce qu'elles étaient perfectionnées par la « Religion qui supplée à tout et à laquelle rien ne peut sup- « pléer. Ainsi, sa modestie était de l'humilité, sa bienfaisance « de la charité, sa déférence à l'opinion d'autrui une sainte « abnégation de lui-même ».

Ses principaux ouvrages sont : l'*Ami ou le Mentor des Enfants* ; l'*Ecole des jeunes Demoiselles* ; *Anecdotes chrétiennes* ; *Le fabuliste des Enfants en sept livres* ; *Bibliothèque poétique de la jeunesse* ; *Prônes sur l'Evangile de tous les dimanches* ; *Petit carême* ; *Méditations évangéliques pour tous les jours de l'année* ; *Autre carême* ; *Autre cours de prônes*, etc.

Le serment donné par l'abbé Reyre, nous l'avons vu, ne le sauva pas de la prison ; celui de M. Gilles, curé, ne garantit pas davantage son église des saturnales révolutionnaires qui en firent le temple de la Raison. Quelques réunions irrévérencieuses avaient été tenues dans l'église ; on en fit plusieurs encore, une le 25 mars 1792, l'an IV de la liberté, sous la présidence de M. Guibert, officier municipal, pour organiser la garde nationale et nommer à tous les grades ; une autre le 14 juillet 1792, pour le serment de fidélité à la Nation, à la Loi et au Roi. Enfin, le 25 septembre, l'église fut transformée en caserne pour le logement des six cents gardes nationaux venus pour renforcer ceux d'Eyguières et faire face avec eux à la bande armée venue d'Arles, et avec laquelle ils s'étaient mesurés la veille au Col de Mélet.

Pourtant, il est bon de dire — et l'éloge n'est pas banal, que, malgré tout, les habitants d'Eyguières restaient fidèles à leur religion, au point qu'au mois de mai 1793, les consuls prièrent le curé d'annoncer au prône que, la messe entendue, il était permis de travailler le dimanche à cause de l'urgence des travaux.

Mais arriva le 27 avril 1794 ; ce jour-là eut lieu l'ouverture du temple de la Raison. Sans doute, par un scrupule momentané, ce fut la ci-devant chapelle des ci-devant pénitents blancs qui fut choisie pour cette inauguration ; peut-être encore craignait-on de se réunir dans la vaste église paroissiale qui aurait pu contenir une foule considérable et assurément peu sympathique à cette démonstration antireligieuse : on n'avait pas encore oublié les scènes du 14 juillet 1792. Quoiqu'il en soit, le corps municipal s'y rendit avec une délégation de la garde nationale, et fit occuper le pays par un détachement de vingt soldats empruntés au 5e bataillon de la Corrèze. Au milieu de ces précautions, lecture fut faite des Droits de l'homme ; on chanta des chansons patriotiques ; on fêta l'Etre suprême ; puis on établit le calendrier républicain ; mais les vieux usages religieux avaient un tel empire, que la municipalité en vint à décréter, 9 ventôse an VI, une amende de trois journées de travail contre ceux qui chômeraient le dimanche, et de deux journées contre ceux qui travailleraient les jours de la décade.

Alors, on vit l'abomination de la désolation : la belle église, bâtie à tant de frais pour le culte catholique, fut détournée de sa destination primitive ; on y construisit la Montagne, et on y fit des réunions qui furent une vraie profanation, sans parler des dessins et des inscriptions qui salirent les murs intérieurs, ni des autels en marbre meurtris par des gens qui commettaient ces horreurs en s'affublant du titre de *Patriotes*, et en criant : Vive la République !

Que devint, pendant ce temps, le curé jureur d'Eyguières ? fut-il caché par des amis dévoués ? prit-il la fuite ? rien ne nous le révèle ; mais nous avons pu lire dans les rares papiers conservés aux archives de la paroisse sa rétractation signée en 1800. Nous ne savons s'il reprit ses fonctions lors du rétablissement du culte, mais nous pouvons affirmer qu'il se retira du ministère et qu'en 1803, le 13 août, le titre de curé fut donné à Marc-Antoine Arnoux, qui le porta jusqu'en août 1809. Il fut remplacé en septembre 1809 par Honoré-Louis Gastinel, qui mourut à Eyguières le 7 janvier 1817. Il y eut alors une vacance de neuf mois, pendant laquelle le vicaire administra la paroisse ; puis le curé de Peynier, Alexis-Hilarion Boyer, en septembre 1817, fut chargé de la direction de la paroisse qu'il conserva jusqu'en 1827, époque où il quitta le diocèse d'Aix et se retira dans celui d'Angoulême.

CHAPITRE VIII

Eglise paroissiale et Clergé pendant le XIXe siècle.

Les dégradations que la horde révolutionnaire avait fait subir à l'église paroissiale ne furent réparées qu'en 1822, sous l'administration de M. Boyer, au moyen d'une subvention accordée par la mairie et de souscriptions fournies par les fidèles. Il est regrettable que pour économiser on se soit borné à passer un badigeon destiné à couvrir toutes les indécences écrites ou dessinées sur les murs ; mieux eut valu faire un grattage de la pierre qui aurait conservé à l'édifice son cachet de bon goût.

En 1824, l'horloge publique fut placée au sommet du clocher. A la même date, les cloches destinées à annoncer les offices furent renouvelées. M. Aubert, notaire, en fut le parrain, et Mᵐᵉ la marquise de Lubières, la marraine.

Depuis cette époque jusqu'en 1898, on se borna à embellir l'église par des travaux ou des décorations de détail. Toutes les chapelles furent pourvues successivement d'autels en marbre en remplacement des autels en bois ou en pierre ; seul celui de la Salette a été refait en pierre. Le maître-autel et celui de la Sᵗᵉ Vierge peuvent être cités comme étant mieux que d'autres dans le style de l'église. Le maître-autel est entouré de six colonnes en marbre rouge des Pyrénées, de trois mètres de hauteur, cédées par Sᵗᵉ-Marthe de Tarascon, pour onze cents francs ; elles ornaient dans cette église les fonts baptismaux ; cette origine explique la présence de la statue de sainte Marthe et de celle de S. Maximin. La disposition de ces colonnes serait heureuse ; mais leur base nuit à l'effet de l'autel qui n'est pas assez dégagé ; leur couronnement surtout est défectueux : trop maigre et le tout trop élargi. Le mystère de l'Assomption, titulaire de l'église, est représenté en relief appliqué, entre la corniche et la voûte de l'église, au-dessus du maître-autel. C'est N.-D. de Grâce portée au ciel par les anges. L'appui de communion est tout en fer forgé.

Sur les treize autels actuellement existants, cinq ont dû appartenir à l'ancienne église, à savoir : 1° celui de la chapelle du St-Esprit, qui fut d'abord le maître-autel ; beau marbre, dessin élégant, bien travaillé, riches décorations ; 2° ceux des chapelles de S. Marc, de Lourdes, de S. Véran et de S. Blaise ; tous ont souffert plus ou moins pendant la Révolution et ont été endommagés.

Deux chapelles, celle de N.-D du Rosaire et celle de saint Joseph, sont complètement revêtues de plaques de marbre ; le rétable du Rosaire mérite d'être signalé à cause des palmiers dorés qui le décorent.

Toutes les anciennes confréries ont conservé leurs autels, mais à la plupart les confrères font défaut ; les chapelles sont privées ainsi de leur plus bel ornement. Il est à propos cependant de faire ressortir avec quel zèle, quel dévouement et quelle générosité de temps et d'argent sont entretenus et parés les treize autels. A signaler, en plus, deux archiconfréries postérieures à la Révolution, celle du St-Cœur de Marie pour la conversion des pécheurs, établie à l'autel de la Ste-Vierge en 1845, dont la fête principale se célèbre le dimanche avant la Septuagésime, et celle du T. S. Rosaire, établie en 1895, complétée deux ans plus tard par le Rosaire perpétuel pour chaque dimanche, avec procession le premier dimanche du mois.

Cette église renferme plusieurs tableaux ou objets d'art qui méritent d'être signalés :

1° *Tableaux*. — Chapelle de la Ste-Vierge, à côté de la grande draperie du fond qui domine l'autel et couronne la Vierge, se trouve, côté de l'épître, S. Louis, roi, prosterné devant la sainte couronne d'épines (c'est une copie), et du côté de l'évangile, Marie présentant son fils aux congréganistes, original attribué à Mignard, c'est le plus beau de tous. Remarquable aussi la toile de N.-D. des Sept-Douleurs, qui représente Marie en buste avec une expression de souffrance qui fend l'âme du chrétien. Ce tableau, quoique suspendu dans la sacristie, appartient à la chapelle de la Ste-Vierge, où on l'expose pieusement le Vendredi-Saint et le jour de la fête de N.-D. des Sept-Douleurs. — Chapelle du St-Esprit : Mort de S. Agricol, archevêque d'Avignon, et transmission de son titre à S. Vérédème qui lui succède, indiqué par les insignes épiscopaux tenus par des anges. — Premier pilier à droite, à l'entrée de l'église, Enfant Jésus tenu par sa Mère, présente l'anneau nuptial à Ste Catherine (souvenir sans doute de l'ancienne église, dont la consécration avait eu lieu le jour de Ste Catherine).

2° *Statues*. — Ancienne statue en bois doré de N.-D. de Grâce, largement drapée : *gratiâ plena — in utero habens de Spiritu Sancto*, — Ste Anne, statue en bois, assise avec Marie debout pour recevoir ses leçons maternelles. Cette statue ancienne semble réclamer sa place d'autrefois. On ne comprend pas pourquoi l'autel de Ste-Anne a été détourné de sa destination et est devenu l'autel de la Salette. Quelles statues dans cette chapelle et dans plusieurs autres ! — S. Antoine de Padoue, don d'une famille généreuse qui, après avoir dirigé les travaux de l'église en la personne d'un de ses membres, a bien voulu contribuer à sa décoration.

3° *Objets d'art.* — Châsse en bois doré, d'un très beau travail, surmontée d'une couronne royale, placée dans la chapelle du St-Esprit qui, suivant la tradition, est confiée aux soins hors de pair d'une seule personne. — Le buffet des grandes orgues, dont l'instrument est à remplacer. — La porte en fer de la tribune ; cette porte a appartenu à l'ancienne église.

La paroisse est assez riche en reliques, elle possède : 1° une parcelle de la vraie croix ; 2° un os de S. Mitre, patron d'Aix, et un de S. Basile, docteur, évêque, chacun dans un reliquaire en métal verni or, l'un à droite, l'autre à gauche du maître-autel, sur la boiserie du chœur ; 3° un os de S. Ruf, patron de l'Ordre de St-Ruf, qui desservait le prieuré d'Eyguières ; cette relique est dans le beau reliquaire placé dans la chapelle du St-Esprit ; 4° un os de S. Roch, dans un reliquaire en bronze doré, offert par les fidèles, à la chapelle paroissiale du saint ; la relique a été donnée par M. Bernard, curé archiprêtre de St-Trophime, et fut extraite du corps du saint conservé presque en entier dans cette église, à Arles. Deux cent cinquante personnes allèrent la recevoir et lui firent escorte ; 5° Sᵗᵉ Philomène, relique placée dans le socle de la statue de la Ste-Vierge qui est sur l'autel de Marie ; 6° reliquaire en forme de croix, revêtu en entier de nacre, contenant des reliques de la vraie croix, du St-Sépulcre, du Calvaire, de la colonne de la flagellation et de la crèche de N.-S. Cette croix remarquable fut apportée de Jérusalem, et donnée à la fabrique en 1870, par M. Verdot, Isidore, huissier à Marseille. L'autel de la Ste-Vierge a une petite croix de même style ; 7° un reliquaire donné par M. Félix, ancien curé d'Eyguières, en bois doré, supporté par un ange debout, sur le tabernacle de la chapelle de la croix. Il renferme les reliques suivantes : colonne de la flagellation ; des liens qui y attachèrent N.-S. ; du sépulcre de N.-S. ; du sépulcre de la Sᵗᵉ Vierge ; de S. Joachim ; de Sᵗᵉ Anne ; de

S. Joseph ; de S. Pierre ; de S Paul, martyr ; de S⁰ Cécile; de S⁰ Monique ; de S. Bonaventure ; de S. Blaise ; de S. Liboire ; de S. Gaétan, d'un saint dont le nom est illisible.

Elle est bien riche l'église qui possède un pareil trésor ; elle est sainte, car elle fut consacrée par Mgr Darcinoles, vers le milieu du XIX° siècle ; elle est belle par tous les ornements que possèdent ses nombreuses chapelles ; mais elle l'est devenue encore davantage, depuis qu'elle a reçu, en 1898, le superbe carrelage dont l'élégante simplicité convient singulièrement à l'édifice. L'avenue centrale, ornée de rosaces et bordée d'une grecque élégante, rehausse déjà le tout et donne à l'ensemble un cachet de distinction qui est complété par le carrelage de toutes les chapelles, chacune avec un dessin différent, avec des marches en marbre à l'entrée, s'harmonisant ainsi dans le plus bel effet avec les marches arrondies qui décorent le vaste sanctuaire. Sur celles-ci sont tracées avec l'année 1899, les initiales de N.-D. de Grâce, de S. Vérédème, et celles d'une âme d'élite dont la modestie a exclu toute autre expression de reconnaissance, mais qui voudra bien ne pas blâmer ces lignes pour avoir fait cette bien simple allusion à l'anonymat dont il lui a plu de se couvrir.

Et puisque sans une autre générosité, celle de l'entrepreneur, enfant d'Eyguières, ce travail si urgent et si bien réussi n'aurait jamais pu être fait, pourquoi, après avoir nommé les constructeurs de l'église, ne dirions-nous pas le nom de M. Aillaud Vital, qui a voulu ainsi mettre sa nouvelle carrière sous la protection de N.-D. de Grâce. Les épreuves depuis ce jour ne lui ont pas manqué, gage assuré de réussite pour l'avenir.

Encore un détail qui a sa valeur. Non seulement le pas des habitants avait usé les dalles séculaires, mais encore les chaises tombaient de vétusté. Doter l'église de chaises élégantes, solides, séparées par des couloirs spacieux, et ajouter des bancs très commodes pour les enfants des écoles, c'était la transformation de l'église depuis le perron extérieur jusqu'à l'abside, y compris le mobilier. Des personnes dont les largesses ne font jamais défaut, ont eu l'œil assez pénétrant pour le comprendre, et grâce à leur intervention aussi discrète que libérale, l'église a pu, avant la fin du siècle, être restaurée pour longtemps.

Puissent tous les donateurs et bienfaiteurs, recevoir la récompense de leur mérite ; puisse le ciel bénir toutes les familles qui ont contribué à faire le transport gratuit de tous les matériaux, et aussi toutes les personnes qui par leur présence, leurs chants, etc., ont rehaussé la solennité de la bénédiction de l'église rajeunie.

TABLEAU DU CLERGÉ

PENDANT LE XIXe SIÈCLE

Curés :

Les curés qui se sont succédé après M. Boyer sont :

RAYNAUD, Jean-Joseph, de juillet 1827 à novembre 1834.

FÉLIX, Philippe-Pierre du 19 sept. 1835 au 5 mars 1843, procuré d'abord, puis curé le 9 juillet 1836, alla à Martigues.

JURAMY, Joseph, de mars 1843 à août 1853.

FABRE, André, du 21 août 1853 à mai 1865.

PÈTRE, Toussaint-Jean-Louis-Thomas, du 18 mai 1865 au 8 mai 1872.

REY, Gaspard, du 1er juillet 1872 à août 1892.

PAULET, Louis, depuis le 18 août 1892.

Vicaires :

Les vicaires connus, ne faut-il pas les sauver de l'oubli ?

PETITY, Noël, en 1685.

ESCOFFIER, en 1754.

AUTEMAN, 1757-1758.

REY, 1758-1760

DE REMEUIL, SOUBEIRAN et CHASTELAS, en 1769.

BERNE, PLAIZANT, ISNARD, en 1778.

TOUREL, Jacques-Grégoire et CHASTELAS, Joseph-Roch (pour la 2e fois), en 1784.

Curés :	*Vicaires :*
Gilles ..	REYNAUD, 1803, devenu curé de Gardanne.
Gastinel	ISNARD, André, d'avril 1813 à mars 1816, devenu recteur à Sénas.

Curés :	*Vicaires :*

id .... FIGUIÈRE, de mars 1816 à juillet 1817 (vacance).

Boyer... CARBONNEL, de janvier 1824 à novembre 1825.

Reynaud AUGIER, Guillaume, de janvier 1826 à janvier 1829.

id .... GIRAUD, de janvier 1829 à novembre 1829.

id .... JOUBERT, Pierre, de juin 1830 à juin 1836.

Félix ... NICOLAS, François-Sulpice, du 29 juin 1836 au 5 janvier 1838.

id .... MARCHÉSI, Germain, du 8 janvier 1838 à août 1838.

Juramy. REYNAUD, Marie-Jean-B., du 6 novembre 1838 au 7 août 1853.

Fabre... AUBERT, André, du 8 août 1853 au 30 sept. 1859.

id .... ROULIÉ, Martin, du 1er octobre 1859 au 14 juin 1863, devenu capucin.

Pètre ... BOURGES, Joseph, du 1er juin 1864 au 31 octobre 1866, devenu curé aux Cadenaux.

id .... CORBON, Alexandre, du 1er nov. 1866 au 1er juillet 1868, devenu vicaire à St-Jacques, Tarascon.

id .... BOURDET, J.-B., du 1er juillet 1868 au 14 octobre 1872, devenu vicaire à St-Trophime, Arles.

Rey..... ROUVIÈRE, Jean-Félicien, du 15 octobre 1872 au 7 février 1874, devenu vicaire aux Mille.

id .... BERT, Emmanuel, du 8 février 1874 au 1er juillet 1876, devenu vicaire à St-Esprit, Aix.

id .... BAUX, Cyprien, du 2 juillet 1876 au 14 août 1877, devenu vicaire à St-Jacques, Tarascon.

id .... BONNET, Paul, du 15 août 1877 au 13 nov. 1880, devenu vicaire à Châteaurenard.

id .... GROSJEAN, Gabriel, du 14 nov. 1880 au 1er octobre 1881, devenu curé à Entressen.

id .... ROQUEBRUNE, Léopold, du 2 oct. 1881 au 11 avril 1885, devenu curé au Mas Thibert.

id .... PELLEGRIN, Marius, du 12 avril 1885 au 15 juin 1888, devenu vicaire à St-Césaire, Arles.

Paulet . CORNILLE, Marius, du 16 juin 1888 au 18 juin 1893, devenu curé à Eygalières.

id . .. GLEIZE, Marius, du 18 juin 1893 au 30 juin 1898, devenu curé du Puy-St-Canadet.

NOTRE-DAME DE GRÂCE
SOUVENIR DE LA MISSION DONNÉE EN 1893

CHAPITRE IX

MONUMENTS RELIGIEUX PLACÉS SUR LA VOIE PUBLIQUE.

Après avoir parlé de l'église paroissiale, nous rattachons à cet édifice les monuments religieux qui émaillent le sol de la paroisse d'Eyguières. La plupart de ces monuments sont des souvenirs de mission, de jubilé, ou tout au moins d'une série de prédications. En voici la nomenclature accompagnée de l'origine de chacun d'eux. Nous ne parlerons que des plus importants.

Croix du Calvaire. — Le 14 octobre 1537, furent bénites par l'archevêque d'Avignon les trois croix posées sur le « Cousac », l'une de N.-S., les deux autres du bon et du mauvais larron, à la suite du Carême prêché par le frère Guillaume Belli. On voulut faire en même temps que ce Calvaire, la chapelle de la Ste-Croix ; on ne connaît aucun vestige de cette chapelle. La ville fit un emprunt pour contribuer à ces dépenses, ainsi que le prouve le document suivant : « Emprunt prest pour la ville déguières pour ayder à fayre la chapelle de la saincte Croix et mont Calvayre pousé sus la montanhe sus le Cousac, terrayre d'aquest luoc déguières, trois croys bénites par Mgr l'évêque portatif (qui clero carent-*Du cange*) de Mgr l'archeveche d'Avinhon faisant la visite ; sed la croys de Jésus-Crist, la † du bon larron et la † du mauvais larron, après que frère Guillaume Belli observantin eust preché le caresme l'an 1537, à la nativité ledit M. Belli procurant pour fayre la dite chapelle comme s'ensuit. »

En 1848, une mission fut prêchée par le P. Poncet et le P. Calaje : comme souvenir, on restaura les croix du Calvaire de 1537.

Croix de Bois. — La plus ancienne prédication connue sous forme de mission est celle du mois d'avril 1704. Elle fut donnée par des prêtres venus d'Avignon et elle dura vingt-sept jours. Une modeste croix de bois fut plantée au chemin de

Tarascon, sans doute au débouché du vallon des Glauges,
sur le col de Mélet ; c'est là que passait ce chemin ; on fait
station le 25 avril, jour de S. Marc, pour la bénédiction des
champs devant cette croix à laquelle se rattache un double
souvenir, celui de la mission et celui de l'emplacement primitif d'Eyguières dès l'origine de la ville qui porte ce nom. On
paya à Jean Sabatier, menuisier, pour la croix.   .   52 l. 10 s.
à Robert Daillan, maçon, pour le piédestal.   . .   16 l. 10 s.
à la confrérie du St-Sacrement, pour la cire.   . .   9 l.
faux frais : voyage des missionnaires, bois de
    chauffage.   .   .   .   .   20 l. 10 s.
En tout 100 livres 10 sols qui furent payés par la Communauté
le 27 avril 1704.

Une autre mission fut prêchée en juin 1742, sous M. Dallen,
curé. On se contenta d'établir, pour en conserver le souvenir,
l'adoration perpétuelle du St-Sacrement. Mais elle mérite à
un autre titre d'attirer notre attention. De nombreuses restitutions en argent furent déposées entre les mains des missionnaires, ce fut un premier avantage ; mais il en résulta un
second dont Eyguières bénéficie encore aujourd'hui. Après
avoir donné cet argent restitué à leurs propriétaires, il resta
une somme de 800 livres sans destinataires connus ; les missionnaires eurent la pensée de confier cette somme à la Communauté pour la constituer en rente perpétuelle, dont l'intérêt
additionné servirait pour faire prêcher une mission. L'Intendant n'autorisa pas la Communauté à prendre cette obligation ; mais les consuls, forts de l'avis du Conseil, cherchèrent un dépositaire sûr qui consentirait à accepter ce
dépôt, à en verser le produit entre les mains d'une personne
qui l'emploierait pour faire dire des messes, prêcher une
mission lorsqu'il serait suffisant pour couvrir les dépenses
(9 décembre 1742). Cette somme dut rester entre les mains
de M. Dallen, curé, vicaire perpétuel, puisqu'elle est mentionnée dans son testament, et passa à ses héritiers. La fabrique
intenta à ceux-ci en restitution un procès qui n'était pas terminé en 1813 et fut repris par M. Gastinel, curé.

Enfin les héritiers de M. Dallen remboursèrent, en 1887, les
800 livres ou une somme équivalente qui fut aussitôt placée
par la fabrique sur l'Etat ; et qui par le produit de l'intérêt —

22 francs par an — a permis de procurer plusieurs fois dans ce siècle aux paroissiens de Notre-Dame de Grâce le bienfait des exercices d'une mission.

Déjà en 1784, janvier, des Pères Capucins furent appelés dans cette intention ; sans doute ce fut avec la pensée de profiter sans tarder de la vaste église qui avait été bénite quatre mois auparavant. Il est dit qu'une croix fut érigée en 1785, mais nous n'avons pas pu découvrir son emplacement.

Croix de l'Hirondelle. — Au bout de la splendide allée de l'Hirondelle, après qu'on a quitté le joli quartier du couvent et suivi le chemin que bordent de gracieuses villas, le regard rencontre avant le contour du chemin une belle croix monumentale. Cette croix a aussi son histoire.

Du 14 février 1819 au 25 mars, Eyguières fut en mission. Ce mot magique dut remuer fortement la population et un bien considérable dut être produit dans les âmes. Il suffit pour en être convaincu, de se rappeler que les sermons furent prêchés par les Pères de Mazenod, plus tard évêque de Marseille, Deblieu, Mye, Aubert, Maunier, Bouche, tous les six Oblats de Marie. Ils avaient à faire la lessive de la Révolution. Elle dut être bonne ; on voulut en conserver le souvenir, et dans ce but on plaça une grande croix en fer forgé sur un piédestal en face du contour du chemin qui conduit à la fontaine de Borme. Mais un peu plus tard on abandonna ce chemin comme route de Salon ; le tracé en fut fait tout droit jusqu'à l'extrémité Est du quartier de l'Hirondelle, et c'est là qu'en 1851, la croix fut transportée à la suite d'un jubilé, tout près du canal d'arrosage. Ce voisinage fut nuisible au monument. Chaque année, la vase extraite du canal et jetée sans précaution sur son bord, avait, en s'accumulant, presque complètement enseveli le piédestal ; les enfants se servaient de ce monticule pour escalader la croix : cet âge est sans pitié, à Eyguières comme ailleurs ; on s'en aperçut bientôt aux dégradations qu'ils firent subir à ce monument religieux. Enfin, en 1896, pour clôturer les exercices du jubilé accordé à la France à l'occasion du centenaire du baptême de Clovis, les habitants du voisinage se cotisèrent, et leurs offrandes permirent de déblayer la base de la croix, d'en restaurer les bras et de la faire peindre, de consolider le piédestal, de l'entourer d'un mur de protection, et de le rendre accessible par un pont et un escalier en pierre dont les marches ont été données gratuitement. En même temps, le propriétaire du terrain, M. Marin, voulait bien s'engager à laisser à perpétuité l'usage de cet emplacement pour la croix. Charmante fut la fête de cette troisième inauguration : la date en a été gravée avec les deux autres : 1819, chiffres en fer, au pied de la croix ; 1851-1896, chiffres gravés sur la pierre encastrée dans le socle.

Croix de Roquemartine. — En 1826, pour perpétuer le souvenir du grand jubilé du premier quart du siècle, une croix fut érigée près du moulin de Roquemartine ; la procession de St-Marc y fait chaque année une station. Cette croix fut remplacée, ainsi que celle du rond-point de Roquemartine, en 1898, par le soin de M. le marquis de Bonnecorse, avec le concours des novices et de la musique de St-Pierre de Canon. Le Christ qui orne cette croix est sorti de la fonderie des Arts-et-Métiers d'Aix.

Le Père Supérieur de la mission de Rhodez, aidé par les Pères Vermot et Ferrand, dirigea les exercices de la mission en 1836. Nous avons mentionné celle de 1848, prêchée par le Père Poncet. Il ne nous reste plus qu'à parler des missions de 1869 et de 1893.

Croix du Bel-Air. — La mission de 1869 fut confiée aux Pères Capucins d'Aix qui venus au nombre de trois obtinrent un grand succès : ce furent les Pères Théodore, Joseph et Théodose ; elle dura du 3 au 31 janvier. Une belle croix, due, dit-on, à une main libérale, fut placée sur un piédestal payé par souscriptions. La pose provisoire de cette croix se fit le 31 janvier et sa plantation définitive le 28 mars, lundi de Pâques, au faubourg La Couren. Mais quelques années après, pour des motifs de voirie publique, ce monument fut déplacé et dressé sur le chemin de St-Véran, en face de la rue du Bel-Air. Le lundi de Pâques, la procession de St-Véran fait un arrêt devant cette croix pour perpétuer le souvenir de son origine ; on y prie et on y entend une allocution. En 1896, elle a été rajeunie et repeinte aux frais de quelques habitants de la rue du Bel-Air.

Croix de l'avenue de St-Vérédème. — L'année précédente, l'avenue de St-Vérédème s'était enrichie d'un monument destiné à marquer la halte de tout cortège funèbre qui sort d'Eyguières. Une petite croix en fer, placée d'abord sur un piédestal en pierre à l'entrée de la route, du côté du midi, puis transportée du côté nord, indiquait cette station chère à tous les cœurs en deuil. Le monument allait crouler ; on préféra le remplacer par un autre à quelque distance de là sur un terrain communal. La vieille croix fut placée au cimetière, devant la chapelle, sur la colonne qui depuis 1778 supportait la croix ancienne de la place ; celle-ci fut scellée sur l'oratoire de St-Marc. Le nouveau monument, dû à la générosité de M. C. M., fut construit tout en belle pierre de taille ; il fut béni le 3 novembre 1895, le jour même des funérailles du donateur (1). Le cortège qui l'accompagna à sa dernière demeure s'arrêta devant cette croix ; ce fut le premier, ce qui inspira à chacun cette sage réflexion que la fortune ne met personne à l'abri de la mort ; que riches et pauvres n'emportent en mourant que le mérite de leur bonne vie et d'une fin chrétienne.

Oratoire de St-Joseph. — Il est bien modeste le monument érigé en l'honneur de S. Joseph sur le chemin qui porte le même nom.

L'origine de cet oratoire paraît devoir être attribuée à la piété de la famille Bayol, et, nous croyons pouvoir affirmer sans indiscrétion qu'un jour viendra où le félibre B. J., déjà populaire par ses compositions provençales, autant que remarquable par son titre d'ancien gouverneur du Dahomey et de conseiller général, fera ériger un piédestal plus digne du Saint, et mieux en rapport avec la grande piété des habitants envers S. Joseph. Chaque année la procession du 19 mars attire une foule nombreuse sur le chemin où se dresse la statue de l'humble ouvrier de Nazareth.

---

(1) M. C. Monier fut maire d'Eyguières durant de nombreuses années. Il créa diverses industries qui, grâce à son intelligence, firent sa fortune. C'est le sens, croyons-nous, du monument élevé à sa mémoire peu après sa mort. Faute de détails plus précis, et de la vue de ce monument, l'auteur est obligé de se borner à cette simple note.

Sainte Vierge : N.-D. de Grâce. — L'architecte qui a fait le plan de la croix de St-Vérédème, un peu austère comme la mort, avait eu une inspiration plus gracieuse lorsqu'en 1893, il fournit — toujours gratuitement — le modèle du piédestal de N.-D. de Grâce, à l'entrée du pays du côté du midi, au croisement de l'avenue de la Gare avec l'ancien chemin d'Arles à Salon, ou de l'antique voie Aurélienne. C'est là même que la confrérie de St-Eloi avait une chapelle à moitié en ruines et indigne de figurer sur la voie publique. Tout monument religieux doit être en bon état pour faire honneur à la foi de la population, ou bien doit être rasé. Ce fut le cas de la chapelle en question ; mais démolir pour démolir ne vaut rien ; quand Dieu efface, c'est pour faire du neuf. Ainsi il fut fait au quartier de St-Eloi ; la mission de 1893 en fournit l'occasion favorable.

La rente de la fondation Dallen avait permis de faire appel au dévouement de deux missionnaires pleins de zèle ; les Pères Gay et Durand, de Montpellier, ouvrirent la série des exercices qui se continuèrent du 9 au 30 avril, au milieu d'un enthousiasme qui ne se démentit pas. La pensée de dresser une statue à Marie qui avait écrasé l'hérésie protestante et l'avait fait disparaître complètement au siècle dernier, et le projet de placer sur la voie publique N.-D. de Grâce, titulaire de cette paroisse, plut à cette chrétienne population. Grâce à des dons généreux, à des offrandes recueillies dans toutes les familles riches et pauvres sans distinction, un beau piédestal put sortir de terre, et supporter fièrement la statue en bronze de Marie-Immaculée. Aux pieds de la sainte Vierge sont déposés tous les noms des souscripteurs écrits sur parchemin avec la date de l'érection et une belle médaille du pape régnant, le tout dans une boîte en plomb solidement scellée. La face du piédestal qui tourne au couchant porte comme inscription une simple dédicace, sous forme d'invocation latine à N.-D. de Grâce (1) ; celle du levant, en latin, signale le nom des prédicateurs et la date de la mission. Au midi, on lit le quatrain suivant dû à l'inspiration et à la piété confiante du

---

(1) *Mater divinæ gratiæ, ora pro nobis.*

principal propriétaire d'Eyguières, Ch. de Bonnecorse, avocat :

> Des Gabins jusqu'aux Alpines,
> O toi que nous chérissons,
> Bénis de tes mains divines
> Nos foyers et nos moissons.

Du côté du nord, on a gravé quatre vers en patois du pays, composés par M. le chanoine Mille, qui a la muse provençale aussi facile que la muse française :

> Sé l'aigo fai véni pouli,
> Ti graci fan bello lis amo.
> Escampo lei, ô Nosto-Damo,
> Dessu toun pople trefouli.

Une belle grille en fer protège le piédestal.

Parler de l'inauguration de ce monument, c'est rappeler une journée de joie universelle : communions nombreuses d'hommes et de femmes, procession triomphale dans toutes les rues enguirlandées, chaque maison décorée de fleurs et de verdure, affluence d'étrangers, prêtres et simples fidèles, présence de Mgr l'archevêque d'Aix, pour honorer l'image de N.-D. de Grâce conduite par les hommes sur un char richement orné qui portait aux pieds de Marie quatre enfants habillés en anges aux couleurs de la patronne d'Eyguières. Pour conserver le souvenir de cette fête, chaque année, le premier dimanche du mois de mai, la population va faire processionnellement l'exercice du mois de Marie devant la Vierge de la mission.

Les années se sont écoulées, bien des tristesses ont succédé à cette joie débordante ; mais à quoi bon les rappeler, ne fût ce que par la plus simple allusion. La terre, dit S. Augustin, n'est pas le lieu où l'on arrache les clous qui crucifient. Arrêtons-nous donc ici.

Nous nous étions proposé, en écrivant les annales d'Eyguières, d'en faire un ex-voto à Marie et une supplication pour nous, pour nos amis, et même pour ceux à qui sans le vouloir noùs avons pu être désagréable. Nous avons réalisé ce projet dans la mesure permise à nos faibles moyens. Puisse ce travail devenir comme l'écho d'une reconnaissance bien vive au fond du cœur de celui qui l'a composé, et qui dépose sa plume aux pieds de Marie, après avoir demandé une bénédiction abondante pour lui, pour les siens, pour ses amis et bienfaiteurs, vivants et défunts.

Notre-Dame de Grâce, S. Vérédème, patrons d'Eyguières, S. Elzéar et Ste Delphine, protecteurs de Roquemartine,

Des Gabins jusqu'aux Alpines,
O vous que nous chérissons,
Etendez vos mains divines
Sur nos toits et nos moissons.

ADDITIONS

Ire Partie. — Livre Ier. — Chapitre III. — Page 23.

Lorsque, le 14 octobre 1416, Louis II inféoda à Jean de Sade et à ses successeurs la terre d'Eyguières avec ses droits et dépendances, Sa Majesté obligea le nouveau seigneur à rembourser 2.000 florins de 16 sols à Catalan de la Roque qui avait acheté la dite terre (fol. 313, *registre armorum*, armoire A des registres de la Cour des comptes).

Page 28. — Girard de Sade, seigneur d'Eyguières, obtient, le 19 octobre 1474, du roi René, des lettres au sujet du droit de pâturage dudit lieu (fol. 18, reg. 7, arm. O).

IIe Partie. — Notes extraites des mêmes registres.

Le 28 juin 1292, des privilèges sont accordés à la Communauté d'Eyguières. Ces privilèges sont augmentés, le 28 février 1312, de l'exemption du fouage (fol. 253, reg. n° 4, arm. G). — Le 1er mars, confirmation de cette exemption par le roi Charles, comte de Provence (fol. 263, reg. n° 4, arm. G).

Le 3 décembre 1426, Jean d'Astre, natif d'Eyguières, habitant à Salon, vend à la Communauté la moitié d'un moulin à huile sis au faubourg, franc de toutes charges, et la moitié d'une écurie, près du dit moulin, moyennant 10 florins d'or de 16 sols chacun (fol. 215, reg. Elephantis, arm. A).

19 mars 1425. — Transaction entre Girard de Sade, fils de Jean, et la Communauté, par laquelle le seigneur révoque les reconnaissances passées par les habitants qui étaient à leur préjudice (fol. 217, reg. Elephantis, arm. A).

26 juillet 1437. — Transaction entre les mêmes, par laquelle il est permis à la Communauté de faire dépaître les bestiaux

dans le terrain du lieu en avertissant le seigneur ; les droits de ban seront en commun (fol. 220, regl. Elephantis, arm. A).

18 mars 1552. — Permission à la Communauté de construire un four à cuire le pain à la Cense de 12 sols, à condition de renouveler la reconnaissance et de payer le lods de 25 en 25 ans (fol. 37, reg. 26, arm. des Acceptes).

16 juillet 1599. — Cession du droit de retenir par prélation deux moulins à blé, sis à Eyguières, pour Michel de Sade (fol. 214, n° 49, arm. P des domaines).

19 avril 1600. — Investiture donnée à Annibal d'Astres des moulins sis à Eyguières, et de l'arrosage de l'eau de Durance par lui acquis de Jeanne de Craponne (fol. 222, reg. 31, arm. des Acceptes).

24 mai 1697. — Vente des droits de régales, directes et censives, appartenant au lieu d'Eyguières pour Joseph de Sade (fol. 206, reg. Bellum, arm. B).

IIIe Partie. — Livre II. — Chapitre II. — Vicairie. — Page 239.

Avant l'établissement du vicaire perpétuel — 1624-1632 — il existait une vicairie amovible à Eyguières ; celle-ci prépara la voie à l'autre.

En effet, dans la prise de possession du prieuré, en 1583, il est fait mention que le légat d'Avignon accorde des provisions en faveur de M° Louis Gilles, prieur, possédant en commande ledit prieuré par résignation de son prédécesseur. M°Gilles remplit les fonctions de prieur-curé pendant onze années, comme on le voit par les extraits de baptême et la déclaration du greffier de la ville d'Arles. Or, en 1595, il fit un acte de section qui prouve qu'il établissait un vicaire amovible.

Le 26 juin 1662, sommation fut faite par la Communauté à M° Antoine André, vicaire, pour l'obliger à faire le service de la paroisse. Dans sa réponse, le curé-vicaire dit « n'empêcher « nullement que le service de la dite église ne soit doréna- « vant fait et continué à l'accoutumée, et qu'attendu son « occupation urgente soit fait le dit service par M° Denis Gil- « les, prieur du prieuré d'Eyguières, auquel cède et remet en- « tièrement, purement, franchement et sans force aucune « tous les droits et émolumens qu'il rapporte de ladite vicai-

« rie, pour être le tout réuni audit prieuré tout ainsi qu'il
« était auparavant que ladite vicairie fut érigée, de laquelle
« se démet et départ de tout et partout au profit dudit sieur
« prieur ».

Donc, l'acte de 1596 était une section. Le 26 septembre 1613, Aymard de Serre, prieur, obtint une sentence du
lieutenant d'Arles, confirmée par arrêt du grand Conseil, qui
cassa la section susdite, et mit *le prieur d'Eyguières dans la
possession et jouissance de son prieuré et vicairie.*

Toutefois, Aymard de Serre ne fit pas davantage honneur à
son administration financière, puisque par l'acte du 21 janvier 1619, il conste que M° de la Boisse, prieur de Montsalve,
avait fait saisir l'année précédente les grains, vins et huiles
du prieuré d'Eyguières pour se payer d'une pension que
M° Aymard lui faisait. Cette saisie fut faite en vertu de contrainte basée par la Cour. M° de la Boisse, par l'acte susdit,
donne quittance au prieur et fait mainlevée des saisies par lui
faites.

Finalement, en 1624, fut rendu le décret d'érection du
prieuré en vicairie perpétuelle ; mais les formalités ne furent
achevées qu'en 1632. Dans l'intervalle, le 17 septembre 1625,
provision ayant été accordée à George Simon, chanoine régulier de St-Ruf, par le pape qui lui permet de se mettre en possession du prieuré d'Eyguières annexée en la Cour de Parlement d'Aix, M° Aymard de Serre fit opposition à cette prise de
possession. Le 7 juin 1626, provision fut accordée par le pape
à M° Aymard qui avait fait la section pour se mettre en possession du prieuré d'Eyguières annexée au Parlement d'Aix.
Six ans plus tard, l'établissement de la vicairie perpétuelle
était un fait accompli.

III° Partie. — Livre II. — Chap. II. — Page 245.

Lorsque les consuls demandèrent le rétablissement de la
Conventualité, ils se servirent d'un mot impropre ; ils voulaient dire sans doute « de la *Communauté* ». En effet, le
prieuré de N.-D. de Grâce n'a jamais été conventuel, nous le
disons sans hésiter. Notre affirmation est basée :

1° sur la bulle d'Urbain II (1096), où il est dit que tout

était sous la dépendance de l'abbaye de St-Ruf, à Avignon, — et sur la bulle de Nicolas IV (1290) qui déclare que l'abbé a le droit de pourvoir au prieuré soumis à son abbaye, en laissant néanmoins au prieur et à ses compagnons le *vestiaire* et l'*entretien* nécessaire. Le prieur n'était donc qu'un simple obédiencier.

2° sur la bulle d'Innocent VIII (1488), qui dit que l'abbaye seule est conventuelle, et qui cite les églises de St-Pierre de Vence avec celle de Sainte-Cécile et ses dépendances, celle de Ste-Marie d'Eyguières avec toute sa paroisse et tout ce qui lui appartient, enfin celle de St-Vérédème.

3° sur deux bulles du Pape Clément VII : Dans la première, de 1529, on voit que M. Jean Gansoneti, chanoine de St-Ruf, se démet entre les mains du pape du bénéfice d'Eyguières; le pape en pourvoit M. Jean Michaélis, désigné comme successeur par le couvent, et il ajoute en parlant du bénéfice « qu'il n'est pas conventuel, et qu'il a charge d'âmes ».

La deuxième bulle affirme les mêmes choses, dit que le bénéfice dépend de St-Ruf, et en même temps le déclare uni au chapitre de St-Laurent de Salon. — Ce document répond au doute que nous avons émis sur ce point (p. 235), et le fait disparaître.

4° trois *forma dignum* donnés par l'archevêque d'Avignon en 1666, — 1706 — et 1727 se réunissent à dire que le prieuré n'est pas conventuel; de même le procès-verbal de la visite épiscopale du 16 février 1669, et aussi la transaction passée en 1672 entre l'abbé général de St-Ruf, prieur d'Eyguières, et le vicaire perpétuel.

5° enfin l'arrêt du 25 octobre 1741 fixe et énumère les maisons conventuelles de l'ordre de St-Ruf, savoir : l'abbaye de St-Ruf, chef de l'ordre, diocèse de Valence; la maison de St-Vallier, diocèse de Vienne; le prieuré de St-Pierre, diocèse de Die; la maison du Bourg-St-Andéol, diocèse de Viviers; la maison de Montpellier, celle de la Coste-St-André, diocèse de Vienne; celle de la Plâtrière de Lyon ; celle de Notre-Dame de la Boisse, diocèse de Lyon. — Le prieuré d'Eyguières n'y figure pas. (Bibliothèque de M. Arbaud, Aix.)

ERRATA

Page 176, ligne 12, au lieu de *horloge*, lire *horloger*.
Page 278, ligne 6, au lieu de *au,* lire *an*.
Page 311, ligne 4, au lieu de *décatholiciser,* lire *décatholiser*.

TABLE DES MATIÈRES

TROISIÈME PARTIE

Religion.

CHAPELLES ET ÉGLISES

Valence. — Imprimerie Valentinoise.